21世纪高等开放教育系列教材

U0853724

商业特许经营导论

王晓民　编著

中国人民大学出版社
·北京·

出版说明

1999年教育部颁布了《面向21世纪教育振兴行动计划》，明确提出了实施“现代远程教育工程”。全国教育系统迅速行动起来，在短短的几年时间里，就初步形成了我国开放式的教育网络，搭建了远程教育平台，在构建终身学习体系方面做出了重要的贡献。

随着我国教育改革的不断深入，教育技术的不断更新，社会各界对远程开放教育的认识也在不断加深。开放教育、远程教育，涉及办学的开放、专业的开放、课程的开放、教育教学手段与方式的变革。高等远程开放教育对振兴我国教育、普及我国高等教育产生了极其深远的影响。

开展高等远程开放教育，涉及的教育教学改革与建设是多方面的，高等远程开放教育的教材建设是其重要环节之一。高等远程开放教育的教材建设要能充分体现现代远程教育的特点，充分考虑远程学习者的特点，满足现代开放教育的需求。为了促进远程开放教育的发展，满足开放教育学习者的需要和教学需要，我们编辑出版了21世纪高等开放教育系列教材。该系列教材主要是针对经济类专业课程的教材进行了一体化的设计，在突出课程教材应用性、实践性、普及性和可操作性上下工夫，在体现远程开放教育环境下对学习者应用能力的培养下工夫。

该系列教材具有以下特点：

1. 充分体现当前经济类学科的最新研究成果；
2. 充分体现远程开放教育的特点，有利于学习者的自学；
3. 充分体现了与经济类各专业基础课、专业课的衔接性、配套性；
4. 在教材编写过程中尽量以案例分析阐述理论，便于学习者理论联系实际；
5. 教材建设中配备了相关课件资源，便于教师讲课和学员自学。

该系列教材的建设是远程开放教育教学改革中的初步尝试，是一颗破土而出的幼苗，需要呵护和培养，也需不断修正和完善，希望其在远程开放教育的教学改革中发挥出应有的作用。

前　言

业界普遍认可，特许经营是在20世纪80年代末到90年代初进入中国的。在迄今为止的大约30年间，国内出版的特许经营图书不计其数。其中，面向高校财经、经管专业的特许经营教材也是不胜枚举。在特许经营的概论性图书已经接近饱和的情况下，为何需要重新编写一本《商业特许经营导论》？特别是对于那些拟采用本书作为教材的院校和师生，在此有必要给出一个令人信服的理由。

一、本书的主要特点

编写本书的直接目的是作为北京开放大学工商管理专业（特许经营方向）的专业课“特许经营导论”的教材。因此在编写的指导思想上，首先要考虑必须适应该专业教学大纲的要求，以及前置、后置课程的配置。按照北京开放大学的安排，工商管理专业（特许经营方向）共设立八门重点专业课，分别是“特许经营导论”“特许经营体系管理”“特许经营网点管理”“特许经营行业分析”“特许经营法律实务”“特许经营手册编制”“国际特许经营”“特许经营案例研究”。鉴于后面有七门不同方向的专业课程，为了避免课程内容上过多的重复，这本导论性教材就必须回避大量实操性的细节。基于此，本书在编写过程中，突出强调了关于行业背景、行业发展、社会影响、经济机制、法律监管等知识性内容。这是本书与现有特许经营概论性教材的重要区别，也是本书的第一个主要特点。

由于特许经营独特的行业特征，中国的特许经营图书最早主要是由商业咨询和服务机构编写的。这些机构主要的服务对象是计划开展或正在从事特许经营的特许人企业。因此，国内的特许经营图书普遍倾向于特许人一方。这种不平衡的倾向性甚至影响了高校教材的编写。此外，很多院校的经贸专业仅仅把“特许经营导论”作为众多商业类专业课程之一，因此，要在一门导论性课程中概括特许经营的全貌，使得许多同类教材不约而同地把重心放在特许人的实务方面。正如国务院法制办和商务部的负责人在阐述《商业特许经营管理条例》的立法思想时所说的那样，特许经营是相互独立的市场主体之间的一种民事行为，但特许人和受许人之间信息和地位并不对称。因此我们认为，作为一本概论性教材，其立足点应该突出强调行业中性，以同等的眼光对待两个相互独立的市场主体，摆脱国内沿袭已久的特许人视角。这样有助于学生更加客观地了解和认识这个特殊行业。尤其是在那些开设了后续特许经营专业课程的院校，对于特许人的招商和受许人的加盟活动，都有专门的课程相对应。在这样的背景下，概论性教材更应强调行业的二元主体特征，以平等的视角和大致相近的篇幅来讨论特许人和受许人。因此，强调行业中性，是本书的第二个主要特点。

现代商业特许经营是西方近现代经济发展的产物，经历了大约一个半世纪的演化过程，才发展成我们现在看到的特许经营模式。而特许经营进入中国才短短约30年的时间，所以，尽管目前中国在特许经营体系或品牌的数量上已经接近甚至超过西方国家，但从行业的成熟度以及社会公众对特许经营的认知和理解方面来看，这个独特的经济部门在中国远远没有成熟和完善。基于此，本书在素材的选择上突出强调了美国和欧洲的材料，尤其是重点介绍了特许经营在美国从诞生、发展到成熟的完整过程，这段历史覆盖了从19世纪中叶到当下150年左右的时间。此外，本书还大量引用了美国国际特许经营协会（IFA）和欧洲特许经营联合会（EFF）等主要行业组织最新的统计数据和研究结果，基本描述出2016年前后西方主要国家特许经营行业的现状。在理论性内容方面，本书参考了近40年来美英等国主要的学术成果，试图从经济学、社会学、法学等多个学科的视角，展现出国外学术界对这一领域的理解和阐释。本书所附的参考文献，提供了这些研究成果的准确来源和原始出处。因此，突出国际化视野，是本书的第三个主要特点。

如前所述，国内多数特许经营的概论性图书，普遍强调实践性知识，尤其是特许人在构建体系和推广招商等方面的内容，几乎无一例外地成为这类书籍的核心主题。但高等教育毕竟不同于行业培训，应该让学生们对专业知识既知其然，又知其所以然。所以，本书用了较多的篇幅，结合国外学术前沿的重点理论成果，深入讨论特许经营的经济机制和社会影响；同时，用两章的篇幅分别概要介绍特许人和受许人的运营实务。这样，让学生既能建立起客观、全面的行业视角，又能对具体的商业实践有一个初步的了解；同时，使学生从一开始就牢固树立起特许经营二元主体相互独立的正确认识。因此，兼顾特许经营的理论与实践，是本书的第四个主要特点。

特许经营并非是严格意义上的行业，而是广泛分布在第三产业的众多细分行业里的一种企业组织形式。因此，不同细分行业的企业在开展特许经营业务时，必然带有所属行业的特殊性。很难想象，一个经济型酒店的加盟合同，会与一个快餐连锁企业完全相同；更无法想象，一个洗衣连锁店的运营手册，能够照搬房地产中介连锁网点的管理文档。众多特许经营企业之间的唯一共性是基于合同的授权行为，以及依托这种授权所建立起来的大企业和小企业之间、上游和下游企业之间的长期合作关系。因此作为专业课教材，本书必须把重心放在特许经营体系的建设与维护、特许经营网点的投资和运行方面，不过多地涉及具体的生产与服务流程、供应链和市场营销等方面。通俗地讲，特许经营的教材，应当重“特许”授权，轻行业“经营”。因此，突出特许经营的行业共性，是本书的第五个主要特点。

二、本书的主要内容

本书共分八章，大致划分为四个单元，如图0-1所示。

第一、二章组成的第一单元，主要介绍商业特许经营的基本概念。第一章主要参考美国学者托马斯·迪克所著的《特许经营在美国（1840—1980）》一书，及其他有关特许经营发展历史的相关材料，比较详细地介绍了特许经营从19世纪的制造业兴起、在20世纪后期的服务业当中成熟和完善的演化过程。第二章采用分解的方法，分别讨论产品与服务

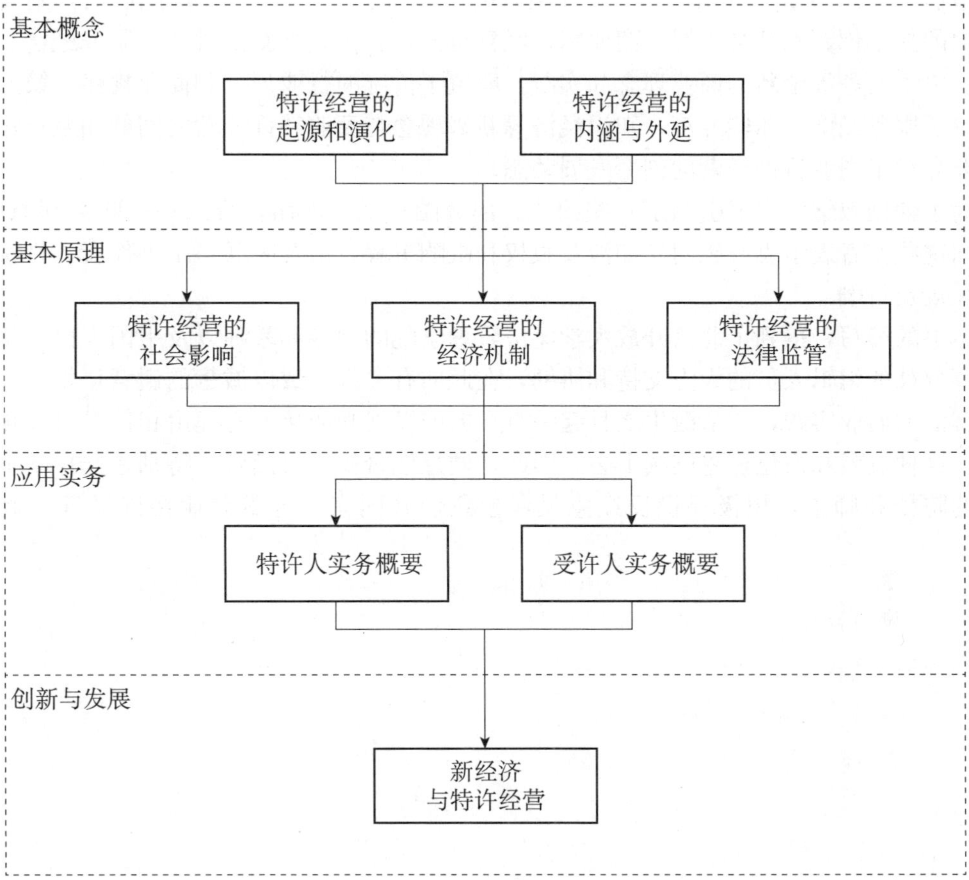

图 0-1　本书的体系结构

的分销以及知识产权授权这两个特许经营中的基本要素；然后用一定的篇幅介绍了与商业特许经营密切相关，但又相互区别的两种模式：连锁经营和政府特许经营。

从第三章到第五章是第二单元，分别从社会影响、经济机制和法律监管三个不同的侧面，介绍了商业特许经营的基本原理。第三章首先介绍了西方主要国家和我国特许经营发展的规模和现状、特许经营作为一种创业和就业途径的社会意义、特许经营欺诈现象，以及国际上主要的特许经营行业组织和中美两国政府在特许经营监管方面的行政管理制度。第四章是纯理论性的内容，主要是结合国际上较新的研究成果，讨论特许经营的内在经济机制，以及特许经营权的经济价值。第五章从美国特许经营立法的起源和发展过程入手，介绍了世界各国普遍采用的特许经营法律框架，重点阐述了我国特许经营立法的指导思想和具体措施，最后结合特许经营行业自律介绍了有关商业伦理和社会责任等方面的内容。

第三单元包括第六章和第七章，是实务性内容，分别从特许人和受许人两个方面，介绍商业实践方面所积累的有益经验。其中，第六章按照构建特许经营体系的内在逻辑，先后讨论商业概念、特许经营决策、特许权设计与销售以及特许经营体系的构建与管理；第七章则是从中小投资者的视角，依次介绍投资决策、尽职调查、谈判签约和开店等方面的常识，最后突出强调了受许人的自我保护与自律问题。

最后一章是第四个单元，关注特许经营的创新与发展。进入 21 世纪以后，随着全球范围内的技术创新和社会发展，商业特许经营也面临着一系列新的挑战。服务经济、知识经济、电子商务等全新的商业理念和实践，颠覆了传统的行业划分和商业规律。第八章依次讨论了服务经济、体验经济、知识经济等新兴理念与商业特许经营之间的相互作用，最后简要介绍了商业特许经营的创新发展动态。

为了辅助教学，本书引用了一些图片，部分图片来自网络，难以一一联系到原作者，在此向这些作者表示衷心感谢。如涉及版权和报酬事宜，请及时联络本书作者，将按照国家相关规定付酬。

本书的编写，得到了北京开放大学经济管理学院的领导和教师以及中国人民大学出版社教育分社的编辑人员的大力支持和协助，在此向有关人员致以诚挚的谢意！特许经营是一种鲜活的商业实践，它从诞生之日起一直在向前发展和演化。有理由相信在可以预见的将来，这种发展和演化还将继续下去。因此，诚恳地希望广大读者，特别是选择本书作为教材的院校和师生，积极提供反馈意见，让我们共同完善这本商业特许经营的概论性教材。

目 录

第一章　特许经营的起源和演化

【本章纲要】

特许经营的起源和演化

- 现代经济 —— 工业革命 → 企业制度 → 大小企业的合作
- 早期的授权分销 —— 麦考密克 → 胜家 → 可口可乐
- 现代工业的分销 —— 福特汽车 → 太阳石油
- 商业模式授权 —— 早期尝试 → 二战之后的爆发 → 潮起潮落

【本章重点】

- 深入理解现代商业特许经营的三个发展阶段；
- 准确掌握产品分销方面的主要术语；
- 熟悉历史上若干代表性企业的特许经营实践。

现代商业特许经营，经历了一个漫长的诞生与成长的过程，绝非朝夕之间突然出现。

18—19 世纪先后爆发的两次工业革命，彻底颠覆了延续数千年之久的农业文明。机械化、电气化不仅创造出一个全球性的产业市场，也从根本上变革了传统的商业贸易形态。美国著名经济史学家小艾尔弗雷德·钱德勒（Alfred Chandler，Jr.）用两个专门的术语来归纳这一重大的历史性转折：大规模生产与大规模分销。在传统的商业贸易模式向现代化、专业化分销体系变革的过程中，上游的大型制造业企业与下游的中小型分销商之间逐渐形成日益紧密的协调与合作关系，这就是现代特许经营的起源。到了 20 世纪 50 年代，发达国家里第三产业占经济的比重逐渐超过了第二产业，世界开始进入服务经济时代。原本只存在于制造业的产品分销特许经营模式，被新兴的服务业所吸收和借鉴，发展出以知识产权授权为核心的商业模式特许经营。

进入 21 世纪以来，信息和知识成为世界经济的核心要素。信息产品和以信息为基础的新型服务产品，又一次对工业化时代形成的商品流通模式提出了挑战。有理由相信，商业特许经营以其固有的知识经济内核，仍将在新经济时代占有自己的一席之地。

第一节 特许经营一词的来历

在现代社会中，特许经营是一个既清晰又含混的概念。所谓清晰，是指世界上的许多国家，包括我国在内，都针对特许经营活动制定了相关的法律法规，从法律上对特许经营做出了明确的界定。所谓含混，是指特许经营一词常常被用在各种不同的社会经济语境之中，指代多种有本质区别的社会经济行为。最为常见的现象是商业特许经营与政府特许经营之间的混淆、特许经营与排他性经营权的混淆，以及特许经营与其他商业授权行为如商标授权、专利授权的混淆。

从字面上看，汉语中的特许经营一词是一个偏正结构，其基本含义是“被许可的经营活动”。从法律上讲，其本质是不同民事主体之间基于经济合同而形成的一种委托代理关系[①]。因此，抽象的特许经营是指，一方拥有某种法定的权力（power）或权利（rights），可以禁止或许可其他民事主体从事某项特殊的经营活动。拥有特定权力或权利的一方，依法授权其他民事主体从事特定经营活动，就是特许经营。

在这种意义上，广义的特许经营可以追溯到古代君主授权臣民从事某种经济或商业活动。在中国的上古时代，实行的是所谓“工商食官”[②] 的工商业管理体制，从事工商业活动的人都直接隶属于官府，这是中国古代工商业专营和专卖制度的源头。西汉时期，中央政府对工商业活动的政策，经历了一个从放任自由到严格管制的转折。从汉文帝时期准许民间制造钱币的宽松政策，到汉武帝时期盐铁官营对工商业的积极干预和严格控制，这一重大转折直接导致了汉昭帝时期的“盐铁之议”和《盐铁论》这一历史著作的诞生。据《史记·平准书》记载：“大农上盐铁丞孔仅、咸阳言：‘山海，天地之藏也，皆宜属少府，陛下不私，以属大农佐赋。愿募民自给费，因官器作煮盐，官与牢盆。……敢私铸铁器煮盐者，釱左趾，没入其器物。郡不出铁者，置小铁官，便属在所县。’”即由民间自筹资金，官府提供必要的生产资料（官器），授权少数人从事煮盐和铸铁活动；同时用严刑峻法禁止民间的盐铁经营。此后近两千年里，各朝代都不同程度地对某些工商业活动实行了官营或专营制度，即所谓“禁榷”，从而形成了中国历史上政府特许经营的制度和思想。到了宋代，已经形成了非常完备的禁榷制度，涉及的商品种类包括盐、酒、茶、铁、煤等一系列重要的生产和生活物资。当时，商人们要从事相关的贸易活动，必须向官府购买许可证，这种许可证被称作“引”。

在西方的古典时期，最有代表性的一种政府特许经营活动是罗马共和国的包税制（tax farming）。公元前 123 年，罗马保民官盖厄斯·格拉古斯（Gaius Gracchus）为了提高税收效率设立了包税制度。国家将征税的权力授予富有的私人个体，他们预先向国家支付特定地区特定时段内的税款，然后向获得授权地区的民众征收更高的款项并以此获利，

---

① 参考《中华人民共和国民法总则》第七章。

② 参见《国语·晋语四》：“公食贡，大夫食邑，士食田，庶人食力，工商食官，皂隶食职，官宰食加。”韦昭注曰：“《周礼》曰府藏皆有贾人，以知物价。食官，官禀之。”

这种人被称作包税人（publicani）。当时，这种制度被滥用，从而极大地加重了民众负担。《圣经·新约全书》中的圣徒马太（St. Matthew）在成为耶稣使徒之前，就是一个被人唾弃的税吏（tax collector），《圣经》里甚至把税吏和罪人并称[①]。

现代英语中的特许经营（franchise）一词，源自中世纪的庄园制经济。罗马帝国晚期的社会经济体系是所谓的隶农制。区别于帝国早期的农奴，这个时代的农民往往拥有属于自己的小块土地。但是，在当时的社会政治体制下，这些有一定程度的自由权利的农民，在政治上必须要依附于某个领主。他们必须把自己的土地交付给领主，然后再以租赁（tenure）的方式在原本属于自己的土地上耕种，并且同时承担繁重的劳役，以此换取领主的保护。由此，这些农民就变成了所谓的自由佃农（tenant）。这种佃农在中世纪法语里的称谓是 franc tenancier，其中的 franc 表示佃农有人身自由和自主选择领主的权利。在公元 10—11 世纪的法国勃艮第，把这种佃农以租赁方式耕种土地的权利称作特许权（franchise），同时也用这个词代表佃农对领主所承担的地租和劳役。到了公元 12—13 世纪，传统的农奴制日益瓦解，那些原来完全依附于领主的农奴越来越多地寻求自由。这一时期由君主或宗教领袖颁发特许令（grant of charters）正式赋予这些农奴以自由公民的权利，这种做法被称作 enfranchisement，而农奴则要为获取这种自由身份而支付赎金[②]。同一时期，贵族或教会拥有的由君主授予的某种地方性管理权也被称作特许权[③]。

15 世纪末到 16 世纪初，欧洲列强开始了全球范围的殖民扩张。这种大规模的海上探险和国际贸易活动所需资本的规模远远超过个别商人所能承担的范围，甚至超过了皇家或者政府的承受能力，因此产生出一种所谓特许公司（chartered company）的模式，即由众多商人共同投资组建公司，由皇家或一国政府资助并书面授权其从事海外探险活动，授权中规定了从事贸易活动的条件、地域和权限。1600 年，英国女王伊丽莎白一世把英国在亚洲地区的海上贸易授权给不列颠东印度公司（British East India Company）；1602 年，荷兰政府授权荷兰东印度公司（The Dutch East India Company）垄断了从好望角到麦哲伦海峡之间的所有贸易活动；1606 年，英国国王詹姆斯一世把北美东海岸的大片地区的贸易活动，授权给弗吉尼亚伦敦公司（Virginia Company of London）；1672 年，英国国王查尔斯二世授权英国皇家非洲公司（Royal African Company）独家垄断非洲的奴隶贸易。这种特许公司的方式一直延续到 19 世纪末期，历史上存在的最后一个这类特许公司是 1891 年组建的葡萄牙的莫桑比克公司（Mozambique Company），该公司获得了葡属莫桑比克殖民地的 50 年特许权，直到 1942 年授权期满。

截止到 19 世纪末，在西方社会里，特许权一词主要用于政治领域，如统治者对臣民和民间机构的授权或解放奴隶。在英国，作为名词的 franchise 被用于表示各级议会的选举权（parliamentary franchise）。19 世纪英国先后通过了一系列改革法案，逐渐放宽对公民获得选举权的限制。通过废止对男性公民的财产限制以及允许女性参加选举等方面的改革，英国的登记选民数量从 1885 年的 570 万人增加到 1918 年的 2 100 万人，这种广泛的

---

① 参见《新约全书·马太福音》九 9～11。

② M. M. 波斯坦，等．剑桥欧洲经济史：第一卷．郎立华，等，译．北京：经济科学出版社，2002.

③ M. M. 波斯坦，等．剑桥欧洲经济史：第三卷．周荣国，张金秀，译．北京：经济科学出版社，2002.

赋权也被称作 enfranchisement。19 世纪中叶美国兴起了妇女解放运动，1850 年 10 月，在马萨诸塞州的伍斯特举办了首届全国妇女权利大会（The National Women's Rights Convention）。次年，英国哲学家穆勒的妻子哈里特・泰勒・穆勒（Harriet Taylor Mill）受到这次大会的激励，发表了一篇著名的文章《妇女的解放》，其英文标题就是 *The Enfranchisement of Women*。在斯蒂芬・布劳德波利和凯文・鲁尔克所著的《剑桥现代欧洲经济史》中，多处提到各类"政治特许权"（political franchise），但完全没有提及商业领域的特许经营①。

在英语中还有一个词的含义与特许经营密切相关，即 concession。一般工具书中对 concession 的基本解释是"让步"，但它另一个常用的含义是允许他人在自己的领地上从事某种活动。例如，19 世纪以来，西方列强在中国沿海地区占领了许多租界。这种租界被称作 concession，其本质是弱国（殖民地国家）向强国（殖民国家）出让某些地区的主权。前述那些欧洲特许公司所获得的殖民地地域授权也称作 concession。

现代英语中，concession 在一定程度上与 franchise 是同义词，但由于习惯上将商业特许经营用 franchise 来表示，因此 concession 更多地用来表示政府对民间机构的某些授权行为。曾经有国内学者提出，concession 表示政府特许经营，而 franchise 表示商业特许经营②。事实上，这两个词可同时用于表示政府特许经营，但其含义有明确区别。例如，美国纽约市政府下设的特许经营和特许权审查委员会（Franchise and Concession Review Committee，FCRC）对二者做出如下区分：

- Franchises：授权占用市政设施如街道、公园等用于公共服务的目的，如交通和通信。
- Concessions：授权私营机构使用市政设施如公共场所、广场等从事零售和娱乐等商业活动，按照其营业额收取一定比例的租金。

根据纽约市政府网站披露：2014 年纽约市政府从第一类政府特许经营中获取了 2 亿美元的收入，其中三分之二是来自有线电视的特许经营；而从第二类政府特许经营中获得的收入约为 5 000 万美元③。纽约市政府的这项规定体现的是城市一级政府特许经营的特点。实际上，一方面，当前在世界范围内 concession 一词更多地表示在基础设施领域政府与私营机构合作的一种代表性方式，即所谓 PPP（public-private partnerships），关于这方面内容将在后续章节中专门讨论。另一方面，尽管普遍采用 franchise 一词表示商业领域的特许经营活动，但是在许多场合，concession 一词也会用于表示商业范畴的授权活动。《牛津英语词典》给出的 concession 一词的解释就包括：一家公司授权他人在特定地点销售其产品④。

---

① Stephen Broadberry，Kevin Rourke. The Cambridge Economic History of Modern Europe Vol I，II. Cambridge：Cambridge University Press，2010.

② 张晓．政府特许经营与商业特许经营含义辨析．中国科技术语，2008（3）.

③ http：//www1. nyc. gov/site/mocs/contract/franchise-concession-review-committee. page.

④ https：//en. oxforddictionaries. com/definition/concession.

根据美国学者托马斯·迪克（Thomas Dicke）的研究[①]，用franchise表示商业领域的产品和服务的分销，这种用法的起源非常晚。20世纪70年代之前，《牛津英语词典》和《布莱克法律词典》（*Black's Law Dictionary*）从未提到特许经营销售的概念。《牛津英语词典》的1972年修订版确认，这个词从1959年才进入商业领域。1979年版的《布莱克法律词典》首次提到特许经营销售，将其叙述为源自商业上的代理分销模式。

综上所述，权威机构（君主、朝廷或政府）授权私人从事某些商业活动的做法由来已久。英语中的franchise一词诞生于中世纪，但长期以来这一术语主要用于表示政治领域的授权。当前公认的商业特许经营即franchise这一概念，是一个非常晚近的商业和经济术语，仅有几十年的历史。西方近代史上出现的特许公司已经随着殖民主义的衰落成为历史。另一个特许术语concession则主要用于表示现代政府和社会资本之间的合作关系，即PPP。但在实际应用当中，这几个词之间的区分并不严格，偶尔也会出现交替使用的情况。

第二节　现代经济的兴起

对于商业特许经营的起源，许多通俗的特许经营读物给出了五花八门的说法。一个普遍的现象是，越是那些营销色彩浓厚的文本，越是倾向于把特许经营的起源说得非常古老。在曾经入选美国国际特许经营协会“IFA特许经营名人堂”的美国商人劳埃德·塔布顿（Lloyd Tarbutton）所写的一本特许经营入门读物中，引用20世纪40年代美国出版的一本商业书籍的说法，声称早在公元前200年，一位名叫Lo Kass的中国商人就开设了连锁的零售店。塔布顿据此推测说，最早的特许经营可能比这更早[②]。

显然，我们无法接受这样的天方夜谭。更加严肃的学术研究认为，现代意义上的商业特许经营是随着工业革命所带来的大规模生产和大规模分销而出现的一种特殊的分销模式。正如美国学者托马斯·迪克在其所著的《特许经营在美国（1840—1980）》中所说的那样，从19世纪中叶到20世纪50年代长达百余年的时间里，在美国逐渐发展出两种不同类型的特许经营模式：一种是以分销工业产品为目的的制造业的特许经营，称作传统特许经营（traditional franchise），起源于19世纪40年代，到20世纪上半叶趋于成熟；另一种是服务业的特许经营，称作商业模式特许经营（business format franchise），起源于20世纪初，到第二次世界大战之后趋于成熟。后者的标志是20世纪50年代麦当劳等一批知名快餐企业的诞生和快速成长。按照制造业和服务业之分把商业特许经营分成两大类，这种做法至今仍然是美国政商学各界普遍认可的通行标准。但在欧洲和亚太地区，则采取更加狭义的标准，普遍把商业特许经营的概念限于零售业和服务业。

商业特许经营是大规模产业经济的产物。因此，要探究特许经营的起源和演化过程，就必须从分析工业革命以来的经济发展背景入手。

---

① Thomas Dicke. Franchising in America：The Development of a Business Method，1840—1980. Chapel Hill：The University of North Carolina Press，1992.

② Lloyd Tarbutton. Franchising：The How-To Book. Upper Saddle River：Prentice-Hall，1986.

一、两次工业革命

人们普遍认为，现代社会的经济秩序、制度、思想、理论，都源自始于18世纪中叶的第一次工业革命。著名经济史学家格雷戈里·克拉克（Gregory Clark）在其名著《告别施舍：世界经济简史》一书中，令人信服地论证了工业革命在人类文明史上的重大意义。按照他的观点，以1800年为界，可以把整个人类经济史分为两部分：1800年以前是农业文明，人类社会一直重复着所谓的马尔萨斯陷阱，即人口按几何级数增长，食物生产按算数级数增长，重复出现的战争、瘟疫等灾难会消除多余的人口；而1800年以后的工业文明（或称为现代文明）带给人类最大的贡献就是所谓的效率收益（efficiency gain）①。

第一次工业革命的技术成果主要体现在四个方面：

● 蒸汽动力：17世纪末到18世纪初先后出现了多种蒸汽机，其中最早的是1698年的塞维利（Savery）蒸汽机，但最成功的则是詹姆斯·瓦特（James Watt）于1776年的专利发明，其效率相当于早期蒸汽机的5到10倍。进入19世纪以后，固定式蒸汽机大量用于工业生产；高压蒸汽机则被用于运输，由此发明了火车和蒸汽船。

● 纺织业：由蒸汽和水力驱动的纺织机械，大幅度提高了生产效率。采用新动力之后，织布机的产出增长了40倍；轧棉机的产出增长了50倍。

● 冶金业：用焦炭代替木炭极大地降低了生铁和锻铁的燃料成本。新型锅炉不仅提高了钢铁产量，也极大改善了钢铁的质量。相比于传统的锤锻，轧机的效率提高了15倍。

● 机械工具：用于加工各种金属构件的螺旋切割车床、圆孔型镗床、铣床先后被发明出来。

除了以上四个方面，同一时期里化学工业、水泥生产、玻璃制造、造纸、农业机械等领域也取得长足发展。从我们所考察的流通领域来看，受第一次工业革命影响最为显著的是交通和通信。这期间，英美等国都修建了大量的运河与近代化公路。火车和铁路运输、电报通信也都是18世纪末到19世纪上半叶发明并投入使用的。

按照学术界广泛认可的一种说法，第二次工业革命主要以1870—1914年美国的工业化进程为代表。经历了19世纪上半叶迅速的城市化和领土扩张，以及19世纪60年代血腥的南北战争之后，战后的重建为美国带来了一个经济和技术高速发展的阶段，这期间最重要的技术发明有：

● 19世纪70年代：铁路上的自动信号、空气制动器和转向节联轴器；贝塞默（Bessemer）炼钢工艺和平炉炼钢法；电话、电灯和打字机。

● 19世纪80年代：建筑物采用电梯和结构用钢，造出了最早的摩天大厦。

● 19世纪90年代：留声机和电影；发电机取代蒸汽机，从而带来冰箱和洗衣机等现代家用电器的出现；内燃机的发明为随后的汽车和飞机的出现铺平了道路②。

铁路交通作为现代经济的大动脉，直接反映出19世纪的美国从一个奴隶制农业国家

---

① Gregory Clark. A Farewell to Alms：A Brief Economic History of the World. Princeton：Princeton University Press，2007.

② Http：//ushistoryscene. com/article/second-industrial-revolution/.

向现代化工业国家的历史性转折。据有关资料统计，内战前的 1860 年美国的铁路里程不到 5 万公里；而到了 1890 年全美的铁路里程已将近 21 万公里。

二、《看得见的手》

两次工业革命一方面极大地扩展了人口流动的范围，提高了人口流动的速度，从而给企业家和商人们带来了空前的市场空间；另一方面新型工业产品的大量涌现，使得市场交易的范围、频度和技术复杂性前所未有地增加。由此两次工业革命带来了一系列管理思想的变革。著名经济史学家钱德勒在其代表作《看得见的手：美国企业的管理革命》中用两组经典概念描述了这一历史变革背后的深层机制：一是大规模生产与大规模分销；二是企业内部行政管理的“看得见的手”①。

钱德勒在《看得见的手》一书中指出：生产与分销过程的革命，是建立在新的运输和通信等基础设施之上的。现代化的大规模生产（mass production）和大规模分销（mass distribution）依赖的是，铁路、电报、轮船等出现之后所带来的货物与信息的大规模、快速且规则的流动。当蒸汽动力和电气设备广泛应用于运输与通信技术之后，生产和分销中的这种变革就开始了。19 世纪 50—80 年代现代基础设施建立起来以后，现代化的大规模生产与大规模分销，以及管理这种生产和分销活动的现代企业，就随之诞生了。

所谓“看得见的手”，是相对于亚当·斯密（Adam Smith）在《国富论》中提出的市场那只“看不见的手”而言的。钱德勒认为，随着生产规模和技术复杂性的急剧增加，在管理理念和管理制度上出现了以下一系列重大趋势和变革：

- 当行政协调能够比市场机制带来更高的生产力、更低的成本、更多的利润时，现代多单元企业就会取代传统的小企业；
- 只有建立起管理层级，才能将许多业务单元的活动内化到单一企业中；
- 当经济活动的规模发展到行政协调比市场协调更有效率时，就会出现历史上的第一批现代工商企业；
- 管理层级一旦建立起来，并成功地行使行政协调功能，这种层级本身就会成为绩效、权力和持续增长的源泉；
- 指挥这些层级的受薪经理的工作，变得越来越技术化和职业化；
- 随着经理人日益变得专业化，企业的规模和多样性也日益增长，企业的管理权开始与所有权分离。

总之，按照钱德勒的观点，工业革命带来的技术变革极大地扩展了生产规模和市场规模，规模的扩大使得依靠内部行政手段来协调生产与分销，能够实现更高的效率。在产品分销方面，这种转变会导致大规模的企业自营渠道逐步取代传统的、以独立经销商为主体的批发零售体系。用钱德勒的话来归纳就是“战略决定结构”（structure follows strategy）。

三、大企业与小企业

按照现代产业组织理论，如果企业沿着供应链向上下游扩张能够提高效率，就意味着

---

① 小艾尔弗雷德·D. 钱德勒．看得见的手：美国企业的管理革命．重武，译．北京：商务印书馆，1987.

存在纵向的“范围经济性”。这时企业经营者就会有一种强烈的利益动机，以自营、并购或契约等手段将原本处于企业外部的分销渠道纳入企业行政管理的范围之内，理论上把这种扩张方式称作纵向一体化（vertical integration）。前述钱德勒的“看得见的手”就是这种战略的形象化表述。这一问题的本质在于，企业的内外边界如何确定，取决于管理效率和市场效率的对比与平衡。从流通领域来讲，这意味着到底是用“看得见的手”建立自营渠道，还是用“看不见的手”将产品分销交给市场。

不过，钱德勒的研究一直聚焦于那些体现美国工业化进程的大型企业，他关注的是，在工业化和现代化的大背景下，各主要行业里的领军企业是如何形成、扩张并持续运转的。通俗地说，钱德勒在研究对象的选择上是“抓大放小”。但是在现实的商业实践当中，实际情况要复杂得多，在产品分销领域尤其如此。大规模生产与大规模分销固然会导致大范围的纵向一体化，但是这并不意味着所有的大企业都会吞并下游的小企业。当行政管理和市场交易这两只手的力量达到均衡时，就会出现中间状态，这种中间状态就是商业特许经营[1]。

基于这样的分析，美国学者托马斯·迪克指出：对现代特许经营，最好是将其视作一种将大企业和小企业结合成为统一管理机构的**组织方法**。在一个特许经营体系中，一个被称作母公司的大型企业，向许多小企业授予分销其产品并使用其商标名称的权利。缔约双方由这种类似排他性的关系结成了利益共同体，这种关系的边界和控制的最终依据是通过合同建立的。获得并持有特许权的一方，尽管在法律和财务上是独立的，但必须遵守由母公司设计并实施的详细运营标准。

迪克在深入研究特许经营在近现代美国制造业和服务业的发展历程的基础上，得出以下基本结论：

● 作为现代经济发展的一个组成部分，产品特许经营模式是人们为了寻找更有效的方式来组织和管理大型企业的分销活动才创造出来的。

● 在组织大型现代企业的过程中，传统商业实践具有重大影响——至少在特许经营方面是如此。相对于现代化的大规模生产取代传统作业方式，历史上遗留下来的传统的分销方式（分销商），仍能符合现代商业企业的需要。

● 小企业在现代经济体系中始终占有重要的一席之地。特许经营是大企业与小企业相互之间关系的最极端的例证。特许经营产业的出现，部分地解决了小企业的主要经济问题。

四、产品分销的常见术语

托马斯·迪克在《特许经营在美国（1840—1980）》一书中所说的传统商业实践（traditional business practices），是指生产型企业将所生产的产品交给分销商，由这些分销商逐级转售，最终将产品卖给顾客。产品在从生产者到消费者转移的过程中，可能要经历多个交易环节。这其中有可能全部或部分环节是由代理商（人）承担的。在18—19世纪美国历史的早期阶段，这是一种非常普遍的产品分销方式。现代经济最显著的特点之一就

---

① 关于特许经营的经济机制，将在后续章节展开讨论，详见本书第四章。

是，由大量的职业经理人取代了市场上那些独立的商人，来协调商品与服务的流动。那种完全依靠市场交易来协调从原材料到最终产品之间流动的传统做法，无法保证现代化的大规模生产与大规模分销体系运行的效率，大型生产企业不得不将内部的行政管理机制向下游延伸（所谓纵向一体化）。迪克认为，特许经营之所以会在美国的工业化进程中脱颖而出，正是因为当年的企业家们面对特定商业环境的约束和挑战，在分销环节把管理这只看得见的手与市场这只看不见的手结合起来，来协调货品的流动。把由职业经理人组成的销售管理机构，嫁接到原有的半独立经销商网络上。通过将管理平台、契约条款和经济利益结合在一起，实现分销环节商业利益的最大化。不难看出，迪克对特许经营的诞生和发展所做的研究，是从早期生产型企业的分销模式入手的，因此会涉及商品流通环节一些具体的概念和称谓，这些术语含义相近或相似并且容易混淆，其中一些术语一直沿用至今。下面就来简要概括一下这些基本术语。

批发商（wholesaler）。批发商指从生产企业购进产品，然后转售给零售商或产业用户，不直接服务于个人消费者的商业机构，位于商品流通的中间环节。作为商品流通过程中的重要一环，批发商起着沟通生产商与终端市场的桥梁作用，是商业贸易分工细化的产物。其经济意义在于，通过与生产商和分销商之间的专业化分工而提高流通效率。

零售商（retailer）。零售商指将商品直接销售给最终消费者的中间商，是相对于制造商和批发商而言的，处于商品流通的最终阶段。批发-零售关系是一种非常古老的传统商业关系。生产商与批发商之间、批发商与零售商之间，都是纯粹的商品交易关系，批发商向生产商支付货款买断商品，在商品买卖之外二者之间基本上不存在其他商业关系。一个生产商可能同时面对多个批发商，生产商对批发商的选择通常以达成交易为基本原则，二者之间除了收款发货之外没有更多的彼此限制。上下游企业之间，一旦建立起除商品交易之外的更紧密的关系，就超越了原始的生产-批发-零售关系。导致这种情况出现的原因有很多，比如，对于复杂商品，在销售之前或之后，要求商家提供咨询、安装、维护等服务；在生产商的卖方市场上，上游企业会对下游经销商提出更加苛刻的条件，甚至要求经销商为获得经销资格而支付费用；随着现代经济的发展，消费者越来越青睐品牌商品，这就使得原本独立的经销商越来越多地体现出所经销产品的品牌色彩。

代理（agent）。商业贸易中的代理一词，其本来含义是指那些并不买断商品，而是通过销售活动赚取佣金的商业行为。代理人（代理商）在授权范围内，以生产商的名义从事销售，并对生产商承担一定的义务。不过，这种原始含义的代理商越来越少见，现在通常所说的代理商，往往必须向生产商支付货款，尽管付款的时间和条件会因市场情况不同而不同，如预付、即付或延期支付等，但在销售关系中确实存在着产品所有权的转移。代理一词与授权（authority）的概念紧密相连，当存在明确的授权关系时，普通的经销商就变成所谓的代理商。正是由于经销某种商品是一种有利可图的商业机会，上游企业才有可能对经销商实行有偿的授权方式。

经销商（dealer）。这个词的意义更具有普遍性，它既可以指经授权而取得资格的代理商，也可以泛指从事一般的商品转售（reselling）的商人。上面所说的那种支付货款买断商品的代理商，称为授权经销商（authorized dealer）更为准确。

分销（distribution）。这个词是一个上游视角的营销术语，指生产商关于产品如何进入流通环节并最终到达消费者这一过程的决策和制度，即所谓的分销策略与分销渠道。通常，可能的分销方式包括批发、授权经销、直接销售等三大类。与之对应的分销商（distributor）一词，既可以指传统的批发商，也可以指授权的经销商。

在授权代理分销体制中，一个很重要的现象是所谓的排他性代理。排他性是与产权相关的一个法律概念。应用在流通领域时，所谓排他性分销（exclusive distribution）有几层含义：首先是地域保护的概念，即上游企业承诺在特定区域内只授权一家企业作为独家经销商开展业务，从而保护下游企业的区域垄断地位和市场积极性；其次，授权经销商也不得越界销售，进入其他经销商的领域；最后，这类“独家”授权通常还规定，获得授权的经销商不得同时代理或自营与供应商直接竞争的产品。经销合同是否具有排他性，只是授权双方在签约谈判中互相博弈的结果。是否存在排他性约定，并不直接影响授权关系的成立。即使在特许经营关系中，排他性也不是必需的要件。

第三节　专利产品的授权生产与分销

如前所述，直到20世纪之初，特许经营这一术语还一直局限于政治范畴。现在已无法考证这个词从何时起被用于私人企业的授权活动。但是二者之间的内在关联却很明显：品牌商品的制造商会向君主那样行使特权，向代理商授予在指定地区分销其产品的排他性权利，以此换取授权经销商提供的分销服务和经济利益（如权益金），这种关系有可能出现在各种各样的商业背景下。从这个角度来看，品牌作为一种经济权利，从它出现在历史上那一刻起，就同时伴生出授权的行为与活动。然而，在漫长的历史中，这种零散的商业授权行为从未产生出重大的经济意义。直到19世纪中叶的第二次工业革命，在北美和西欧爆发出钱德勒所谓的“大规模生产”与“大规模分销”，这种上下游企业之间的授权活动才成为一种显著的经济现象和商业潮流。因此，在谈到商业特许经营的诞生时，一定要把它视作一种漫长的、渐进的演化过程，而绝不可能有一个准确的时点，可以被当作特许经营的诞生纪念日。更进一步说，追究到底是哪位企业家发明了特许经营，或者哪家企业最早从事特许经营活动，是毫无意义的。

美国一位资深的特许经营顾问迈克尔·塞得（Michael Seid）归纳出商业特许经营发展和成熟的三个主要驱动因素：（1）企业家市场扩张和控制渠道的欲望；（2）人力资本和财务资本的局限；（3）远程的市场覆盖与控制①。显然，在这三个要素的背后，是工业革命带来的大规模生产与分销。在美国，这种显著的经济变革，出现在19世纪中叶。在此之前，美国的经济一直被那些服务于本地市场的小企业所主导。19世纪40年代，密西西比河以东出现了一系列城市中心。运河、铁路等近代交通手段的出现，使得企业第一次有可能将大量商品分销到广阔的区域。这一时期市场空间的急剧扩大，给工业品制造商提出了一个全新的问题，那就是如何在广阔的地域里，协调其产品的流动。当时在美国，通常的做法是由批发商或独立代理商（independent agent）承担主要的商品流通职能，制造商

① Michael Seid. The Evolution of Franchising.（2006-05-30）. https：//www. franchising. com/articles/the _ evolution _ of _ franchising. html.

通过签约代理商把产品转售给独立零售商。这些代理商客观上同时为上下游——制造商和独立零售商提供信贷和营运资本。通常，这些独立代理商往往承销多个同类或相似制造商的产品。

这种传统分销模式最初的突破，出现在第一次工业革命所带来的一些创新产品上。

一、麦考密克收割机

1831年，在美国的弗吉尼亚州，一名年轻的农场主之子塞勒斯·霍尔·麦考密克(Cyrus Hall McCormic)发明了一种实用的畜力收割机，如图1-1所示。三年后这项发明获得了专利，又过了五年，麦考密克才把这项发明投入商品化生产和销售。然而他很清楚的一点是，靠他在自家农场的作坊里进行生产，连本地市场的需求也无法满足，更不用说外地甚至全国市场了。作为一个刚刚投入商业运营的专利发明人，他不仅缺乏足够的生产能力，更缺乏向广阔市场空间扩张所需的资金。于是，正如他本人向一家当地媒体所说的那样，他采取了"合伙制造和专利授权"的方法。1843年麦考密克以1 333美元的价格，把他的第一份授权卖给了一个名叫詹姆斯·海特(James Hite)的商人，后者获得了五年内在弗吉尼亚山谷(Valley of Virginia)地区制造和销售麦考密克收割机的排他性权利。此后麦考密克便四处奔走，致力于以这种方式推广他的专利产品。这个阶段，他销售专利授权的方式非常灵活，既有一次性授权，也有按生产数量收取权利使用费(royalty)。例如，1845年，他以1 000美元的价格将艾奥瓦州四个县八年的生产销售权利卖给约翰·卡梅伦(John Cameron)；同一年，他与圣路易斯的亨利·贝尔(Henry Bear)的合作方式则是，后者为每台收割机支付20美元的权利使用费。

麦考密克早期用专利授权的方法进行扩张取得了巨大成功。由于他的发明专利非常优秀，有着旺盛的市场需求，购买他的专利授权的人，只要在一小片区域进行生产和销售，就能够快速致富。1847年，麦考密克与查尔斯·格雷(Charles Gray)在芝加哥建立起合伙企业，由格雷提供所有建厂投资和初始的营运资本，麦考密克提供专利授权。两年后，麦考密克买断了格雷及其他合伙人的权益，建立起完全由自己控制的生产基地。收购芝加哥工厂带来的主要变化是，大大增加了麦考密克本人直接监督生产的收割机数量。1847年麦考密克生产了大约40台收割机；两年后产量提高到大约1 500台。他的这一决策是基于以下几点考虑：(1)经过十余年的发展，在最初的一批专利受许人的努力下，他的产品已经拓展出广阔的市场空间；(2)专利授权模式的成功，为他积累了扩张所需的资本；(3)此前那种分散的专利授权生产模式，带来了一系列产品质量问题；(4)这一时期的交通条件也大大改善，使得在芝加哥这样的内陆城市建立生产基地满足广阔的市场需求成为可能。

在1849—1871年这段时间里，麦考密克沿用了通过独立代理商向最终用户销售产品的模式。这一时期他的营销体系成分比较复杂：在美国东部和加拿大地区，他雇用了一些大的批发商作为州一级的代理人(state agents)，这些代理人负责选择和指定地区性的次级代理商(subagents)，并负责产品在当地的运输，他们通常收取所属区域内销售总额的5%～15%作为代理佣金。然而，一旦市场趋于成熟，公司就会将他们淘汰，改由公司与当地代理商(local agents)直接联系。在美国的中西部地区，麦考密克直接选择本地商人

图 1-1　麦考密克实地展示他发明的收割机

资料来源：纳威斯达公司官方网站，http：//www.navistar.com/navistar/whoweare/heritage。纳威斯达公司的前身国际收割机公司（International Harvester Company），是 1901 年由以麦考密克收割机公司为主的几家农机生产企业合并而成的。

或农场主作为当地代理商。这些人只是把销售收割机当作季节性的附加项目来经营，为每台机器支付 10～20 美元的佣金，就拥有当地的排他性权利，并且可以自由地授权下一级代理人。这些当地代理商的授权合同条件非常宽松，公司只控制销售价格和支付条款。这些代理商是以麦考密克公司的名义进行销售，并且只负责销售和安装，售后的维护工作完全由公司承担。这种代理模式是传统意义上的销售代理，即代理商是在制造商与顾客之间传递订单的中介。在麦考密克的营销体系中，那些传统的批发商仅在市场开拓阶段作为区域性代理人而非产品的转售商（reseller），一方面是由于收割机在当时是一种价格昂贵的"高科技"产品，并且需要一套复杂的支持体系，如展示、安装和维护等；而且，收割机是季节性产品，单靠销售收割机无法维系一个批发商全年的生意。另一方面，麦考密克具有强烈的品牌意识，这也促使他更多地依赖那些基层代理人直接进行产品零售。

1871 年以后，随着生产规模的扩大和产品种类的增多，麦考密克公司一方面逐渐把权力和责任下放到若干总代理商，另一方面逐渐把这些总代理商转变成公司的直营机构。但在零售层面，仍然主要依靠那些独立商人或农场主作为销售代理人。当然，随着市场范围和销售规模的大幅度增加，麦考密克公司也逐步地规范对代理商的管理，定期发送统一的通函，建立起标准的沟通渠道，并将分散在全国的代理商视作一支由公司直接管理的销售团队，而非零散的独立商人。

美国学者托马斯·迪克指出：麦考密克和整个农具行业所建立的分销体系，是传统小企业与现代的、纵向一体化的大企业的混合体。从19世纪40年代到现在，独立经销商一直主导着美国农具行业的零售贸易。大规模生产要求更紧密地协调制造与分销两个环节。在19世纪后期的麦考密克公司以及整个农具行业，这种协调是通过公司建立的区域性分支机构与独立经销商之间的长期稳定合作实现的。

二、胜家缝纫机

1851年，一个不知名的演员兼业余发明家伊萨克·梅里特·辛格（Isaac Merritt Singer），误打误撞地发明出一种新型缝纫机（如图1-2所示），并且和另外两个合伙人一起创办了胜家公司（I. M. Singer Company）。当时，很多人致力于缝纫机的发明和改进，但没有人能够实现规模化生产与销售。这个行业里，人们都致力于通过专利诉讼而非产品销售来获取微薄的利润。1851年，辛格的一位法律顾问兼合伙人爱德华·克拉克（Edward Clark）为他制定了销售区域分销权（territorial distribution rights）的策略，这是当时其他缝纫机制造商通行的做法。实际上，在当时的背景下，这种排他性分销权的销售，更多的是一种商品投机（commodity speculation）行为。一份排他性分销权大约卖到几百美元，买家大都寄希望于企业经营良好而使这种权利实现增值。最初的五年里，辛格卖出了几十份排他性专利授权，授权范围小到一个市，大到整个州。购买者获得的权利是“使用或者向他人销售，使用（而非制造）这一专利产品的唯一且排他性权利”。辛格承诺以55～70美元的价格向购买了授权的人供货，而广告中的零售价格是125美元。

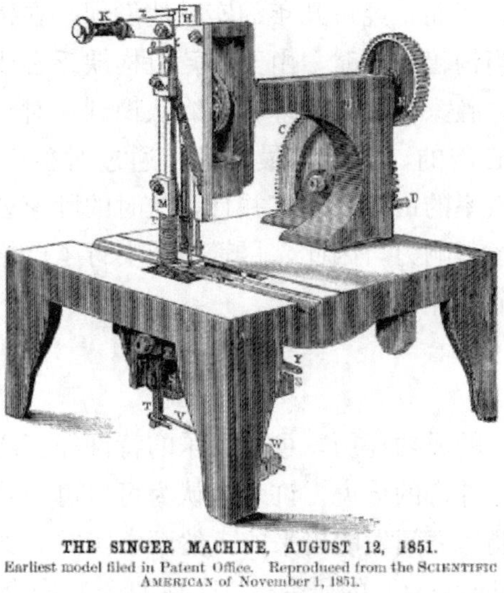

THE SINGER MACHINE, AUGUST 12, 1851.
Earliest model filed in Patent Office. Reproduced from the SCIENTIFIC AMERICAN of November 1, 1851.

图1-2　胜家公司最早的缝纫机产品

资料来源：维基百科“胜家公司”词条，https：//en.wikipedia.org/wiki/Singer_Corporation。

1851—1856年期间，这种带有投机色彩的营销策略为胜家带来了创业初期最为宝贵的两项收获：短期的营运资本和长期的全国性市场。这期间，辛格在销售专利授权方面的收入，甚至超过了销售缝纫机的收入。那些购买了授权的人，一方面以授权费的形式，为辛格的初创企业提供了宝贵的现金；另一方面还要用现金或短期票据进货，并且承担了全部的销售和赊销成本。更重要的是，通过这些人的努力，胜家的产品能够快速地进入全国市场。

1856 年，一方面，缝纫机市场趋于成熟，缝纫机行业里几个主要发明人通过谈判联合设立了一个专利池，以避免无休止的专利诉讼毁掉整个行业；另一方面，胜家公司在这一年首次推出了家用缝纫机。新的产品和新的市场环境，要求胜家公司改变原先那种投机式的专利授权模式。这一年，胜家开始回购初期草率售出的那些长期专利授权，在大中城市建立起公司直营的分支机构或授权区域总代理，在边远地区则用短期合同授权当地销售代理。位于纽约的胜家公司总部，以 25%～40%的折扣向分公司或区域总代理供货，或者按相同的折扣直接向当地经销商供货。由于代理商要自行承担销售成本，所以给代理商的折扣要大于给分公司的折扣。

1877 年，辛格去世一年后，爱德华·克拉克成为重组后的胜家制造公司（Singer Manufacturing Company）的第一任总裁。此时，缝纫机的普及程度大大提高，产品价格急剧下降。缝纫机的价格从最初的 125 美元，下降到 30 美元。因此，克拉克开始着手改革分销体系，希望通过严密的监管来削减销售成本。克拉克的大规模重组，借鉴了胜家公司在英国的总代理乔治·鲍尔温·伍德拉夫（George Baldwin Woodruff）的做法。在缝纫机的降价风潮中，伍德拉夫在英国用大批直营或独立的零售网点，取代了原来通过批发商分销产品的模式，不仅维持了很大的销量，还大幅度降低了销售成本，从而显著提高了利润。克拉克在总公司层面借鉴了这一成功经验，将分公司和地区总代理改造成区域中心（central office），由总公司实行严格的统一管理。克拉克最初试图逐步用公司直营的分公司取代那些独立的代理商，然而，经过几年的实践他发现，在销量上升阶段，直营的销售体系有助于降低成本；而当销售下降时，由于直营机构缺乏必要的灵活性反而会使成本增加。经过几年的实践摸索，胜家公司的管理者最终认识到：对于一套高效率的分销体系来说，公司直营分销既不是必需的，也不是最好的。通过对独立代理商实行严格的统一管理，完全能够实现成本与效率的最佳平衡。并且，这时的胜家公司清楚地意识到：由于胜家品牌已经拥有强大的市场影响力，因此，尽管公司实行了严格的管理制度，仍然能够吸引那些代理商留在胜家的分销体系之内。

三、可口可乐

相对于麦考密克和辛格的成功经历，可口可乐的特许经营之路更富有戏剧性。关于可口可乐的发明，有很多颇为神奇的传说。许多人认为可口可乐是亚特兰大药剂师约翰·彭伯顿（John Pemberton）偶然之间发明出来的。然而事实并非如此。根据美国学者马克·彭德格拉斯特（Mark Pendergrast）的研究①，这种如今风靡全球的饮料，并非出自偶然的发现，它是彭伯顿经过长时间的实验和改进，作为一种秘方药②（patent medicine）而

① 马克·彭德格拉斯特．可口可乐帝国．高增安，等，译．北京：华夏出版社，2009.

② 这种所谓的专利药品，实际上是指发明人为其产品名称或商标申请专利，并且严格保持配方的秘密，而非为配方本身申请专利，因为专利会导致配方的公开。

创造出来的。当时的美国，由酒精和某些致幻剂配制的所谓秘方药十分盛行。19 世纪 70 年代，彭伯顿首次接触到来自南美的、具有致幻作用的古柯叶（coca）并被其深深吸引。此后他开始仿制当时市场上风行一时的、含有古柯成分（可卡因，cocaine）的马里亚尼葡萄酒（Vin Mariani），并且在产品中加进了第二种至关重要的成分——可乐果（kola nut）。

1884 年，彭伯顿开始推销他的“法国古柯酒”（Pemberton's French Wine Coca）。由于受到亚特兰大立法会颁布的禁酒令的限制，他去除了产品中的酒精成分，然后不断尝试加入新的成分。1886 年，他研制出一种不含酒精的新型饮料。同一年，他与另外几个合作伙伴一起成立了彭伯顿化学公司（Pemberton Chemical Company）。其中的一个合伙人弗兰克·鲁滨逊（Frank Robinson）提议给这种新饮料起名为“可口可乐”（Coca-Cola）。1887 年，彭伯顿成功地申请了可口可乐的商标和专利。1888 年，另一位亚特兰大药剂师阿萨·坎德勒（Asa Candler）取得了对可口可乐的合法控制权，并随后注册了可口可乐公司（The Coca-Cola Company）。到了 1890 年，可口可乐已经成为风靡亚特兰大的冷饮，甚至在阴冷的冬天都能持续畅销。

这一时期的可口可乐主要是通过分布在大小药店里的冷饮机（soda fountain）销售。公司将配制好的糖浆送到各个零售店，零售店用苏打水稀释后制成成品，以 5 美分一杯的价格销售，当时的可口可乐广告如图 1－3 所示。据说，1889 年可口可乐公司一共卖出 2 000 多加仑的糖浆，而到了 1895 年已经达到惊人的 76 000 加仑。公司在芝加哥、达拉斯、洛杉矶、费城陆续建起了浓缩糖浆生产厂。在销售方式和分销策略上，坎德勒选择了与经销商（批发商人）和冷饮机的机主们分享利润的方式。

图 1－3　19 世纪 90 年代的可口可乐广告

资料来源：维基百科“希尔妲·克拉克”词条，https：//en. wikipedia. org/wiki/Hilda _ Clark。克拉克是广告中的女模特。

到了世纪之交的1899年，可口可乐糖浆的年销售量已经超过了28万加仑，市场上总计销售的成品饮料接近3 600万杯。可口可乐已经跨出美国国门，进入了古巴和波多黎各。就在这一年，两位来自田纳西州查塔努加（Chattanooga）的律师本杰明·F. 托马斯（Benjamin F. Thomas）和约瑟夫·B. 怀特海（Joseph B. Whitehead）萌发了以瓶装的方式经销可口可乐的想法。他们找到了坎德勒，展示了瓶装的可口可乐样品，提出开展灌装业务（bottling business）的想法。实际上，此前在1894年就有人向坎德勒提出过销售瓶装可口可乐的建议，但坎德勒对此毫无兴趣。这次托马斯和怀特海再次提出，坎德勒起初仍旧拒绝。然而，在托马斯和怀特海持久、耐心、巧妙的劝说之下，坎德勒最终同意以1美元的价格向他二人授予开展灌装业务的权利，授权区域包括除新英格兰、得克萨斯州和密西西比州以外的整个美国，而且他们还可以向其他人再授权。坎德勒对托马斯和怀特海提出的限制是不得进入现有的冷饮机销售渠道，并且不得灌装任何其他饮料产品。

尽管坎德勒是以一种漫不经心的态度对待这次授权的，但后来的事实证明，这一举动成为可口可乐发展史上具有里程碑意义的重大事件，催生出了世界上最为成功、最为活跃、最具创新精神的分销体系。坎德勒本人没有意识到，这份授权合同不仅使自己放弃了在市场上销售瓶装可口可乐的权利，而且合同本身也没有规定期限。正是这份授权合同，后来给坎德勒和可口可乐公司带来了无穷无尽的麻烦和漫长的诉讼。后来可口可乐公司不得不花费数百万美元，重新收回坎德勒不经意间丢掉的权利。

托马斯和怀特海很快就在查塔努加建立起第一家可口可乐灌装厂，注册了可口可乐灌装公司（Coca-Cola Bottling Company）。1899年年底，他们在当地报纸上发布了第一则广告："在任意一个车站、食杂店和酒吧，花上5美分，就能喝上一瓶可口可乐。"这则简短的广告，标志着可口可乐在分销渠道上一次革命性的转变：从原来的只限于药店和街边的冷饮机，扩展到"车站、食杂店和酒吧"。然而不到一年的时间，托马斯和怀特海的合伙公司就解散了，他们两人几乎在业务的所有方面都存在分歧。解散时，他们瓜分了从坎德勒那里获得的整个市场区域，各自成立新的公司独立经营。

在开始阶段，这两家公司都没有足够的人力、财力在那么广大的市场空间内开展灌装可口可乐的业务。他们四处寻找灌装厂（bottler）合作，对那些有充裕资金并有意从事这项业务的企业进行可口可乐灌装再授权，与之分享灌装利润，承诺向他们出售糖浆，并向他们提供技术专家和广告支持。就这样，托马斯和怀特海的公司成了后来声名显赫的"灌装先驱"。在整个20世纪里，可口可乐的灌装业务经历了复杂而持久的冲突与演变，但一直是可口可乐公司能够保持持久发展的一个主要驱动力。1909年，大约有400家可口可乐灌装厂。到20世纪20年代初，已经超过1 000家。20世纪20年代末，瓶装可口可乐的销量首次超过了通过冷饮机实现的销量，瓶装成为可口可乐的主要销售渠道。此后，可口可乐开始走向全世界。在进入其他国家的市场时，特许经营授权的灌装模式更是成为最佳的扩张方法，由此逐步形成了今天覆盖全球的"可口可乐体系"（Coca-Cola System）。如今这个体系中包括大约300个分布在世界各个国家和地区的合作伙伴，每天向全世界消费者提供17亿份可口可乐饮料。

第四节 现代分销体系中的直营和授权

在某种意义上，石油和汽车工业的发展代表了美国乃至全球的工业化、现代化的主要进程。而前述钱德勒所说的“大规模生产”与“大规模分销”也只有在进入20世纪以后，才在这两个行业里显示出真正的意义。

一、福特汽车

汽车工业是随着20世纪的到来而发展起来的。1900年，全美范围内有大约300家公司生产汽车，但这些企业全年的总产量加在一起，还不到4 000辆。然而在短短的20年里，汽车就从一个“富人的玩具”变成多数中产家庭渴望拥有的一项财产，汽车生产也从原始的手工制造发展成大规模生产的现代化工业。到1923年，汽车制造已经成为美国经济产出规模第一的行业，总产量超过400万辆，销售额达到25亿美元。

1903年6月，由12位股东共同出资28 000美元创立了福特汽车公司（Ford Motor Company），亨利·福特（Henry Ford）以他本人的专业知识和发动机专利获得22.5%的股份。最初的福特公司只是一个组装工厂。他们按照当时通行的做法，在底特律一间小型工厂里，将来自不同制造商的各种零部件组装起来。1907—1910年，福特陆续推出了多款不同型号的汽车，销量也从最初的每年几百台上升到每年数千台。随着公司业务的逐步开展，福特很快就从组装转向了真正的制造。1905年组建的福特制造公司（Ford Manufacturing Company），开始自己生产发动机和驱动装置。1907年，当亨利·福特获得了制造公司的控股权以后，他将这两家公司合并在一起，开始放手实施“为大众制造可靠的廉价汽车”的计划。他决定集中生产和销售单一型号的T型汽车，如图1-4所示。T型车给亨利·福特带来了巨大的成功，从1908年至1923年，福特的汽车产量逐步占到了全美国汽车总产量的一半以上。这一时期，福特的生产体系和分销体系被认为是行业里最有效率的。“福特主义”（Fordism）成为衡量其他生产商绩效的标准。T型车的成功使得福特本人成为公众心目中的英雄并享誉全世界，他和他的后人也因此收获了惊人的财富。从20世纪20年代中期开始，汽车工业出现了过剩。此后，接踵而来的大萧条和第二次世界大战导致了产销量的锐减。而亨利·福特个性偏执，经营理念僵化，不愿意开发新车型，忽视对市场的研究，拒绝为顾客提供消费信贷服务，由此导致了灾难性的结果：在1926年以后的20年的时间里，福特公司不仅失去了原本无可争议的行业领导者地位，甚至到1945年亨利·福特退休时，公司的生存都成了很大的问题。

从公司创立之初到20世纪50年代形成稳定的分销渠道模式和体系，在大约半个世纪的时间里，福特公司的分销策略大致经历了三个发展阶段。

1. 1903—1927年

在福特公司最初的日子里，福特的分销体系与麦考密克在19世纪80年代所采用的模式非常相似。当时，汽车的产销量还很小，并且主要集中在冬季销售。由于不需要过多的专用设备与设施，因此对经销商也没有过多要求与限制。这个阶段福特主要通过一批代理商和少数公司直属的分支机构进行销售，公司总部也通过广告直接销售。1908年福特的T

图 1-4　1908 年 10 月报纸上刊登的福特 T 型车广告

资料来源：美国国会图书馆网站，http：//chroniclingamerica.loc.gov/lccn/sn85038709/1908-10-01/ed-1/seq-4.pdf。

型车上市后，市场规模快速扩大。1909—1910 年福特销售了大约 2 万辆车。1913—1914 年增加到 25 万辆，而到了 1916—1917 年达到了 70 万辆。为适应这种变化，福特先后两次对销售体系进行调整。1907 年，福特雇用了会计师诺瓦尔·霍金斯（Norval Hawkins）负责分销体系的重组。霍金斯对福特公司原始的分销体系进行了标准化改造，初步形成了以公司直属分支机构和大批排他性经销商为主体的基本架构。福特公司以标准的年度销售合同对经销商的销售活动实行一定程度的统一管理。合同赋予经销商的权利和义务是排他性代理，但合同文本中却明确否认经销商与福特公司之间存在法律意义上的代理关系。福特这样做主要是为了规避经销商的某些行为所带来的第三方法律责任。1916 年年初，持续增长的销量和日益庞大的分销网络，曾一度使福特公司做出了增加直营销售的决定。但直营部门低下的效率，以及来自经销商的强烈反对，迫使福特放弃了这种做法。1916 年 7 月，福特公司做出决议，“由于公司规模的大幅度增长，福特公司未来不能同时从事零售和批发业务”。

2. 1927—1945 年

T 型车所创造的市场奇迹，使福特在很大程度上忽视了对分销体系的维护。尽管在管理上福特把经销商视作公司的一部分，但在销售上却把经销商视作一个供公司榨取利益的内部垄断市场。在早期的卖方市场条件下，这套体系运转良好。而到了 20 世纪 20 年代，市场对汽车的需求出现下滑，再加上福特在开发新车型和金融服务方面的僵化理念，使得福特公司与旗下经销商之间的矛盾开始显现。这期间福特对经销商的管控日益严格，而且凭借其优势地位“欺压”经销商，强迫经销商大量进货、不经通知随意地更改价格等。1927 年福特停止了廉价的 T 型车的生产，转而生产新的 A 型车。由于市场需求下滑，新车价格提高，产品供应也不稳定，福特公司先后采取了各种措施试图扭转局面。一方面仿照其他汽车制造商成立金融服务公司，另一方面再次尝试直营销售，于 1932 年组建福特汽车销售公司。不过短短的4年之后，销售公司就基本停止运营，到1943年公司进行了清算。尽管这一时期福特公司与经销商之间的矛盾日益突出，但总体上讲，在第二次世界大战之前福特的分销体系还是大致保持了稳定，从1933年到1940年，福特主经销商的数量一直保持在7 000家左右，相比于1928年的8 800家主经销商和20 000家次级经销商，下降了20%以上。

3. 1945—1956年

1945年亨利·福特退休以后，他的孙子亨利·福特二世（Henry Ford Ⅱ）接手了公司的管理。福特二世对面临破产威胁的福特公司进行了重组。这次重组的一项最重要的举措就是对公司的分销体系和特许经营政策做出了重大调整。当时，公司沿用的是战前制定的1938年版的授权合同，福特二世对这份合同的条款进行了扩充，重点放在改善与经销商的关系、加强经销商与公司之间的信息交流等方面，在销售和整体运营方面给予经销商更好的支持。1945年年底，福特公司首次建立了由经销商代表组成的经销商理事会（Dealers Council）。尽管这一机构无权参与销售政策的制定和经销商纠纷的处理，但它的确为经销商提供了一个有效的沟通渠道。1956年，在经过两次有关汽车制造商与经销商关系的国会听证会之后，福特公司成立了经销商政策委员会（Dealer Policy Board）。这个机构与全国性的汽车经销商协会（National Automobile Dealers Association，NADA）和地方性的行业组织建立了紧密的联系。而在30多年前NADA成立初期，老亨利·福特却对其有强烈的抵触和敌意。

二、太阳石油

1859年美国人埃德温·德雷克（Edwin Drake）成功地打出了第一口油井，拉开了现代石油工业的帷幕。在进入20世纪之前，炼油工业主要生产照明用的煤油。随着天然气的发现和电灯的发明，润滑油一度取代煤油占据主导地位。然而，20世纪初期汽车工业的发展，使得汽油成为一种具有广阔市场的通用产品。动力用油支撑了整个石油工业，使之成为20世纪世界经济的支柱产业。1907年，美国诞生了第一个驶入式的汽车加油站，当时全美登记在册的汽车一共有14.3万辆，全年所消耗的汽油只占当年汽油销售量的四分之一。而到了1919年，汽车数量增加到750万辆，全年消耗2.8亿加仑汽油，汽车加油站成为石油公司最重要的销售终端。

汽油是一种特殊商品，易燃易爆，需要用专门的设备和网点来贮存和销售；需求分布广泛，有公路的地方就需要加油站，消费者具有明显的流动性。更主要的是，很难从物理属性上区分不同厂家生产的汽油，据此托马斯·迪克把汽油称作“通用产品”（generic good）。与早期的收割机、缝纫机和汽车不同，甚至也区别于有专利和商标双重保护的冷饮可口可乐，石油公司发现在分销汽油这种通用产品时，作为销售终端的加油站，具有不可替代的品牌识别作用。而加油站特殊的专门设备和巨大的建设投资，使得一般的独立经销商难以承受，因此必须对传统的批发零售分销体系进行彻底的变革。

太阳公司（Sun Company Inc.）的主要创始人约瑟夫·牛顿·皮尤（Joseph Newton Pew）早年从事过石油钻探和石油产品的投机生意，曾一度专注于向美国主要城市提供民用天然气。1885年在俄亥俄州发现的新油田引起了他的兴趣，他和合作伙伴爱德华·O.

埃莫森（Edward O. Emerson）买下两口钻井，并于次年组建了太阳公司，开始涉足炼油和石油产品销售。公司成立初期，主要生产人工天然气，并且将副产品加工成润滑油。1912 年皮尤去世，他的儿子约瑟夫·霍华德·皮尤（Joseph Howard Pew）接管公司后，创立了后来驰名世界的“Sunoco”商标，如图 1-5 所示。1919 年，面对美国汽车工业的快速崛起，太阳公司开始进入汽车用油市场，但仍旧主要生产润滑油。直到 1926 年，太阳公司开发出无铅汽油的生产技术之后，才大举进军方兴未艾的汽油市场。最初，它采用了三种渠道混合的分销模式：公司直营、向经销商提供设备贷款以及“租赁与授权”（lease and license）。建设直营加油站的巨额资本负担，使得直营加油站不可能主导庞大的汽油零售市场。到 20 世纪 20 年代末，全美的加油站中只有 15%是由炼油企业直营的，其作用在于树立品牌形象、吸引顾客、鼓励经销商。

图 1-5　1922 年太阳公司的广告

资料来源：维基百科“Sunoco”词条，https：//en. wikipedia. org/wiki/Sunoco。

20 世纪 20 年代的汽油经销商通常在同一个加油站经营多个厂家的汽油，不同品牌之间只是靠不同的油泵来区分。太阳公司早期也主要依赖这种多品牌加油站。公司负责安装油泵，然后以一种名义上的租赁费（如一年一美元）租赁给经销商，经销商承诺定期向公司采购一定量的汽油，并按照公司的统一价格销售。随着汽油市场的日渐成熟，到 20 世纪 20 年代末，石油公司普遍发现了单品牌加油站的特殊价值，单品牌加油站的整体形象不仅可以更好地吸引过路司机，而且具有更高的贮存和运输效率；消费者品牌意识的增强，从另一个方面增强了对单品牌加油站的需求。排他性汽油经销商和单品牌加油站的出现和普及，使得汽油零售模式出现了变革，原来的一般经销关系转变成了“租赁和授权”的特许经营关系，那些普通经销商转变成了石油公司的受许人。新的分销模式很快在行业内推广开来，并引起社会的广泛关注。从 1919 年到 1933 年，美国联邦贸易委员会（Fed-

eral Trade Commission，FTC）多次对这种做法提出批评，认为这种方法阻止经销商销售竞争产品从而限制了竞争。不过，尽管 FTC 进行了多次调查，最终也未能阻止这种“租赁与授权”的分销模式。

由于太阳公司早期更加注重润滑油的生产与销售，以及管理者出于对专利授权的抵触不愿意从事含铅汽油的生产，1927 年以前，太阳公司在汽油生产销售方面落后于竞争者。1927 年，太阳公司的工程师发明了不用四乙基铅生产高辛烷值汽油的创新工艺（无铅汽油），太阳公司开始把战略重心从润滑油转向了汽油，从而使公司的营销策略与营销体系也随之转变。这一年，太阳公司发布了新的蓝色“Sunoco”标志，启动了一场三管齐下的推广活动：改变加油站的外观并且把自己的汽油染成蓝色；集中发布密集的媒体广告；加强对经销商及其下属加油站的直接控制。太阳公司独特的无铅汽油生产技术，使得它在树立独特品牌形象方面占据了很大优势。

太阳公司新的营销策略取得了巨大成功。1927—1929 年间，太阳公司的汽油销售量增加了 135%，Sunoco 的经销商数量从 1928 年的 2 300 家暴涨到 1930 年的 9 000 家，同时公司直营的加油站也从 100 家增长至 500 家。这一时期，太阳公司对经销商的控制也显著增强。新的经销合同不仅要求经销商必须定期采购一定数量的汽油并按规定的价格零售，而且对汽油以外其他产品的采购也做出了限制。除了合同限制以外，公司也强化了对加油站日常经营活动的控制。1930 年，公司开始向经销商发放统一编制的运营手册，要求 Sunoco 加油站在“设计、色彩、标志、设备等方面保持一致”。这本手册不仅详细列出了加油站经理和员工的责任，而且明确地规定，销售太阳公司产品的加油站必须保证标准的外观和统一的高水准服务。手册中规定了日常操作的大量细节，甚至规定了加油站员工所带工作帽的角度。

第五节　商业模式特许经营的发展

曾经有学者借用美国作家艾默生（Emerson）的一句话来描述商业模式特许经营的起源和早期发展：“这里没有历史，只有传记。”商业模式特许经营的核心是，创业者经过不断的试错过程，建立可复制的商业模式，而这种方法始终没有引起学术界的兴趣。现代商业模式特许经营的代表性人物，大都是受创业精神和商业野心驱动的草根创业者，许多人并未受过良好教育。他们在创业初期从未受到公众、媒体和研究者的关注。

一、早期尝试

商业模式特许经营的蓬勃发展始于 20 世纪 50 年代，这一结论已经得到普遍认可。然而，对于最早的商业模式特许经营何时出现，仍然是众说纷纭。下面列出的是不同资料中提到过的一些早期类特许经营现象[①]：

- 18 世纪，在美国建国之前，时任殖民地邮政总长的本杰明·富兰克林（Benjamin

① Michael Seid. The History of Franchising.（2017-04-09）. https：//www. thebalance. com/the-history-of-franchising-1350455.

Franklin）利用其职权，从1731年起在北美各地与多家印刷商签署了所谓“合伙从事印刷业务”的协议。协议中规定由印刷商出资并负责日常运营，并且必须购买富兰克林提供的油墨和纸张，不得使用其他来源的耗材。协议甚至还对合作伙伴从事其他商业活动做出限制，而这份协议并未对富兰克林一方做出任何限制性规定。

● 18世纪，英国伦敦的酿酒商与下游的零售商即酒馆之间，建立起一种被称作“绑定体系”（tied house system）的关系。酿酒商为酒馆提供融资，酒馆则承诺只从这一家酿酒商处进货。

● 19世纪中期，随着美国铁路的快速发展，一名叫作弗里德里克·亨利·哈维（Frederick Henry Harvey）的商人得到圣塔菲（AT&SF）铁路公司的授权，在长达20 000公里的AT&SF铁路线上的上百座车站，开设了哈维家（Harvey House）连锁餐厅，这些餐厅都是由哈维本人直接投资和经营的。

● 1891年，女佣出身的玛莎·玛蒂尔达·哈珀（Martha Matilda Harper）在纽约开设了一家美发沙龙，创立了自己的特色美发护肤方法“哈珀法”。随后，她在各地为贫困妇女提供培训，帮助她们按照自己的模式开设哈珀美发店。到1928年，全世界范围内一共开设了500多家哈珀美发店。

● 1919年，美国商人罗伊·艾伦（Roy Allen）从一位药剂师手里买下一个配方，开始制作沙士（root beer）饮料并以授权的方式销售。1923年，他和合伙人弗兰克·怀特（Frank Wright）一道开设了A&W沙士餐厅（A&W Root Bear），并从1924年起以授权的方式沿公路开设A&W驶入式汽车餐厅（drive-in）。由于A&W受许人可以自由地更改菜单，按照个人意愿开展经营，所以很难把A&W视作特许经营体系。

● 1923年，比利·英格拉姆（Billy Ingram）和沃尔特·安德森（Walter Anderson）开始在堪萨斯经营白城堡（White Castle）得来速（drive-thru）餐厅①。2017年7月白城堡餐厅首次进入中国市场，在上海静安区开设了两家餐厅。白城堡餐厅始终保持全直营体系，且公司一直保持了私人公司性质。

● 1925年，霍华德·约翰逊（Howard Johnson）在马萨诸塞州买下一家路边小药店并开办了自己的公司。最初他专注于冷饮业务，他的自制冰激凌在当地广受好评。1929年，他在波士顿郊区开设了第一家豪生餐厅（Howard Johnson's）。1935年，约翰逊把第一份授权授予了他的一位老朋友雷金纳德·斯普拉格（Reginald Sprague）。斯普拉格的店获得了很大成功，这启发了约翰逊通过授权扩张的方式，获得扩展业务所需的资金。当年豪生餐厅就授权了39家加盟店，到了1940年，豪生餐厅已经拥有132家餐馆，其中40家由他本人直营，92家是加盟店。

值得注意的一点是，早期类似于商业模式特许经营的实践（主要集中在餐饮和服务业），是和连锁经营的概念纠缠在一起的。上述的哈维家和白城堡等例子，就与特许经营完全无关。本书第二章将详细介绍连锁经营及其与特许经营之间的关系，这里只需要强调，狭义的连锁经营是全直营多店系统，其中不存在不同法律主体之间的授权行为。

① 请注意白城堡的得来速餐厅（drive-thru）与上述A&W的汽车餐厅（drive-in）之间的细微差别。

二、第二次世界大战后爆发

商业模式特许经营在 20 世纪 50 年代前后爆发。从表面上看，二战后大量军人和后勤人员退伍并离开军队，产生一股强大的就业需求。更深一层看待这一现象，应该归功于这一时期美国从产业经济向服务经济转型的大背景。一方面，战后的和平氛围极大地刺激了人们的消费欲望，全社会爆发出巨大的消费潜力；另一方面，经过近百年的发展，美国的工业化进程已接近完成，第三产业正在快速兴起。1956 年，美国的就业人口中，“白领”的数量首次超过了“蓝领”工人，这一年被认为是美国从工业化社会向后工业化社会转变的转折点。

按照美国学者托马斯·迪克的说法，二战结束时，特许经营大规模扩张的条件就已经成熟。但是从战后到 20 世纪 50 年代末这大约 15 年间，特许经营“行业”一直在静悄悄地快速增长（grew rapidly but quietly）①。据美国联邦贸易委员会的统计，1950 年全美范围内已有大约 100 位商业特许人。今天的商业书籍和媒体往往把 1955 年雷·克罗克（Ray Kroc）开设第一家麦当劳授权店当作现代特许经营的起始点，并把美式快餐当作孕育了商业模式特许经营的摇篮。实际上，在 20 世纪 50 年代对特许经营快速增长做出最大贡献的是软式冰激凌行业。有数据表明，1945 年整个美国只有大约 100 个软式冰激凌摊位，而到了 1960 年，全美的软式冰激凌摊位已经超过 18 000 个，这其中很大一部分是经特许经营授权的加盟店。

1. 冰雪皇后

商业模式特许经营并非某位商业奇才突发奇想式的“发明创造”，其核心理念与西方社会中长久以来就一直存在的“授权”思想和实践，有着千丝万缕的联系，冰雪皇后冰激凌的早期发展历史就充分展现了这一点。

1938 年，约翰·弗雷蒙特·麦卡洛（John Fremont McCullough）和他的儿子艾利克斯（Alex）发明了一种软式冰激凌配方，并把它命名为冰雪皇后（Dairy Queen，以下简称 DQ）。次年，麦卡洛和软式冰激凌机的专利持有人哈里·奥尔特兹（Harry Oltz）签署协议，获得了在 DQ 冰激凌店中使用奥尔特兹专利设备的授权。奥尔特兹从麦卡洛所生产的每一加仑冰激凌中收取大约两美分。奥尔特兹还授权麦卡洛可以在美国西部地区进行再授权，他本人保留了东部地区的权利。1940 年，麦卡洛和朋友谢尔布·诺布尔（Sherb Noble）在伊利诺伊州的乔利埃特（Joliet，Illinois）开设了第一家 DQ 冰激凌店，如图 1-6 所示。由于麦卡洛父子认为 DQ 冰激凌的畅销只是短时的，所以他们主要采用区域性卖断的方式进行扩张。这时，DQ 冰激凌店火爆的生意吸引了一位农具销售员哈里·艾克森（Harry Axene），他找到麦卡洛，与之结成 50-50 的合作伙伴。二战后，艾克森看到 DQ 冰激凌特许经营的良好前景，买断了整个公司。1946 年 11 月，艾克森和 26 位意向投资者一起召开了一次会议，他在会上提出了采取初始费用加持续性权益金的方式开展区域授权

① Thomas Dicke. Franchising in America：The Development of a Business Method，1840—1980. Chapel Hill：The University of North Carolina Press，1992. 特许经营“行业”上的引号为本书编著者所加，对此的说明详见本书后续章节。

的想法。1948年，艾克森再次召集35位店主和区域运营商在明尼阿波利斯开会，正式组建DQ全国贸易协会（DQ National Trade Association）。该协会作为一个非营利组织，其目标是对整个DQ体系的经营用品进行标准化，包括冰激凌锥筒、塑料制品以及店内其他所有物料。到20世纪50年代早期，该协会已拥有将近900位缴费会员。从1947年到1955年的8年间，DQ冰激凌店从100家增长到2 600家，并于1953年在加拿大开设了第一家店。1955年，DQ全国贸易协会转为营利企业（DQ National Trade Company，DQNTC）；1962年，新组建的国际DQ公司（International Dairy Queen，Inc. 以下简称IDQ）接管了DQNTC；1972年，IDQ的股票开始在OTC市场交易；1998年，巴菲特（Buffett）的伯克希尔·哈撒韦公司以5.85亿美元的价格收购了IDQ[①]。

图1-6　位于美国伊利诺伊州乔利埃特的第一家DQ冰激凌店

资料来源：http：//eastnorriton. org/?page _ id=581.

2. 麦当劳[②]

世界上的任何地方，当人们谈论特许经营的时候，都会提起世界快餐巨头麦当劳（McDonald's），把它当作特许经营企业最成功的代表。在某种程度上，这只是由于麦当劳品牌自身在全球的影响力所导致的结果。根据国际品牌评价机构BrandZ的最新报告，2016年麦当劳以886.54亿美元的品牌价值名列全球最佳品牌第九位、快餐类品牌第一位。然而，正如美国学者考夫曼和拉芳丹所指出的那样，“从培训费、成功率、特许人对受许人的控制等方面来看，作为特许人，麦当劳并不具有代表性”[③]。

麦当劳兄弟（Richard and Maurice McDonald）于1940年在美国加利福尼亚州的圣贝纳迪诺开了一家驶入式的烧烤店。1948年，兄弟二人把它改造成只卖几种简单食品的快餐店，并借鉴和发展了白城堡餐厅的快餐经营原则，开发出独特的“快速服务系统”（Speedee Service System）。1954年，为麦氏兄弟提供奶昔设备的商人雷·克罗克被麦当

① DQ公司的历史资料与数据主要来自：http：//www. encyclopedia. com/social-sciences-and-law/economics-business-and-labor/businesses-and-occupations/international-dairy。

② 关于麦当劳的早期发展，主要参考维基百科与麦当劳有关的两个词条：https：//en. wikipedia. org/wiki/McDonald's和https：//en. wikipedia. org/wiki/History _ of _ McDonald's。

③ Patrick Kaufmann，Francine Lafontaine. Costs of Control：The Source of Economic Rents for McDonald's Franchisees. Journal of Law & Economics，1994，37（2）.

劳店简捷便利的经营模式所吸引，经过与麦氏兄弟的商谈，他获得了在全美国开设麦当劳快餐店的授权。

1955年，克罗克组建麦当劳系统公司（McDonalds Systems，Inc.），将其作为受许人机构，并开出第一家麦当劳授权店；1958年，麦当劳卖出第1亿个汉堡；1959年，第100家麦当劳餐厅开业；1960年，克罗克将公司改名为麦当劳公司（McDonald's Corporation）；1961年，麦氏兄弟与克罗克就转让经营权展开谈判，谈判破裂后，麦氏兄弟失去了麦当劳特许经营的权利，仅仅保留了他们最初的餐厅；1963年，麦当劳卖出第10亿个汉堡，开出第500家餐厅；1965年，麦当劳公司在纽约证券交易所上市；1980年，麦当劳首次入选道琼斯工业平均指数（DJIA）的30只成分股。

当克罗克在1955年着手开展麦当劳的特许经营时，距离约翰逊卖出第一份豪生餐厅授权已经过去了整整20年。这时候在美国的餐饮业，特别是快餐/便餐行业，通过出售特许经营授权实现快速扩张已经成为一种很时髦的做法。克罗克自己曾经说，在麦当劳最初的日子里，DQ冰激凌一直是他从事特许经营的榜样。不过，真正帮助麦当劳取得巨大成功的不仅仅是特许经营，更主要的是以店铺为核心的地产经营。受到一个地产商的启发，克罗克在麦当劳公司成立后不久，就制定出购买或长期租赁合适店址上的物业，再转租给受许人的商业模式。用克罗克自己的话讲，“这是给麦当劳带来真正收入的开始”[①]。

三、潮起潮落[②]

1965年4月15日，麦当劳公司成功上市，一时间引发了美国资本市场对特许经营概念股的热捧。麦当劳股票上市当日的开盘价是22.5美元，当日的收盘价达到30美元，当月收盘价则涨到50美元。1966年3月肯德基公司上市时，引发了后来《时代周刊》所说的“几十年来最疯狂的繁荣”。到1969年，特许经营在资本市场上造就出多位新的千万富翁：国际饼屋（International House of Pancakes）的创始人阿尔·拉宾（Al Lapin）身价为4 000万美元；麦当劳的雷·克罗克身价为1亿美元；肯德基的两位合伙人约翰·布朗（John Brown）和杰克·梅西（Jack Massey）各自的身价也都超过5 000万美元。1969年一年之内，美国的特许人就从789位增长到900位。1970年《华尔街日报》的一篇报道中说，从1955年到1970年的15年间，“特许经营行业”的销售额增长了3 600%，加盟店数量从5万家增长到67万家。用这篇报道的原话，“特许经营成为美国人人必玩的游戏，从演艺明星、华尔街大佬直到街头小贩”。

1970年5月29日，星期五，这天的《华尔街日报》登出一篇报道，题为《经历了15年的繁荣之后，许多特许经营企业陷入困境》。文中说：“特许经营曾经被华尔街视作宠儿，被小企业视作救星；但今天，它已经被华尔街遗弃，被大众诅咒。”如此悲观的论调，堪称20世纪60年代末特许经营泡沫破灭的一首终极挽歌。

华尔街首先意识到，那些热门的特许经营企业的记账方法存在严重问题：按照当时的

---

① 雷·克罗克. 麦当劳之父的创业冒险. 钱峰，译. 北京：机械工业出版社，2009.

② William L. Killion. The History of Franchising//Alexander M. Meiklejohn. Franchising：Cases，Materials，& Problems. American Bar Association，2014.

惯例，特许人企业每签署一份授权合同，就立即把一次性的初始特许经营费记作收入。其中一个最为典型的案例是，一个名叫“米妮珍珠鸡”（Minnie Pearl's Chicken）的特许品牌在上市前疯狂地进行授权，其中有大量的虚假授权交易。该公司于1968年上市时，账面上记录了405份授权，总计约500万美元的收入，它通过IPO从资本市场上融资700万美元。然而，到了1969年，只剩下263家店铺继续经营，而这时它已经卖出了1 600家店的授权，最终整个特许经营体系彻底消失。

毁掉特许经营名声的还有当时大量的名人授权特许经营体系（celebrity franchise systems）。20世纪60年代后期，许多初创的特许经营企业用当红演艺明星的名字命名自己的特许经营品牌，以骗取公众和资本市场的信任。最为极端的一个例子是：1969年3月，一个名为“百老汇乔”（Broadway Joe's）的品牌，只开了一家餐厅就上市，以10美元一股的价格发行了200万股股票。短短几个月后，该股票的价格就从最高17美元狂跌到5美元并最终退出了市场。

除了在资本市场上的一落千丈之外，许多此前疯狂扩张的特许人企业被卷入大量诉讼，尤其是集体诉讼。与此同时，大量草根投资者（所谓夫妻店受许人）赔光一生积蓄的故事在整个美国社会蔓延。纽约总检察长路易斯·莱夫科维茨（Louis Lefkowitz）在一份文件中说：“许多特许经营公司，除了印制精美的宣传册以外什么也没做……本州的公民往往用他们一生的积蓄去买那些毫无价值的特许权。”

特许经营的名声在1970年跌入谷底。资本市场上的动荡和公众的强烈不满引发了政界的关注，一些国会议员开始提出特许经营立法的议案。参议院的一些相关机构多次就相关提案举行听证会。然而，国会最终没有通过这些提案。1970年参议院小企业委员会发布了一份题为《特许经营对小企业的影响》的报告。报告指出，关于特许经营的统计和经验数据在数量和质量上都不够充分。为了弥补这一资讯缺口，美国联邦小企业署（US Small Business Administration，SBA）委托威斯康星大学的两位教授厄尔本·B. 欧赞（Urban B. Ozanne）和谢尔比·D. 亨特（Shelby D. Hunt）就此展开专题研究。次年，二人发表了题为《特许经营的经济影响》的研究报告，他们的结论是：“……（总体来讲）作为一种分销体制的特许经营，净经济效果（net economic effects）是积极的……特许经营是大型公司直营连锁体系的一种可行替代方案……这个部门对我们的经济非常重要，应避免那些会毁掉这一部门的立法。”欧赞和亨特在这份报告中还提出了一系列积极的立法意见，如对于“充分披露”的联邦监管、设立特许经营合同的冷静期和终止条款等，这些建议都被美国联邦贸易委员会后来的相关条例所采纳①。

扩展阅读

真正的“创始人”

材料说明：2016年，由约翰·李·汉考克导演、米歇尔·基顿主演的电影《创始人》

① 关于特许经营法律监管的发展过程，以及美国特许经营在1970年以后的发展，将在本书第五章进一步讨论。

在美国上映。该片描述了国际快餐巨头麦当劳公司的创业历史。该片上映后，哥伦比亚广播公司（CBS）的记者本·特雷西，在位于美国加利福尼亚州唐尼市的、现存最早的麦当劳店前，采访了麦当劳家族的后人，如图 1-7 所示。以下是 CBS 的采访纪实。

图 1-7 2016 年，CBS 记者在现存最早的麦当劳餐厅前采访麦当劳家族的后人

在加利福尼亚州的唐尼市，有一个我们这个快餐国家的遗迹：世界上现存最老的麦当劳店。

杰森·麦当劳·法兰西（Jason McDonald French）是迪克·麦当劳（Richard McDonald，昵称 Dick）的孙子，早在 1948 年，迪克就和哥哥麦克（Maurice McDonald，昵称 Mac）一起在加利福尼亚州的圣贝纳迪诺出售汉堡、炸薯条和奶昔。位于唐尼市的这家店是他们兄弟建立的第三家店，也是迄今仍在经营的最古老的麦当劳店。

特雷西问道："在这个拥有特殊历史的家族里长大，你有什么特别的感受？"

"我们小的时候，家里禁止我们谈论此事，"法兰西回答道，"父母不希望我们到处去说，我们是理查德·麦当劳的孙子。这是家里从没有人谈起的一桩秘密。我们从来也没有宣扬它。"

这可能是因为，我们今天所知道的、在 100 多个国家拥有近 37 000 家店的麦当劳帝国，是由一个并非是姓麦当劳的人造就的。

"你爷爷曾经和你提起过雷·克罗克吗？"

"没怎么提起过。雷·克罗克是个敏感的话题。我爷爷和雷一起工作了许多年，他们的关系一直非常好。"

这是这部新电影《创始人》讲述的真实故事。其中米歇尔·基顿扮演了雷·克罗克，正是他接手了麦当劳兄弟的品牌并把它授权到整个国家。

特雷西问基顿："我们大家都认为我们了解麦当劳，你了解到什么新奇的事情了吗？"

“我学到了很多，”基顿答道，“首先，我以前并不知道麦当劳兄弟的存在，我对这个故事了解得越多，就越是觉得有趣。”

1948年，麦当劳兄弟首次创造出一种新的厨房作业流水线，他们管它叫“Speedee服务系统”。早在麦当劳叔叔出现很久以前，“Speedee”就是这家餐厅的吉祥物。在那个驶入式汽车餐厅称霸的时代，他们的系统是革命性的。

“我并不完全了解麦当劳兄弟是如何创造出今天这种快餐的，”《创始人》的导演约翰·李·汉考克说，“它是一种魔术，它改变了世界。”

“当时的人们已经习惯于在汽车里进食，所以要他们下车、走到窗口前点餐，然后没有任何餐具、盘子什么的，他们感到无所适从。”

1954年，雷·克罗克向麦当劳兄弟交付了几台奶昔搅拌器。他对兄弟两人的创造心生敬畏，并说服他们由他把这金色的拱门传播到全国。

1955年，克罗克在伊利诺伊州的德斯普兰斯开设了他的第一家麦当劳加盟店，并最终建立起麦当劳公司。

“从他的职业道德、工作精神和远见卓识来说，我真的非常敬佩雷·克罗克，”基顿说道，“但是，现在你看到了，电影里他去往南方这一点，我并不那么敬佩！作为一名演员，这部分非常值得去挖掘和演绎。但作为人，这并不吸引人。”

（由基顿扮演的）克罗克说：“合同就像心灵一样，生来就是为了打破的。”

克罗克长期与麦当劳兄弟争夺控制权，1961年，在一桩史上最精明的交易中，他用270万美元的代价，从二人手里买下了这家企业和使用其姓名的权利。今天这家公司的价值已经超过1 000亿美元，雷·克罗克被认为是创始人。

特雷西说：“从电影的名字来说，你的脸皮有点厚。”

“哈！我会说这是故意误导。”汉考克大笑着说道，“你如何来定义创始人？是提出这个想法的人，还是扩展这个想法的人？”

“你认为他把自己称为创始人，是在延续一个谎言，还是他真的这么认为？”

“我想他会说是后者，但我认为应该是前者。对，按照我的看法，他是那种……如果永远没有人提起麦当劳兄弟，他才会觉得舒服。”

杰森·麦当劳·法兰西为他爷爷的创造感到骄傲。当他回忆起圣贝纳迪诺的麦当劳店那种特有的怀旧色彩时说道：“那是我爷爷多年辛劳创造出来的。”

但这个家族很少提起雷·克罗克向麦当劳兄弟承诺的，所有麦当劳店缴纳0.5%权益金的口头协议。

这个家族说他们从来也没有收到过一分钱。

“我想，大约每年要有100万美元，”法兰西说，“嗯，这很疯狂。”

“你的家族对此感到怨恨吗？”

“不，不。我爷爷从来也没有怨恨过。我爷爷没有怨恨过的事情，我们为什么要怨恨呢？”

“可是，你们有100万个理由去怨恨！”特雷西说道。

“哈！”法兰西笑了。

对于法兰西来说，看到自己家族的故事能够在大屏幕上讲述，就是在以他们自己的方式得到回报。

“这个故事能够以正确的方式被讲述，并且保持了历史的准确性，我们都大喜过望，”他说，“他们的确创造了快餐。他们从最初的起点开始，我不认为他们得到了应有的荣誉。”

资料来源：The Real “Founder” . CBS News. （2017-01-22） . https：//www. cbsnews. com/news/the-real-founder/.

第二章　特许经营的内涵与外延

【本章纲要】

- 特许经营的内涵与外延
  - 产品与服务的分销——一般性策略 → 服务产品的特殊性 → 商业模式成为商品
  - 知识产权授权——知识产权保护 → 商业授权的基本原则 → 特许经营的替代选项
  - PPP与政府特许经营——PPP → 政府特许经营的内涵 → 全球概况 → 中国实践
  - 连锁经营——起源与发展 → 反连锁运动 → 多种形态 → 与特许经营的关系
  - 特许经营理论——研究机构和研究成果 → 多种研究视角

【本章重点】

- 深入理解产品/服务分销的一般规律和商业策略；
- 深入理解知识产权授权的基本原则；
- 熟悉政府特许经营的概念、内涵与实践；
- 熟悉连锁经营的起源和多种形态，全面掌握连锁经营与特许经营的关系；
- 了解特许经营的学术动态和主要理论成果。

商业特许经营，是近代工业革命和现代产业经济发展的一项副产品。

如前所述，特许经营起源于品牌化的工业产品的分销。在特许经营模式出现的早期，具有巨大市场潜力的专利产品是这种授权分销模式的基础与核心。大约在 20 世纪 50 年代，当服务业逐渐成为主导行业之后，一批富有创新精神的草根企业家们，吸收和借鉴了零售行业品牌连锁经营的成功经验，在一定程度上剥离了传统特许经营中有形产品的内核，代之以一种有价值的单店经营模式，由此形成了所谓商业模式特许经营。从这个意义上讲，现代商业特许经营的本质，仍然是一种上下游的分销关系，只不过分销的对象不再仅限于有形的工业产品，而是拓展到以一揽子知识产权为载体的、无形的服务产品。

第一节　产品与服务的分销

一、分销的一般性策略

在现代管理理论当中，产品分销是作为营销策略的一部分，被纳入到企业战略的总体框架的。从营销学的角度看，产品分销策略的核心是如何高效率地向顾客传递价值。从运营管理的角度看，产品分销是整个供应链上最后的一个环节。

1. 渠道策略

按照知名的营销学者菲利普·科特勒（Philip Kotler）的定义，分销渠道（distribution channel）是“帮助企业把产品和服务提供给消费者或企业用户的一组相互依赖的机构”。当考虑到产品从生产到消费的过程中所涉及的一系列经营机构的相互关系时，分销渠道也被称为价值交付网络（value delivery network）。更为常见的术语是供应链（supply chain）或需求链（demand chain），在企业管理的文献资料中前者使用得更加广泛。

从供应链的角度审视分销渠道，关注的焦点是从生产到消费的整个过程中，实物、所有权、资金和信息在上下游之间的流动，如图 2-1 所示。

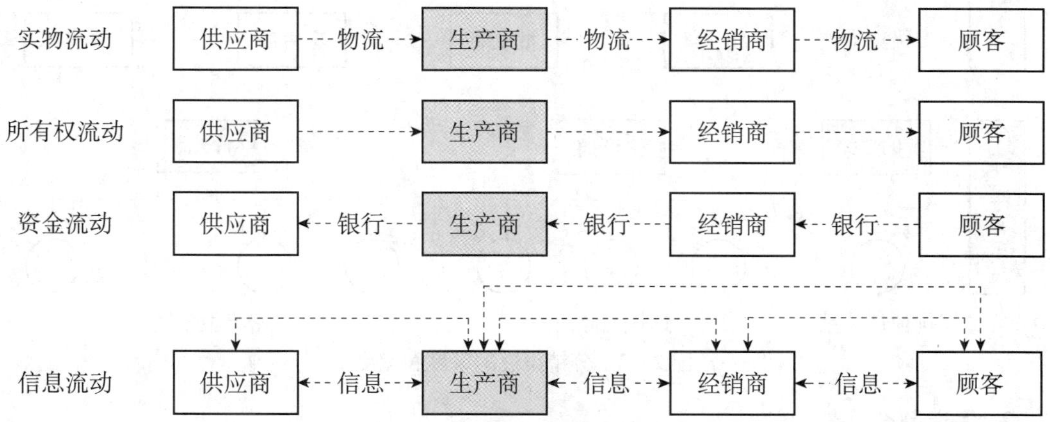

图 2-1　分销渠道中的价值流动

概括而言，企业在制定分销策略时，最关键的问题是决定分销渠道的深度与宽度。

所谓渠道深度（channel depth），是指在企业与产品的最终消费者之间，一共有多少个层级的营销中介（intermediate）。传统上，营销中介有批发商、零售商、代理商和经纪人等四类。如果企业直接向最终消费者提供产品，则称为零级渠道；如果企业把产品销售给零售商，由零售商提供给最终消费者，则称为一级渠道；如果在企业与零售商之间存在着一级或多级转售商（reseller），则相应地称为二级、三级……渠道。渠道的级别，通常是按照产品所有权的转移来界定的，因此，企业直营的分销机构如分公司、代表处、销售代表等不作为独立的分销层级。例如，中石化通过直营加油站向驾驶者销售汽油，就属于零级渠道；汽车制造商（通过各地分公司）向加盟的 4S 店销售汽车，然后转售给购车人，属于一级渠道。许多工业产品或生活用品在制造商与零售商之间，经过多次转售过程，就属于多级渠道。当企业同时采用不同级别的渠道向市场提供产品与服务时，就称作多渠道分销体系（multichannel distribution），如银行通过直营的营业厅为个人和企业用户提供存贷款服务，而通过代理机构发行信用卡，就属于这种情况。

渠道宽度（channel width）是指企业在初始级别上同时面对的营销中介的数量。从这个维度上分析，企业的分销策略分为三种类型。

- 密集型分销（intensive distribution）：同时向多家经销商销售产品，对经销商资格没有或很少限制。
- 选择性分销（selective distribution）：按照一定标准选择经销商，获得分销权的企业称为授权经销商。
- 排他性分销（exclusive distribution）：在一定区域和一定时间内只向一家机构销售产品。

企业分销渠道的深度和宽度如图 2-2 所示。

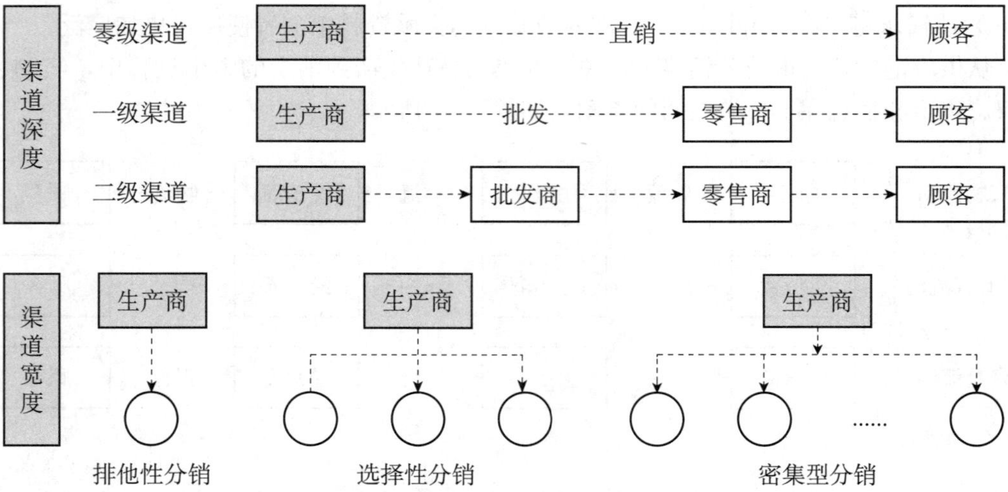

图 2-2 分销渠道的深度和宽度

2. 渠道整合

只要企业采取零级以上的分销体系，就意味着渠道内存在至少一个独立机构。这些经销商在法律和财务上都是独立的实体，它们的目标是自身利益的最大化，由此就会产生渠道成员与企业之间、渠道成员之间的矛盾和冲突。其中渠道成员与企业之间的矛盾，或者不同层级渠道成员之间的矛盾称为纵向冲突（vertical conflicts）；而同一层级内的渠道成员之间的矛盾称为横向冲突（horizontal conflicts）。例如，当一个企业在实体分销网络之外建立起电子商务平台，就会产生横向冲突，经销商跨地区串货也是一种常见的横向冲突。而纵向冲突就更为常见，几乎每一个企业都要面对与经销商的关系问题，如价格、支付方式、物流、产品质量、服务标准、品牌维护等方面的问题，这些都属于纵向冲突。

随着社会的不断发展，各种工业产品和生活用品的技术含量越来越高，企业的品牌意识越来越强，与实体产品相连的客户服务所占比重越来越大，上下游之间相互协调和统一的需求越来越突出，因此上游企业必须采取各种措施对分销渠道进行规范化管理。这种新的管理手段有时被称作供应链整合（integrated supply chain），或者称作纵向营销体系（vertical marketing system）。实现这种整合的方式有三种：

- 直营整合（并购整合）：也称作去中介化（disintermediation）或渠道扁平化（de-layering channel system），指企业投资建立直销体系，如建立零售电商平台、开设分公司以取代区域经销商，或者并购渠道成员使之转变为企业的直营机构等。这种方式在经济学上被称作纵向一体化（vertical integration）。
- 合同整合（特许经营）：在保持渠道成员独立地位的前提下，以合同的方式最大限度地规范和管理经销商，使之符合上游企业的利益。特许经营就是合同整合的一种典型方式。
- 合作整合（合作社）：如国内常见的营销联盟和国外的经销商合作社等。

3. 特许经营的渠道特征

从第一章关于特许经营起源的讨论中不难发现，在长达百余年的发展进程中，那些从事特许经营实践的先驱企业一直在追求渠道策略的最佳组合。麦考密克公司和胜家公司的历史都表明，当企业处在初创阶段时，由于受到经营资源的限制，既缺乏足够的市场认知，更缺少开拓市场所需的资金，因此被迫采取多渠道分销和多级分销的混合模式，同时也要兼顾经销商的利益，以专利授权的方式控制渠道密度。胜家公司、福特汽车公司的案例表明，当企业发育成熟之后，则会表现出强化渠道管理的明显趋势，开展渠道整合与纵向一体化的尝试，甚至考虑以直营零售代替经销商网络，以此获得更多的渠道利润。但是，直营分销体系同样存在着人员激励不足或激励错位的问题，因此企业家必须在渠道利润与直营体系的交易成本之间进行权衡。20 世纪 30 年代的美国反连锁运动，以及独立经销商体系历史悠久的制度惯性（如太阳公司的案例），迫使这些企业最后发展出以合同方式约束经销商的创新模式，这就是特许经营产生的深层社会和经济根源。因此，用一个形象化的比喻来形容特许经营，就相当于企业采用了1/2 级渠道策略，即众多受许人作为企业产品与最终顾客之间的中介，同时受到特许经营合同的严格管制，在管理标准和管理方式上与公司建立起紧密的、类似于直营机构那样的特殊关系。由此所产生出来的上下游关系和冲突，其根源仍然是常规渠道纵向冲突的深化与变形。

二、服务产品的特殊性

现代商业特许经营的另一个突出特征是主要应用于服务经济。按照普华永道会计师事务所与美国国际特许经营协会联合开展的“特许经营的经济影响”专题研究的结果，2016 年全美境内共有801 153个加盟店，其中商业模式特许经营的网点占到 91.5%，传统特许经营体系的网点只占 8.5%①。欧盟则把所谓传统特许经营（实物产品的分销）排除在商业特许经营的范畴之外。中国的商业特许经营主要集中在零售、餐饮和服务等行业，都属于第三产业范畴。国家统计局 2013 年 1 月 14 日颁布的《三次产业划分规定》明确规定：“第三产业即服务业，是指除第一产业、第二产业以外的其他行业。”国家统计局对服务业的这一界定，属于广义的服务业。按照国内外通行的行业划分方法，狭义的服务业包括

① PricewaterhouseCoopers LLP，IFA. The Economic Impact of Franchised Businesses Vol. IV，2016.

“家庭与个人服务”和“企业服务”两大类。由此不难发现，即使按照狭义的服务业来划分，我国的商业特许经营也基本落在服务行业的范畴之内。

1. 服务与产品的连续体

传统上习惯于把实体商品和服务截然分开，分别称为有形商品和无形商品。古典经济学的鼻祖亚当·斯密在他的《国富论》中，把劳动成果分为“生产性”的和“非生产性”的。他认为，前一种劳动成果体现为实物形态，因此能够在生产过程终结之后储存起来，然后再用来交换货币或其他价值形态；后一种劳动成果体现为服务，而服务在生产过程结束之后也随之消逝，对于财富的积累没有任何贡献。比亚当·斯密稍后的法国经济学家让-巴蒂斯特·萨伊（Jean-Baptiste Say）提出，在服务当中生产和消费是同时进行的，因此他把服务称为“非物质产品”（immaterial products）。

相对于这种有形和无形的二分法，当代学者更倾向于采用“服务-产品连续体”（service-commodity goods continuum）这样的概念，这个连续体或称作谱系的一端是纯服务，另一端是纯商品，绝大多数行业的产品都处在这两端之间，如图 2－3 所示。

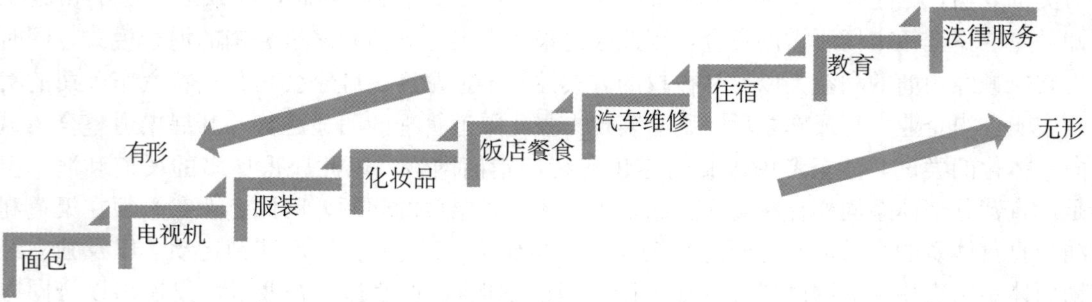

图 2－3　服务-产品连续体

这个服务-产品连续体的本质在于，任何一种有形产品，都含有某种程度的服务；任何一种服务，或多或少都需要有形物品的支撑。

2. 服务的特殊性

美国学者詹姆斯·菲茨西蒙斯（James Fitzsimmons）把服务产品的独特属性归纳为以下五点①。

- 参与性（participation）：顾客直接参与到服务产品的生产过程，要求服务企业必须注重服务设施的建设，以改善顾客体验。
- 同时性（simultaneity）：服务产品的生产和消费是同时进行的，无法预先生产或储存，因此要求服务能力具有足够的弹性。
- 易逝性（perishability）：服务过程一旦完成，服务产品本身就会不可逆转地完全消失，不可能回收或重新利用。
- 无形性（intangibility）：无法用有形的标准来评价服务所创造和提供的价值。
- 异质性（heterogeneity）：每一次服务都是独特的，随着时间、地点、环境、条件的

① James Fitzsimmons，Mona Fitzsimmons. Service Management：Operations，Strategy，Information Technology. 7th Edition. New York：McGraw-Hill，2011.

不同而变化，不可能完全重复。

基于服务产品的这种特殊性，菲茨西蒙斯从服务管理策略的角度，进一步提出了所谓服务包（service package）的概念，即在特定环境下所提供的物品和服务与信息的组合，它包括五个要素。

- 辅助设施：提供服务所必需的有形设备和装置。
- 辅助物品：服务中所包含的、供顾客消费的有形物品。
- 服务信息：来自顾客或服务提供商的相关数据。
- 显性服务：顾客可以通过感官感知到的利益。
- 隐性服务：顾客通过服务所获得的心理满足和感受。

将上述服务产品的特殊性与服务包整合在一起，如图 2-4 所示：

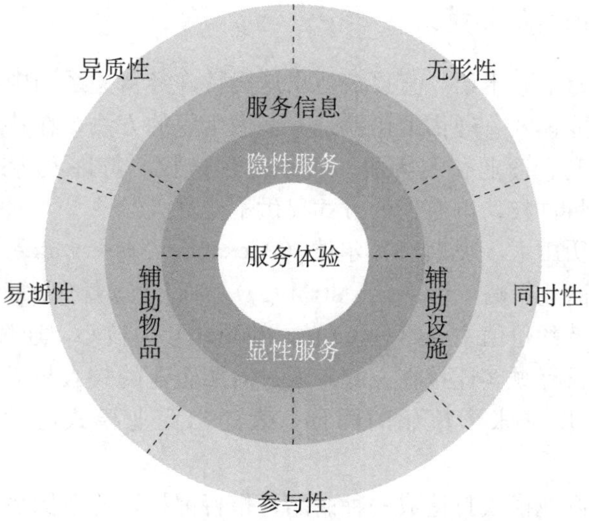

图 2-4　服务产品的特殊性与服务包要素

服务业不仅在当前是特许经营的主流，更体现了特许经营未来的发展方向。随着社会、经济、科技的发展，传统的有形产品分销在经济生活中所占比重日益缩小，注重改善和提升生活品质的服务业所占比重日益增加。本书第八章将更加深入地讨论服务产品的类别、特性与设计和运营规律。

3. 特许经营中的双重服务

如前所述，现代商业模式特许经营起源于服务业，也主要分布在服务业，因此这种商业模式先天地具有服务经济和服务产业的内在特征。在特许经营范畴，服务具有双重含义：

- 受许人按照特许人统一的商业模式向顾客提供服务产品，如连锁酒店的统一服务标准；
- 特许人向受许人提供统一的商业服务，如总部企业向加盟店提供统一的财务软件。

这种双重服务，为特许经营关系带来一系列特殊问题，突出表现在以下若干方面：

- 特许人为保证整个体系的一致性，强制要求所有加盟店按照统一价格和统一标准出售产品和提供服务；

● 特许人为保证服务质量，强制要求受许人从总部或指定供应商处购买相关设备、物料和服务；

● 特许人在向加盟店提供原材料、半成品、设备设施、营销用品与服务时，从受许人身上赚取额外利润；

● 特许人向受许人提供的持续性服务出现服务过度或服务不足，前者会加重受许人负担，后者则导致无法满足受许人要求。

从特许经营关系的本质来讲，为了建立完整统一的特许经营体系，以上要求和做法都是合理的，受许人应当对此建立起正确认识。对于由此产生的冲突与矛盾，应在签署特许经营合同时予以充分考虑。毕竟，特许经营作为一种契约关系，其法律上的合理性主要来自合同条款而非外部准则。

三、作为商品的商业模式

商业模式特许经营这一术语，直接表达出这类特许经营关系当中，商业模式作为授权标的的内涵。所谓商业模式，通俗地讲就是一套做生意的方法，在特许经营范畴里，具体表现为包括商标、专利、商业秘密等的一揽子知识产权。特许人将这一揽子知识产权打包，形成一种独特的特许权，以有偿的方式提供给受许人。

按照瑞士学者亚历山大·奥斯特瓦尔德（Alexander Osterwalder）的观点，商业模式（business model）是商业策略（business strategy）与商业运营（business operation）之间的桥梁，它以企业独特的价值主张（value proposition）为核心，通过产品这一价值载体，将企业的战略资源和目标顾客连接在一起，通过对照企业的收入与成本，实现企业的战略目标。奥斯特瓦尔德用一张形象化的图形，表达出商业模式的关键要素，如图 2－5 所示①。

最能说明如何把商业模式打造成一种商品（指特许权）的案例是美国快餐企业达美乐比萨的早期经历。1960 年年底，汤姆·莫纳汉（Tom Monaghan）和兄弟吉姆一道在东密歇根大学（Eastern Michigan University）的校园附近开设了一家比萨店。到 1965 年，他已拥有三家直营店。这一年，麦当劳公司在纽约证券交易所成功上市，雷·克罗克的巨大成功启发了莫纳汉，他开始认真考虑以特许经营的方式拓展自己的企业。他的做法是，“承担选址、租赁、改造和提供装备以及培训受许人的责任。一旦网点开业，达美乐就承诺向店主提供生产和包装比萨饼的所有供应品、提供广告、记录所有财务数据。达美乐为此收取 4 475 美元的特许经营费，每月收取销售额 2.5%的特许权使用费，对所有达美乐体系成员都收取 2%的广告费、1%的记账费，此外从设备和供应品销售中获取利润”。

1969 年，莫纳汉发起了一轮把达美乐建成“比萨行业的麦当劳”的战役。他组织编制了第一套推广手册，向潜在受许人承诺，他将提供“培训、生产和会计等方面”完整的支持与服务。然而，匆忙的扩张与当时正在爆发的特许经营泡沫，使达美乐公司很快陷入瘫痪。当这一年的圣诞节到来时，公司背上了难以承受的 150 万美元的债务。导致达美乐崩溃的核心问题在于，公司缺乏一个有组织的特许经营生产体系。总部的主要职能是生产

---

① Alexander Osterwalder, et al. Business Model Generation. Hoboken: John Wiley & Sons, Inc., 2010.

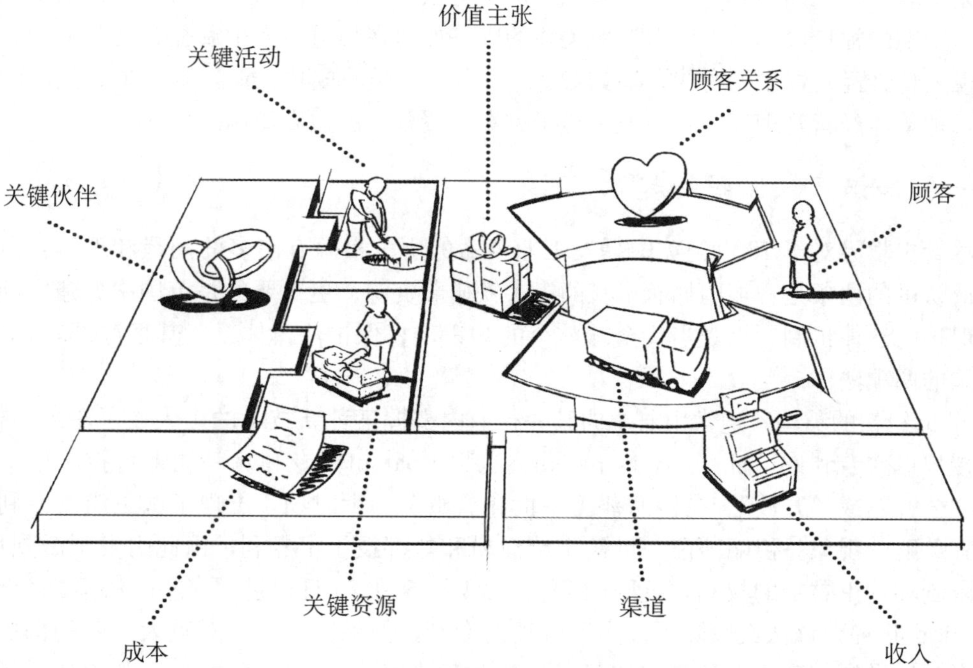

图 2－5　商业模式的关键要素

和销售向受许人承诺的服务，但公司在这些方面完全没有经验，缺乏有力的生产和控制体系。它为受许人提供的服务品质难以保证，受许人普遍经营不善，导致总部的特许经营收入和原料供应利润双双下降。1971 年年初，13 位受许人对达美乐提起集体诉讼，使得达美乐公司雪上加霜。为了纠正导致 1969 年崩溃和 1971 年受许人起诉的一系列管理问题，达美乐公司开始努力构建一套完善的特许经营支撑与服务体系。此后的 8 年间，公司重新设计和改进了内部架构，从而实现了以相对较低的成本大批量地向受许人提供合同中承诺的服务①。

从这一典型案例中可以得出以下这样的启示：企业自营网点和开展特许经营，其业务性质截然不同。对于达美乐的莫纳汉来说，开设直营店时他的商业模式是生产和销售比萨饼；而一旦开始特许经营，公司提供的商品就不再是比萨，而是生产和销售比萨的商业模式。特许经营企业自身的商业模式是高效率地生产和销售特许权，规模化地提供加盟店所需的商业服务。莫纳汉前期的失败，恰恰是由于他没有自觉地意识到商业模式的这一重大转变。

第二节　知识产权授权

本书第一章对特许经营起源与演化过程的讨论，清晰地展示出知识产权与特许经营之

① Thomas Dicke. Franchising in America：The Development of a Business Method，1840—1980. Chapel Hill：The University of North Carolina Press，1992.

间的紧密联系。早期的麦考密克、胜家、可口可乐，都是从一项深受市场欢迎的专利发明起步；中期的福特汽车、太阳石油所关注的则是如何在渠道体系中彰显自己的品牌；到了商业模式特许经营爆发的时代，诸如DQ、麦当劳这样的成功企业，则基本是从品牌授权开始，把单店经营管理模式打包成一揽子方案，授权给加盟商使用。

一、知识产权保护的起源

尽管史学界对于18世纪英国爆发工业革命的历史根源有诸多的阐释和理解，但学术界普遍认可的两条是：英国拥有丰富的煤、铁矿藏资源；更重要的是英国率先建立起知识产权保护的法律机制。纵观当代全球整个的知识产权保护法律体系，其根源都来自17世纪英国的两项法律。

17世纪初的英国，通常由君主向某一行业内掌握某种新技术的个人授予垄断的权利，这种授权称作专利许可证（letters patent）。其中patent（专利）一词来自拉丁语pateo，意为“公开”或“开放”。在伊丽莎白一世和詹姆斯一世时期，出现了国王滥用专利许可证疯狂敛财的现象。伊丽莎白一世甚至给淀粉和盐都授予了专利，由此引发了激烈反抗。为了限制和约束君主的权利，英国国会于1624年5月25日通过了《垄断法案》（Statute of Monopolies）。该法案废除了许多不合理的专利，但保留了一些对重大发明的保护。这一法案被后世视作现代专利制度的起点，甚至有学者说，《垄断法案》是英国从封建经济转向资本主义经济的重要标志。

17世纪后期，英国出版同业公会（Stationers' Company）垄断了出版业的执法权力。但到了1694年，该项垄断授权到期时，英国议会拒绝为该项授权延期。为了维护出版商的利益，同业公会向国会提交了强调保护作者而非出版商的新提案。1710年4月，当时的英国女王安妮御准通过该法案，史称《安妮法令》（Statute of Anne）。该法案在历史上第一次实现了对作者而非出版商权利的保护，因此，被视作现代版权制度的起点。

随着英国先后颁布《垄断法案》和《安妮法令》，法国、德国、意大利等欧洲主要国家，也陆续实行了类似的立法。1883年3月20日，欧美地区的11个国家在法国巴黎签署了《保护工业产权巴黎公约》（Paris Convention for the Protection of Industrial Property），这是世界上第一份知识产权国际条约。到2017年，该项公约的缔约方达到了177个。1886年9月9日，10个国家在瑞士伯尔尼签署了《保护文学与艺术作品伯尔尼公约》（Berne Convention for the Protection of Literary and Artistic Works）。到2016年年底，伯尔尼公约的缔约方为172个。1893年，这两项公约的执行机构合并，组建了统一的保护知识产权联合国际局（United International Bureau for the Protection of Intellectual Property，BIRPI）。1967年7月14日，51个国家在瑞典斯德哥尔摩签署《建立世界知识产权组织公约》（Convention Establishing the World Intellectual Property Organization）。1970年该公约生效后，新组建的世界知识产权组织（World Intellectual Property Organization，WIPO）正式取代了原来的BIRPI。目前WIPO共有191个成员。1995年1月1日世界贸易组织（World Trade Organization，WTO）正式成立，作为WTO成立协定的附件，WTO成员共同签署了《与贸易有关的知识产权协定》（Agreement on Trade-Related Aspects of Intellectual Property Rights，TRIPs）。

中国于1980年6月4日加入世界知识产权组织，并分别于1985年3月19日和1992年10月15日加入《保护工业产权巴黎公约》和《保护文学与艺术作品伯尔尼公约》。在国内立法方面，全国人大常委会分别于1983年3月、1985年4月和1991年6月正式颁布实施了《商标法》、《专利法》和《著作权法》。

二、现代商业授权的基本原则

从民商法的角度讲，商业授权是指营利法人（企业）之间、营利法人与自然人之间就某项民事权利的转让，依法建立起委托代理关系。企业作为营利法人，依法享有财产权利，民法上界定的财产权利包括：物权、债权、知识产权、股权或其他投资性权利①。因此，从最广泛的意义上讲，不同民事主体之间就物权、债权、知识产权、股权等合法权利所达成的一切利益交换关系，都属于商业授权的范畴。不过，在现代社会的经济活动中，商业授权通常指知识产权的授权使用。传统的知识产权授权，限于单项知识产权如商标权、专利权、著作权等。而现代特许经营的特别之处就在于，特许权是一种复合权利，它同时包括了“注册商标、企业标志、专利、专有技术等”② 一揽子的经营资源的授权许可，如图2-6所示。

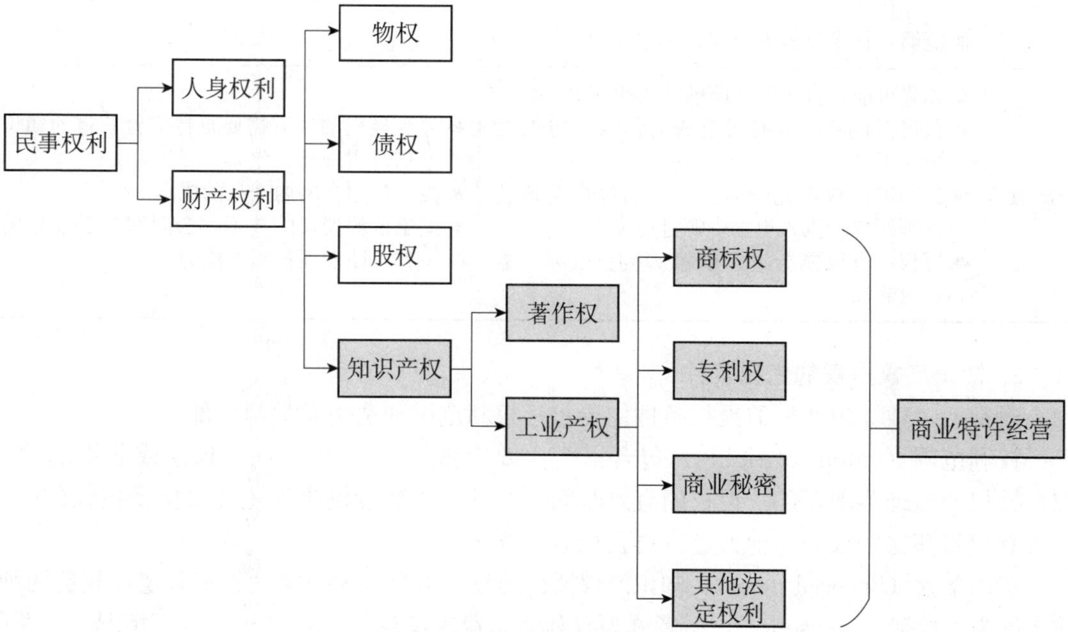

图2-6　特许权的法律内涵

一般而言，知识产权的拥有者有多种策略可供选择。其中的最佳策略是自行生产并销售相关产品，但实施这种策略，要求知识产权拥有者必须具备产品研发、生产、销售的全部资源和能力，包括人力资源、技术资源、资金资源和市场资源。对于尚未建立或无力承

① 参阅《中华人民共和国民法总则》第五章和第七章。

② 参阅《商业特许经营管理条例》第三条。

担完整营销体系的企业或个人，采取出售（sale）或转让（assign）知识产权的方式就是一种现实的选择。前者是一次性卖断相关权利，后者就是授权许可（license）。通常，知识产权的授权是指由授权者（licensor）以协议的方式，授予受权者（licensee）在特定时间和特定范围内，利用相关的知识产权生产、使用和销售相关产品的权利。授权者仍然保持了对知识产权的所有权，而接受转让的一方获得的是有限的使用权利。

1. 知识产权授权的利弊

国际知识产权组织归纳了采用知识产权授权方式对授权双方的利弊[①]，如表 2-1 所示。

表 2-1　知识产权授权的利弊

	授权者	受权者
优点	● 在无法或无意自行经营相关行业时，可以通过授权合作获取利润 ● 在保留知识产权所有权的同时，以使用费的方式获得经济利益 ● 有助于将技术和其他智慧资源快速市场化 ● 避免或解决知识产权诉讼，将对手转变为合作伙伴 ● 能够对技术发展方向保持一定控制	● 获得已有技术成果，快速进入市场 ● 缺乏自主研发能力时，仍可获得最新技术和产品 ● 将获得的授权与企业现有技术资源相组合，创造出新的产品、服务和市场机会
缺点	● 如果可能，自主经营能够获得更多利润 ● 获得授权的一方有可能成为授权一方的竞争对手 ● 当知识产权不完整时，超前的授权会迫使权利所有者投入更多资源进行完善 ● 授权一方可能会过于依赖从接受权利一方获取利润	● 接受授权的一方需要自行完善获得的知识产权以实现商品化 ● 授权费用会增加产品的成本 ● 过于依赖授权的技术，会限制接受授权的一方不断发展技术的能力

2. 知识产权授权的主要条件

通常，一项知识产权的授权条件主要包括权利范围和费用条款两大部分。

权利范围（extent of rights）包含三个主要因素：（1）排他性、独家或非排他性[②]；（2）授权的地理范围；（3）授权的有效时间。此外，多数授权协议还会对接受授权的一方是否有权将获得的权利对他人进行再授权做出规定。

费用条款（financial items）：知识产权授权的收费主要分为一次性收费和定期收费两种，前者称为授权费（license fee），后者称为权利使用费或权益金（royalty）。很多情况下，两种费用同时收取。一次性收费的金额是经由双方协商后固定的（或按固定算法）；定期支付的权利使用费也可能是固定的，但更多时候是按照预先商定的费率，根据接受授权一方的相关生产数量、销售收入或毛利润来计算。对于按照预定费率计算的权利使用费，还有可能按照

① WIPO，WTO. Exchanging Value：A Training Manual for Negotiating Technology Licensing Agreements. Geneva：WIPO，2010.

② 请注意排他性与独家的区别：独家是指在协议范围内只授权唯一一家受权者，但不排除权利所有人使用该项权利；而排他性权利则限制权利所有人在协议范围内使用该项权利。

事先约定的标准，根据时间或经营规模改变费率或设定最低、最高费率或总金额。

3. 知识产权的价值评估

知识产权授权的定价，取决于授权双方对相关权利的价值的认识。通行的知识产权价值评估方法有三种。

- 成本法：建立、维护该项知识产权所需的全部开支。
- 收入法：由于使用该项知识产权而产生的收入增加。
- 市场价值法：参照市场上同类型授权的收费标准。

在现实的授权活动中，影响知识产权价值评估的因素很多，曾经有学者列出过影响知识产权价值的100项重要因素，这些因素被分为九大类：固有质量、保护程度、市场因素、竞争因素、受权者价值、财务因素、法律因素、风险、政府监管。

最后需要说明的一点是，以上关于知识产权授权的基本原则，适用于任何一种单项知识产权，也适用于若干知识产权的组合，例如特许经营权。

三、商业特许经营的替代选项

综上所述，商业特许经营是产品分销与商业授权的有机结合，因此，企业的分销策略和知识产权策略就共同构成了商业特许经营的全部替代选项。具体来讲，企业在制定特许经营决策时一方面要考虑各种分销模式的利弊，另一方面还要考虑企业的知识产权资源即运用策略。如前所述，除了授权以外，企业还可以视情况选择利用知识产权自主经营，或者将知识产权一次性卖断的方式。而在分销模式方面，则要结合所在行业、产品特征、市场竞争环境以及企业的资源配置状况，选择合理的渠道策略。策略选项如图2-7所示。

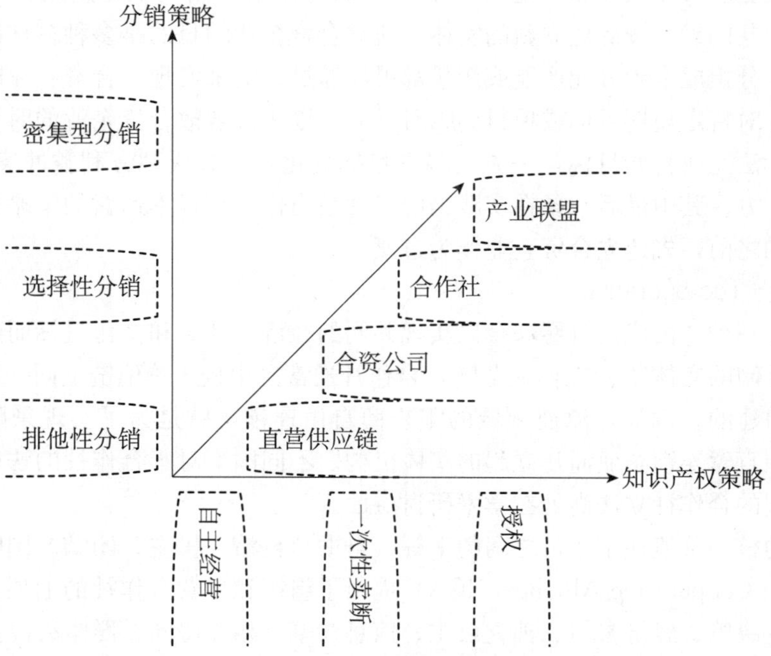

图2-7 制定特许经营决策时的策略选项

除了分销策略和知识产权策略以外，直接影响企业特许经营决策的另一个维度就是产业组织策略，即在特定产业内，一家企业如何与上下游企业或同类企业建立共赢的合作关系。在这方面，开展特许经营的替代方案主要有以下四种。

1. 供应链整合（integrated supply chain）

现代经济的一个基本特征是复杂性日益增强。从微观视角看待这一问题，意味着每个企业都置身于一个庞大而复杂的经济网络当中，与其他企业持续地进行各种交互。而随着电子、通信、交通等基础设施的日益完善，特别是网络技术的快速普及，那些曾经困扰早期工业企业的生产规模和市场范围等问题得到彻底解决。现代管理理论从投入产出的观点审视企业的经营活动，由此产生出供应链和整合供应链的思想。通俗地讲，所谓供应链整合就是指通过各种技术和经济的手段，使得企业与上游的供应商和下游的客户实现协同和一致性（collaboration and alignment）。一般来讲，供应链的整合有三个层次：

- 职能整合：在企业内部，按照价值链原理，将研发、采购、生产、储运、营销、分销、服务等各项职能纳入完整的管理体系，以信息技术和系统思想实现统一的企业资源规划（enterprise resource planning，ERP）。
- 企业整合：在与企业关系密切的上下游合作伙伴之间，通过资本层面的整合与合作，如参股、控股、建立合资公司甚至并购等方式，实现供应链管理的更高效率。
- 信息整合：依托现代信息技术，通过建立虚拟价值链的方式，实现相关企业之间的信息共享，建立紧密的协调机制。信息整合供应链的基本特征有电子交易、信息共享、计划协同和联合决策。

2. 合资（joint-venture）

当两个或更多合作伙伴希望通过更加紧密的合作来共同实现短期或长期的战略目标时，就可能会共同投入资源建立新的实体。建立合资企业的目的是多种多样的，从最常见的分享利润、分担成本到分配产能或产量都可以通过合资来实现。合资企业既可以长期存在，也可以针对特定短期目标或项目而临时设立。终止或解散合资企业的时机包括：完成初始目标，无法完成初始目标，一方或多方目标变化，一方或多方利益冲突，环境变化，一方并购另一方。其中最后一条在实践当中经常被当作一种资本运营的策略性手段，即在实际进行并购之前，先建立合资企业作为过渡。

3. 合作社（co-operative）

合作社是一种“由成员自愿联合以实现共同的经济、社会和文化目标而建立起来的共同拥有民主控制的实体”[①]。在商业范畴，合作社通常是由处于价值链上同一层级的企业成员自愿联合组建的。例如，流通领域的零售商自由连锁，就是为了实现采购的规模经济性、对抗大型直营连锁企业而建立起的实体机构。不同国家对于合作社的法律实体有不同的规定，我国的合作社立法尚处在学术研讨层面。

合作社的核心价值在于成员之间的平等、自助、自治、民主、团结。国际合作社联盟（International Cooperative Alliance，ICA）提出了组织和运营合作社的七项基本原则：开放自愿、民主决策、经济参与、独立自主、信息共享、相互协同、群体利益。

---

① https：//ica. coop/en/what-co-operative.

4. 联盟（alliance）

联盟的思想与合作社有相似之处，区别在于联盟的协调机制是双边或多边的契约而非组建新的法律实体。结成联盟的企业之间具有共同的目标、共同的策略、共同的风险和共同的收益。在知识产权和商品流通领域常见的两种联盟是交叉授权（cross-license）和联合品牌（co-branding）。本书第一章提到的特许经营先行者之一，早期的胜家缝纫机公司在商业上取得的成功，在很大程度上就得益于当时几家缝纫机制造商共同建立的“专利池”。根据美国学者托马斯·迪克的记载：“1856 年，在纽约的奥尔巴尼召开了一次会议，这次会上，四家持有主要的缝纫机专利的企业，为了避免无休止的诉讼摧毁整个产业，终于走到了一起，从而诞生了一个‘缝纫机联合体’（sewing machine combination）。会议提出的方案是，组建一个专利池来控制所有的主要专利，然后再将制造和销售缝纫机的授权卖给联合体的成员们。这个专利池消除了单个企业对主要专利的控制，促进了实用缝纫机的生产，终结了产业的投机阶段。”①

第三节　PPP 与政府特许经营

本书第一章曾提到，由政府授权或限制私营机构从事某些商业活动，有着悠久的历史。在漫长的历史进程中，随着社会制度和政治文化的演进，政府特许经营这一概念的含义也不断地演变和发展。澳大利亚学者罗杰·韦藤豪（Roger Wettenhall）曾归纳出西方历史上 9 种有代表性的公私合作的模式②。

- 私掠船（privateer）：1585—1604 年的英西战争时期，英国的皇家海军尚未成型，因此英国方面大量使用了商人和贵族提供的舰船。整个战争期间，英方参战的 197 条舰船当中，有 163 条是这样的私掠船。
- 雇佣军（mercenary）：世界范围内使用雇佣军的历史非常古老，公元前 13 世纪埃及法老拉美西斯二世（Ramesses Ⅱ）就曾在战争中使用多达万人的雇佣军。在当代世界各地的许多战争中，仍然常常可以看到雇佣军。
- 殖民扩张：如第一章中曾提到的那些由私人投资并获得皇家或政府授权的特许公司。
- 政府财政机构（treasury）：在 19 世纪以前，主要西方国家的财政管理体系都是由独立商人们担任私人会计师，他们与统治者签署委托协议，为其提供预算、决算和审计等服务。
- 国营企业：即使在完全市场经济国家，也会存在某种程度上的国营机构从事某些特殊的经营活动。
- 混合企业：由政府和私营机构共同投资组建的企业。

---

① Thomas Dicke. Franchising in America：The Development of a Business Method，1840—1980. Chapel Hill：The University of North Carolina Press，1992.

② Roger Wettenhall. The Public-Private Interface：Surveying the History//G. Hodge，C. Greve. The Challenge of Public-Private Partnerships：Learning from International Experience. Hampton：Edward Elgar，2005.

● 跨部门协调：在农业、卫生和教育等具有突出公益性的经济和文化部门，需要由政府对其生产分配活动进行干预和协调。

● 私人提供公共基础设施：即基础设施和公用事业的政府特许经营，或政府和社会资本合作（PPP）。

● 大型活动（hallmark event）：一些国家的中央或地方政府在举办大型活动如世博会、奥运会时，需要大量的特定任务承包商。

在现代西方国家，政府与民间机构的关系一直随着意识形态和社会思潮的变迁而不断变动。20 世纪中叶，受到凯恩斯经济学的巨大影响，西方出现了公共事业“国有化”的浪潮，并最终导致了西欧式福利国家的出现；而到了 20 世纪 80 年代，新自由主义的政治经济思想成为西方社会的主流，以里根和撒切尔为代表的美英政府大力推行私有化政策，运用市场化的手段将大量原先由政府所有并运营的社会机构交付给私人企业，这种转让是所有权的彻底转移，因此称之为私有化（privatization）；大规模的公私机构长期协议式合作出现在 20 世纪 90 年代；进入 21 世纪以后，吸引社会资本参与基础设施和公用事业的模式成为世界主流，因此当代的政府特许经营概念，主要是指公私合作的一种融资、建设和运营模式。

需要注意的是，尽管基础设施和公用事业领域的 PPP 是政府特许经营的核心部分，但是地方政府授权私营机构使用现有公共设施从事营利性商业活动的做法仍然普遍存在，例如在大型广场等公共设施划出商业区，允许少数获得授权的私营机构从事餐饮、休闲等经营活动并征收租金。本书第一章第一节中提到的纽约市政府 FCRC 就属于这种情况。由于这种授权活动的经济规模相对较小，且往往属于中低层地方政府的职能范围，因此不作为重点讨论内容。

一、政府和社会资本合作（PPP）

所谓 PPP（public-private partnerships），直译是公私合伙，其内涵是指私营机构与政府主体之间，关于提供公共资产与服务的一种长期契约关系。目前在国际上，对于 PPP 并没有统一的定义。2015 年由世界银行以及若干区域性开发银行和国际组织等共同组建了 PPP 知识实验室（PPP Knowledge Lab），并以该实验室的名义出版了《PPP 参考指南》[①]。该文件对 PPP 做出了一个较宽泛的定义：一个私营机构和政府主体之间，就提供一项公共资产或服务而达成的一项长期协议，由私营机构承担相当的风险和管理责任，其报酬与绩效挂钩。2015 年“两会”期间，中国政府正式发布的“2015《政府工作报告》缩略词注释”当中，正式将这一外来术语定名为“政府和社会资本合作”。该文件对 PPP 的正式阐述是：“指政府通过特许经营权、合理定价、财政补贴等事先公开的收益约定规则，引入社会资本参与城市基础设施等公益性事业投资和运营，以利益共享和风险共担为特征，发挥双方优势，提高公共产品或服务的质量和供给效率。”[②]

① The World Bank. Public-Private Partnerships Reference Guide Ver 3. Washington: International Bank for Reconstruction and Development, 2017.

② 参见中国政府网：http://www.gov.cn/xinwen/2015-03/11/content_2832629.htm。

PPP 包含三个基本要素。

● 公私合作项目：指公私双方合作的具体项目。具体分为两大类：一类是新建（称为绿地项目）或改扩建（称为棕地项目）的公共资产；另一类是提供公共服务。

● 私营机构的职能：私营机构在 PPP 项目中的典型职能包括设计（design）、建造（build）或恢复（rehabilitate）、融资（finance）、维护（maintain）和运营（operate）。通过将这些职能按照项目需求进行不同的组合，就形成了 PPP 的各种模式。

● 私营机构的报酬机制：包括用户付费和政府付费两种模式，其基本原则是私营机构的净回报必须与其经营绩效挂钩。

从更宽广的范围审视政府和社会资本的合作，PPP 只是这种合作的方式之一。世界银行的《PPP 参考指南》中专门列出了那些不属于 PPP 的公私合作方式。

● 委托管理合同（management contracts）：私营机构接受委托管理公共资产，期限通常较短，且没有大规模的私人投资。

● 租赁合同（affermage contracts）：私营机构接受委托管理公共资产并收取固定回报，无须私营机构投资。

● 交钥匙合同（turnkey contracts）：委托私营机构设计和建造公共资产，但不包括运营与维护，通常是短期协议。

● 融资租赁合同（financial lease contracts）：以租赁的方式从私营机构获得公共资产，但由政府承担主要风险。

除此之外，《PPP 参考指南》还把政府与私营机构就技术创新、环境保护、公共健康、恐怖主义、反欺诈等方面的合作排除在 PPP 的范畴之外。

世界各国在 PPP 实践当中，针对各自的国情和项目的具体情况采取了多种多样的合作模式。荷兰学者基尔特·第沃尔夫（Geert Dewulf）等人按照私营机构的参与程度列出了一个公私合作模式谱系[①]，如图 2-8 所示。

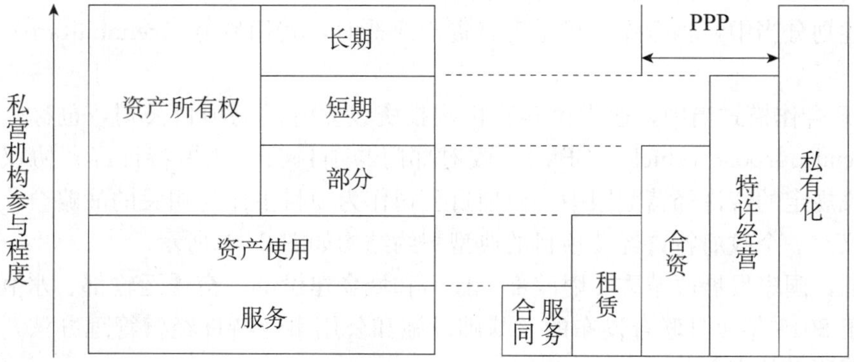

图 2-8　公私合作模式谱系

此外，还有一个常见术语是私人融资计划（private finance initiative，PFI）。英国政

① Geert Dewulf，Anneloes Blanken，Mirjam Bult-Spiering. Strategic Issues in Public-Private Partnerships. 2nd Edition. Hoboken：Wiley-Blackwell，2012.

府最先使用这一术语表示 PPP 合作模式，旨在强调公私合作中的私人投资特征。

二、政府特许经营

和 PPP 这一术语一样，在基础设施和公用事业范畴里的政府特许经营，也缺乏国际公认的精确定义。世界各国针对本国情况制定了相关的法规或政府政策，不同的国际机构或学者对于政府特许经营一词的界定也各不相同。在用词方面，国际上普遍采用 concession 一词表示 PPP 范畴里的政府特许经营（权），但在某些场合，偶尔也会使用 franchise 表达相同和相似的含义。

世界银行给出的（政府）特许经营（concession）的定义是：政府赋予私营机构受许人（concessionaire）长期使用全部授权资产的特权，私营机构承担运营责任和投资的部分责任。授权资产的所有权由政府保持，通常政府要负责大规模的资产重置。特许经营期满后，授权资产要归还给政府，其中包括由私营机构受许人采购的资产。通常，私营机构受许人通过用户向其缴纳费用获得收入，并且向政府缴纳特许经营费（concession fee），政府对缔约的受许人提供排他性保护①。在大陆法系国家，代表特许经营（权）的 concession 是一个具有特定法律意义的专用名词；而在英美法系国家，往往把 BOT 类的项目统称作 concession。

根据特许经营合同赋予私营机构职能的不同组合，以及项目资产的所有权和控制权，可以将政府特许经营划分为多种不同模式：

- DBFOM/DBFO/DCMF：设计—建造—融资—运行—维护，设计—建造—融资—运行，设计—建造—管理—融资。这种分类方法侧重于规定政府向私营部门转移的主要职能，主要适用于新建公共资产，私营机构的收入既可以来自用户，也可以来自政府。
- BOT/BOOT/BTO：建造—运行—转让，建造—拥有—运行—转让，建造—转让—运行。这种分类方法侧重于界定项目资产的所有权和控制权，同样这种命名方法也是用于新建公共资产，私营机构的收入既可以来自用户，也可以来自政府。

在上述划分当中，当合作项目是现有资产改造时，就用恢复（rehabilitate）代替建造（build）。

在 PPP 合作模式当中，通常由私营机构投资设立专门的项目公司，也称作特殊目的机构（special purpose vehicle，SPV）。政府部门与项目公司签署特许经营协议并向其授权，在协议规定的特许经营期限中，由项目公司作为项目主体与相关的战略合作者签署相关合作协议。一个政府特许经营项目的典型契约结构如图 2－9 所示。

在我国，国家发展改革委、财政部、住房和城乡建设部、交通运输部、水利部、中国人民银行于 2015 年 4 月联合发布的《基础设施和公用事业特许经营管理办法》中，对政府特许经营所做的定义是：

> 政府采用竞争方式依法授权中华人民共和国境内外的法人或者其他组织，通过协议明确权利义务和风险分担，约定其在一定期限和范围内投资建设运营基础设施和公用事业并获得收益，提供公共产品或者公共服务。

① https：//ppp. worldbank. org/public-private-partnership/agreements/concessions-bots-dbos.

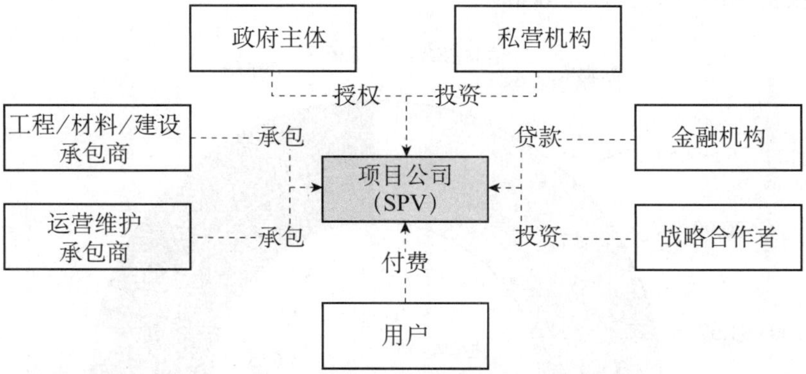

图 2-9　政府特许经营项目的契约结构

该办法中规定的政府特许经营的基本原则是：

（一）发挥社会资本融资、专业、技术和管理优势，提高公共服务质量效率；

（二）转变政府职能，强化政府与社会资本协商合作；

（三）保护社会资本合法权益，保证特许经营持续性和稳定性；

（四）兼顾经营性和公益性平衡，维护公共利益。

该办法中规定的政府特许经营的具体模式有 BOT、BOOT、BTO 等：

（一）在一定期限内，政府授予特许经营者投资新建或改扩建、运营基础设施和公用事业，期限届满移交政府；

（二）在一定期限内，政府授予特许经营者投资新建或改扩建、拥有并运营基础设施和公用事业，期限届满移交政府；

（三）特许经营者投资新建或改扩建基础设施和公用事业并移交政府后，由政府授予其在一定期限内运营；

（四）国家规定的其他方式。

三、全球发展与现状

以市场化手段引入私营机构参与基础设施和公用事业的建设与运行，作为一种普遍潮流，兴起于 20 世纪 80—90 年代。1991 年英国学者克里斯托夫·胡德（Christopher Hood）率先提出了新公共管理（new public management，NPM）的理念，强调以市场化手段管理社会经济基础设施和公用事业。随后，这种思想和实践方法在世界各国迅速传播。目前，这种新型的政府特许经营已经成为这一领域的主导模式，甚至在一种不甚严格的意义上，政府特许经营已成为 PPP 的同义语。

根据世界银行的政府和社会资本基础建设数据库（Private Participation in Infrastructure Database，PPI）对 139 个发展中国家基础建设项目的统计，从 1990 年至今，这些国家共计实施基础设施项目 16 224 个，总投资额为 2.63 万亿美元，其中 PPP 项目8 022 个，PPP 项目投资总额为 1.43 万亿美元，这些项目主要分布于信息技术、电力、给排水、公路、天然气、港口、铁路、机场等领域。图 2-10 和图 2-11 分别是全球发展中国家 PPP

项目数量及投资额的行业和时间分布①。

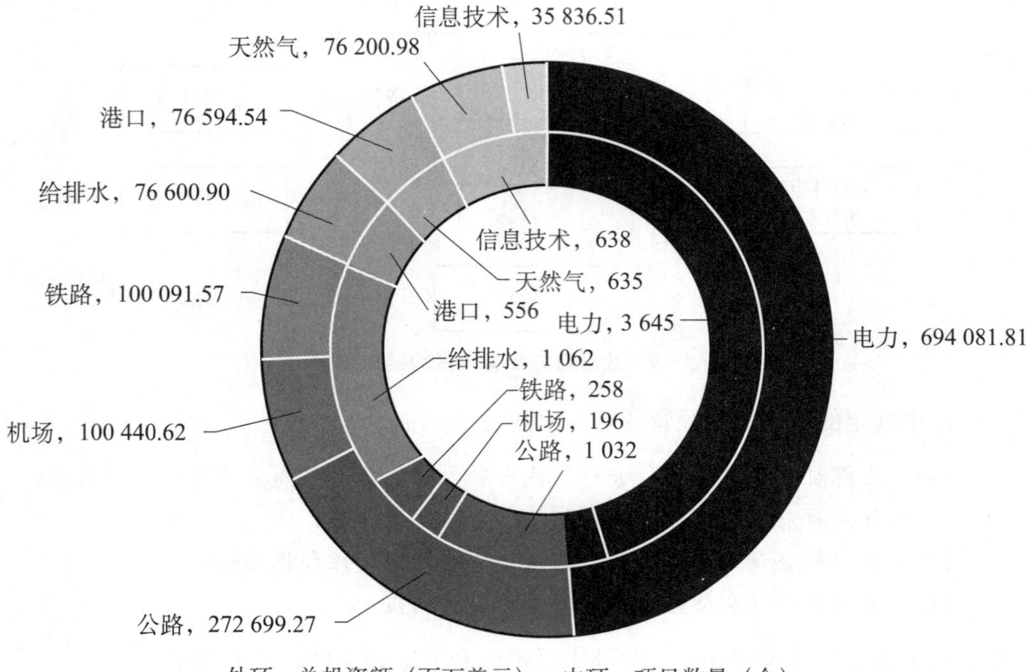

图 2-10　全球发展中国家 PPP 项目数量和投资额的行业分布，1990—2017 年

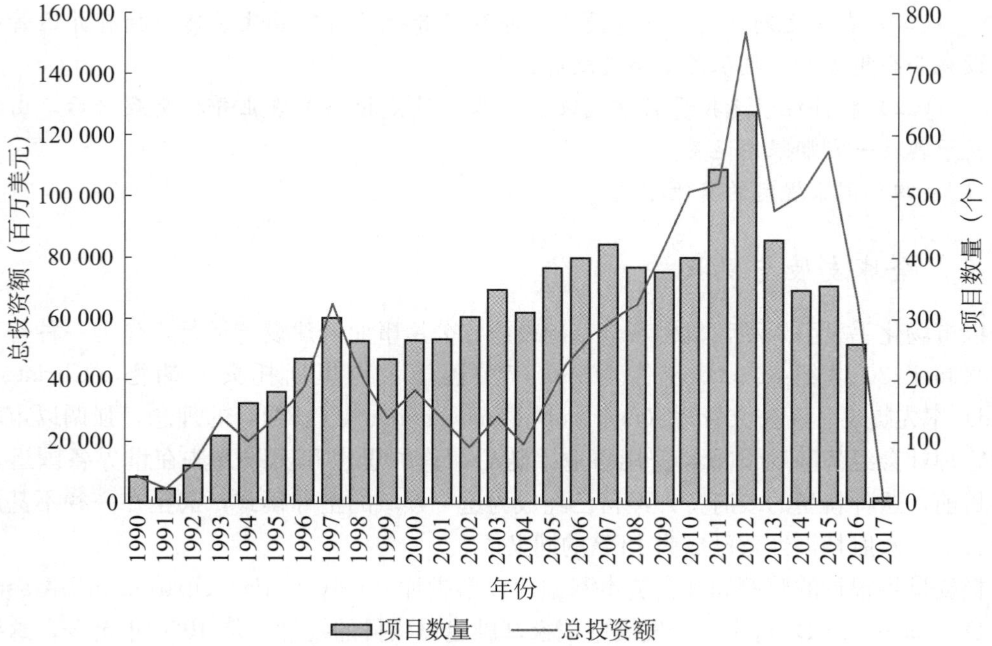

图 2-11　全球发展中国家历年 PPP 项目数量和投资额统计，1990—2017 年

① 数据来源于世界银行 PPI 数据库，http：//ppi. worldbank. org/。检索日期：2017 年 8 月 28 日。

四、国内的实践与立法进展

政府和社会资本合作（PPP），以及基础设施和公共事业领域的特许经营，其本质在于运用市场化手段配置公共资源，提高公共产品的供给效率。我国社会主义市场经济体制的确立和完善，经历了一个漫长、曲折的过程。目前学术界普遍认可将这一过程划分为几个阶段。

1949—1978 年：经济体制变革的萌芽时期。

1978—1992 年：经济体制改革目标的探索确立时期。1978 年提出“计划经济为主、市场调节为辅”；1984 年党的十二届三中全会通过了《中共中央关于经济体制改革的决定》，把改革的目标确定为“公有制基础上的有计划的商品经济”；1992 年党的十四大最终确立了“社会主义市场经济体制”的改革目标。

1993—2002 年：社会主义市场经济体制建立时期。1993 年党的十四届三中全会通过了《中共中央关于建立社会主义市场经济体制若干问题的决定》，提出社会主义市场经济体制的基本框架是：市场主体、市场体系、宏观调控体系、收入分配制度和社会保障制度“五大支柱”。2002 年党的十六大宣告，我国社会主义市场经济体制初步建立。

2003 年至今：社会主义市场经济体制完善时期。

2013 年 11 月，党的十八届三中全会通过了《中共中央关于全面深化改革若干重大问题的决定》。《决定》中明确提出：“支持非公有制经济健康发展……制定非公有制企业进入特许经营领域具体办法。……推进城市建设管理创新。建立透明规范的城市建设投融资机制……允许社会资本通过特许经营等方式参与城市基础设施投资和运营”①。这是党在正式决议中首次明确提出“使市场在资源配置中起决定性作用和更好发挥政府作用”。至此，我国正式将政府和社会资本合作提上改革的议事日程。需要说明的是，早在党的十八届三中全会之前，国务院各部委和各地地方政府就已经在 PPP 领域进行了大量有益的实践探索，国务院有关部委和许多地方政府，都制定了相关部门规章、地方性法规或地方政府规章，积累了丰富的经验。

2014 年 11 月，国务院发布《关于创新重点领域投融资机制鼓励社会投资的指导意见》，提出“推进市政基础设施投资运营市场化……积极推动社会资本参与市政基础设施建设运营”。2014 年 11 月 29 日，财政部印发《政府和社会资本合作模式操作指南（试行）》。2014 年 12 月 2 日，国家发展改革委发布《关于开展政府和社会资本合作的指导意见》。2015 年 4 月 25 日，经国务院同意，国家发展改革委、财政部、住房和城乡建设部、交通运输部、水利部、中国人民银行联合发布《基础设施和公用事业特许经营管理办法》。2015 年 5 月 4 日，住房和城乡建设部发布了新修订的《市政公用事业特许经营管理办法》。2016 年 10 月 24 日，国家发展改革委印发了《传统基础设施领域实施政府和社会资本合作项目工作导则》。2017 年 7 月 21 日，国务院法制办向社会公开发布了《基础设施和公共服务领域政府和社会资本合作条例（征求意见稿）》。政府和社会资本合作（PPP）方面的立法，有望于近期内从若干部门规章提升至国务院的行政法规层面。

---

① 参见中国共产党新闻网：http：//cpc. people. com. cn/n/2013/1115/c64094-23559163. html。

2014 年 12 月，财政部成立政府和社会资本合作（PPP）中心，主要承担 PPP 工作的政策研究、咨询培训、信息统计和国际交流等职责。PPP 中心的数据显示，截至 2016 年 4 月，通过 PPP 模式向交通行业投资总额达到了 4.5 万亿元。该行业是国内 PPP 投资最主要的目标。2016 年 10 月 18 日，国家发展改革委在北京举办的推广活动中，向投资者提供了 668 个基础设施 PPP 项目，总投资额为 1.14 万亿元，推动了私人投资的稳步增长。此前，江苏、安徽、福建、江西、山东、湖北、贵州等省已向社会提供了 287 个 PPP 项目，投资总额达到 9 400 亿元，项目分布在市政设施、交通运输、水电等多个领域①。

第四节　连锁经营

社会大众往往会不经意地把零售（餐饮、服务业）、连锁、加盟这几个概念混淆。一些行业组织、教育或培训机构的宣传，更进一步加深了这种混乱。甚至一些高校的课程与教材，也未能从理论和实践角度对这些概念之间的关系做出清晰的界定。而且，连锁经营和特许经营的确存在着千丝万缕的联系，如特许经营体系（franchise system）也常常被称作加盟连锁（franchise chain）。简而言之，特许经营体系一定是连锁经营，而连锁经营却未必包含特许经营的因素。但这并不意味着特许经营与连锁经营两个概念之间，存在着逻辑上的从属关系，从理论分析的角度，二者的关系要复杂得多。

一、连锁经营的兴起和发展

连锁经营作为一种社会经济现象，其兴起的时间大致与特许经营相近。美国《连锁时代》杂志的首任总编辑戈弗雷·M. 莱勃尔（Godfrey M. Lebhar）在其所著的《美国的连锁店：1859—1950》一书中，把美国最早的连锁店确定为 1859 年成立的美国大西洋和太平洋茶叶公司（The Great Atlantic & Pacific Tea Company，以下简称 A&P）②。这时候，麦考密克收割机公司和胜家缝纫机公司都处在从专利授权向经销授权逐步转化的过程当中。然而，接下来我们将会看到，连锁经营与特许经营在出现时间上的这种重合仅仅是一种表面现象，实际上二者出现的经济背景和产业背景大相径庭。

莱勃尔把美国现代连锁店的发展里程划分为三个阶段。

- 1859—1900 年：连锁经营领域里，几家重要的先锋企业开始它们的早期发展。
- 1900—1930 年：连锁经营的概念吸引了许多零售商，出现了数以百计的新连锁体系，这一时期连锁经营快速和大规模扩张，预示了它的厄运即将来临。
- 1930—1950 年：连锁经营陷入艰苦的生存之战，但最终找到了适合的利基市场，建立起更加强健和持久的生存基础。

莱勃尔承认，多店经营的理念和实践古已有之。除了本书第一章第二节提到的美国商人劳埃德·塔布顿，莱勃尔也提及了所谓公元前 200 年有个叫 Lo Kass 的中国人开设了连

---

① 数据来自世界银行 PPP Knowledge Lab，https：//pppknowledgelab.org/countries/china。检索日期：2017 年 8 月 28 日。

② Godfrey M. Lebhar. Chain Stores in America：1859—1950. [S. l.] Chain Store Publishing Corporation，1952.

锁店。除此之外，他还提到了17世纪日本、德国、英国和加拿大出现的连锁店。他解释道：之所以把A&P确定为美国连锁经营的起点，是因为所有构成现代连锁经营的要素，都诞生于A&P出现之后①。

19世纪50年代，一位美国皮革加工商人之子乔治·吉尔曼子承父业，创立了吉尔曼公司（Gilman & Company）。1859年，吉尔曼的父亲去世后，他开始转向茶叶和咖啡的生意。1861年，吉尔曼把父亲留下来的皮革加工生意转给兄弟，自己专心从事茶叶经营。吉尔曼公司最初从事批发业务，1863年开始转向零售，并把公司改名为大美利坚茶叶公司（The Great American Tea Company）。吉尔曼依靠同时经营批发和零售获得了显著的价格优势，并且开辟了全美范围的邮购业务。1869年，横贯全美的铁路开通，吉尔曼创办了大西洋和太平洋茶叶公司A&P，以“Thea-Nector”为品牌推销包装茶。

被后世视作A&P主要创始人的乔治·亨廷顿·哈特福德（George Huntington Hartford）在19世纪50年代后期加入吉尔曼公司，最初是作为普通店员，1866年被提拔为记账员。1871年，哈特福德负责A&P在芝加哥的扩张。到1876年，A&P已经在美国16个城市开设了分店。1878年吉尔曼退休，把公司交给哈特福德经营。这时A&P已经有超过70家装修华丽的店铺，并同时经营邮购业务，年销售额超过了百万美元。1880年前后，由于国会加重了对茶叶和咖啡的税收，A&P开始转向食品经营，由此成为美国第一家连锁食杂店，如图2-12所示。到1900年，A&P已拥有198家店铺，同时从事邮购和多条货运专线的经营，公司的年销售额超过500万美元。

图2-12　19世纪80年代的一家A&P连锁店店面

资料来源：https：//mall-hall-of-fame. blogspot. jp/2012/04/new-jerseys-p-chain-opened-americas. html.

① 以下对A&P早期历史的介绍与上述莱勃尔的著作有所不同，主要参考了2011年新出版的商业史著作：Marc Levinson. The Great A&P and the Struggle for Small Business in America. New York：Hill & Wang，2011。

正如莱勃尔所陈述的那样，19 世纪下半叶的连锁零售行业里，绝非 A&P 一家独秀。同一时期里，多家不同类型的连锁零售企业快速发展起来，如：1872 年琼斯兄弟茶叶公司（Jones Brothers Tea Co.）成立，后来发展成知名的美国大联盟公司（Grand Union Company）；1882 年克罗格公司（Kroger Company）成立；同年，詹姆斯・巴特尔食杂店公司（James Butler Grocery Co.）成立；1883 年柴尔德食杂店公司（Childs Grocery Co.）成立；1887 年阿克米茶叶公司（Acme Tea Co.）成立；1888 年邓拉普公司（Geo M. Dunlap Co.）成立；1890 年贝尔公司（The Bell Company）成立；1891 年罗宾逊・克劳福德公司（Robinson & Crawford）成立。

在全美范围内，整个连锁零售行业的高速发展出现在 1920—1930 年间。以 A&P 为例，1900 年有 200 家店，1910 年有 400 家，1920 年达到 4 600 家，1930 年更是达到惊人的 15 700 家；此后受到大萧条、反连锁运动以及二战的影响，总店铺数量从 1940 年的 7 200 家下降到 1950 年的 4 500 家[①]。表 2－2 列出了 1920—1949 年间美国 20 家最大的连锁零售企业总店数的变化。

表 2－2　　1920—1949 年美国 20 家最大的连锁零售企业的总店数

类别	连锁企业（品牌）名称	1920 年	1930 年	1940 年	1949 年
食杂店连锁（grocery chains）6 家	A&P，American，First Nat'l，Kroger，Safeway，National Tea	7 723	21 838	30 590	12 390
杂货店连锁（variety store chains）9 家	Woolworth，Kresge，Kress，McCrory，Murphy，Mclellan，Grant，Newberry，Neisner	1 751	2 431	4 145	4 628
服装连锁（apparel chains）1 家	J. C. Penney	312	676	1 452	1 607
鞋店连锁（shoe chains）2 家	Kinney，Melville	95	398	846	866
药店连锁（drug chains）2 家	Walgreen，Peoples	27	87	536	556
总计 20 家		9 908	25 430	37 569	20 047

资料来源：Godfrey M. Lebhar. Chain Stores in America：1859—1950. [S. l.] Chain Store Publishing Corporation，1952.

二、美国的反连锁运动及其影响

20 世纪初期，美国零售连锁店的高速扩张引发了一系列激烈的社会反应。20 世纪 20 年代，零售连锁店在全美零售总额中的份额从 4%增加到 20%，在食品零售中则占到了 40%。到 1930 年，A&P 成为美国第五大企业，拥有有史以来最多的零售店铺。1932 年，时任美国《连锁时代》杂志总编辑的戈弗雷・莱勃尔提出了著名的“连锁店问题”：如果连锁店持续以当前的速度扩张，需要多久就会把所有独立商店彻底消灭掉？连锁店取代独立商店是否符合公众利益？

事实很快就否定了这个问题的前半部分，但对于连锁店与公众利益的争议却一直持续

① A&P 最终于 2015 年 12 月宣告破产，破产时的店铺数量是 296 家。

下来。随着 A&P 等一批连锁巨头的快速膨胀，反连锁运动（anti-chain store movement）也如火如荼地在全美兴起。在 1920—1940 年之间，独立商人协会、地方商人、反垄断主义者、土改倡导者、民粹主义者、进步主义者结成了松散的联盟，试图遏制连锁店的扩张。到 1929 年，美国有超过 400 个市镇建立起反连锁组织。

最早的反连锁声音来自独立批发商和零售商。20 世纪 20 年代早期，食杂领域的批发商向制造商施压，希望阻止它们直接向连锁企业供货。但得克萨斯州、加利福尼亚州和阿肯色州先后在 1922 年和 1924 年制止了批发商们的这种做法。20 世纪 20 年代后期，反连锁运动在全美范围内呈现出草根化特征。1929 年，超过 400 个社区出现了“在家乡交易”（trade-at-home）的宣传攻势。最具代表性的是密苏里州的斯普林菲尔德地区，由当地商会倡导的反连锁运动喊出了“把奥扎克的钱留在奥扎克”[①]。当地媒体的宣传广告中说，连锁企业是“机器吞金者”（mechanical operators），其目的是把在斯普林菲尔德赚到的钱送往总部。1930 年，全美的高中和大学一共举办了 500 场关于连锁店的辩论会；1931 年同类辩论会超过了5 000场，观众达 190 万人。大萧条的爆发显然推动了这一社会运动。各地的报纸、杂志、广播电台纷纷加入了这一运动。反连锁倡导者通过新兴的大众媒体向公众宣称，独立商人是美国民主不可分割的一部分，现在他们受到了来自连锁店的威胁。美国全国零售药剂师协会（National Association of Retail Druggists）声称，“反连锁运动是阶级斗争的雏形（inchoate class war）”，连锁巨头在“寻求特权和大资本独裁以及金融封建主义”。众议员怀特·帕特曼（Wright Patman）说：“经济力量广泛地分布于众多独立业主，他们是美国经济的基石。富兰克林和杰弗逊都曾担心，工业化会导致劳动无产阶级失去财产和希望。小企业是一个社会符号，……历史表明，消灭独立商人是极权主义的第一步。”[②]

广泛的反连锁社会运动直接体现在各州和联邦的立法活动上。最早呼吁反连锁立法的是美国全国零售杂货商协会（National Association of Retail Grocers），该协会在 1922 年要求通过立法限制每一个社区内连锁店的数量；1923 年密苏里州议会开始讨论对连锁店征税，但未获得通过；到 1927 年已经有 15 个州的议会讨论过这类议案，其中马里兰州通过了一项法律，禁止同一家连锁店在阿勒格尼县（Allegheny County）开设超过五家店，这一法律很快被巡回法院判定违宪；同一时期，北卡罗来纳和佐治亚两个州的最高法院也各自对本州的同类法律做出了相似的判决。

1929 年，印第安纳州和北卡罗来纳州通过了对连锁店征收累进税的法律。美国最高法院于 1931 年做出判决支持印第安纳州的这项法律。随后的几年里，各州先后收到了数百项这类提案，最终，在整个 20 世纪 30 年代一共有 27 个州制定了反连锁法律。反连锁立法的高潮出现在 1938 年，这一年，众议员怀特·帕特曼联合 75 名议员提交了一项后来被媒体称作“连锁店死刑”（chain stores death sentence）的法案。按照该法案，全国性连锁企业的连锁税税负将远远超过企业的利润。这一法案最终被国会否决。

---

① 奥扎克（Ozark）是密苏里州的别称。

② Richard C. Schragger. The Anti-Chain Store Movement, Localist Ideology, and the Remnants of the Progressive Constitution, 1920—1940. Iowa Law Review, 2005, 90 (3).

各州的反连锁立法引发了连锁企业的激烈反弹。许多知名连锁企业纷纷在媒体上展开宣传攻势，对州议会和议员展开大量的游说活动，甚至组织起全国性的连锁企业协会（National Chain Store Association，NCSA），出版发行刊物和各类宣传品。从1930年到1950年期间，支持和反对连锁的两种势力一直处在激烈的角力之中。美国学者保罗·英格拉姆等人根据历史资料总结了1925—1970年间美国各州颁布和废止反连锁法律的情况，如图2-13所示①。

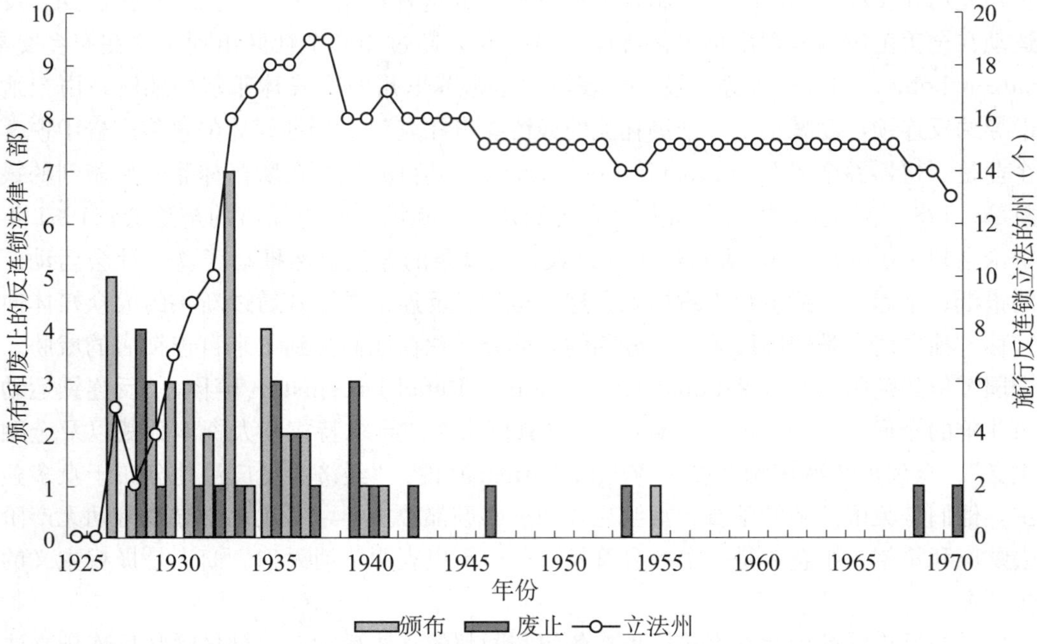

图2-13　1925—1970年间美国各州颁布和废止反连锁法律的统计

20世纪30年代如火如荼的反连锁运动产生了深远的社会影响，这种影响甚至一直延续到了今天。直到最近，美国的新闻媒体上，仍然不断出现对超大型连锁零售企业如沃尔玛等的质疑和反对的声音，今天，这被称作反大盒子运动（anti-big-box store movements）。

美国的这种反连锁运动，对于特许经营从制造业向服务业扩展，从产品特许经营向商标特许经营，直至商业模式特许经营的转化，都起到了不可忽视的作用。反连锁立法的本意是保护那些受到威胁的独立的杂货店和药剂师，由于连锁店具有批量采购和降低分销成本的优势，许多独立商人无论在价格还是品种上都无法与之竞争。但作为汽油生产商的石油公司，需要通过高度分散的加油站才能有效地分销其产品，并且每个加油站的利润相对较低，因此反连锁立法对石油公司产生了一定的冲击。

20世纪20年代，随着汽车工业的崛起，汽油零售行业也迅速发展起来。从1920年到1930年间，全美的加油站数量从大约1.5万个增长到10万个。当时各石油公司常见的分销方式有三种：直营加油站、为经销商提供设备贷款（以鼓励独立经销商）以及“租赁与

① Paul Ingram，Hayagreeva Rao. Store Wars：The Enactment and Repeal of Anti-Chain-Store Legislation in America. American Journal of Sociology，2014，110（2）.

授权”（lease & license）。最后一种方式是，由石油公司长期租下一个合适的店址，再租赁给一个汽油零售商，双方签署一个由零售商销售该公司汽油的授权协议。这种授权协议并不禁止零售商销售其他企业的汽油以外的产品，但严格禁止零售商销售其他品牌的汽油。在这种“租赁与授权”的双重协议中，上游的石油公司逐渐增加了对零售商的控制条款，如销售定额、服务标准、品牌形象等，因此已经具备了产品分销特许经营的典型特征。在20世纪30年代的反连锁运动高潮中，各州针对连锁店的立法大都按照控制权而非所有权来界定连锁。这迫使石油公司对原有的“租赁与授权”协议进行修改，放松对零售商经营其他厂家产品的限制。正如托马斯·迪克所总结的那样：这时的汽油零售行业要求与上下游建立起紧密联系，以此来增强品牌识别，因此，面对反连锁税的限制，石油公司被迫发展出确保经销商统一性的新方法。最常见的方法是建立一种既可以帮助经销商又有助于树立公司统一形象的机制，如公司资助加油站翻新，包括公司提供统一设计方案、优惠提供建筑材料、广告支持、折扣价提供工作制服或会计系统这样的管理工具。这种使网点经营简单化、标准化的做法，构成了现代商业特许经营的一个主要特征，也为商业模式特许经营的诞生奠定了基础。

三、现代连锁经营的多种形态

从以上内容不难看出，作为一种经营方式的连锁店或者说连锁经营，主要起源于零售业。在美国，其兴盛期是20世纪上半叶。到了20世纪后期，零售业中的连锁经营已经趋于成熟和稳定。国内有些商业书籍和教材中有所谓三次零售革命的说法，把连锁店取代大型百货商场，而后又被超级市场所取代视作第二次零售革命。事实上，这三种业态之间并非完全的替代关系，而是长期并存、共同发展的。到了21世纪，网络科学与技术以及电子商务的快速发展，进一步丰富了零售业的业种、业态。网络经济学、网络社会学和现代管理学的兴起，促使学术界不再局限于店铺数量和形态，而是从网络和供应链的视角去研究零售行业的组织结构与企业间关系。

当代西方的主流工具书中，对于连锁店（chain stores 或 chains）一词的解释并不统一。多数权威词典大都从单一所有权角度去定义连锁店，如《韦氏大词典》的 same ownership、《朗文词典》的 owned by one organization、《牛津词典》的 owned by one firm、《剑桥词典》的 belong to a single company 等，都是把连锁店定义为直营连锁体系；只有《美国传统词典》提到了控制权（under common ownership or management）；维基百科的定义则回避了所有权问题，只强调 share a brand and central management①。

国内通行的提法与日本、韩国、东南亚地区比较相近，把连锁经营分成直营连锁、特许连锁和自愿连锁这三种形式。2009年由商务部颁布的行业标准《连锁经营术语》（SB/T 10465—2008）中就是如此，该标准对连锁经营（chain operation）② 的定义是：“经营同类

---

① 以上工具书的解释均引自其各自的网络版，网址是：https：//www. merriam-webster. com/dictionary/chain%20stores，https：//en. oxforddictionaries. com/definition/chain _ store，http：//dictionary. cambridge. org/dictionary/english/chain-store，http：//www. ldoceonline. com/dictionary/chain-store，https：//ahdictionary. com/word/search. html? q=Chain，https：//en. wikipedia. org/wiki/Chain _ store。

② 实际上，在西方 chain operation 这样的用法非常罕见。

商品或服务，使用统一商号的若干店铺，在同一总部的管理下，采取统一采购或特许经营等方式，实现规模效益的组织形式。”该标准对直营连锁和自愿连锁的定义分别是：

● 直营连锁（corporate chain）：连锁店铺由连锁公司全资或控股开设，在总部的直接控制下，开展统一经营的连锁经营形式。

● 自愿连锁（voluntary chain）：若干个店铺或企业自愿组合起来，在不改变各自资产所有权关系的情况下，以同一个品牌形象面对消费者，以共同进货为纽带开展的连锁经营形式。

由此可见，西方的连锁店一词更接近于国内的直营连锁概念。相对而言，所谓自愿连锁比较接近西方所谓的零售商合作社[①]。按照国际合作社联盟（International Cooperative Alliance，ICA）的定义，广义的合作社（cooperative）是指“人们以共同拥有、民主控制的方式自愿组建的自治团体，以满足成员共同的经济、社会和文化的需要和诉求”。维基百科引用了法国学者玛丽-劳拉·巴伦（Marie-Laure Baron）对零售商合作社（retailers' cooperative）的定义：由独立零售商为实现采购和营销方面的规模经济性，而自愿结合所组成的团体。理想的合作社治理是每个成员一人一票的民主方式。但在零售商合作社中，成员是企业而非个人，因此不得不考虑企业规模差异所带来的影响。但如果严格按照企业规模（如资产或销售额）分配投票权，又会对小企业不利。因此实际运营的零售商合作社通常要在企业规模和小企业利益之间进行平衡。

与零售商合作社相对的是消费者合作社（consumers' cooperative），指由消费者自愿结合所组成的团体。该团体致力于为成员提供更好的服务，不以营利为目标。狭义的消费者合作社是指由消费者创办、拥有并经营的零售网点；而广义的消费者合作社包括医疗保健、房地产、个人理财等领域的消费者组织。近年兴起并流行的自发性团购组织，在一定程度上相当于临时性消费者合作社。此外，还有一种由批发商组织的连锁组织（wholesaler-sponsored voluntary chain）。这是一种由批发商发起建立、零售商自愿参加的纵向营销体系，类似的体系还有所谓供应商支持网络（provider-sponsored network）。

进入 21 世纪以后，电子商务对零售业产生了极大冲击，实体零售店遭遇巨大挑战。一些商业研究和咨询机构开始从所谓全渠道整合（omni-channel integration）的角度去研究零售体系。例如，国际知名的零售业咨询机构 SPS 商务公司（SPS Commerce，Inc.），把零售网络（retail networks）定义为：零售生态系统中，企业或机构与其他成员建立联系的社区。

四、连锁经营与特许经营的关系

连锁经营与特许经营的关系，是一个概念混淆比较严重的问题。

首先需要说明的是，这两个商业术语都是舶来品，但在引进翻译时都出现了变异。一方面，前面提到过，作为现代商业连锁发源地的西方，连锁（chain）一词是对零售业（后来加入了餐饮和服务业）多店经营的描述性词语，英语中并没有与“连锁经营”一词相对应的词汇，chain operation 这样的用法在西方极为罕见。另一方面，英语中的 franchise 一词也不包含经营的含义。franchise 有名词和动词两种词性：当用作名词时，它既

① 西方有些人士认为，自愿连锁是独立零售商联合进货，而零售商合作社是联合促销。

可以代表作为授权标的的特许权，也可以指一个由授权方式所构成的分销体系；当用作动词时，指的是授权这样一种商业行为和做法。此外，用作动词的 franchise 可以清晰地区分出特许经营双方的宾主关系：特许人一方使用主动语态 franchise，而受许人一方则使用被动语态 franchised。通过对这两个术语的语义分析可以大致看出，汉语中对这两个术语所造成的混淆，是翻译过程中所加入的“经营”二字所导致的。

前面提到，西方大多数权威工具书中都把连锁店定义为直营连锁。这是由于早期的连锁体系成分单一，所有分店都是由单一所有者投资、经营和拥有的。以最为著名的零售连锁 7-Eleven 为例，7-Eleven 的前身美国南国制冰公司（Southland Ice Company，后改名为 Southland Corporation）从 1927 年就开始经营连锁便利店。经过近 40 年的发展，到 20 世纪 60 年代已拥有超过 1 000 家店铺，并且全部是直营店。直到 1964 年，7-Eleven 收购了 Speedee Mart 旗下的 126 家加盟便利店，才开始对特许经营产生兴趣。7-Eleven 创始人之子、时任 7-Eleven CEO 的约翰·汤普森（John Thomson）曾经说：“正是 Speede Mart 带给我们从事特许经营的技巧和知识。”直到 1991 年南国制冰公司被日本伊藤忠商事株式会社收购，7-Eleven 在美国本土的连锁体系中，直营店铺的比例一直高于 50%①。

而从特许经营的角度来看，任何特许经营体系都必然会构成一个单一品牌的多店系统，这就是为什么特许连锁（franchise chain）一词如此流行的原因。但在商业特许经营的发源地——餐饮和服务业当中，特许人从一开始就明确了要采取授权的方式进行扩张。这些特许人甚至把出售特许权当作一项主要业务，而作为特许权载体的餐饮或服务业反而变成次要成分。正如业内人士常说的那样：“麦当劳店的产品是汉堡，麦当劳公司的产品是麦当劳店。”根据美国学者罗杰·布莱尔和弗朗辛·拉芳丹的研究结果，大多数特许经营体系中直营店的比例都很小。在他们所调查的 1 158 个特许经营体系当中，有 326 个（约占全部体系的 28%）完全没有直营店②。而对于那些成熟的特许经营体系（8 年以上经营历史），直营店比例平均为 15%。由此看来，那些从一开始就有意识地从事特许经营的企业，并不把开设直营店作为业务重心。关于特许经营体系中的直营店比例问题，在学术上被称作双重分销（dual distribution），是特许经营理论研究中的一个核心问题。本书将在后续章节中深入讨论这一问题。

需要注意的一点是，特许人从创业之始到发展成熟，其特许经营活动是一个动态过程。从理论上讲，任何一个特许经营体系最初都应该是 100%的直营体系。从特许人卖出第一份授权开始，直营比例逐渐下降。近年的学术研究表明，大多数特许经营企业在步入成熟期后，都会有意地控制体系中直营店的比例，使其保持稳定，并且这种比例都相对较小。例如，根据麦当劳公司发布的 2016 年年报，截止到 2016 年年底，全球麦当劳餐厅总数量是36 899 个，其中 5 669 个由麦当劳公司直营，直营比例约为 15.4%。麦当劳公司表示，将继续降低直营比例，其长期目标是直营比例仅为 5%左右，该公司将这种策略称作重度特许经营的商业模式（heavily franchised business model）③。

---

① 托马斯·K. 麦格劳. 现代资本主义：三次工业革命中的成功者. 赵文书，肖锁章，译. 南京：江苏人民出版社，1999.

② 按照我国现行法律，我国不允许出现零直营的特许经营体系。

③ McDonald's Corporation's FORM 10-K，2016.

由此可见，如果把连锁经营和特许经营都视作一种商业模式，那么二者之间的界限是相对清晰的：连锁经营起源于零售业，其战略目标是通过不断增加店铺的数量扩大市场覆盖范围，从而实现更大的规模经济性；而特许经营则起源于制造业，后来才渗透到餐饮、服务和零售业，其战略方向从一开始就侧重于特许权的销售，从经济机制上讲，其根源在于上下游之间的范围经济性与交易成本的平衡。正如罗杰·布莱尔和弗朗辛·拉芳丹所说的那样：规模经济性“可以解释连锁店的流行，但无法解释特许经营的普及”。在学术上，特许经营的复杂性和重要性要远远超过连锁经营。以谷歌学术（Google Scholar）为例，以 franchise 作为标题关键词搜索，结果多达 7 360 条；但以 chain stores 作为标题关键词的搜索结果只有 556 条。

基于以上讨论，我们可以得出这样的结论：本来意义上的连锁经营（或称为连锁店）是零售业当中的一种企业组织形式，它是相对于单店经营的模式而言的，并且不涉及资产和所有权的分配问题。而特许经营是一种产权交易行为，涉及两个不同的法律主体（特许人与受许人），它是相对于公司直营分销而言的，其本质在于同一体系内部并存的两种不同所有权模式，如表 2-3 所示。

表 2-3　连锁经营与特许经营的对比

	连锁经营	特许经营
定义	商业组织形式	有偿授权行为
起源	零售业	制造业，后渗透到餐饮、服务和零售业
萌芽	19 世纪 60 年代	19 世纪 40 年代
发展	20 世纪 20 年代	20 世纪 60 年代
成熟	20 世纪 50 年代	20 世纪 70 年代
法律意义	无特别意义	产权交易与产权再分配
经济意义	规模经济性	范围经济性与交易成本的平衡
社会意义	单一所有权的网络组织	双重所有权的网络组织

问题的复杂性在于，随着服务经济时代的到来，第三产业成为社会经济的主导成分，以品牌为核心的知识产权成为特许经营的主流，原本普遍采用直营连锁的零售业，也广泛采取了特许经营的扩张策略，因此连锁经营的概念，逐渐纳入了越来越多的特许经营成分。从这个意义上讲：广义的连锁经营既包括全直营的“纯粹”连锁店，也包括直营与加盟并存的多店体系；而狭义的连锁经营，则指的是所有多店分销体系中的直营成分。在某一多店分销体系内部，直营成分与特许成分的对比如表 2-4 所示。

表 2-4　多店分销体系内部直营成分与特许成分的对比

	直营店	特许店
投资	总部	加盟商或称作受许人
所有权	总部	加盟商或称作受许人
经营权	总部	加盟商或称作受许人
管理权	职业经理人	店主经理人（owner manager）或雇佣店长
总部收益	店铺全部经营利润	特许经营缴费（按营业额或利润的比例收取）
管理机制	内部行政管理	合同管理

实际上，在当前的社会经济生活当中，纯粹的全直营多店体系、纯粹的特许经营体系（最低限度的直营甚至零直营）以及二者混合的中间状态，三种现象并存成为一种常态。区分各种不同形态的关键在于，必须认识到连锁经营的本质，或者说狭义的连锁经营指的是直营连锁，它是与特许经营相对的。但从组织形态来讲，任何单一品牌的多店体系都会构成一个连锁系统，这时是广义的连锁经营，直营和特许都是它的扩张策略和形式。

最后说明一点，社会上还存在着另一种意义上的连锁经营，百度百科将其称为“自愿（由）连锁经营”或“特殊连锁经营”。这实际上是一种通过逐级发展下线牟取非法利益的传销活动。为迷惑受众，传销的组织者和从业者往往在宣传时使用“连锁经营”或“直销”等概念，故意制造混淆。在我国，按照国务院颁布的《禁止传销条例》的规定，传销“是指组织者或者经营者发展人员，通过对被发展人员以其直接或者间接发展的人员数量或者销售业绩为依据计算和给付报酬，或者要求被发展人员以交纳一定费用为条件取得加入资格等方式牟取非法利益，扰乱经济秩序，影响社会稳定的行为”。而《直销管理条例》则把合法的直销活动定义为“直销企业招募直销员，由直销员在固定营业场所之外直接向最终消费者推销产品的经销方式”。

在美国，类似的传销行为被称作金字塔计划（pyramid schemes）。美国联邦调查局把金字塔计划列为22种常见欺诈模式之一，其对金字塔计划的描述如下：与庞式骗局类似，将新加入的受害者支付的钱付给较早加入的受害者，以此为其欺诈行为披上合法外衣。但在金字塔计划中，受害者本人要通过招募更多受害者来获得佣金报酬。具体而言，金字塔计划也被称作“特许经营欺诈”（franchise fraud）或“连锁推荐计划”（chain referral schemes）。这是一种营销或投资欺诈，表面上参与者获得某种特殊产品的分销权或特许经营权，但真正的利润来源不是销售产品，而是发展新的分销商。当潜在的投资者资源被耗尽后，这种以销售特许权为名的金字塔体系就会崩溃。金字塔模式的核心在于，每个参与者要通过吸引更多人投资来收回自己的初始投资。金字塔模式的发起者对参与者隐瞒了这一计划是不可行的事实①。

第五节　特许经营的理论研究

从不同的视角对商业特许经营进行审视和分析，会产生出各种不同的叙述和表达方式，如管理学、营销学、社会学、经济学等不同学科，以及产权理论、契约理论、组织理论、网络理论等不同的理论方法，都会对商业范畴的特许经营现象做出不同的阐释和分析。正如英国学者约翰·斯坦沃斯（John Stanworth）和詹姆斯·柯兰（James Curran）所说的那样：“特许经营活动不能简单地局限在任何一个单一的学科领域或管理范畴，而应延伸到法学、营销学、经济学、创业学、人力资源管理、心理学、社会学和组织理论等多个学科领域。”

---

① 参阅美国联邦调查局官方网站：https：//www.fbi.gov/scams-and-safety/common-fraud-schemes/pyramid-schemes。

一、主要研究机构与研究成果

如前所述，商业特许经营作为一种社会经济现象，直到20世纪50年代末才开始进入商业媒体的视野。对于这一现象的系统的学术性研究，大约始于20世纪60年代末。2003年，国际顶尖的学术出版机构劳特利奇出版社（Routledge）出版了一部特许经营领域的“经典”文集：《特许经营：一个国际视野》①。该书的两位主编分别是美国得克萨斯大学（埃尔帕索分校）的创业研究中心主任弗兰克·霍伊（Frank Hoy）和英国威斯敏斯特大学国际特许经营研究中心主任约翰·斯坦沃斯（John Stanworth）。该文集收录了从1969年到1999年发表的13篇特许经营理论研究文献。按照两位编者在前言中的介绍，该文集的目标是汇集特许经营学术研究领域内出色的、有开创意义的“经典”文献，服务于相关领域的学术研究群体。这部文集所收录的最早发表的文献是，美国哥伦比亚大学的两位学者艾尔弗雷德·奥克森费尔迪特（Alfred R. Oxenfeldt）和安东尼·凯利（Anthony O. Kelly）于1968年年底在《零售业期刊》上发表的文章《成功的特许经营体系最终会演变成直营连锁吗?》②。按照霍伊和斯坦沃斯的观点，这篇文章的学术意义在于，率先提出了一个涉及特许经营实质的关键性理论问题：特许经营到底是一种稳定的组织形式，还是企业生命周期中的一个发展阶段。本书第四章将深入讨论该文所提出的这一基础性问题。

1. 国际特许经营学会

1986年，一群来自不同学科的学者聚集在美国内布拉斯加州的奥马哈市，共同探讨特许经营的理论、实践和教育等课题，由此建立起一个新的学术机构——特许经营学会（Society of Franchising，SOF）。一年半之后，SOF与来自企业界的权威行业组织美国国际特许经营协会（IFA），在旧金山市联合举办了IFA的第二届年会。IFA在此次会议上向SOF发出邀请，未来在IFA定期举办年会的同时，同步举办SOF的学术会议。到2000年，随着越来越多美国以外的学者和学术机构的参与，SOF改名为国际特许经营学会（International Society of Franchising，ISoF），并先后于2005年、2008年和2010年，分别在英国、法国和澳大利亚举办了年度学术会议。从1986年至今，ISoF已经先后举办了32届年度学术会议，累计收到千余篇论文。

2000年和2011年，美国学者乔伊斯·杨（Joyce Young）和法耶·麦金泰尔（Faye Mcintyre）等人，先后两次对ISoF平台上发表的学术文献开展了综述性研究。他们从全部ISoF论文中归纳出22个主题：会计、适应与创新、联合品牌、电子商务与互联网、经济学、教育、创业、伦理与社会责任、特许经营费用、财务、特许经营管理、国际特许经营、知识管理、法律与政策、信息技术、营销、少数族群、方法论与建模、特许经营的性质与范围、绩效与成长、特许经营关系、零售商业，并按照1986—1999年、2000—2010年两个时间段对全部文献进行了内容分析。在上述两个时间段内，文献的主题略有差异。2000年以后，会计、经济学、伦理与社会责任、财务等主题不再出现，新出现的主题有

① Frank Hoy，John Stanworth. Franchising：An International Perspective. London：Routledge，2003.

② Alfred R. Oxenfeldt，Anthony O. Kelly. Will Successful Franchise Systems Ultimately Become Wholly-Owned Chains? Journal of Retailing，1968，44（4）.

适应与创新、电子商务与互联网、知识管理。综合25年的全部数据，出现频率较高的主题依次是：特许经营管理、国际特许经营、特许经营关系、绩效与成长、法律与政策，如图2-14、图2-15所示。

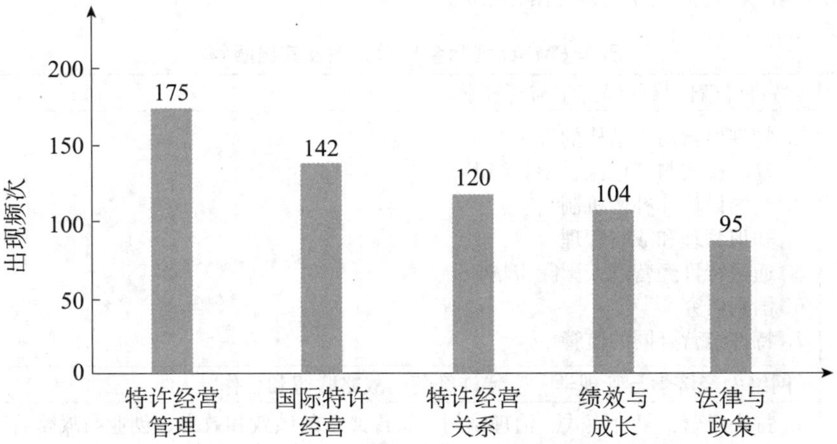

图2-14 ISoF文献出现频次较高的研究主题

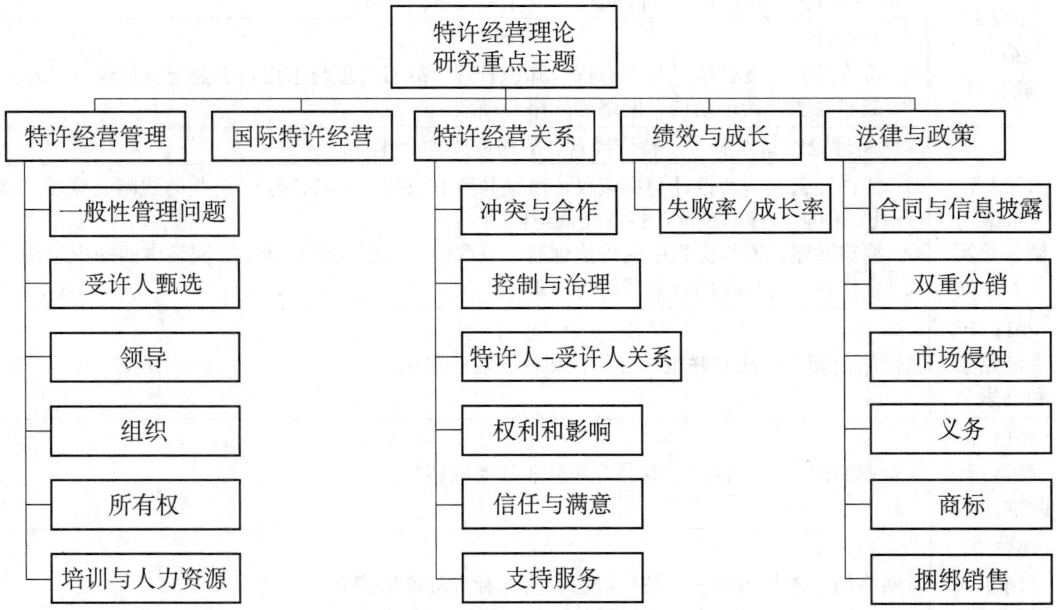

图2-15 ISoF文献重点研究主题的二级主题词

2. 网络组织的经济学与管理学国际会议

另一个常年开展特许经营理论研究的机构是，奥地利维也纳大学商业研究中心的约瑟夫·温斯伯格（Josef Windsperger）等人主持的"网络组织的经济学与管理学国际会议"（International Conferences on Economics and Management of Networks，EMNet）。该项会议从2003年起隔年举办，迄今一共举办了八届。欧洲权威的学术出版机构斯普林格（Springer）出版社，连续出版了多部EMNet论文集，体现了以欧洲大陆为中心、涵盖世界多个国家的特许经营理论研究进展，具有较好的连续性和完整性。

与 ISoF 不同的是，EMNet 关注的领域不仅仅局限于特许经营，还包括企业战略联盟、合作社等类型的企业间网络组织。表 2-5 所示的是 EMNet 历届会议举办地和出版物的大纲，从中可以大致了解其发表的成果。

表 2-5　　历届 EMNet 国际会议举办地及其出版物

2003 年 奥地利 维也纳	《特许经营网络的经济学与管理学》 1. 特许经营治理结构的理论视角 2. 复合模式与其他混合型组织形态 3. 契约设计和补偿机制 4. 知识管理和战略管理 5. 通过特许经营进入国际市场 6. 国别研究 7. 特许经营合同的监管
2005 年 匈牙利 布达佩斯	《网络的经济学与管理学——特许经营、战略联盟和合作社》 1. 特许经营：复合模式、治理结构、特许经营的绩效和效率、创业与战略管理 2. 战略联盟：治理结构、合资企业的绩效 3. 合作社：战略与治理结构
2007 年 荷兰 鹿特丹	《网络的战略与治理——特许经营、合作社和战略联盟》 1. 合作社 2. 特许经营：复合模式与所有权，知识管理、战略管理与信任，创业与特许经营 3. 战略联盟：治理结构、网络的战略与绩效
2009 年 波黑 萨拉热窝	《网络理论的新发展——特许经营、战略联盟和合作社》 1. 特许经营：契约设计与决策权，激励与所有权战略，特许经营企业的战略、竞争和国际化，创业与特许经营，特许经营与监管 2. 战略联盟：网络关系中的价值创造、以联盟方式组织创新活动、网络中的知识管理 3. 合作社：合作社的行为逻辑与治理
2011 年 塞浦路斯 利马索尔	《网络治理——战略联盟、合作社和特许经营连锁》
2013 年 摩洛哥 阿加迪尔	《企业间网络——特许经营、合作社和战略联盟》
2015 年 南非 开普敦	《网络的管理与治理——特许经营、合作社和战略联盟》

二、特许经营理论研究的多种视角

特许经营作为一种独特的商业实践，其特殊性和复杂性体现为理论上的多维度。作为一种特殊的合同关系和组织形态，特许经营的内涵同时涉及经济学、法学、管理学、社会学等多个学科领域。

1. 经济学研究

学术界对特许经营的关注，最初是从产权视角切入的。前引奥克森费尔迪特和凯利的开创性文章，首先提出了一种关于双重产权分布的阶段性假设，即特许人有可能是在企业生命周期的特殊阶段内，由于资源或资本的限制，策略性地采用特许经营方式。随着时间的延续和研究的逐渐深入，学术界开始逐步认识到这样的现实：那些成熟的特许经营企业，在摆脱初创期的资源和资本限制之后，并未系统地回购加盟店，而是有意地持续保持相对稳定的直营-加盟比例。同一时期，在理论经济学方面，以威廉姆森等人为代表的一批学者也逐步完善了基于产权理论的新制度经济学思想。学者们从理论和实证两个角度，同时论证了上下游之间的交易成本是特许经营体系长期存续的内在经济机制；而特许经营费用的本质，则是基于产权分布和渠道激励的一种独特的契约设计。到 20 世纪 90 年代，美国学者派特里克·考夫曼和弗朗辛·拉芳丹于 1994 年在《法律与经济学杂志》上发表的题为《控制成本：麦当劳受许人经济租金的来源》，是这方面研究的一个代表性成果。2005 年，罗杰·布莱尔和弗朗辛·拉芳丹合作出版了《特许经营经济学》一书。在某种程度上，该书相当于对特许经营的经济学研究的一个全面的总结性成果。

进入 21 世纪以后，对于特许经营的经济学理论研究逐渐减少，实证性分析和管理理论研究逐渐成为主流。前引乔伊斯·杨和法耶·麦金泰尔对国际特许经营学会（ISoF）论文的综述性分析表明，1988—1999 年间，该平台上以经济学为主题的文献有 12 篇，以管理学为主题的文献有 69 篇；而在 2000 年以后的文献当中，则完全没有了经济学主题，而以管理学为主题的文献则上升到 106 篇。

2. 管理学研究

从乔伊斯·杨和法耶·麦金泰尔的综述性文章中可以看到，特许经营管理作为他们列出的一级主题词，在国际特许经营学会上历年提交的研究成果当中出现的频率最高。按照他们设计的体系，在特许经营管理的下面，分设了 6 个二级主题：一般性管理问题、受许人甄选、领导、组织、所有权、培训与人力资源。显然，这是一种狭义的管理概念。实际上，在他们所列的总共 22 个一级主题当中，有一半以上，都可以划入广义的特许经营管理的范畴，其中最典型的如财务、营销、知识管理等。

3. 社会学研究

尽管在 20 世纪的最后四分之一时间里，特许经营一度成为全球范围内的社会热点，但真正从社会学理论方面对特许经营进行研究的成果并不多见。1999 年，英国学者约翰·斯坦沃斯和詹姆斯·柯兰发表了一篇颇具影响力的文章《可乐、汉堡、搅拌器，以及偷懒者：特许经营在市场经济当中的一个社会学模型》[①]，该模型从社会（宏观）、企业（组织）和个人三个层次，提出了 15 个涉及特许经营实质的命题。

（1）宏观层次。

● 文化方面：经济上的个人主义（economic individualism）强调个人价值和自立意识，是促进特许经营的主要因素；

---

① John Stanworth, James Curran. Colas, Burgers, Shakes, and Shirkers: Towards a Sociological Model of Franchising in the Market Economy. Journal of Business Venturing, 1999, 14 (4).

● 经济方面：特许经营的发展依赖于社会经济结构，第三产业的发达是特许经营持续繁荣的重要条件；

● 政治方面：特许经营企业的生存环境，很大程度上取决于政府对中小企业创业的政策。

（2）组织层次。

● 当初创企业寻求通过跨地域多店经营方式实现快速的市场渗透时，会青睐特许经营，甚至会把受许人当作快速扩张所需资本的唯一来源；

● 产品或服务的明显差异化或规模经济性会导致企业从事特许经营；

● 特许经营是一种持久的、纯粹的商业模式，而非企业迈向纵向一体化进程中的一个临时阶段；

● 特许经营企业是一种独特的双重组织（dual organization）①，因此特许人-受许人关系中同时包含了和谐与冲突、共识与分歧，如何应对和处理矛盾与分歧是检验特许人管理水平的一个重要标志；

● 特许经营网点的失败是多种因素共同影响的结果，即使在同一个特许经营体系内部，加盟商的表现也会有很大差异。

（3）个人层次。

● 特许经营能够帮助那些具有强烈自主意识的人，更快捷地实现自主就业；

● 加盟创业对于那些由于各种原因失业的人群，具有很强的吸引力；

● 加盟者选择加盟创业，并非出于风险厌恶，许多加盟者都具有其他形式创业的经历；

● 受许人加盟创业的动机很复杂，不能简单地归结为利益最大化和摆脱层级控制；

● 初次创业者往往注重独立自主的内在精神目标，而有过创业经历的加盟者则更关注现实的经济收益；

● 加盟者能够对特许经营体系的创新做出显著贡献；

● 现代观念中的自主意识不仅限于经济范畴，加盟创业者可以同时实现独立、创新等精神文化价值。

约翰·斯坦沃斯和詹姆斯·柯兰说，他们提出的这个模型只是一种建议性研究方案，而非成果性结论，并且关于其中的若干命题，也还存在着激烈争论。尽管如此，这个模型仍然为我们全面认识特许经营，提供了一个很有价值的参考框架。但是，从学术界后续的进展来看，从社会学维度进一步研究的特许经营学者和文献并不多见。

组织理论和创业理论是社会学理论与商业实践相互交叉和重叠的两个代表性范畴。历届“网络组织的经济学与管理学国际会议”（EMNet）上都有一些从组织视角研究特许经营的成果。在社会上，从创业视角谈论特许经营，一直是一个热门话题。无论是特许人创办特许经营品牌和体系的创业活动，还是受许人的加盟创业，都引起社会各界的广泛关注。许多特许经营企业，以及与特许经营相关的行业组织，都热衷于把特许经营描述成一种优秀的创业路径。但这种说法更多的属于一种营销话语，而非客观的理论分析与研究。

① 指一个特许经营体系内部，直营店和加盟店两种所有制网点并存。

弗兰克·霍伊和知名的创业学者斯科特·谢恩（Scott Shane）是这一领域里的代表性人物，但他们也承认："人们普遍认为，特许经营是创业的对立面——它只是简单地复制由别人验证过的成功模式，因此与创造性无关。"尽管霍伊和谢恩二人并不认同这种观点，但在普遍强调创新理念的西方创业学语境下，真正把受许人加盟视作严格意义上的创业活动的学者并不多。

4. 法律研究

综合国内外已有成果，从法学和法律视角研究特许经营，大致可以划分为三个领域：(1) 特许经营的政府监管与政策；(2) 特许经营与反垄断和反不正当竞争；(3) 特许经营企业的合规性。关于这方面内容，我们将在本书第五章进行详细讨论。

值得说明的是，由于特许经营关系的特殊性，因此在理论研究方面，许多研究成果往往是同时融合多个维度的视角，对特许经营的经济、管理、社会、法律等方面的研究经常是相互交织与重叠在一起的。多视角、多主题的综合研究是特许经营学术研究方面的一个显著特点。

扩展阅读

"反大盒子"运动

材料说明：爆发于20世纪前半叶的美国反连锁运动早已尘埃落定，美国各州的五花八门的反连锁立法也都无疾而终。然而，美国民间，特别是众多小城镇的独立商人们，对于大型零售连锁企业的敌意，并未随着历史的演进而减弱。进入21世纪以来，随着沃尔玛、塔吉特等超大型零售企业的垄断势力日益增强，一场新兴的"反大盒子"运动在美国风生水起，吸引了社会舆论的广泛关注。

按照维基百科的解释，所谓大盒子商场（big-box stores），是指那些空间体量庞大的零售设施，通常隶属于某个大型的连锁体系。有时也会用这一术语来表示那些经营这些零售商场的大型企业。这类商场可能销售一般性日用百货，也可能仅限于某一大类商品如连锁书店、连锁家电等（这时也被称为"品类杀手"）。大盒子商场的典型外貌特征是，空旷场地上建起的大型独立建筑，周围设有停车场，其占地面积比传统的零售店大出许多倍，出售品类繁多的商品。

1999年，"反大盒子"运动的代表性人物、"蔓延克星"（Sprawl-Buster）网站的创始人阿尔·诺曼（Al Norman）出版了一本题为《干掉沃尔玛！如何阻止超级商场在你家乡的野蛮生长》的书。书中列举了"野蛮生长"的大型零售企业的十项原罪①：

- 它们破坏了土地的经济价值和环境价值；
- 以昂贵的代价无效率地使用土地；
- 促使地方政府竞相推出税收鼓励政策，引发不必要的竞争和经济战；

① Al Norman. Slam-Dunking Wal-Mart! How You Can Stop Superstore Sprawl in Your Hometown. [S. l.]: Raphel Marketing, 1999.

● 迫使边远城镇建设昂贵的基础设施；
● 使得已经建成的中心商业区陷入亏损；
● 被迫用公共税收来复兴中心商业区；
● 破坏本地社区的视觉和审美特征；
● 降低其他商业地产和住宅地产的价值，减少公共收入；
● 弱化地域意识和社区凝聚力；
● 制造经济发展的假象。

以下是该书的一个片段，引自阿尔·诺曼创办的“蔓延克星”网站。

巫毒经济学：沃尔玛尘土机

山姆·沃尔顿（Sam Walton）（沃尔玛和山姆会员店的创始人）喜欢宣称沃尔玛是美国小城镇的救星，他说他的公司在每个地方都在创造就业机会。他在自传中这样描述自己的公司：

“实际上，沃尔玛以低廉的商品价格，为小城镇里的居民节省了亿万美元，同时在我们的商店里创造出成百上千的工作岗位，从而挽救了许多濒临灭绝的小城镇。”

但是，这种说法是一种巫毒经济学（voodoo economics）。佛蒙特州的一位前开发商汤森·安德森说：“这种野蛮扩张的零售企业并没有带来经济的净增长。如果经济并没有真正地增长，那么就只是原有经济活动的某种替代。这会把老社区带入退化变质的恶性循环……”

沃尔玛和家得宝这样的企业，采取一种所谓“蔓延数学”（sprawl-math）的方法进行扩张，只强调对社区的总效应，而不考虑净效应。本地的学校里并不教授这种蔓延数学。这是一种开发商专用的算法，上面没有减号，从不计入我们失掉的工作，也不考虑销售收入的转移。沃尔玛和家得宝以及其他蔓延数学家（sprawl-mathematicians）们的真相是，他们代表的是一种经济替代而非真正的经济发展。我相信沃尔玛知道自己的财政影响是单一维度的。我在最不可能的地方——1996 年 10 月的《今日沃尔玛》杂志的第 26 卷、第 10 期上找到了证据。这是一本沃尔玛的内刊，其口号是“了解沃尔玛世界的窗口”。在其中的一个名为“沃尔玛文化”的栏目里印有这样一段话——我觉得这段话应该写在每一家沃尔玛超市的外墙上：

“在沃尔玛，我们制造尘土。我们的竞争者吃尘土。”——汤姆·库格林，沃尔玛商场事业部执行副总裁

从 1962 年起，沃尔玛的尘土机（dust machine）损害了这个国家的每一个州。沃尔玛这样的公司吞噬掉所有的食品连锁店，从底层的夫妻店，到中等规模的区域性连锁，再到大型的全国性连锁体系。最近的一个例子是：

1998 年 2 月，新英格兰失去了当地的又一家本地零售连锁体系。由卡尔和桃乐茜夫妇（Cal and Dorothy Bennett）于 1951 年创办的卡尔多斯（Caldors）公司落入尘埃，这是美国第四大零售连锁体系的消亡，2.2 万名员工把红色的解雇通知单带回家，9 个州的 145 家商店被迫出租。走过了 48 年的历程、年销售额达到 24.9 亿美元的卡尔多斯，开启了破产清仓大甩卖。那些早已移居他处的贪婪者，再一次回到这里寻找最后一块骨头，买走最后一包廉价内衣。

蔓延数学的教训无可避免。当你在零售业过剩的地区超额供给时，你并没有创造就

业，而是毁掉了原有的工作岗位。以刚刚爆仓的区域性连锁店卡尔多斯为例，行业分析师们说，这是意料之中的。从1995年起，卡尔多斯就输给了沃尔玛，再也没能恢复。正像一则新闻中所说的那样："沃尔玛和其他竞争对手一道，遏制了卡尔多斯在其传统领地以外的地方开店的能力。"下一次镇长或镇议员们谈论沃尔玛或家得宝所带来的就业时，应该记得卡尔多斯以及许多破产的本地企业所失去的那些工作岗位。要弥补卡尔多斯失掉的2.2万个工作岗位，需要新开100家沃尔玛超市才能做到。

另一个例子是，俄克拉何马州的一个人口只有3 900人的小镇诺瓦塔（Nowata），由于一家大型零售店的关闭而陷入尴尬境地。这家关闭的店被并入30英里以外的一家大型超市。当地的第一国民银行行长说："他们的所作所为是不公平的，他们来到这里时，摧毁了所有的小企业。当他们不满意时，他们就跑路了。"当年热烈欢迎巨无霸超市的诺瓦塔的镇长，如今却说："沃尔玛证明了这样一点——他们大而贪婪。他们对这里的人和社群毫无怜悯之情。"

资料来源：http：//www. sprawl-busters. com/caseagainstsprawl. html.

第三章　特许经营的社会影响

【本章纲要】

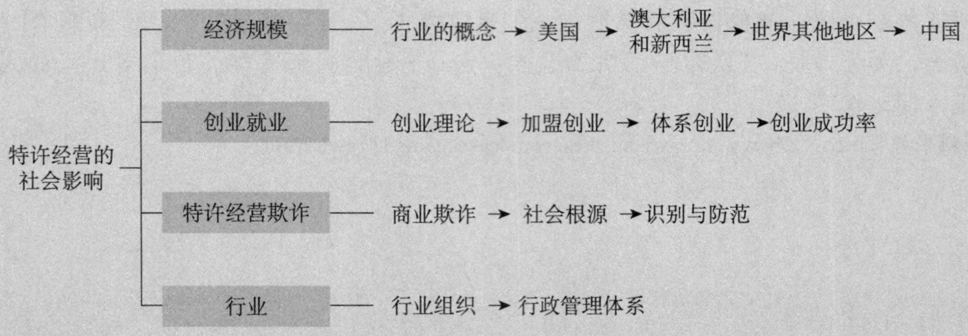

【本章重点】

- 了解世界上主要国家和地区的特许经营行业规模；
- 熟悉几种重要的创业理论模型，掌握多层次创业观点；
- 分别掌握受许人和特许人各自的创业特点、要素和成功因素；
- 掌握商业欺诈的一般概念和法律责任，深入理解特许经营欺诈产生的根源；
- 熟悉国内外主要特许经营行业机构，掌握中美两国与特许经营相关的行政制度。

欧洲特许经营联合会（European Franchise Federation，EFF）曾经概括了特许经营对欧洲经济发展的社会意义①，其中主要体现了这种商业模式对成功创业和中小企业生存发展的积极意义：

- 促进创业和小企业发展，以及相应的就业与经济产出；
- 通过一种动态高效机制推动企业成长；
- 提供一种自主就业的有效手段；
- 帮助中小企业实现可持续增长；
- 既适用于本土经营，也适用于国际化扩张；

---

① European Franchise Federation. Franchising：A Vector for Economic Growth in Europe. http：//www. eff-franchise. com/122/franchising-a-vector-for-economic-growth. html.

- 帮助传统产业实现现代化转型；
- 提供一种介于大型直营体系与小型独立企业之间的平台，有效促进市场竞争；
- 特许经营的培训机制可以促进学习型创业；
- 推广体系运营的成功经验，促进体系之间的健康竞争；
- 通过合同中的限制性条款保护知识产权。

第一节 特许经营的经济规模

一、特许经营“行业”

在一些特许经营书籍或商业媒体上，包括在本书的某些段落内，我们都会看到“特许经营行业”这样的提法。那么，特许经营是否是一个行业？如果是，作为一个行业的特许经营，其准确内涵是什么呢？这是需要深入分析和探讨的问题。

关于“行业”（industry）一词，按照权威工具书的定义，是指“工商业中的类别”[①]。对行业更加精确的定义，来自国家统计局颁发的国家标准《国民经济行业分类》（GB/T 4754—2017），其中第2.1条规定：

> 行业（industry）：从事相同性质的经济活动的所有单位的集合。

在该项国家标准中，把整个国民经济活动划分为20个门类（A～T）、97个大类（01～97）、473个中类（011～970）和1 381个小类（0111～9700）。按照国家统计局公布的《三次产业划分规定》，A大类农、林、牧、渔业为第一产业；B～E为第二产业；F～T为第三产业即服务业。值得说明的是，该国家标准与联合国《所有经济活动的国际标准行业分类》（ISIC Rev. 4）相对应。

如果按照这种严格意义上的行业划分标准，特许经营并非一个独立行业。它是分布于第二、三产业当中（以第三产业为主）的一些企业所开展的一种经营活动。在国内外许多商业媒体上，经常会看到“特许经营创造了××%的GDP”或“特许经营提供了××就业岗位”这样的说法。显然，这种表述极不严格甚至是有意误导。因为，从经济统计的意义上讲，这些经济贡献来自那些从事特许经营活动的企业自身所属的行业，如零售业、餐饮业或服务业等，而非特许经营活动本身。一些带有营销导向的媒体和宣传资料，有意无意地利用了这一概念上的混淆，达到扩大影响的目的。在接下来的讨论中我们会看到，美国国际特许经营协会（IFA）委托普华永道开展的专项研究中使用的是经济影响（economic impact）一词，应该说这是一种相对严谨的表述。

然而，在许多专业书籍甚至一些严肃的学术文献当中，还是会不时出现“特许经营行业”这样的表述。例如，美国学者罗杰·布莱尔和弗朗辛·拉芳丹所著的《特许经营经济学》一书中，在提到全部特许经营活动时，偶尔会使用“这一行业”的说法[②]。在托马

---

① 参见商务印书馆出版的《现代汉语词典（第7版）》“行业”词条。

② Roger Blair, Francine Lafontaine. The Economics of Franchising. Cambridge: Cambridge Universtiy Press, 2005.

斯·迪克所著的《特许经营在美国（1840—1980）》一书中，甚至明确使用了“特许经营行业”这样的概念，来表述20世纪60年代以来美国特许经营活动的迅速膨胀及所面临的问题[①]。在该书的第四章“特许经营行业与达美乐比萨”开头部分，迪克这样写道：“一旦特许经营成为通用产品[②]建立品牌识别的有用工具，商业模式特许经营扩张的舞台就已经搭好了。购买商业模式特许权的人，他们所购买的不仅是销售制造商产品的权利，同时是一套完整的服务，包括装备完善的网点、培训、持续的支持服务，几乎涉及经营所有方面的定期支持。这最终导致特许经营权本身成为一项产品，从而开创了特许经营行业。特许经营权的持有者成为顾客，商业成功的机会成为产品。”

由此我们可以看出，这些严肃学者所说的特许经营“行业”，是指授权活动本身所代表的一类经济活动，就像专利授权、品牌授权等活动分散在各个不同行业中一样。特许经营活动的经济实质，就是特许人向受许人开展有偿授权的这种行为及其产生的经济结果。所以，严格说来，特许经营“行业”的经济规模指的是特许经营收费的总量，而非这些企业所产生的营业额或经济增加值。目前世界上许多国家都成立了特许经营协会，这些行业组织本质上也是从事同类型商业授权的企业联合起来建立的机构，它们各自从属于不同的细分行业。

补充说明一点，正是由于从事特许经营的企业分属于不同的细分行业，所以在对特许经营活动进行分析时，研究不同细分行业中特许经营活动的规模和影响，就成为一项很有意义的工作。通常描述这种规模和影响的指标是，体系数量、网点数量（细分为直营店和加盟店）以及销售额或经济增加值等，特别是不同细分行业内特许经营收费的费率、计费方法、合同期等，尤其具有重要的经济意义。前述罗杰·布莱尔和弗朗辛·拉芳丹所著的《特许经营经济学》一书，在这方面做出了很好的示范。

二、美国的特许经营

美国是现代商业特许经营的发源地，也是世界上特许经营行业机制和监管体系最为完整的国家之一。早在20世纪70—80年代，为了适应当时针对特许经营的行政管理需要，美国商务部（USDOC）曾经连续15年对特许人数量、特许经营体系网点数量及销售额等主要经济指标进行统计，定期出版《经济中的特许经营》年度报告。正是在这项统计活动中，美国商务部确立了“传统特许经营”和“商业模式特许经营”这样一种行业两分法。在美国，这种行业划分方法被企业界、新闻界和学术界一直继承了下来。20世纪80年代后期，随着美国开始推行私有化政策，美国商务部终止了这项工作。此后，以美国国际特许经营协会为代表的一些行业组织及商业媒体不定期地开展行业统计和分析活动，但其结果的权威性大大下降。

目前关于美国特许经营活动的描述性、新闻性资料，主要来自《华尔街日报》（小企业版）、《企业家》（*Entrepreneur*）、《世界特许经营》（*World Franchising*）[③]、《特许经营

---

① Thomas Dicke. Franchising in America：The Development of a Business Method，1840—1980. Chapel Hill：The University of North Carolina Press，1992.

② 迪克此处所谓的通用产品是指汽油这样的无差别产品，参见原书第三章。——引用者注。

③ 原称《邦德特许经营指南》（*Bond's Franchise Guide*），是美国一个较有影响的特许经营媒体。

时代》(Franchise Times) 等一些主流新闻媒体；对于整个行业的经济规模和发展动态，一个比较可靠的信息来源是由美国国际特许经营协会委托普华永道所开展的系列专题研究。到目前为止，IFA 和普华永道先后于 2004 年、2008 年、2011 年、2016 年发布了四卷《特许经营企业的经济影响》专题报告[①]，这是目前对美国特许经营行业经济规模最为全面的调查。该报告的研究基点是特许经营体系中的全部网点（报告中称为 establishments），也就是报告名称中所体现出的 franchised businesses，即加盟店。这项研究在方法论上的一个突出特点，是区分了特许经营的直接影响（in franchised businesses）和间接影响（because of franchised businesses）[②]。所谓间接影响，是指特许经营企业（直营店和加盟店）需要从其他企业那里采购物品和服务，由此对上游企业所产生的影响，将这部分数据加在直接影响上，得出总的经济规模。以下概要介绍该报告的最新调查结果。

1. 对宏观经济直接和间接的影响

根据普华永道的研究，2016 年度美国所有从事特许经营的企业，总共拥有销售终端和零售网点 80.115 3 万个（包含由特许人自己经营的直营店）；创造就业岗位 896.8 万个；全年薪资总额 3 511 亿美元；产出 8 681 亿美元；经济增加值 5 411 亿美元。如果加上特许经营网点对上游供应链的间接影响，则上述指标的结果大致翻倍，如表 3-1 所示。

表 3-1　　2016 年美国特许经营企业的经济规模

	直接经济影响		间接经济影响	
	绝对值	相当于非农私营经济比例	绝对值	相当于非农私营经济比例
网点数量（个）	801 153	2.30%	—	—
就业岗位（个）	8 968 000	5.60%	16 077 500	10.10%
薪资总额（十亿美元）	351.10	3.80%	723.20	7.70%
产出（十亿美元）	868.10	2.80%	2 080.00	6.80%
经济增加值（十亿美元）	541.10	3.40%	1 200.00	7.40%

根据世界银行以及美国人口调查局的相关数据，2016 年美国的名义 GDP 是 18.569 万亿美元，名义零售总额是 5.509 万亿美元。因此，当年美国全部特许经营企业的产出，占全美零售总额的 15.8%；其直接创造的经济增加值相当于美国 GDP 的 2.91%；加上特许经营企业对上游供应链的辐射影响，特许经营企业创造的经济增加总值相当于美国 GDP 的 6.46%[③]。

2016 年美国特许经营企业创造的总产出是 8 681 亿美元，其中大约 80%是由加盟商贡

① PricewaterhouseCoopers LLP，IFA. The Economic Impact of Franchised Businesses，Vol. I-IV，2004，2008，2011，2016.

② 研究特许经营的间接影响具有营销上的显著意义，有利于扩大经济规模的基数。毕竟该项研究是受行业组织 IFA 的委托开展的，该机构的本质是美国特许人的代表性组织。

③ 请注意，在讨论特许经营企业产生的经济增加值相对于全国 GDP 的比例时，此处使用的是“相当于”而非“占比”。因为特许经营并非统计意义上的行业，其产生的 GDP 应计入相应各行业。

献的。按照特许权使用费5%的比例估算，当年美国特许经营企业的特许经营收费大约为347.2亿美元。如果把特许经营这种经营方法本身视作一个“行业”，这个数字大致反映了美国特许经营行业的真实经济规模。

2. 特许经营的两种类型

如前所述，美国有关机构对特许经营行业的分析，一直沿用了20世纪70年代由美国商务部制定的划分方法，按照授权内容的不同，将全部特许经营活动分为传统特许经营（产品分销特许经营）和商业模式特许经营两大类。普华永道的调查结果表明，2016年传统特许经营的网点数量，大约占全部网点的8.50%，创造的就业占14.90%，薪资总额、产出和经济增加值的占比都超过了20%，如表3-2所示。

表3-2　　2016年美国特许经营企业的类型对比

	商业模式特许经营		传统特许经营	
	绝对值	占比	绝对值	占比
网点数量（个）	732 842	91.50%	68 311	8.50%
就业岗位（个）	7 636 000	85.10%	1 332 000	14.90%
薪资总额（十亿美元）	269.90	76.90%	81.20	23.10%
产出（十亿美元）	674.40	77.70%	193.70	22.30%
经济增加值（十亿美元）	404.60	74.80%	136.50	25.20%

3. 特许经营在各行业所占比重

普华永道报告中的一个显著亮点是，列出了特许经营企业的网点数量和所创造的就业岗位在13个主要行业中所占的比重，这是其他研究结果普遍缺失的。根据这组数据，可以看出商业模式特许经营在快餐和住宿两个行业占据了显著的比重，其中尤其以快餐行业最为突出；传统特许经营当中的汽车销售行业，特许经营企业提供的就业岗位超过本行业的70%。如图3-1所示，图中上部浅色的三个行业是传统特许经营，深色部分的十个行业是商业模式特许经营。

4. 商业模式特许经营体系的两种成分

现代学术界普遍认可，成熟的特许经营企业会有意保持相对稳定的直营比例，并且这个比例因不同行业和不同企业而异。普华永道的报告表明，2016年美国所有从事商业模式特许经营的体系所拥有的全部约73.3万个网点当中，由特许人自行投资并运营的直营网点为8.85万个，占全部网点的12.1%；直营网点创造的就业岗位占全部网点的18.7%；在薪资总额、产出、经济增加值等三个货币指标上，直营网点的占比都接近或超过了20%，这意味着直营网点的平均规模和效益普遍大于加盟店（如表3-3所示）。

从细分行业来看，服务业的直营比例普遍低于10%，餐饮业和零售业的直营比例则普遍偏高，两个零售细分行业的直营比例都超过了20%，这表明餐饮业和零售业更加注重直营网点建设，希望通过直营餐饮和零售获得更高的渠道利润（如图3-2所示）。

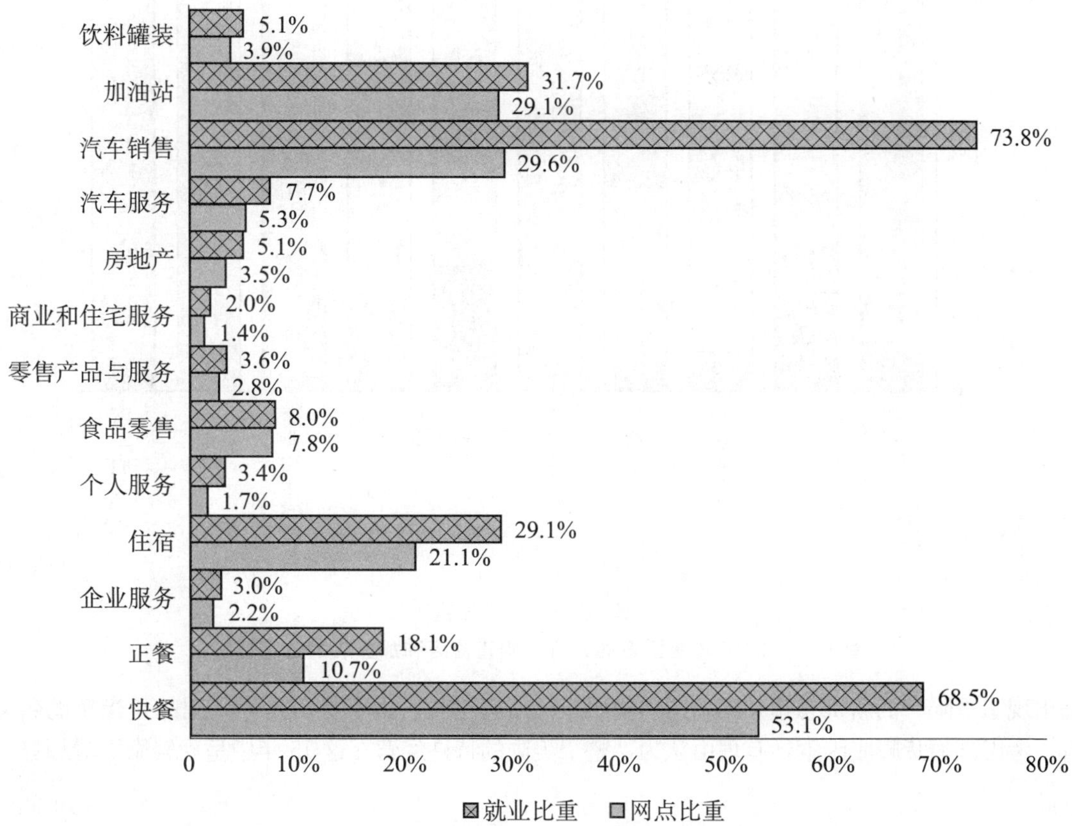

图 3-1　2016 年美国特许经营企业在各主要行业中所占比重

表 3-3　　2016 年美国商业模式特许经营体系的成分对比

	直营店		加盟店	
	绝对值	占比	绝对值	占比
网点数量（个）	88 487	12.1%	644 355	87.9%
就业岗位（个）	1 426 800	18.7%	6 209 200	81.3%
薪资总额（十亿美元）	54.90	20.3%	215.00	79.7%
产出（十亿美元）	129.80	19.2%	544.50	80.8%
经济增加值（十亿美元）	78.30	19.4%	326.30	80.6%

5. 特许经营的发展态势

以上所讨论的都是 2016 年最新报告中的结果。如果将该系列报告各卷主要结果按时间进行排列，并与同期的 GDP 和零售总额相对照，就能大致看出十余年美国特许经营的演变趋势。图 3-3 中按照时间序列列出了 2001 年、2005 年、2007 年和 2016 年的特许经营企业的四项主要经济指标，分别是：网点数量、就业岗位、薪资总额和产出（前两卷报告即 2001 年和 2005 年的结果中未统计经济增加值，因此略去）。作为对照，还列入了同期的总和经济指标 GDP 和零售总额。

从图 3-3 可以看出，从 2001 年到 2016 年的 15 年间，网点数量和就业岗位两项数量指标

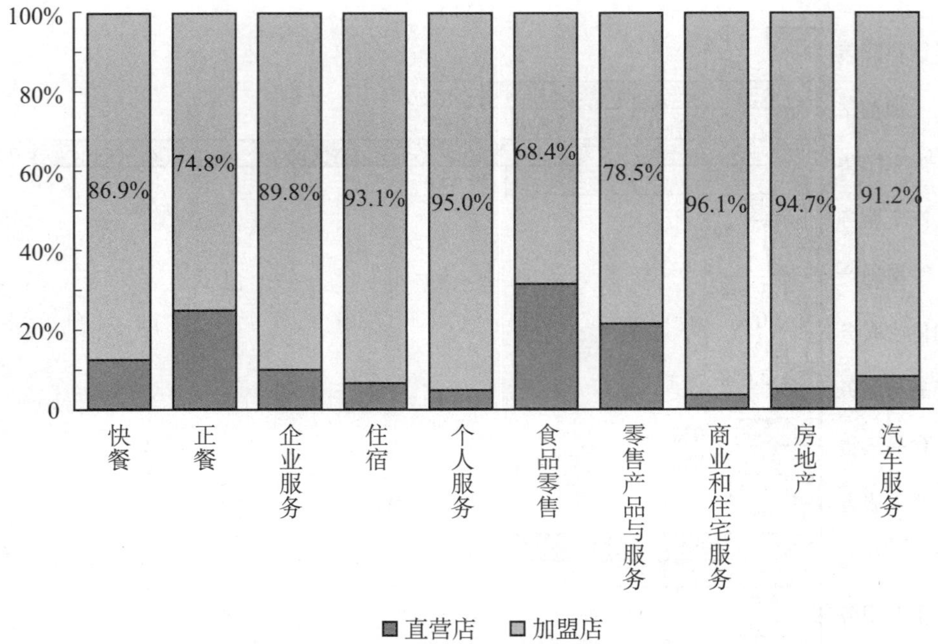

图 3-2　2016 年美国各细分行业中直营店和加盟店的分布情况

都出现了下降，而薪资总额和产出两项货币指标略有增长。由于货币指标采用的是当年的名义量，考虑到通货膨胀因素，有理由认为，整个美国的特许经营在这 15 年中呈现轻微下滑趋势。

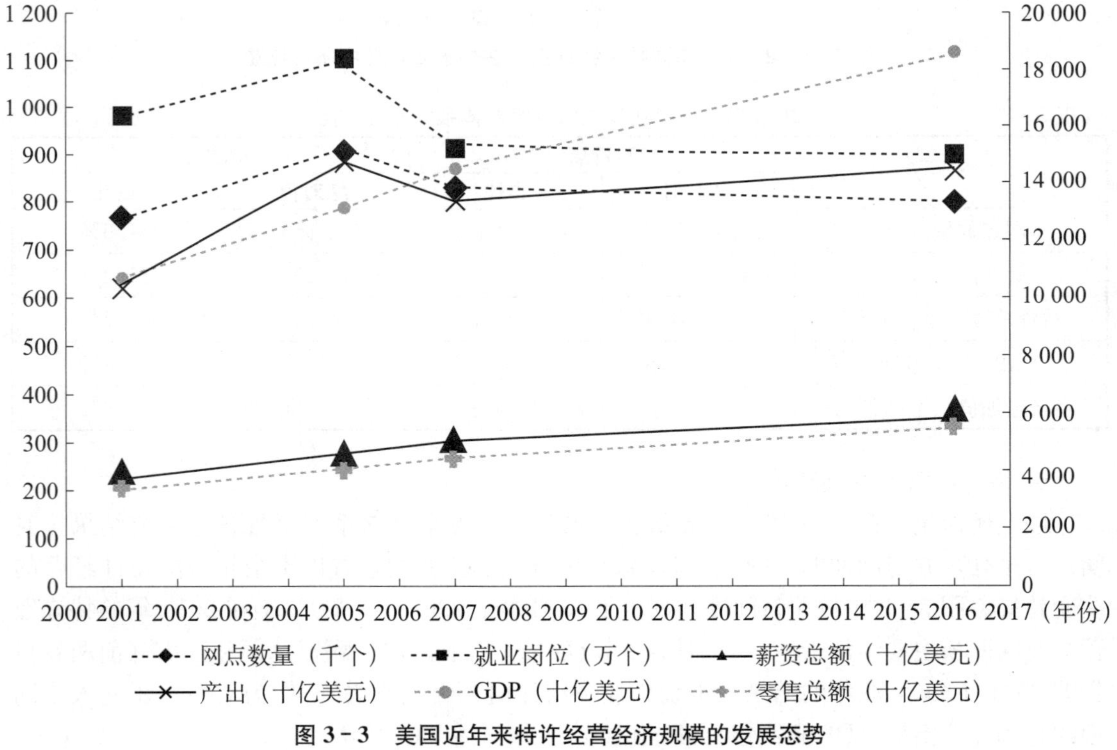

图 3-3　美国近年来特许经营经济规模的发展态势

注：网点数量、就业岗位、薪资总额、产出对应左轴；GDP、零售总额对应右轴。

6. 综合结论

● 以 2016 年的数据分析，全美范围内特许经营体系的总计网点（含直营店）数量约为 80 万个；其中的就业人口约 900 万人；产出规模约 8 700 亿美元，相当于当年零售总额的 15.8%；经济增加值约 5 400 亿美元，相当于当年 GDP 的 2.91%。

● 从行业规模来看，按照全部网点中 80%为加盟店估算，则所有加盟店的营业额约为 6 944.8 亿美元；假定特许权使用费费率为 5%，忽略初始的授权费用，则全美当年特许经营企业的授权收费总计约为 347.2 亿美元。

● 从特许经营类型来看，商业模式特许经营的网点数量占 91.5%，就业岗位占 85.1%，薪资总额占 76.9%，这意味着制造业网点的就业人口数量和薪资水平略高于服务业。

● 在全部 13 个细分行业中，特许经营网点的数量和就业人口在各所属行业所占的比例用各行业占比的加权平均值来表示，则特许经营网点在全部销售终端中的比重约为 17.9%；特许经营企业的就业岗位约占全部终端就业人口的 42.5%。

● 在商业模式特许经营的 10 个细分行业中，特许经营体系内的加盟网点比重用各行业加盟比重的加权平均值来表示，则所有特许经营体系的加盟比重约为 87.9%。

● 从 2001 年到 2016 年的 15 年间，美国的特许经营活动呈现出轻微下滑态势。

三、澳大利亚和新西兰的特许经营

澳大利亚是仅次于美国的一个特许经营非常活跃的国家。澳大利亚格里菲斯大学（Griffith University）的亚太特许经营卓越研究中心（Asia-Pacific Centre for Franchising Excellence，APCFE）在国际特许经营研究领域享有一定声誉。该中心与澳大利亚的特许经营行业组织从 1998 年起开始合作，定期发布《澳大利亚特许经营报告》①；与新西兰梅西大学（Massey University）联合发布《新西兰特许经营报告》②。根据其最新数据，在澳大利亚和新西兰经营的特许经营企业当中，本土品牌分别占到 90%和 72%。

根据 APCFE 历年统计结果，在全澳大利亚范围开展经营的特许经营品牌（含国外品牌）数量从 1998 年的 693 个上升到 2016 年的 1 120 个；特许经营体系全部网点（含直营店）从 1998 年的 43 800 个上升到 2014 年和 2016 年的 79 000 个。其详细的增长趋势如图 3－4 所示。

根据 APCFE 的最新统计结果：2016 年全澳商业模式特许经营企业的总就业人数为 47.2 万人，其中全职岗位 28.3 万人，兼职岗位 7.7 万人，临时岗位 11.2 万人；全部特许经营企业总计营业额约为 1 460 亿澳元，其中商业模式特许经营为 665 亿澳元，汽车和汽油零售行业总计销售额为 794 亿澳元。

相较于美国，澳大利亚特许经营活动的行业分布更加均匀，零售业占 26%，餐饮住宿占 19%，其他服务业总计约占 55%，如图 3－5 所示。

APCFE 的行业分析报告中很有特色的一点是，专门对现有部分特许经营企业的生存年限和体系规模进行了统计，对近 300 个特许经营品牌的问卷调查结果表明：

---

① Griffith University. Franchising Australia 1998—2016.

② Massey University，Griffith University. Franchising New Zealand 2012—2017.

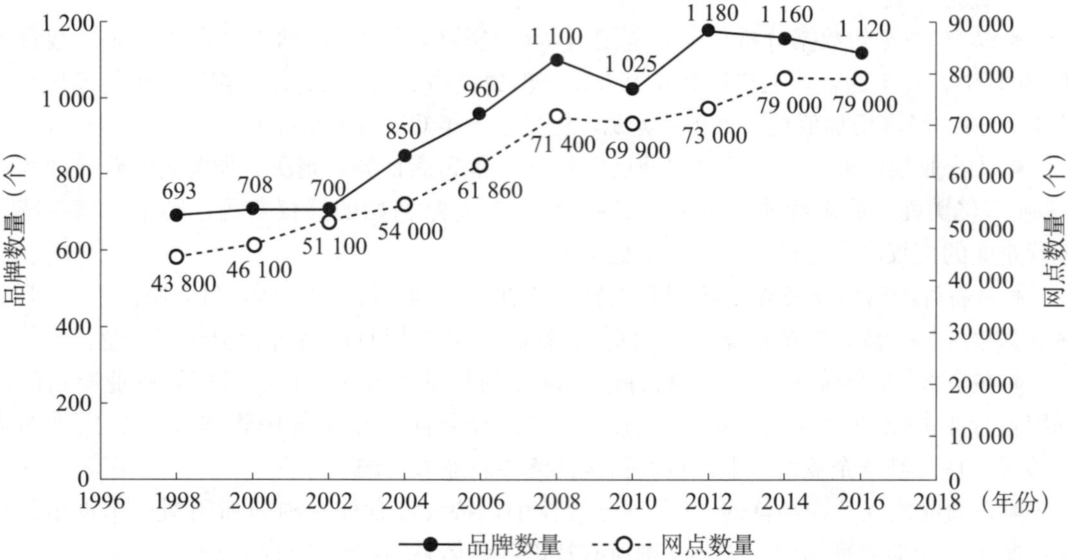

图 3-4 澳大利亚特许经营品牌和网点数量，1998—2016 年

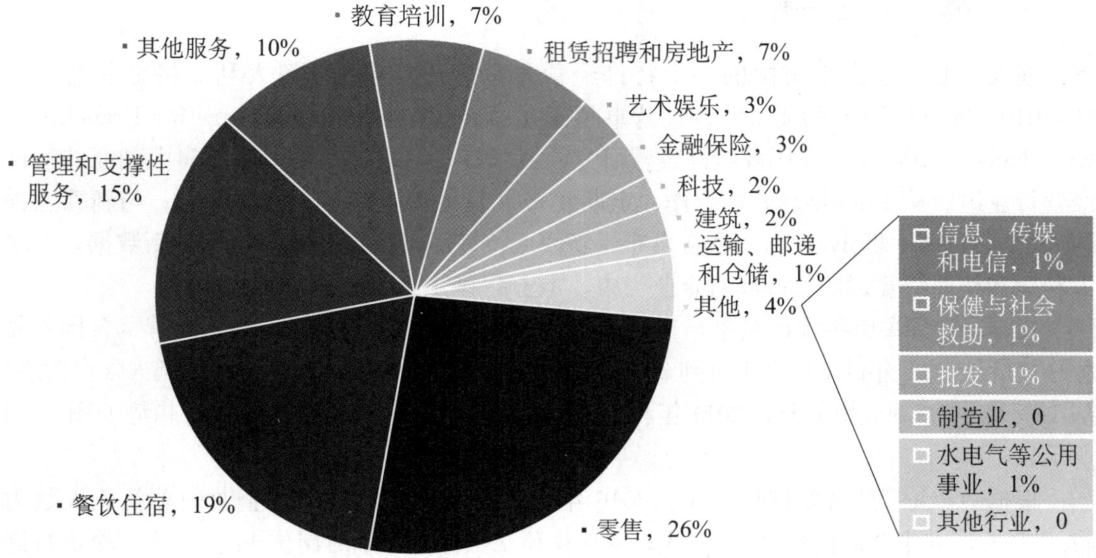

图 3-5 澳大利亚特许经营品牌的行业分布，2016 年

● 从事特许经营活动超过 10 年的成熟型品牌占 59.4%；年限在 5～10 年之间的新兴品牌占 17.8%；5 年以内的初创品牌占 22.8%。

● 截至 2016 年，总店数（含直营店）为 20 个以下的小型体系占 41%，20～50 家店的中型体系占 25%，超过 50 家店的大型体系占 34%。

截至 2017 年，新西兰特许经营行业的大致情况是：商业模式特许经营品牌 631 个，网点数总计 35 000 个，就业人数为 124 000 人。从经济规模来看，商业模式特许经营的总计营业额为 276 亿新元，汽车和汽油零售行业总计营业额为 185 亿新元，两项合计约为

461 亿新元。在行业分布方面，新西兰的情况与澳大利亚大致相似，但在体系成熟度方面，新西兰的成熟型品牌所占比例高达 75%。

四、世界其他地区的特许经营

相对于美国和澳大利亚、新西兰，欧洲地区对特许经营的研究分析工作明显弱一些，从公开渠道可以获得的信息主要来自欧洲特许经营联合会（EFF）以及一些商业媒体。目前，EFF 发布的行业统计数据截止到 2013 年（2015 年发布）。根据 EFF 的估算，2014 年在欧洲 21 个国家开展经营活动的特许经营品牌数量，以及各国所有加盟店的营业额如表 3－4 所示。对于这一结果，需要做两点说明：

● 在各国经营的特许经营品牌数量，相互之间会有很大重叠，因此不能将各国数据加总。

● 据 EFF 报告，在欧洲各国经营的特许经营体系中，来自国外的品牌普遍占相当比重。其中，本土品牌占比最高的是法国和意大利，占 85%左右；本土品牌占比最低的是克罗地亚（13%）和斯洛文尼亚（43%）；其他国家的本土品牌占比通常在 70%左右。

总部位于爱尔兰的特许经营全球服务机构 Franchise Europe 评选的“2017 年度欧洲特许经营 500 强”榜单中，欧洲本土的特许经营品牌为 346 个，约占 70%；来自北美的品牌有 120 个，占 24%。

表 3－4 在欧洲各国开展特许经营的品牌数量及加盟网点总计营业额，2014 年（估计值）

国家	品牌数（个）	营业额（十亿欧元）	国家	品牌数（个）	营业额（十亿欧元）
奥地利	445	8 720	荷兰	769	29 919
比利时	350	11 000	波兰	930	54 750
克罗地亚	180	1 000	葡萄牙	578	11 760
捷克	219	5 299	斯洛伐克	80	—
丹麦	188	7 500	斯洛文尼亚	108	1 580
芬兰	294	4 700	西班牙	1 199	44 619
法国	1 796	69 735	瑞典	700	26 000
德国	990	65 059	瑞士	275	—
希腊	456	11 113	土耳其	1 840	55 000
匈牙利	361	20 000	英国	930	39 000
意大利	939	51 110	总计	—	517 864

从表 3－4 中可以看出，欧洲特许经营最为发达的几个国家是：法国、德国、意大利、波兰、土耳其。这几个国家经营的特许经营体系数量都接近或超过 1 000 家，全部加盟网点的营业额总计也都超过了 50 万亿欧元。

根据英国特许经营协会（British Franchise Association，BFA）与英国西敏寺银行（NatWest）联合发布的一项调查报告，截至 2015 年，英国商业模式特许经营体系为 901 个，其中 80%是英国本土品牌；自 2013 年以来，有 308 个特许经营品牌停业，新增品牌

279 个；大约 38%的英国特许人在英国以外的地区开店，还有 11%的特许人有国际扩张计划。据估计，英国全境内大约共有 20 500 名受许人，总计加盟店 44 200 家。整个特许经营部门的年销售额为 151 亿英镑，提供就业岗位 621 000 个，其中 321 000 个为全职就业岗位。

与欧洲相比，世界其他地区的特许经营统计数据就更加匮乏。偶尔一些国际会议或媒体文章上会出现一些不太完整的数据，但普遍存在时效性差、数据不完整、缺乏权威性等问题，不足为凭。下面根据国际上覆盖面积较广的特许经营门户网站 Franchise Direct 评出的“2017 年度全球特许经营百强”榜单①，对世界范围内优秀特许经营品牌的地区和行业分布做简要的概括总结。据 Franchise Direct 官方网站介绍，其全球特许经营百强榜的排名主要是针对那些已经从事国际化经营的特许经营品牌。其排名依据是由多项指标综合而成，具体包括：网点数量、全体系营业额、增长性和稳定性、运营年限、市场范围以及受许人支持、环境政策和社会责任。

图 3－6 和图 3－7 分别表示出 Franchise Direct 的“2017 年度全球特许经营百强”全部品牌的国别分布和行业分布。其中，美国品牌占到了将近 80%，其次是加拿大、法国和西班牙。从行业分布来看，与美国的行业状况相似，食品行业（含快餐、正餐及食品零售）占据了绝对比重。

需要说明的是，以上对“2017 年度全球特许经营百强”的统计结果，体现的是那些跨国经营的成熟特许经营企业的情况。尽管如此，我们仍然可以比较有把握地得出这样的结论：从经济规模和行业成熟度来说，美国的特许经营在全球仍占据着主导地位；在行业细分方面，餐饮和零售行业占据了绝对的比重。

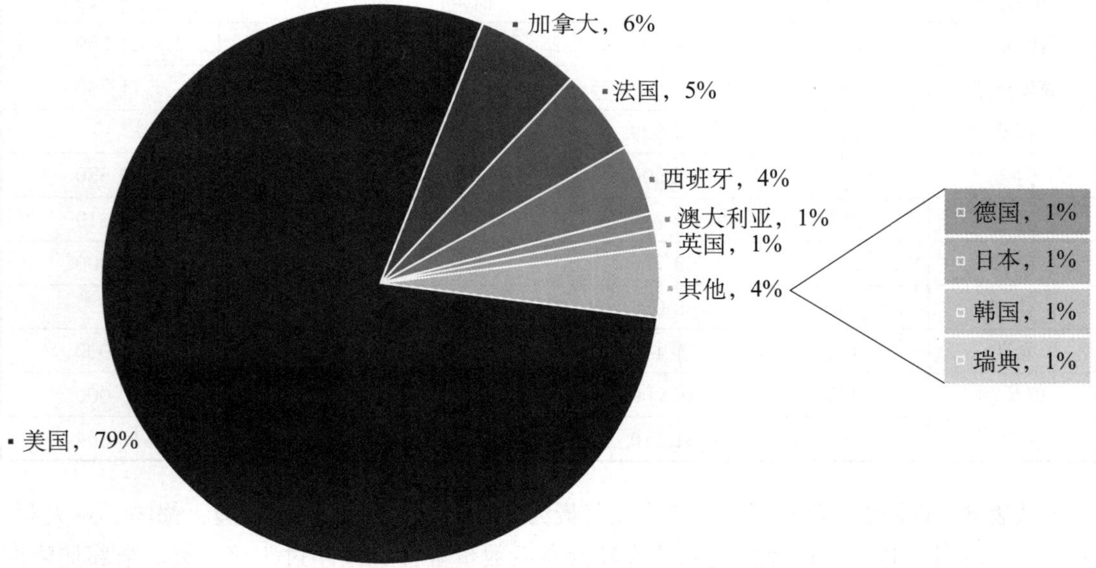

图 3－6　2017 年度 Franchise Direct 全球特许经营百强品牌的国别分布

① http：//www. franchisedirect. com/top100globalfranchises/.

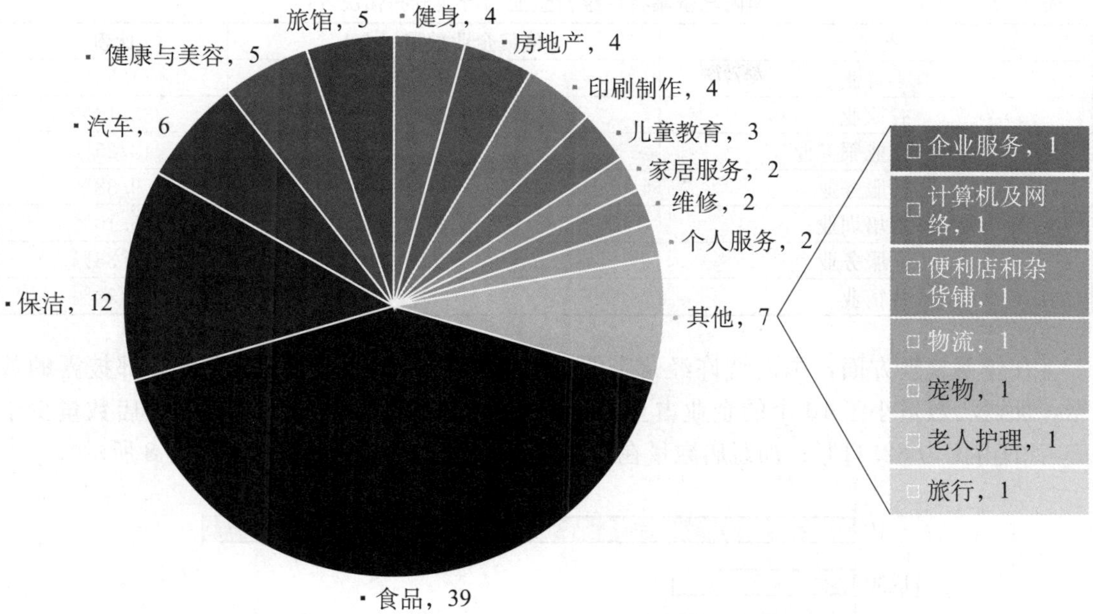

图 3－7　2017 年度 Franchise Direct 全球特许经营百强品牌的行业分布

五、中国的特许经营

国内的特许经营调查统计数据严重匮乏。2010 年以前，中国连锁经营协会每年定期发布国内的特许经营体系数量和商业规模。从 2011 年以后，该协会放弃了行业总体规模的统计，改为评选年度特许经营百强榜单。目前，关于国内特许经营经济规模方面，唯一可靠的资料来源是商务部的特许经营备案数据库。根据历史数据推测，目前国内开展特许经营的企业正式备案的比率在一半左右，因此，商务部数据库的数据大约反映了国内特许经营活动中较为成熟和规范的那一半企业。

1. 商务部特许经营备案数据库

截止到 2018 年 2 月 28 日，在商务部和各省（区、市）商务厅备案的特许经营企业共计 3 831 家（不包括已撤销备案的企业）。其中，北京、上海和广东的备案企业各自占全国的比例分别为 21.56％、12.01％和 8.93％。除京、沪、粤之外，其他排名在前十位的省份依次是重庆、浙江、湖南、江苏、福建、山东和四川。其余省份合计占全国的 24.09％。

商务部把特许经营备案企业划分为 7 个细分行业，分别是：零售业、餐饮业、其他商业服务业、居民服务业、教育培训业、中介服务业和住宿业。现有全部已备案特许经营企业的行业分布如表 3－5 所示。

在已备案企业当中，拥有注册商标的企业有 3 373 家，占全部企业的 88.04％；拥有专利的企业有 220 家，占全部企业的 5.74％；拥有专有技术或其他经营资源的企业 165 家，占全部企业的 4.31％。

表 3-5 国内已备案特许经营企业的行业分布情况①

行业	备案企业数量（个）	比例
零售业	1 321	34.53%
餐饮业	1 267	33.12%
其他商业服务业	507	13.25%
居民服务业	359	9.38%
教育培训业	195	5.10%
中介服务业	89	2.33%
住宿业	88	2.30%

在体系规模方面，国内特许经营企业远远落后于美、澳等国。根据商务部披露的数据，加盟店数量小于 10 个的企业占全部备案企业的比例高达 58.99%；加盟店数量少于 50 个的占比为 82.41%；加盟店数量在 100 家以上的仅占 10.42%（如图 3-8 所示）。

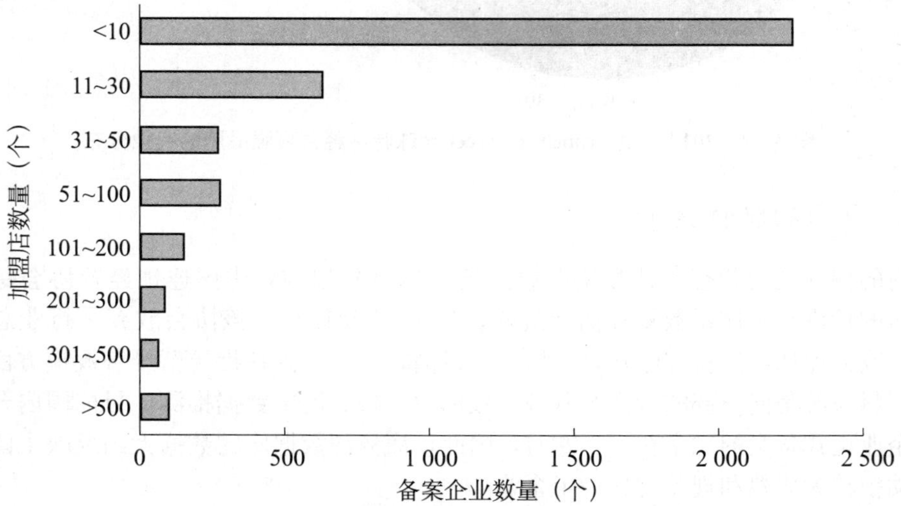

图 3-8 国内已备案特许经营企业的体系规模分布

2. 中国特许连锁百强企业

中国连锁经营协会（CCFA）于 2017 年 6 月发布了 2016 年度 CCFA 中国特许连锁百强企业。这 100 家企业的含税销售额总计为 3 582.6 亿元，总门店数 13.9 万个，其中加盟店数量为 11.4 万个。由于该榜单的行业分类过细，共有 24 个细分行业，为便于分析，将其整合为餐饮、零售和服务三大类别，具体整合方法是：

- 餐饮类 33 家：中式正餐、火锅、西式快餐、中式快餐、休闲饮品、休闲食品。
- 零售类 30 家：便利店、食品专卖、非食品专卖。
- 服务类 37 家：家政服务、洗涤护理、美甲服务、美容美体、足部护理、健身服务、经济型酒店、汽车后市场、宠物服务、电影院、摄影摄像、休闲娱乐、教育培训、房地产中介、家装服务。

① 此处的备案企业总数与前述略有差异，商务部网站原始数据即如此。

以三类企业的销售额代表其经济规模，具体的行业分布如图 3－9 所示。

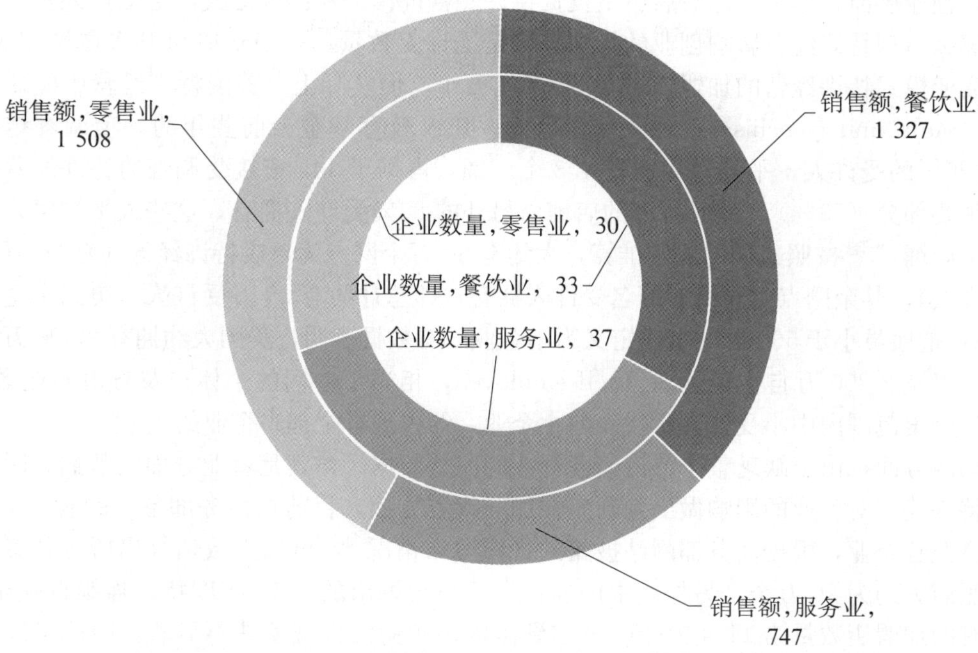

图 3－9　2016 年度 CCFA 中国特许连锁百强企业的行业分布

注：销售额单位为亿元；企业数量单位为个。

第二节　特许经营与就业创业

大众媒体在谈及特许经营时，往往会把它与就业和创业联系在一起。一些与特许经营有关的企业和行业组织，在宣传特许经营时也会尽力突出特许经营对于就业创业的促进作用。2015 年 4 月 27 日，国务院发布《关于进一步做好新形势下就业创业工作的意见》（国发〔2015〕第 23 号），其中提到"发展吸纳就业能力强的产业。创新服务业发展模式和业态，支持发展商业特许经营、连锁经营，大力发展……生产性服务业和……生活性服务业，打造新的经济增长点，提高服务业就业比重"。从字面上不难看出，国务院的这份文件是在服务业创新增进就业的背景下提及商业特许经营的。那么，商业特许经营对于就业创业到底具有什么样的意义和作用？对此，需要有一个客观和理性的认识。

一、数据与事实

上一节的数据表明，2016 年美国从事特许经营活动的企业所提供的直接就业岗位，包括直营店和加盟店总计约为 900 万个；如果考虑到特许经营活动对上游供应链的影响，则间接涉及的就业岗位大致为 1 600 万个。当前美国总人口约 3.2 亿人，就业人口比重约为 60%，就业人口约为 2 亿人。由此，特许经营活动所影响到的直接就业为 4.5%，影响的间接就业为 8%。当然，严格来讲这些受到特许经营活动影响的就业岗位不能说是由特许经营"创造"

的，创造这些就业机会的是从事特许经营活动的企业各自所属的细分行业。

在创业层面，如果把加盟店店主投资特许经营视作一种创业方式，把受许人视作创业者，那么体现特许经营影响创业的指标应该是受许人数量。普华永道和 IFA 的数据表明，美国商业模式特许经营的加盟店数量为 64.4 万个。但实际上，美国特许经营中的多店受许人（multi-unit franchisee）现象非常普遍。IFA 教育基金会前些年的一项调查结果表明："20%的受许人，平均每人拥有 4.3 个店铺，占据了 145 家接受调查的特许经营体系中的主要部分（53%）。其他 47%的店铺由另外的 80%受许人拥有，这些人平均每人只拥有 1 个店铺。"① 按照这样的比例推算，大约有 30 万个网点为单店特许经营（有 30 万名独立受许人），其余网点由大约 8 万名受许人拥有，即总计约有 38 万受许人。美国小企业署（SBA）把雇员小于 500 人的企业定义为小企业。有数据表明，美国大约拥有 2 800 万个小企业，以及 2 200 万自主就业者（self-employed，相当于中国的个体户及自由职业者）②。由此，全美范围内中小受许人所代表的小企业，约占现有全部小企业的 1%。

国内方面，由于缺乏整个特许经营行业的完整数据，尤其是就业方面的数据，因此无法对特许经营对就业的影响做出判断。在加盟投资方面，目前在商务部备案的有 3 000 余家特许经营企业，根据商务部网站披露的规模分布情况③，可以大致估算出所有备案企业的加盟店大约为 20 万个。另外，中国连锁经营协会评出的 2016 年度特许连锁百强企业，所拥有的加盟店数量为 11.4 万个。考虑到国内多店受许人现象并不显著，因此可以从这两个数字大致了解国内特许经营所影响的创业活动规模。

二、创业理论与特许经营

西方主流的创业学教材当中，普遍会用一定的篇幅专门讨论特许经营。这种教科书式的讨论主要聚焦在两个方面：一是把购买特许经营权视作获得企业所有权的一种手段；二是把开展特许经营视作企业快速扩张的一种策略。表 3-6 中列出了西方主流创业学教材对特许经营的定位。很容易看出，这两类主题针对的是特许经营当中的不同主体，前者针对受许人一方购买特许权开办加盟店，后者针对特许人一方通过出售特许权实现快速扩张。从本质上讲，这是两种截然不同的商业行为，它们对于创业的意义和作用也完全不一样。

表 3-6　　部分西方主流创业学教材对特许经营的定位

作者	书名	对特许经营的定位	所在章节
布鲁斯·巴林杰等 Bruce Barringer	创业学：成功创办新企业（第 4 版） *Entrepreneurship: Successfully Launching New Ventures, 4th edition*	企业成长动力（双方）	第 4 篇：创业企业的成长

① The IFA Educational Foundation. Multi-Unit Owner Study. Washington: The IFA Educational Foundation, 2002. 尽管这项研究时间较早，但综合其他材料可以合理假定，整个行业多店受许人的规模和比重会在较长时间内保持稳定或者增长。

② https://www.forbes.com/sites/jasonnazar/2013/09/09/16-surprising-statistics-about-small-businesses/#21a008845ec8.

③ http://txjy.syggs.mofcom.gov.cn/index.do?method=tjxx.

续前表

作者	书名	对特许经营的定位	所在章节
威廉姆·贝格雷夫 William Bygrave	创业学（第2版）*Entrepreneurship*，*2nd edition*	成长战略（特许人）	第4章：商业模式与企业战略
辛西亚·格瑞恩 Cynthia Greene	21世纪创业学（第2版）*Entrepreneurship*：*21st Century Business*	获得企业所有权（受许人）	第3章：选择所有权类型
罗伯特·希斯利奇等 Robert Hisrich	创业学（第10版）*Entrepreneurship*，*10th edition*	获取外部资源（双方）	第14章：从外部获取成长资源
贾斯汀·朗格尼克尔 Justin Longenecker	小企业管理（第14版）*Small Business Management*，*14th edition*	初创的选项（受许人）	第2篇：从零开始或加入现有企业
诺曼·斯卡博罗等 Norman Scarborough	创业与小企业管理精要（第8版）*Essentials of Entrepreneurship and Small Business Management*，*8th edition*	获得企业所有权（受许人）	第2篇：开始创业之旅
斯蒂芬·斯皮内利等 Stephen Spinelli	21世纪创业学（第9版）①*New Venture Creation*：*Entrepreneurship for the 21st Century*，*9th edition*	基于合伙制的快速成长（双方）	第4篇：创业企业融资

相对于创业学教材对于特许经营的关注，创业理论的学术研究则普遍忽略特许经营的价值。正如弗兰克·霍伊所说的那样："人们普遍认为，特许经营是创业的对立面——它只是简单地复制由别人验证过的成功模式，因此与创造性无关。"对于特许经营的学术研究当中，以创业为切入点的研究成果也很有限。以国际上有一定影响力的国际特许经营学会为例，从1986年到2016年的31年中，共举行学术年会29次，总计收到论文近700篇，其中以创业为主题的论文仅有37篇，占6%左右。造成这种现象的主要原因是：首先，特许经营本身的跨学科特点所导致的理论复杂性（参见本书第二章第五节）；其次，西方的主流创业理论过于强调创意（creativity）和创新（innovation），因此忽视了特许经营的地位；最后，特许经营中特许人-受许人的二元对立关系所带来的商业价值上的巨大差异。

本书的观点是：从最根本上讲，创业活动的核心是通过创办企业来获得经济利益。因此，无论初创企业的规模大小、创新程度如何，都应一视同仁视作创业活动。此外，特许经营关系的特殊性决定了特许人-受许人的双重主体地位，双方参与到特许经营活动中来，具有完全不同的商业目标和经济属性，必须分开讨论。下面分别概要介绍创业的一般性理论和多层次创业观点。

在英语中，entrepreneur（企业家或创业者）一词的起源非常晚，直到19世纪中叶才出现在商业领域。与之对应的"企业"一词（enterprise）出现在15世纪，来自法语中的entre-prendre，意为"把握机会"。现代意义上的"创业"一词所包含的意义是"创办企业、承担风险、获取利益"。20世纪初，美籍奥地利学者约瑟夫·熊彼特（Joseph Alois Schumpeter）提出了"创造性破坏"的创新经济理论。此后，西方学界普遍把创新视作创

① 此书是在国内很有影响力的《蒂蒙斯创业学》的后继版本，因蒂蒙斯已经去世，由原合作者斯皮内利主持修订再版。

业的灵魂与核心。然而截至目前，学术界对创业活动与创业过程的叙述和论证仍然是因人而异，缺乏一致的理论框架。下面介绍三种较有影响的创业过程理论模型。

1. 斯科特·谢恩创业过程模型

美国凯斯西储大学创业学教授斯科特·谢恩于 2004 年出版了《创业的一般理论：个人与机会的连接》一书，书中提出了一个创业过程模型，如图 3－10 所示。谢恩创业过程模型立足于个人与机会之间的持续交互过程，把创业活动划分为出现机会、发现机会、利用机会和执行四个阶段，强调个人素质与环境因素对各个阶段的影响。不难看出，谢恩模型的关注点主要集中在对商机的把握方面。

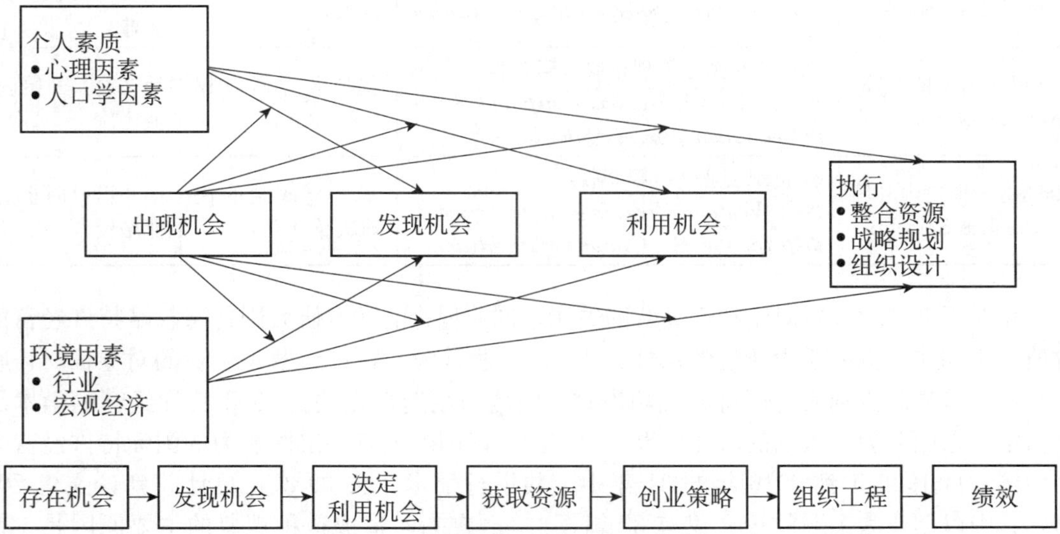

图 3－10　斯科特·谢恩创业过程模型

2. 卡洛·摩尔创业过程模型

另一个经常被引用的创业模型是卡洛·摩尔（Carol Moore）在 1986 年提出的创业过程模型，如图 3－11 所示。与谢恩模型类似，摩尔模型把创业过程划分为创新、触发、实施和成长四个阶段。该模型包含四个基本要素，分别是：个人、组织、社会、环境，这些要素在创业的不同阶段共同发挥作用，最终决定创业的成败。

3. 蒂蒙斯创业模型

美国百森商学院（Babson College）的杰弗里·蒂蒙斯（Jeffry Timmons）编写的创业学教材在国内很有影响，书中提出的蒂蒙斯创业模型经常被国内学者引用。与上面两个模型强调创业活动的演进过程不同，蒂蒙斯模型更注重创业者或称为企业家在多种外部力量的影响下，如何综合权衡机会、资源和团队三个基本因素，并且重点强调了创造性、领导力、沟通能力这三种创业者的核心素质。蒂蒙斯的创业模型如图 3－12 所示。值得一提的是，蒂蒙斯的教材中有关于特许经营的专门一章，其中特别论述了特许经营活动与蒂蒙斯创业模型的契合之处。

4. 多层次创业观点

本书的观点是，应当按照马斯洛的需求层次理论，把创业视作一种多层次的商业实践

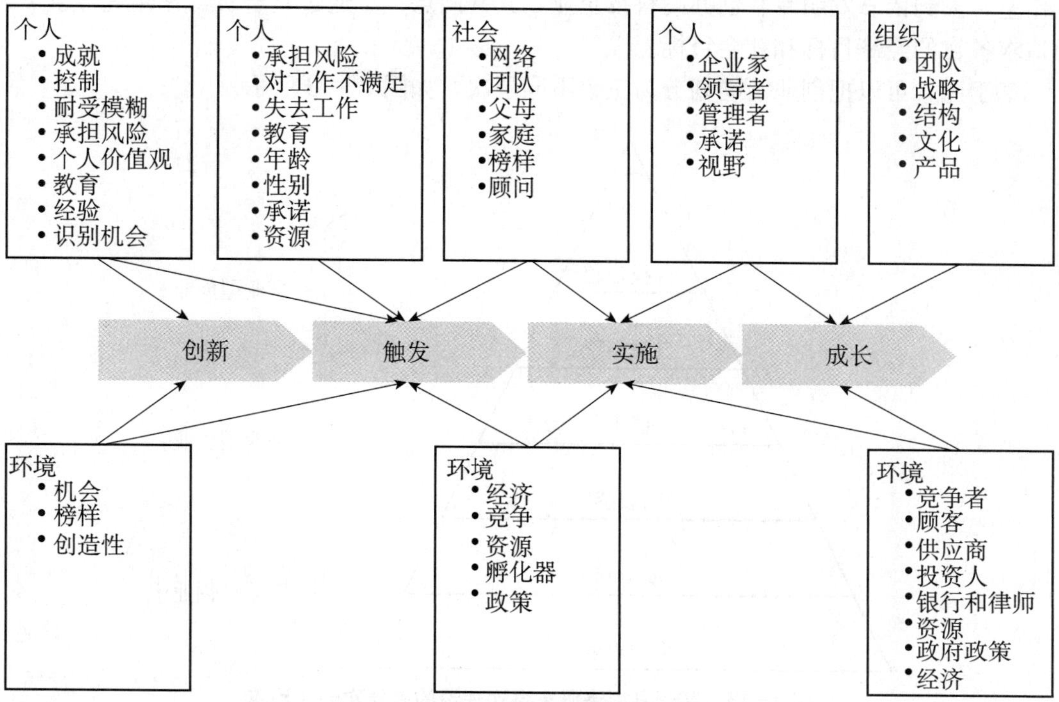

图 3-11 卡洛·摩尔创业过程模型

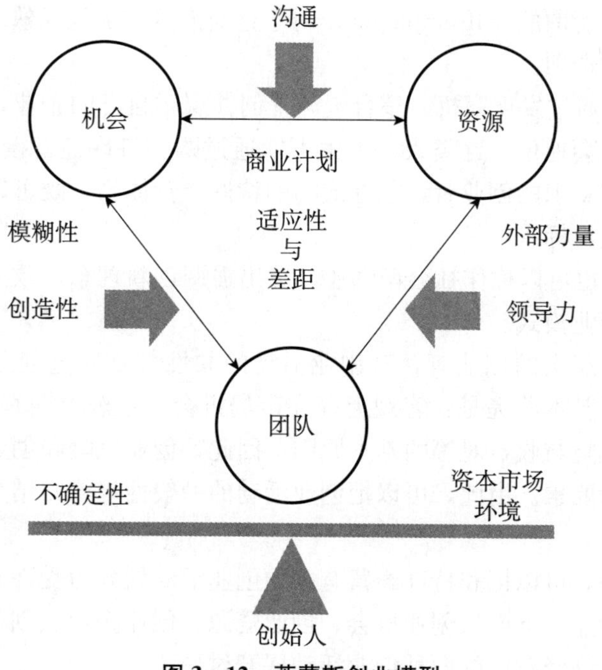

图 3-12 蒂蒙斯创业模型

活动。处于需求金字塔任何一个层级上的人，都有可能创办企业以获取社会经济利益。不同的创业者，其需求层次不同，经济状况不同，创业目标也不相同。小到个体商户或个人工作室，大到依靠发明专利创办高科技企业，其共同点在于通过整合资源来组建企业，从而追求各自的经济目标和社会目标。

基于此，可以把创业活动划分为三个不同层次，如图 3－13 所示。

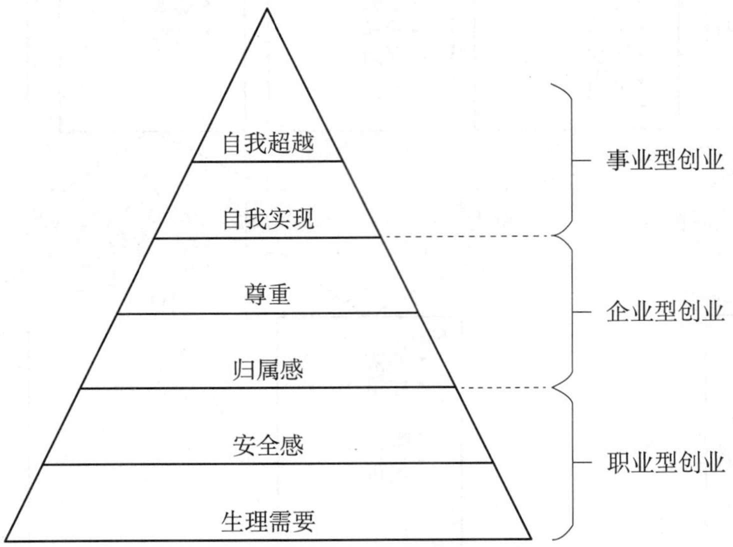

图 3－13　基于马斯洛需求层次理论的多层次创业观点

● 职业型创业：当个人无法或不愿意以受雇的方式实现就业时，可能会选择以小额投资实现自主就业，即所谓的 self-employed。对于这类人群，加盟成熟的特许经营体系就会成为一个有吸引力的选项。

● 企业型创业：通过发现商机、整合资源，创办属于自己的企业，在增加个人财富的同时，提升自己的社会地位。这类人，不大可能通过购买特许经营授权的方式达成目标。对于那些有强烈品牌意识的创业者，创办成功的特许经营体系，既可以实现快速扩张，又能够满足自己的创业目标。

● 事业型创业：也可以称作社会型创业，突出强调创新理念，致力于发现和创造颠覆性的产品、技术或商业模式。

无论是处在哪一层次的创业者，其创业活动的共性都是通过创办企业实现其创业目标，而创办新企业的基本前提是：客观上存在市场机会，主观上拥有相应的资源。并且，创业活动必须遵从风险与收益对等的基本原则，因此，创业风险和创业收益就构成了创业活动的另外两个基本要素。由此，可以把创业活动的一般性规律归结为五种创业要素，如图 3－14 所示。

按照这样的思路，可以把和特许经营有关的创业活动划分为受许人层面的初阶创业和特许人层面的高阶创业。下面从创业机会、创业资源、创业企业、创业风险、创业收益这五个主要维度，对特许经营中的两种创业活动展开讨论。

三、特许经营的初阶创业：加盟现有体系

普通社会公众对于特许经营的印象，首先是加盟创业，即通过购买特许经营授权，按

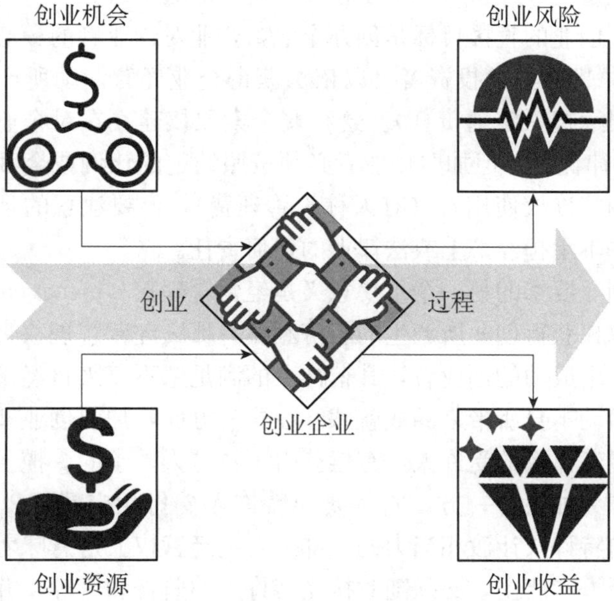

图 3-14　创业的基本要素

照一个现成的（理论上是经过验证的）商业模式，快速便捷地创办一个小型企业即加盟店。如前所述，学术上对于这样一类商业活动是否属于创业存在着争议。以下我们从创业的五个基本要素对此展开讨论。

1. 受许人的创业要素

（1）创业机会。所谓创业机会，是指市场上存在着某种未得到充分满足的需求，以及如何满足这种需求的特定方法。对于自主创业者来说，他必须自主完成从发现机会、评估机会直到创业构思的全部过程。而对于有意通过加盟方式创业的意向受许人来说，他的选择空间变得更小、更清晰。因为特许人不仅已经对市场需求做过系统的调查分析，而且已经提炼出满足特定需求的成熟商业模式。因此从理论上讲，意向受许人只需从现有的加盟机会当中选择最适合自己的。但是，这并不意味着意向受许人可以完全放弃对商机的评价过程。因为作为创业投资者，意向受许人必须对自己的判断和选择承担完全责任：市场需求是否真实存在？这种需求的规模和持续性如何？特许人的商业模式是否可行和可持续？特许人自身的生存能力和发展潜力如何？……这些都需要潜在受许人通过审慎的调查研究，依靠自己的判断得出可靠的结果。在某种意义上讲，加盟创业对于创业者的能力要求更高，它不仅要求对商机本身进行甄别、判断，还要求对特许人及其企业（通常所说的总部企业）进行审慎的研判。

（2）创业资源。创业资源是指投入和启动某项商业活动所必需的生产要素，包括资本资源、人力资源、技术资源、供应链资源等多个方面。所谓特许经营，对于受许人来说就是通过支付特许经营费用的方式，直接获得特许人提供的一揽子知识产权和商业模式，这些构成了未来的加盟店从事经营所需的主要无形资产。通常，特许人还会向受许人提供现成的供应链资源，如主要供应商甚至部分客户资源，也会对未来加盟店的人员招聘、培训和管理提供支持与帮助。帮助加盟投资者直接获得一部分关键性创业资源，是特许经营的突出特点之一，这也是特许经营对于中小投资者最大的吸引力。

（3）创业企业。创业的直接目标是创办企业，企业对创业者的核心价值在于剩余索取权（residual claim），即企业的投资者可以依法获得企业经营活动所产生的利润（同时也要为可能出现的亏损承担一定的责任）。这种剩余索取权建立在对企业的所有权（ownership）之上并受到法律保护。但加盟创业者必须按照约定的比例或金额与特许人分享这部分剩余，即定期缴纳特许权使用费（有人称为管理费），但要注意的是，当加盟店出现亏损时，特许人一方并不承担经济上或法律上的任何责任。

创业企业作为创业要素的另一个重要意义是经营管理权（management right）。如果说创业者通过剩余索取权获得创业所产生的经济利益，那么经营管理权带给创业者的则是社会价值上的满足。一个成功的创业者，其精神上的满足感不仅来自经济上的收获，更多地来自从事经营管理活动本身所带来的成就感。在这一方面，加盟创业和自主创业存在着本质区别。作为特许经营体系的受许人，有偿获得了特许人授予的一揽子知识产权（的使用权）和无形资产。作为加盟者一方，除了要向特许人支付相应费用以外，很重要的一点是，他必须放弃或向特许人让渡相当大的一部分自主经营权。这意味着在加盟店的日常经营活动中，作为投资人和店主，必须随时接受特许人的监督和管理，并严格按照特许人制定的商业模式开展经营。

（4）创业风险。从理论上讲，一个成熟的特许经营体系为加盟者提供的应该是一个有一定影响力的品牌和一套经过实践检验行之有效的商业模式。许多人因此认为加盟创业的创业风险要小于自主创业，那些积极倡导特许经营的人士以及正在招商的特许人更是大力宣扬这一观点。但这一假设只是一种理想状态，现实中许多特许人，不仅其品牌远未成熟，其商业模式是否具有普遍适用性和持续的盈利能力也还是一个问题。对于加盟创业者来说，更为严峻的问题是，由于自己投资的加盟店完全依赖于特许人的品牌和商业模式，其形成的资产具有相当大的专用性（asset specificity），一旦特许人企业或品牌经营失败，则会给加盟者带来更大的损失，即使加盟者作为店主恪尽职守、勤勉经营也无济于事。从这个意义上讲，加盟创业比自主创业还多了一项潜在风险，即特许人企业失败的风险。

（5）创业收益。如前所述，加盟创业者对于自主投资的加盟店依法享有剩余索取权，在这一点上与自主创业者并无二致。但是特许经营合同规定了在整个合同期内，加盟者要与特许人按预定比例或额度分享收入或利润。从加盟店运营的角度来说，这是一项显著的经营成本，也就是加盟店为获得并使用对方无形资产的权利所必须付出的代价。不过，对于加盟创业者来说，更为重要也是更容易被忽视的代价是，特许人在很大程度上是把受许人当作商业客户来对待的。因此，特许人为受许人一方提供服务和一系列供应品，包括加盟店的装置、设备、原材料、半成品，乃至广告营销活动和物料，都是以盈利为目的的，即特许人一方不仅通过特许经营收费获得收益，还要通过为加盟店提供服务和物料来获取一定的利润。尽管这种服务和物料提供是出于保证体系一致性这样一个合理目标，但这个目标并不妨碍特许人从中获得收入和利润。对此，加盟投资者必须有清醒的认识。

综上所述，可以把加盟创业的主要特征，及与独立创业的区别归纳为表 3－7。

表 3-7　　受许人加盟创业的主要特征及与独立创业的区别

创业要素	主要特征	与独立创业的区别
创业机会	从特许人提供的有限商机中进行选择，如果特许人对市场的判断准确，且建立起完善的支持体系，则具有较高的成功概率	独立创业者完全从零开始，创业者能够完全按照自己的计划创办企业、开拓市场，不受他人的直接约束；加盟创业者则不能充分发挥个人创意和自主性，在一定程度上放弃了自己对市场的独立判断能力
创业资源	自筹创业资本，通过购买特许权获得商标、专利、专有技术和管理体系的使用权	独立创业者除了自筹创业资本之外，通常还要自行打造所需的无形资产，这会增加创业过程的不确定性和风险；特许权是特许人的商品，受许人购买知识产权要承担经济代价，但对于缺乏商业经验的受许人，可以规避打造自有知识资产的沉重代价和风险
创业企业	理论上加盟店的产权由创业的受许人所有，但是，（1）要在支付特许经营费用之后才能行使其剩余索取权；（2）放弃了大部分经营管理权，要像职业经理人那样服从特许人的管理	独立创业者对创业企业拥有完全的所有权和处分权；加盟者则要放弃创业企业（加盟店）的部分产权，包括完整的剩余索取权和经营管理权，这是获得特许人知识产权及管理服务与支持的必需付出的代价
创业风险	加盟创业者面对双重风险：（1）特许人的道德风险，即特许经营欺诈；（2）特许经营的体系风险，特许人没有主观上的欺诈动机，但因对市场判断失误或管理上的重大缺失造成整个体系经营不善	独立自主创业的创业者，遵循“愿赌服输”的原则，自己承担创业过程中的全部风险，但不受外部因素制约；加盟创业者可能面对的风险有很大一部分来自外部（特许人企业和特许经营体系中的其他加盟商）
创业收益	（1）受许人并不能获得所投资店铺的全部利润；（2）受许人并不拥有店铺的品牌和其他知识资产，个人心理满足和社会认可程度较低	独立自主的创业者可以享受整个创业过程和完整的社会认可，以及完整的经济利润；加盟店具有先天的属性，加盟创业者不仅无法获得完整的经济利益，也无法享受与独立创业者相同的自我满足和社会认可

2. 受许人创业的成功因素

本书将在第七章详细讨论受许人加盟创业的选择、评估和决策过程。这里把直接关系到加盟创业成功的一些基本要素，做一概要说明。

● 知识产权：加盟创业与独立自主创业最大的区别是，加盟店经营的知识资产，包括商标、专利、专有技术等直接从特许人企业有偿获得，因此，加盟商获得的特许经营权的质量和价值，直接关系到加盟创业的成败。很难设想一个未得到社会认可的品牌、一套未经市场验证的商业模式，能够在市场竞争中生存和发展。

● 行业与产品：对于行业和产品的判断，包括主观和客观两个方面。从主观上讲，加盟者只有选择了自己拥有浓厚兴趣的行业，才会在未来漫长的经营活动中，保持创业激情，全身心投入到店铺的经营和管理活动中；从客观上讲，一个店铺的生命力是由市场和顾客所决定的，如果行业前景黯淡，或产品与服务缺乏竞争力，无论加盟者如何勤奋努力，也难以取得好的成果。

● 企业合规：这里的企业合规，指的是特许人企业。如果一个特许人企业不能自觉遵守现有法律法规、不愿意承担对包括加盟商在内的利益相关者的社会责任，那么加盟这样的特许经营品牌风险巨大。

● 体系完善：经验表明，即使是那些主观上并没有欺诈动机的特许经营企业，甚至是一些非常诚实和勤勉的特许人，仍然有可能因为在体系运营管理的战略和策略上存在严重缺陷，从而导致整个特许经营体系的失败。

● 个人勤勉：尽管加盟者是在特许人所提供的一整套业务体系的支撑下，经营管理自己的加盟店，加盟者也必须认识到自己作为店主经理人所必须承担的管理责任，要对自己的投资承担责任。

四、特许经营的高阶创业：创立和扩张体系

那些早期的特许经营先驱，如DQ、麦当劳、达美乐等成功的先行者们，都是在单店经营取得巨大成功之后才转向特许经营的。值得一提的是，DQ和麦当劳的特许经营策略并非由原始创始人麦卡洛和麦当劳兄弟提出，而是来自后来的加入者艾克森和克罗克，并且他们后来都取代了原始创始人成为各自企业真正的领导者。这种“鸠占鹊巢”的情况在美国的创业史上是一种很特别也很普遍的现象。

对于原先从事单店或多店（直营）经营的商人来说，一旦开展特许经营，就意味着企业转向了一种全新的商业模式，或者说启动了一桩新的生意。正如前文所引的那样：“麦当劳店的产品是汉堡，麦当劳公司的产品是麦当劳店。”在单店或多店运营阶段，创业者面对的是餐饮、零售或服务业的最终顾客；而一旦开始特许经营，企业所提供的商品就不再是汉堡、冰激凌，而是完整的店铺方案，其客户变成了购买特许权的受许人。达美乐创始人莫纳汉的经历非常充分地说明了这一点。

在本书第一章对特许经营早期起源的考察当中我们看到，对于像麦考密克、胜家、可口可乐、福特、太阳石油等这样一些以分销实体产品为目标的制造业企业来说，其特许经营业务要服务于主导产品分销这样一个更大的战略性目标。而对于DQ、麦当劳、达美乐这样的商业模式特许经营企业来说，开展特许经营就不再是单纯的分销渠道的扩张，而是在本质上变成一种品牌的扩张。在品牌扩张的表面之下，这些企业都实现了一种无形的重大转折，即把商业模式从餐饮、零售业转到授权招商、体系建设上来。在某种意义上，企业开展特许经营，应该是企业的“二次创业”或称作“双重创业”。

1. 特许人的创业要素

按照前述创业的一般性规律来分析特许人创业的要素，如表3－8所示。

表3－8　特许人品牌创业的主要特征及与独立创业的区别

创业要素	主要特征	与独立创业的区别
创业机会	特许经营企业的创业，是一种集体创业。因此，对于创业机会的判断和选择，既要考虑创新性，也要考虑其社会基础，即特许经营权的规划，要能够被更多的潜在受许人认可	独立创业的企业可以充分施展创意，仅受市场条件的宏观约束，无须顾及他人的认知和认同；特许经营品牌创业则主要依赖众多独立加盟商的认可，那些过于超前、小众的创业机会，不适合采用特许经营的模式

续前表

创业要素	主要特征	与独立创业的区别
创业资源	特许经营企业的创业资源包括内外两部分：内部资源的关键是知识产权，即经过验证的、可复制的单店运营模式；外部资源是市场资源，即与广泛的受众建立起合作伙伴关系	独立创业企业在资源配置方面，完全按照创业者的战略意图实施，在创业初期无须额外关注知识产权和无形资产建设。相对于普通企业，特许人创业更加注重知识资产的创造与维护。其知识内核是一揽子的商标、专利、专有技术。其基本原则是可复制（replicability）、可文本化（codifiability）、可缔约（contractibility）的网点运营模式，合称RCC模式
创业企业	特许经营企业的经营与管理，更多的是渠道网络的管理，或者说是对组织的管理。这种管理包括体系监管与支持服务两个方面	独立创业企业的管理架构只需要考虑内部资源配置和外部市场条件；而特许经营品牌创业，从企业创立之初，就需要建立起业务和网络的双重管理体制
创业风险	特许人企业同样面临着双重风险：一是商业模式的风险；二是体系建设与维护的风险	独立创业企业的风险主要来自企业内部的管理和外部市场条件的变化；而特许经营品牌创业，除了需要关注商业层面的运营之外，更要防范网络管理失控、渠道支持不力所带来的组织风险
创业收益	区别于普通企业，特许人企业的收益主要依赖渠道利润，即来自受许人定期缴纳的权益使用费	独立创业企业的收益完全来自企业自身的经营效益；特许经营企业的收益在很大程度上来自受许人的“贡献”，是一种合作共赢式的收益

由此可见，特许经营企业的创业，对于创业者的素质提出了更高的要求。作为特许人，不仅仅要考虑企业自身的经营与发展，更要同时考虑网络体系及合作伙伴的利益。因为，特许经营企业自身的利益，最终来自众多受许人的经营成果。

2. 特许人创业的成功因素

特许人创业的成功因素除了服从创业的一般性原理之外，还涉及以下一些特殊方面。

（1）知识资产建设与积累。特许经营的本质是一种知识经济，特许权的核心是知识产权。一个特许经营企业的成功，是品牌和体系的双重成功。因此，特许人创业要从启动之初就把知识资产的建设放在首位，即创造出可复制、可文本化、可缔约的单店运营模式。在进入成长期之后，还要按照知识经济的原理，注重从网络中吸收众多受许人的智慧，不断地更新和升级原有的知识资产。

（2）市场规划。特许人创业之初，就要对未来的市场规模和前景做出科学的规划。市场规划的主要内容包括：市场范围（本地、区域、全国、国际）、授权方式（单店、多店、区域开发、次特许）、直营-加盟比例、渠道成员的排他性等。

（3）支持服务监管体系。体系的建设与维护是特许经营企业获得成功最主要的因素。特许人要兼顾监管和服务两个层面。一方面要依据合同建立起严格的质量、价格、采购、营销控制体系；另一方面要构建完整的供应链体系、总部支持服务体系、现场督察巡视体系。

(4) 合规经营。世界各国对商业特许经营都有特殊的法律规制和行政监管制度。因此，特许人必须注意规避合规风险。由于特许经营企业的网络属性，特许人在考虑自身利益时，必须兼顾受许人这一特殊的利益相关者，注重网络内部的商业伦理与道德。在某种意义上，关注受许人的利益就是在关注特许人自身的利益。

五、特许经营创业的成功率

无论是在理论还是实践方面，特许经营创业的成功率都具有特别重要的意义。同时，这也是一个非常复杂的问题。问题的复杂性体现在，自主创业的成败以创业企业是否存续为唯一标准，但对于特许经营创业来说，不仅要区分特许人企业和受许人企业（加盟店），而且这两类主体的成功与失败还都各自具有多重含义。

1. 特许人创业的成功率

如前所述，特许人的创业分为两个层次，首先是其基础业务的创业，即初始的单店直营或多店直营模式的创业；其次才是通过授权方式拓展体系的“二次创业”。前者是后者的前提，但后者在商业模式上与前者具有本质区别。20 世纪 70—80 年代美国商务部统计全美特许经营活动时，专门列出了“失败和退出”的特许人（failures and departures)。“失败”是指整个特许人企业彻底关闭（ceasing to exist），“退出”是指停止特许经营活动（ceasing to franchise)。而特许经营企业终止招商后，有可能继续维持现有加盟商，也有可能逐渐回购加盟店直至转变为全直营体系。以上各种情况体现在统计数据上，都会表现为特许人企业退出了特许经营。英国学者约翰·斯坦沃斯在一项研究中，邀请了 8 位行业专家对 74 家存续时间超过 10 年的特许经营企业进行评估，受访者对这些企业做出了 A 到 E 的五级评价：A 代表企业仍旧持续特许经营并且继续增长，B 表示企业进入成熟期，这两种情况下企业都获得了成功；C 表明企业仍旧从事特许经营但并不成功，D 意味着公司仍然存活但已不再从事特许经营，E 表示企业已经不复存在。斯坦沃斯的结论是：“在最好的情况下，大约有 1/4 的特许经营企业在 10 年内获得完全成功（A 或 B）……大约占全部样本一半的企业被认为是完全失败（E）。”①

美国学者罗杰·布莱尔和弗朗辛·拉芳丹曾经对 1980—2000 年共计 21 年的时间里开始从事和终止特许经营活动的企业进行了综合研究。结果表明，从最初开始招募加盟商的时间算起，5 年后只有大约 60%的企业继续从事特许经营活动；10 年后仍旧从事特许经营的企业大约为 40%；20 年后只剩下 20%左右，如图 3－15 所示。作为对比，图 3－16 中列出了美国小企业署披露的普通创业企业长年生存率数据②。

对比两图不难发现，特许人创业的成功率与一般性创业企业基本一致，不存在显著差异。罗杰·布莱尔和弗朗辛·拉芳丹根据他们对历史数据的研究得出了这样的结论：“特许经营并不能保证特许人成功。事实上，如果企业必须同时开发商业概念和构建特许经营体系，这种压力很容易导致失败。对于潜在特许人而言，在起步之前充分理解构建一个特

① John Stanworth. Dispelling the Myths Surrounding Franchise Failure Rates-Some Recent Evidence from Britain. Franchising Research: An International Journal, 1996 (1).

② US SBA. Do Economic or Industry Factors Affect Business Survival? . SBA Small Business Facts, 2012.

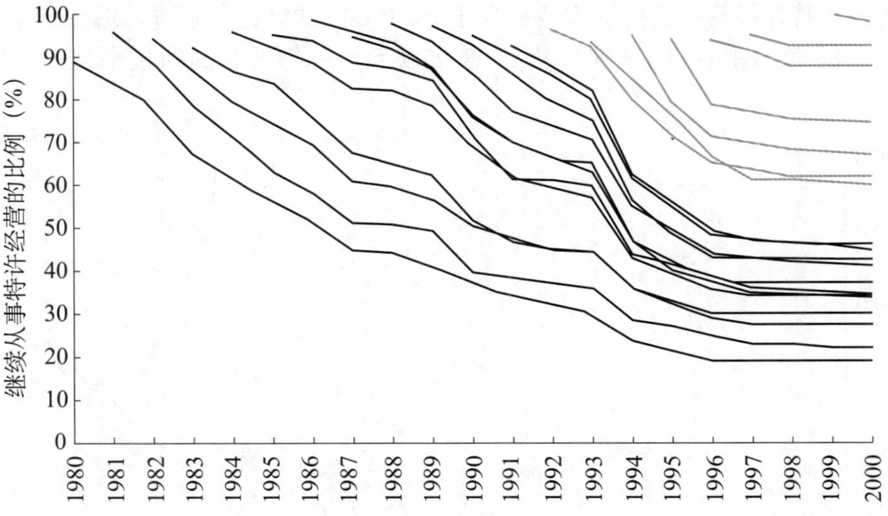

图 3-15 每一年开始从事特许经营的企业后续持续的企业比例，美国，1980—2000 年

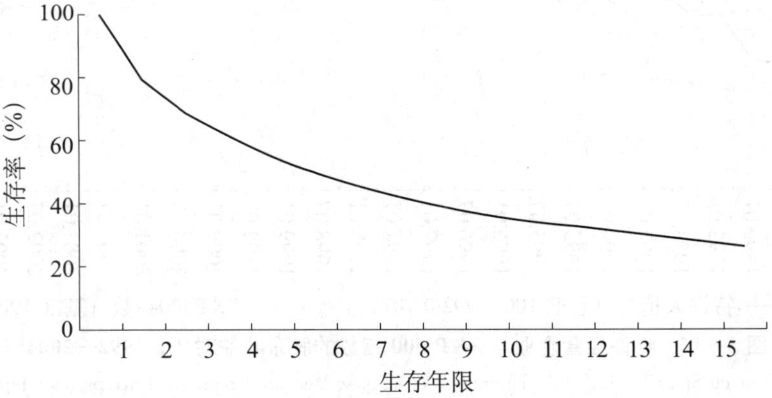

图 3-16 美国小企业署统计的 1995 年创业的企业的 15 年生存率

许经营体系所需要投入的资源，以及在投资构建特许经营体系之前花时间开发一种可行的商业概念，这两点都非常重要。”

根据美国特许经营咨询服务机构 FRANdata 披露的数字，该公司的数据库中积累了从 20 世纪 90 年代开始至今，总计超过 4 万份美国特许人企业的法定信息披露文档（FDD 或 UFOC）[①]，这些披露文档代表了总计超过 1.5 万家特许人企业。据估计，当前美国现有活跃的特许人企业在 2 000～3 000 家之间，这意味着近 30 年间先后有 1.2 万家企业尝试并放弃了特许经营。

2003 年，三位美国学者对 91 家从事特许经营的上市公司进行了研究。他们对比了 1990—1999 年这些特许经营企业与标准普尔 500 指数（S&P 500 指数）各自的股东收益

① 按照美国联邦贸易委员会的法规，美国境内的企业从事特许经营活动，必须公开发表信息披露文档。过去称为“统一特许经营通告”（Uniform Franchise Offering Circular，UFOC），从 2007 年后改称“特许经营披露文档”（Franchise Disclosure Document，FDD）。

情况，得出了特许经营企业投资收益率高于 S&P 500 的结论。不过，后续研究表明，这种趋势并未延续。图 3－17 表明，从 1998 年以后，S&P 500 的回报率超过了特许经营企业。

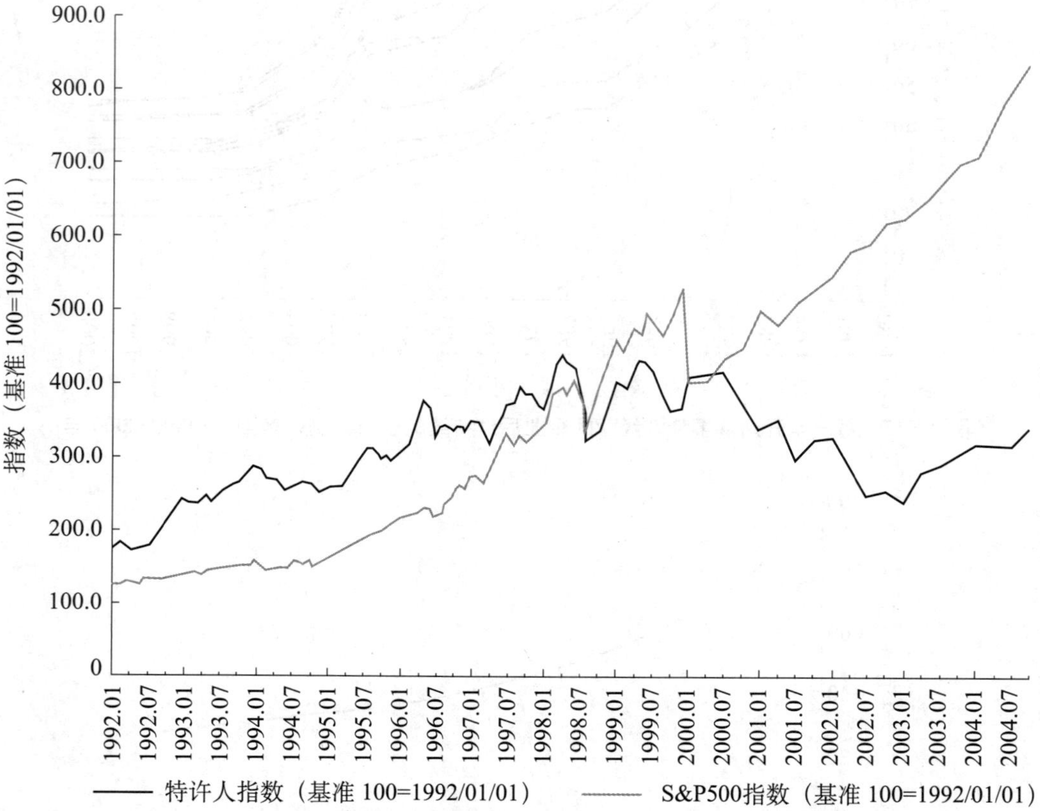

图 3－17　特许经营企业与 S&P 500 指数的股东收益对比，1992—2004 年

资料来源：Stephen Spinelli，Jeffry A. Timmons，et al. New Venture Creation：Entrepreneurship for the 21st Century. 9th Edition. New York：McGraw-Hill/Irwin，2012.

2. 受许人创业的成功率

受许人加盟创业的成功率是一个高度敏感又完全不透明的范畴。特许人企业出于品牌和营销的目的对此话题大都讳莫如深，甚至有意误导，而学术界和第三方机构又难以大规模对此展开全面调查。因此，世界各主要国家都缺乏加盟创业成功率的定量数据。20 世纪 80—90 年代，美国的商业模式特许经营处于高潮的时期，行业组织和商业媒体都竭力夸大特许经营的影响和成功率，尤其是强调加盟创业的成功率远远高于自主创业的小企业。例如，1991 年美国国际特许经营协会（IFA）在一份文件中宣称："1989 年，不到 3%的商业模式特许经营店铺终止运营——其中很多是由于商业失败以外的原因。与之相对，美国小企业署（SBA）报告，大约 65%的初创企业在 5 年内失败。"

与特许人终止特许经营有多种可能性相似，受许人的加盟店终止也存在多种可能性。通常，按照特许经营合同的规定，一家加盟店的终止可以分为到期终止和提前终止。由于美国的特许经营合同普遍含有续约条款，所以合同到期终止也称为不续约（nonrenewal）。此外，某些特许人可能在合同到期前或到期时回购受许人的网点。还有些受许人出于各种原因有可能在合同到期之前，经特许人同意之后，将网点连同授权一道转让给第三方。因此，不能以受许人是否继续经营加盟店作为加盟创业成功的唯一标准。概括起来，导致一个特许经营加盟店终止的情况如图 3-18 所示。

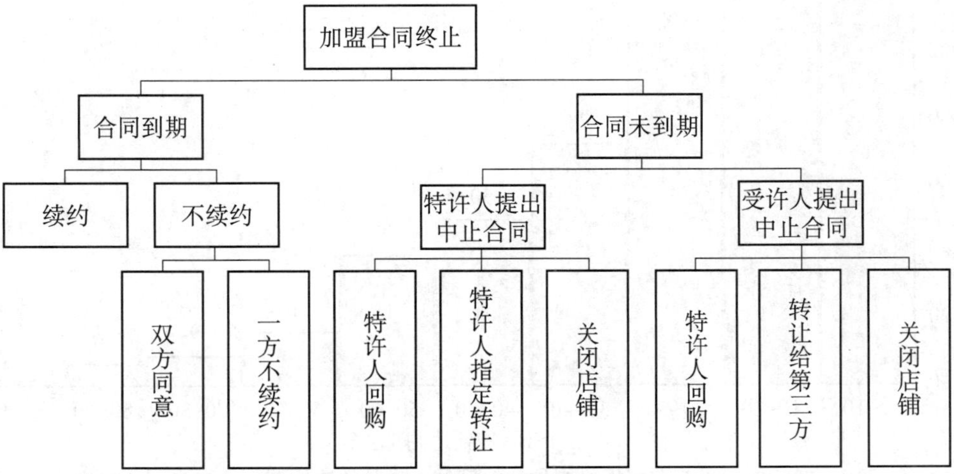

图 3-18　特许经营加盟店合同终止的各种情况

2002 年 9 月，美国小企业署（SBA）检查评价司以总检察员办公室的名义发布了一份题为《SBA 特许经营贷款的违约情况》的报告，该报告系统研究了 1991—2000 财务年度由 SBA 提供支持的小企业贷款的违约情况，用确凿的证据推翻了此前被普遍接受并广为传播的观点，即认为加盟创业的成功率高于自主创业[①]。该报告指出：1991 年到 2000 年间发生的特许经营贷款（指针对受许人的创业贷款），违约率为 7.01%，同期非特许经营贷款的违约率为 6.32%；同一时期，特许经营贷款在全部贷款中所占的比例也显著提高。按贷款金额计算，1991 年特许经营贷款占全部贷款的 6%，而到 2000 年特许经营贷款所占比例接近 10%。据此，报告建议 SBA 制定相关规则，禁止在此后的对外宣传中使用所谓“特许经营具有更高成功率”的错误陈述。三年后，美国国际特许经营协会主席发出公开信，要求会员停止使用“有关这个行业的……过时的、错误的信息”[②]。

2012 年，美国小企业署发布了 2001 年 10 月 1 日至 2011 年 9 月 30 日期间，总计 578 个特许经营品牌的加盟商贷款违约情况[③]。数据表明，一半以上的特许经营品牌（298 个）的加盟商的贷款违约率超过 20%，违约率超过 50%的品牌有 72 个，详细结果如图 3-19 所示。

综上所述，无论是特许人还是受许人，其创业成功率都与独立企业创业没有什么质的不同。换言之，从创业角度来看，运用特许经营模式（特许人）或加盟特许经营体系（受

① Inspection and Evaluation Division of US Small Business Administration. SBA's Experience with Defaulted Franchise Loans. 2002.

② IFA President Matthew Shay. A Message from International Franchise Association，May 2，2005.

③ https：//opendata. socrata. com/Business/Franchise-Failureby-Brand2011/5qh7-7usu/data.

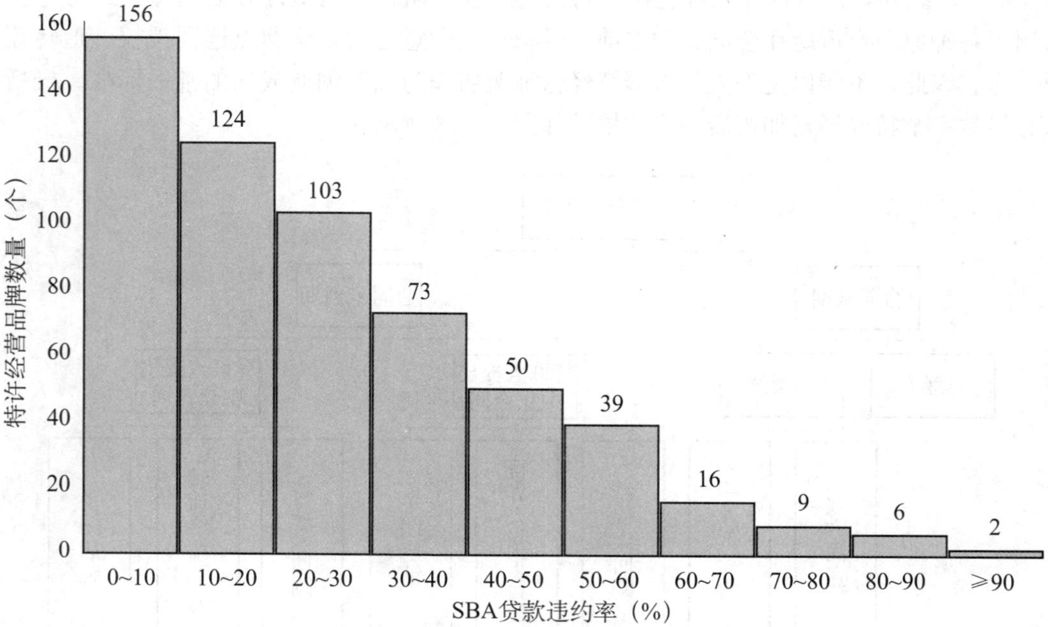

图 3－19　美国小企业署提供支持的加盟创业贷款的违约情况，2001—2011 年

许人），不会对创业是否能够成功产生系统性影响。甚至，在某种意义上讲，加盟特许经营体系，对于受许人而言，潜在的风险有可能还会略大于独立创业。关于这一点，将在受许人实务的相关章节深入讨论。

第三节　特许经营欺诈及其防范

20 世纪 60 年代，随着以麦当劳为代表的一批餐饮、服务业企业取得巨大成功，在全美范围内很快兴起一股特许经营热潮。随之而来的是越来越多以特许经营的名义实施的商业欺诈，短短几年的时间内，就成为一种引起社会广泛关注的严重社会现象，甚至引发了政府和立法机构的重视——这也是政府对特许经营施行监管和立法的起始点。无独有偶，到了 20 世纪 90 年代初，当商业特许经营随着早期的改革开放进入中国以后，同样的社会现象也出现在中国，层出不穷的特许经营纠纷很快引起了社会舆论和政府相关部门的重视。

为何一种成功的商业模式会导致大量的法律纠纷？特许经营活动与商业欺诈之间有何内在联系？立法机构和政府部门应当如何对特许经营活动进行规制和监管？社会上大批有意投资特许经营的中小投资者如何防范特许经营欺诈？企业开展特许经营业务时如何规避合规性风险？……这一系列问题超出了一般的商业实践范畴，不仅仅是单纯的法律问题，而是具有广泛影响的社会问题。

一、商业欺诈的概念和法律责任

商业欺诈是一个笼统的概念，在不同语境下具有不同的内涵。在法律上，所谓欺诈

(fraud）既可以指民事上的违法行为（civil wrong），也可以指刑事上的犯罪行为（criminal wrong）。二者的区别在于，民事欺诈的受害者有权要求欺诈行为的实施者承担相应的赔偿责任；而构成刑事犯罪的欺诈，其行为人则要承担刑事责任。

美国联邦调查局（FBI）在其网站上列举了23种常见的欺诈行为，其中对商业欺诈（business fraud 或 corporate fraud）的定义是：由个人或企业实施不诚实且非法的行为以获得经济利益。其主要类别有：诈捐、网络拍卖欺诈、（收款）不发货、（收货）不付款等等。此外，FBI还把白领犯罪（white-collar crime）和网络犯罪（cyber crime）列为与欺诈有关的犯罪行为。

商业贸易领域内的欺诈行为（commercial fraud）则具有不同的含义。联合国国际贸易法律委员会（UNCITRAL）对这类欺诈的描述是：（1）存在欺骗行为或提供不准确、不完整、误导的信息；（2）这种欺骗或信息提供（或隐藏）行为的目标是受欺诈者的财产；（3）这种欺诈具有显著的经济维度和规模；（4）这种欺诈使用、滥用或破坏现有合法商业体系；（5）这种欺诈造成了经济损失①。

在我国现有的法律框架内，欺诈行为是由《民法总则》和此前施行的《民法通则》界定的。2017年全国人大颁布的《中华人民共和国民法总则》的第六章第三节“民事法律行为的效力”中规定：

> 第一百四十八条　一方以欺诈手段，使对方在违背真实意思的情况下实施的民事法律行为，受欺诈方有权请求人民法院或者仲裁机构予以撤销。

早在1988年4月，最高人民法院就发布了《关于贯彻执行〈中华人民共和国民法通则〉若干问题的意见（试行）》。其中第六十八条规定：

> 一方当事人故意告知对方虚假情况，或者故意隐瞒真实情况，诱使对方当事人作出错误意思表示的，可以认定为欺诈行为。

以上是我国现行法律对一般意义上的民事欺诈行为所做的原则性规定。但在现实生活当中，商业欺诈现象与经济纠纷、经济违法以及一般的民事行为之间的界限非常模糊，许多商业欺诈行为并不一定构成犯罪，但给受欺诈一方造成财产和精神上的损失，因此应主要按照民商法原则处理。在商法范畴，我国现行的《合同法》中规定：

> 第五十二条　有下列情形之一的，合同无效：（一）一方以欺诈、胁迫的手段订立合同，损害国家利益；（二）恶意串通，损害国家、集体或者第三人利益；……
>
> 第五十四条　……一方以欺诈、胁迫的手段或者乘人之危，使对方在违背真实意思的情况下订立的合同，受损害方有权请求人民法院或者仲裁机构变更或者撤销。

此外，现行《消费者权益保护法》第五十五条规定：

> 经营者提供商品或者服务有欺诈行为的，应当按照消费者的要求增加赔偿其受到的损失，……

---

① UNCITRAL Secretariat. Recognizing and Preventing：Commercial Fraud Indicators of Commercial Fraud. New York：United Nations，2013.

在以上法律背景下审视商业特许经营活动不难发现，特许经营的行为主体中，特许人一方是企业，受许人一方既可以是企业也可以是个人，但受许人一方通过特许经营的方式获得的是一种经营性资源，其目的是开展商业活动而非消费。按照现行《商业特许经营管理条例》的规定，商业特许经营是一种“以合同形式将……经营资源许可其他经营者使用”的经营活动，因此，对于特许经营相关的商业欺诈行为，最主要的法律依据应当是《合同法》。受欺诈的一方可以通过依法认定以欺诈方式签订的特许经营合同无效，要求实施欺诈的一方，承担恢复性赔偿的法律责任。

二、导致特许经营欺诈的社会根源

如前所述，无论是在特许经营的发源地美国还是在国内，伴随着特许经营活动的普及和发展，在社会上都出现了相当程度的特许经营欺诈现象。这种情况引起了企业界、法律界、学术界，乃至社会公众的普遍关注。区别于其他类型的商业活动，特许经营具有若干明显的特殊性，正是这种特殊性导致了特许经营欺诈的广泛存在。因此，正确认识特许经营的特殊性，是防范特许经营欺诈的基础。

1. 特许经营关系的特殊性

首先，特许经营是一种基于经济合同的商业活动，但区别于常见的一对一的契约。特许经营是一个居于中央位置的特许人企业，同时（或先后）面对众多受许人开展的商业活动。同时，由于绝大多数特许经营合同都要求受许人一方在签约时支付一笔不菲的初始费用，因此在一定程度上，这种行为可以视作特许人面向不确定受众的融资行为，这也就是所谓的特许经营的“类金融”属性。这一特点使得少数不法企业能够以特许经营的名义，实施以骗取加盟费为目的的欺诈行为。

其次，特许经营合同的缔约双方，在社会地位、经济势力、信息获取等方面明显不对等。按照我国现行法律规定，特许人的主体资格必须是企业，而受许人一方既可以是企业，也可以是自然人。特许人一方不仅拥有更强大的经济实力，而且在所提供的特许权商品方面，具有明显的信息优势。现实中，大多数特许人所提供的特许经营合同，都是由特许人一方单方面制定的格式合同，基本上不允许受许人一方提出增删或修改。

最后，在很大程度上，特许经营合同是一种管理性合同，即特许人向受许人提供经营资源——由一揽子知识产权组成的特许经营权，同时要求受许人按照合同约定在统一的经营模式下开展经营，并向特许人支付特许经营费用。这意味着在整个合同存续期内，特许人都有权直接干预和管理受许人的经营活动。这种管理行为涉及受许人及其所开设的加盟店经营活动中的方方面面，包括店铺选址、装修与布置，产品与服务种类和定价，设备、材料和辅助用品的采购，促销和广告宣传，乃至店铺的回购、转让和提前终止，等等。特许人的这种管理优势为一些企业滥用管理权力提供了可能，而处于被管理者位置上的受许人，则成为先天的弱势一方。

2. 社会舆论的误导

导致特许经营欺诈的社会因素还有大众传媒和社会舆论的误导。新闻媒体出于追逐社会热点的目的，热衷于夸大和追捧短时间内出现的商业潮流和趋势。如本书第一章所引用的美国《华尔街日报》1970 年的某一篇报道中说：从 1955 年到 1970 年的 15 年间，“特许经营行业”的销售额增长了 3 600%，加盟店数量从 5 万家增长到 67 万家。用这篇报道的原话，“特许经营成为美国人人必玩的游戏，从演艺明星、华尔街大佬直到街头小贩”。

在美国联邦和各州政府相继制定了特许经营监管法律和制度之后，20 世纪 80 年代，美国公众媒体再一次掀起了一股特许经营的舆论热潮。其中最典型的代表是，1989 年，美国知名的未来学家约翰·奈斯比特（John Naisbitt）受美国国际特许经营协会委托，发表了一份题为《特许经营的未来：未来 25 年》的研究报告，其中宣称：到 2000 年特许经营将会占到全美零售总额的一半以上①。他称特许经营“是有史以来最为成功的营销理念”，将成为“21 世纪的主导商业模式”。这份预测报告令当时的人们对特许经营的发展前景产生出无尽的遐想，其在社会上的影响力持续了很长一段时间，其中的数据和结论被广泛引用。同一时期，以美国国际特许经营协会为代表的行业组织，也积极开展宣传活动，宣称特许经营的规模及其占宏观经济的比重快速增长；无论是特许人还是受许人，其创业成功率都大大高于一般的创业企业……

在国内，2000 年前后也有许多媒体、行业组织和第三方机构，热衷于夸大宣传商业特许经营的规模和影响力。有些人宣称特许经营是低风险、高回报的投资目标，有些机构宣称特许经营创造了美国（也有人说是澳大利亚）70%的 GDP，还有些人和机构热衷于宣称特许经营渗透到上百个行业，但无法给出行业分类的标准和依据。这样一些不负责任的宣传，客观上误导了改革开放后中国兴起的一大批小额个人投资者。这些人没有能力对投资机会和投资对象做出理性判断，更无法准确识别媒体上所传播信息的真伪，因此很容易成为特许经营欺诈的受害者。

3. 企业的虚假宣传和过度营销行为

造成特许经营欺诈盛行的根本原因，还是特许人企业的虚假宣传和过度营销行为。许多明明不具备经营资源（有价值的知识产权）的企业，出于各种各样的不良动机，盲目宣传特许经营的一般性优势和本企业的具体优势。如宣传特许经营投资的低风险、高回报，宣称加盟成功率明显高于独立创业，频繁使用“做自己的老板”“掌握自己的命运”“更高的成功率”“比独立创业更安全”这样的感性宣传用语，伪造或虚报样板店业绩，甚至直接虚构并不存在或不具有经济价值的商标、专利等等。值得注意的是，许多企业经营者在招商过程中，未能准确把握营销宣传的真实性原则，盲目夸大本企业的经营资源和优势地位，客观上构成对投资者的误导和欺骗，由此导致严重后果的，同样需要承担相应的法律责任。

三、识别与防范特许经营欺诈

对于社会上盛行的对特许经营的夸大或虚假宣传，一些严肃学者和行业内的有识之士做出了客观冷静的审视和批判，试图用严谨和负责任的科学分析，揭穿各种有关特许经营的“神话”。美国学者布莱尔和拉芳丹在其所著的《特许经营经济学》一书中，专门设立了一章“现实与幻觉”来澄清美国社会舆论中盛行的四种特许经营神话：

---

① Naisbitt Group. The Future of Franchising-Looking 25 Years Ahead to the Year 2010. Washington，DC：International Franchise Association，1989.

● 增长率：媒体宣称，最近几十年里美国的特许经营有着显著的增长，年增长率超过10%。但是，根据对历史数据的客观评估，在1986—2005年的20年里，美国的特许经营增长速度最多也就是和整体经济的增长速度（GDP增速）大致相同。

● 成功率：商业报刊广泛宣传，从事特许经营的企业（特许人）具有很高的成功率。但数据表明，尽管每年都有许多企业开始从事特许经营，但同样有很多企业遭遇失败，而后者往往被媒体和营销者有意或无意地忽略。对于受许人而言，关于特许经营能够比独立创业明显减少创业风险的说法，同样没有得到数据的支持。

● 体系规模：少数几家知名连锁企业如当肯甜甜圈（Dunkin' Donuts）、麦当劳等具有广泛的社会影响，社会公众由此产生了一种大规模特许经营体系非常普遍的错误印象。实际上，大部分现存特许经营连锁体系的规模都很小，远没有人们所期待的那样完善，也未能实现规模经济性。

● 个人创业：社会上普遍认为，商业特许经营的受众基本上都是那些资本有限的小额个人投资者，加盟是一种“夫妻店”式的个人投资行为，每个受许人创办并运营单一店铺。众多这样的小规模投资人，支撑起庞大的特许经营体系。而事实上，在那些规模较大的、成功的特许经营体系当中，多店特许经营非常普遍，许多多店受许人（包括区域开发商和次级特许人）的规模非常大，其经济实力甚至足以与他们的特许人或其他特许人相抗衡。

美国受许人和经销商协会（AAFD）的创始人及主席罗伯特·珀文（Robert Purvin）于1994年出版了《如何避免特许经营欺诈：投资前后保护自己的策略》一书[①]。该书是最早系统分析特许经营欺诈的著作，在美国特许经营界具有很大影响。珀文以自己作为受许人而失败的亲身经历和对这一行业的认真审视，归纳出社会上普遍存在的六种特许经营神话：

● 成功率：特许经营是一种安全的投资方式。正如前面所引用的美国小企业署关于特许经营贷款违约率的报告所显示的那样，申请SBA贷款的受许人，其违约率和独立创业者大致相同，甚至略高于后者。其实，如果抛开特许人的营销性宣传，从逻辑上很容易理解，那些购买了未成熟特许经营品牌和体系授权的加盟商，面临着本店和总部经营不善的双重风险。从总体上讲，这种不成熟特许经营品牌带来的风险，会抵消少数优秀特许经营品牌所带来的较高的单店成功率。

● 支持与服务：受许人是自己的老板，但可以得到特许人的支持。特许经营体系是否成熟，体现在两个方面：一是特许权的内在经济价值（品牌知名度、专利和专有技术的市场潜力）；二是特许人企业是否建立起完整有效的支持服务体系。实践证明，在与特许经营相关的法律纠纷当中，因为特许人对加盟商支持不力而导致的矛盾冲突占据了相当大的比重。

● 有价值的知识产权：受许人买到的特许权是具有显著经济价值的资产。品牌知名度差、产品和服务市场前景黯淡的特许经营品牌和体系是不成熟的。受许人如果投资了这样

① Robert Purvin. The Franchise Fraud：How to Protect Yourself Before and After You Invest. Hoboken：John Wiley & Sons，Inc.，1994.

的特许经营品牌，无论如何地用心经营，仍然难以摆脱整个品牌所带来的平庸和失败。

● 所有权：受许人拥有加盟店的所有权。从法律和财务的角度上讲，购买特许权的受许人的确拥有所开办的加盟店的所有权。但特许经营关系的本质决定了，受许人获得授权的代价是向特许人一方让渡经营管理的决策权。特许经营合同规定了受许人必须按照特许人的统一模式开展经营活动，在许多重大商业决策方面，加盟商并没有自主权。这意味着受许人对加盟店的所有权是不完整的。罗伯特·珀文甚至用略带夸张的口吻，称受许人是特许经营企业的合同雇员（indentured servant）。

● 验证的商业模式：特许经营提供的是“经验证”的经营模式。理论上，一个企业开展特许经营的必要前提是，作为其授权核心的单店运营模式必须经过验证是成功的，而且这种成功能够有效地大规模复制。一个商业模式是否成功、如何验证、能否复制，并没有客观的评价标准。这就使那些不法商人有机可乘，用欺骗性营销手段，对虚构空想的、未经验证的、不可复制的商业模式进行包装。作为受许人群体主体的中小投资者，缺乏足够的商业经验和评估技能，因此容易上当受骗。

● 体系规模：特许经营体系能够实现规模经济。所有涉及连锁经营或特许经营的材料，都一致宣称这种模式最大的优势在于采购、营销、市场占有等方面的规模经济性。但对于一个特定的特许经营体系而言，发展多少家店才能实现规模经济，并没有一个固定的标准。而且，任何一个从零开始从事特许经营的企业，都要从最初的几个加盟商起步，开始招商，因此，许多成长中的特许经营企业，初期并未达到规模经济，因此其市场竞争优势并不突出。

第四节 行业组织与行政管理体系

按照国际通行的经济行业划分标准，特许经营并不是一个独立的行业，而是作为一种商业模式广泛存在于第三产业的各个细分行业之中。但是，所有采用这种模式的企业却有着许多共同的利益和诉求。它们的共性主要体现在，将自己拥有的商标、专利、专有技术等一系列知识产权，通过精心的组合、设计和包装，打包成独特的特许经营权，向社会上有投资意向、投资能力的中小投资者销售，以此实现扩大渠道网络、获取直接或间接的经济利益的经营目标。

从20世纪60年代开始，大批初创或现有企业投身到特许经营中来。与任何一个新兴行业的初始发展阶段一样，这股特许经营浪潮同样是泥沙俱下、良莠不齐。为了维护健康有序的特许经营行业氛围与行业形象，一些严肃的特许经营企业开始着手组建特许经营的行业组织，希望建立起有影响力的公共平台，向社会公众和监管部门发声。

一、行业组织

1. 美国国际特许经营协会

国际特许经营协会（International Franchise Association，IFA）始成立于1960年。这是由一群美国特许经营企业的高层管理者自发组织起来的行业组织，也是世界上第一个特许经营行业协会。协会的主要发起人是当肯甜甜圈的创始人比尔·罗森博格（Bill

Rosenberg)，他在1959年芝加哥的一次展会上首次提出要组织特许人的行业协会，并得到一批特许人的积极响应。协会成立时确立的首要目标是："通过建立行业协会，为特许经营建设一个良好的商业和监管环境。"其中的潜台词是，IFA希望以行业组织的身份，介入并推动与特许经营相关的立法和司法活动，以改善特许人企业的生存环境。1963年度的IFA主席埃尔默·温特（Elmer Winter）提出了IFA的另一个目标："向美国人民宣传，特许经营是值得每个创业者认真考虑的一种负责任的商业模式。"这意味着IFA将有意识地积极运用各种传播手段，向社会公众推介和宣传特许经营。

从1960年成立至今，IFA先后共有50位主席，他们绝大多数都是在美国有影响力的特许经营企业的企业家或高层管理人员。IFA作为美国特许人的行业组织这一先天属性，成为后来使其饱受社会各界诟病的一个根源。

2. 美国受许人与经销商协会

为了抗衡特许人在这个行业内所占据的优势话语权，1992年5月在美国成立了美国受许人和经销商协会（American Association of Franchisees and Dealers，AAFD），在某种程度上这是一个与IFA相对立的行业组织。AAFD宣称代表美国各地的受许人和独立经销商的权益。按其成立之初发布的联合声明，AAFD最初的使命是"实现公平的特许经营"，旨在为特许经营行业创造一种平衡机制，向公众提供有关公平特许经营、优质特许经营机会方面的知识，揭露那些特许经营行业中长期存在的不道德行为。然而，正像在一个特许经营体系内部，特许人与受许人之间地位和势力的不对称一样，AAFD在美国公众舆论中的影响力远远不及IFA。除了运作的因素以外，深层的原因是二者经济实力的悬殊。

3. 欧洲特许经营联合会

欧洲特许经营联合会（European Franchise Federation，EFF）成立于1972年，是一个洲际的非营利行业组织。EFF在比利时的布鲁塞尔注册，并在那里设有常设秘书处。联合会下设政策委员会和执行委员会。它的主要成员是欧盟地区各国国内唯一的，并且被公认最具代表性的特许经营协会，也包括一些欧盟的潜在成员或者一些与欧盟具有某种官方联系的国家的行业组织。到2012年年底，EFF共有20名成员。

欧洲特许经营联合会宣称是一个体现欧洲特许经营行业共同声音的独立组织，并且以这种独立身份与欧盟组织内部各种政治、经济、社会和法律机构建立联系，但它完全独立于欧盟组织的任何官方机构。EFF最基本的使命是，关注欧洲委员会及相关组织机构提出的各项法律提案，向欧盟的官方机构表明自己的立场，保障欧洲地区特许经营的健康发展。

欧洲特许经营联合会的主要目标是：界定和阐述特许经营，特别是商业模式特许经营的含义、机制和经济意义；为基于特许经营合同的合作伙伴关系设定道德准则，这种准则涵盖了特许经营合同签约前后的各个阶段；针对欧盟组织、各成员的权威机构以及相关的国际组织开展工作，积极促进和维护特许经营；建立成员之间的信息交流机制，促进各成员在一些重要问题上的立场统一。

此外，欧洲特许经营联合会还致力于建设一个各国特许经营协会组织的共同社区，促进各协会之间的经验共享，特别是帮助一些新兴的、规模较小的协会开展工作；促进各成员在各国特许经营市场环境、发展状况和立法等方面的信息交流；通过交流与合作，更好地为本国特许人开展国际特许经营提供支持和服务；进一步促进特许经营的职业道德建设，将其纳入各协会的统一标准和会员资格，改善各协会的组织管理。

4. 亚太特许经营联盟

亚太特许经营联盟（Asia-Pacific Franchise Confederation，APFC）是一个由亚洲太平洋地区各国国家级特许经营协会共同组成的非政府的民间友好组织。APFC 成立于 1998 年 9 月 24 日，并于 2005 年 3 月 30 日在马来西亚正式注册。成员包括澳大利亚、中国、印度、日本、韩国、马来西亚、新西兰、菲律宾、新加坡、南非、印度尼西亚、孟加拉国等国家和地区的特许经营行业组织。

亚太特许经营联盟的目标是，为亚太地区各国的特许经营行业组织提供一个论坛，使各成员可以分享各自在特许经营方面的经验、信息和技术“诀窍”，在各成员之间建立更好的沟通渠道，为世界特许经营理事会这样的国际性组织提供本地区的信息和成员国特许经营组织的共同立场。

亚太特许经营联盟对亚太地区所有国家的国家级特许经营协会开放，每个国家和地区只有一个被公认最具代表性的行业组织能够成为 APFC 的成员，个别情况由 APFC 单独处理。APFC 定期举办年会，定期轮换秘书长职位，同时马来西亚特许经营协会是永久秘书长单位。

5. 世界特许经营理事会

1993 年 12 月，墨西哥特许经营协会主办了第一次国际特许经营峰会，会上阿根廷、加拿大、美国、法国、墨西哥和欧洲等国家和地区的特许经营组织，联合发出了成立世界特许经营理事会的倡议，并成立了专门工作组负责起草理事会章程。1994 年 2 月，在洛杉矶举行的美国国际特许经营协会年会上，以美国国际特许经营协会和欧洲特许经营联合会为首的一些国家级或洲际特许经营组织的领导人，一致同意正式组建世界特许经营理事会（World Franchise Council，WFC）。在这次历史性的会议之后，成立了以英国特许经营协会为首的，包括来自加拿大、巴西、波兰和墨西哥等国代表的工作小组，负责在先前工作的基础上制定更详尽的理事会章程。正式的章程于 1995 年 6 月 15 日在里斯本正式通过，此后又做了若干次修订。

世界特许经营理事会的章程规定，WFC 是一个由国家或洲际特许经营协会所组成的全球性特许经营行业组织，其使命是支持和保护特许经营的发展，在全世界范围内增进对于公平和道德的特许经营的全面理解。世界特许经营理事会的愿景是希望能成为全球特许经营信息的可靠来源和最佳论坛，促进国家级或洲际特许经营行业组织之间的了解与合作。理事会还提出了诚信资格、相互尊重、信誉可靠和资源共享的基本价值观。

世界特许经营理事会成立以后，在向国际统一私法协会提交示范性特许经营立法议案的问题上，各成员达成了一致意见，并且在如何制定各自的特许经营道德准则方面取得了共识。世界特许经营理事会确立了每个国家一个协会的原则，即 WFC 只接受某一国家和地区内公认和唯一的特许经营行业组织作为成员。正是这一原则，促使菲律宾的相关行业组织合并在一起，并推动了韩国建立起唯一公认的行业协会。世界特许经营理事会在立法建议方面也做出积极努力，曾正式致函墨西哥总统，建议允许一定比例的受许人可以拥有自己的品牌。

世界特许经营理事会作为一个以国家级或洲际特许经营协会为主要成员的非营利性、非政治性国际组织，于2005年4月26日依照英国法律正式注册。根据世界特许经营理事会官方网站披露的资料，截止到2018年年初，WFC共有44名成员，其中42个是国家或地区的特许经营行业协会。另外，亚太特许经营联盟和欧洲特许经营联合会作为洲际行业组织也加入了WFC（其成员的行业组织分别以自己的身份单独加入）。

当前，WFC的秘书长单位是埃及特许经营协会，同时，澳大利亚、英国、巴西、美国的特许经营协会分别担任负责沟通、财务、法律、信息等专项事务的副秘书长单位。

6. 中国连锁经营协会

中国连锁经营协会（China Chain Store & Franchise Association，CCFA）于1997年在民政部注册成立。截至2016年年底，协会会员有1 000余家，连锁店铺约35.6万个，覆盖零售、餐饮酒店和服务业，其中零售会员2016年销售规模为3.7万亿元，占社会消费品零售总额的11.2%。协会的主要职能是，参与政策制定与协调，维护行业和会员权益，为会员提供系列化专业培训和行业发展信息与数据，搭建业内交流与合作平台，致力于推进连锁经营事业的发展。

1997年11月14日，当时的国内贸易部发布了国内第一部特许经营监管的部门规章《商业特许经营管理办法（试行）》。该办法第十七条规定：特许者开展经营活动时，应按第十二条所列材料提交中国连锁经营协会备案。中国连锁经营协会的工作是制定特许经营的行规行约，开展行业自律，为特许双方提供相关服务，促进行业发展。

2004年12月31日，商务部发布了《商业特许经营管理办法》，其中对各级行业组织的职能做出了新的规定。该管理办法第二十七、二十八条规定：各级商务主管部门应当加强对本行政区域内特许经营活动的管理和协调，指导当地行业协会（商会）开展工作。……特许经营行业协会（商会）应当根据本办法制定行业规范，开展行业自律，为特许经营当事人提供相关服务，促进行业发展。

2007年2月6日，国务院公布了上升为行政法规的《商业特许经营管理条例》。条例的第三十二条规定：有关协会组织在国务院商务主管部门指导下，依照该条例的规定制定特许经营活动规范，加强行业自律，为特许经营活动当事人提供相关服务。

二、行政管理体系

世界各国对于特许经营活动的规制和监管方式各有不同，最普遍的监管手段是法定信息披露和登记备案制度。

1. 美国联邦贸易委员会

在美国，对特许经营活动的行政监管职责由联邦贸易委员会（Federal Trade Commission，FTC）承担，其监管的核心理念是防范特许经营权销售中的不公平和欺诈行为。美国对特许经营活动的行政监管始于20世纪70年代。当时，若干个州先后制定了特许经营信息披露法，与此同时，美国联邦贸易委员会也着手制定了全美范围内适用的特许经营准则。1972年2—3月，FTC召开了相关的听证会。1978年12月21日，FTC正式公布了《与特许经营和商业机会有关的信息披露要求和禁止性规定》（Disclosure Requirements and Prohibitions Concerning Franchising and Business Opportunity Ventures)，简称为《FTC 特许经营准则》(FTC Franchise Rule)。该准则的核心思想是要求销售特许经营权的特许人，必须按照规定的格式和内容，向潜在受许人披露指定信息，否则将被视作不公平的或欺骗性行为（unfair or deceptive act）。2007 年 1 月 23 日，FTC 公布了修订的《FTC 特许经营准则》。新的准则规定，从 2008 年 7 月 1 日起，所有美国境内的特许人都必须在受许人正式签署特许经营合同至少 14 天之前，向潜在受许人提供特许经营披露文档（Franchise Disclosure Document，FDD）。但美国的《FTC 特许经营准则》并不要求从事特许经营的企业到政府部门登记，或提交任何备案文件。

此外，在 1973 年到 1988 年的 16 年间，美国商务部（U. S. Department of Commerce，DOC）定期发布美国特许经营活动的报告。该系列报告显示，1973 年美国拥有 45.3 万个特许经营网点，到 1988 年增长到 50.9 万个。1989 年之后，美国商务部停止了对特许经营活动的调查和报告。

2. 中国商务部

中国对特许经营活动的监管和立法始于 1997 年。从 1997 年国内贸易部制定《商业特许经营管理办法（试行）》，到 2004 年由商务部颁布正式的《商业特许经营管理办法》，再到 2007 年由国务院颁布作为行政法规的《商业特许经营管理条例》，先后经历了三个不同的发展阶段。2007 年 5 月 1 日生效的《商业特许经营管理条例》中做出如下规定：

> 第五条　国务院商务主管部门依照本条例规定，负责对全国范围内的特许经营活动实施监督管理。省、自治区、直辖市人民政府商务主管部门和设区的市级人民政府商务主管部门依照本条例规定，负责对本行政区域内的特许经营活动实施监督管理。
>
> 第八条　特许人应当自首次订立特许经营合同之日起 15 日内，依照本条例的规定向商务主管部门备案。在省、自治区、直辖市范围内从事特许经营活动的，应当向所在地省、自治区、直辖市人民政府商务主管部门备案；跨省、自治区、直辖市范围从事特许经营活动的，应当向国务院商务主管部门备案。
>
> 第十九条　特许人应当在每年第一季度将其上一年度订立特许经营合同的情况向商务主管部门报告。

2007 年《商业特许经营管理条例》公布之后，商务部随即颁布了与之配套的两项部门规章：《商业特许经营信息披露管理办法》和《商业特许经营备案管理办法》，并于 2011 年、2012 年分别对两个规章进行了修订。为配合特许经营备案管理制度，商务部建立了向社会公众开放的“商业特许经营信息管理系统”（http：//txjy. syggs. mofcom. gov. cn/），并将其纳入“商务部业务系统统一平台”。

在商务部的现有行政体系下，对商业特许经营活动的行政监管职能归属在流通发展司。商务部公布的流通发展司的主要职能包括：“推动连锁经营等现代流通方式发展，负责商业特许经营相关管理工作。”2012 年 7 月，为进一步贯彻落实《商业特许经营管理条例》，加强商业特许经营管理，商务部成立了由流通发展司、条法司、市场秩序司、财务司、服贸司、电子商务司六个单位组成的跨司局级的商业特许经营管理办公室。其工作主要围绕健全管理机构、加强对地方工作指导、开展特许服务体系建设试点、组织商务系统培训、完善特许经营信息管理系统、制定相关规范和标准、开展特许经营执法等七个方面展开。

扩展阅读

特许经营的一个社会学模型

材料说明：两位英国学者约翰·斯坦沃斯和詹姆斯·柯兰在1999年的《商业投资杂志》上发表了一篇题为《可乐、汉堡、搅拌器，以及偷懒者：特许经营在市场经济当中的一个社会学模型》的文章，在特许经营学术研究领域引起了一定影响。以下是这篇文章的部分核心内容。

在20世纪的最后二十几年的时间里，特许经营作为一种商业模式，引发了广泛的学术兴趣。但这种兴趣很大程度上都聚焦在一些狭窄的问题上，如特许人的动机、合同、特许经营关系、选址和定价决策、所有权重定向趋势、国际化等等。这种聚焦点受限的主要原因是，无法运用单一学科的研究方法，对特许经营活动进行充分的研究。这种现象延伸到法律、营销、经济学、创业、人力资源管理、社会学、心理学和组织理论等多个学科。我们的观点是，需要建立一个更具包容性的理论模型，而要建立这样的模型，社会学方法具有特殊的意义。这一学科的概念，能够很好地把组织特征与个体行为模式，以及宏观的社会经济背景紧密地联系在一起。

社会（宏观）层面

1. 在文化方面，经济个人主义（economic individualism，是现代西方社会的一种主流价值观，强调每个人在做出个人的经济决策时，都应享有充分的自主权，而非受限于国家、社群或公司）在经济活动中发挥显著作用，具有非常重要的意义。这样一种价值观越是强烈，特许经营就会越繁荣。

2. 在经济方面，加盟企业的产生和存续，都依赖于经济结构。经济当中第三产业所占比重越高，特许经营企业就越容易产生和发展。

3. 在政治方面，加盟企业的产生和存续，在很大程度上取决于国家对小企业的态度。认为小企业有助于扩大就业和发展经济，提倡市场经济，这样的社会环境对特许经营更为有利。

组织（中观）层面

4. 当一些发起机构（指特许人，通常也是相对较小的企业）试图通过建立大量的零售网点，以此寻求在广泛地域内的快速扩张，它们就会倾向于采取特许经营这样一种特殊的商业组织形式。当发起者（指特许人）发现受许人具有较强吸引力，或者把加盟商视作获取扩张资本的唯一资金来源时，这种趋势就会被强化。

5. 与特定产品和服务相关的生产和营销过程，呈现出较强的发散性和规模经济性时，特许经营的趋势就会更加突出。

6. 特许经营是一种真正意义上的企业形态，而不是所谓的阶段性策略。尽管某些具体的特许经营关系，有可能转变为公司直营网点，但这种转变并不具有普遍性。

7. 特许人和受许人之间的关系，表现为一种独特的双重组织（dual organizations），其中包含了运营层面的一致与分歧、和谐与冲突。许多方面的矛盾如利润水平、收费标准、合同实施，以及区域冲突、管控方式、授权回收等，所有这些都是潜在的冲突根源。对矛盾的包容性，以及将冲突控制在非破坏性的水平上，是体现一个特许人管理能力的重要标志。

8. 加盟店的失败率，是体系成熟度、受许人的商业经验、细分行业和利基市场等一系列因素相互作用的结果。在这些因素的影响下，不同特许经营体系之间，甚至同一特许经营体系内部，加盟失败的比率可能会明显不同。

个人（微观）层面

9. 一个社会里，如果有大批崇尚经济个人主义、热衷于创建并拥有小企业的创业者，并且其政治和法律架构鼓励这种行为，特许经营企业就会更多、更成功。相对于其他方式的自主就业，特许经营能够帮助人们更加便捷地从受雇于人向自主就业转化。

10. 即使人们并不推崇经济个人主义，但如果经济转型、经济周期、个人年龄、资历等一系列原因导致个人在劳动力市场上持续处于劣势地位，那么这时加盟创业也会变得更有吸引力。

11. 受许人群体并非一定是风险厌恶人群，他们与选择其他自主就业形式的人相比并没有明显差异。大约有三分之一到一半的受许人，在加盟之前曾经有过其他形式的自主就业的经验。

12. 受许人的动机要比简单的利润最大化复杂得多，也不限于代理理论或其他类似经济理论所解释的那样，单纯作为解决层级控制问题的一种手段。

13. 对于那些此前没有自主就业经历的受许人，在其加盟初期，独立自主意识往往是一个重要动机。而那些此前曾经有过自主就业经验的加盟者，内在精神上的满足很可能会让位于财务安全感和盈利这样的外在经济目标。特许人的招商广告，往往会同时强调这两方面的目标。

14. 受许人能够对特许经营体系的创新做出显著贡献，如新产品开发、适应当地市场的特殊性等。随着特许经营体系的逐渐成熟，这种来自受许人的贡献也就会更加制度化。

15. 诞生于19世纪竞争资本主义经济的经济个人主义，并非是唯一和纯粹的经济自主形式。对于很多人来说，加盟特许经营体系能够比其他旧有的自主就业形式，更有效地实现独立、自主、物质回报，甚至创造性等一系列文化价值。

资料来源：John Stanworth，James Curran. Colas，Burgers，Shakes，and Shirkers：Towards a Sociological Model of Franchising in The Market Economy. Journal of Business Venturing，1999，14（4）.

第四章 特许经营的经济机制

【本章纲要】

- 特许经营的经济机制
  - 企业的规模与范围 —— 规模经济 → 范围经济
  - 内在机制 —— 所有权重定向 → 双重分销
  - 经济解释 —— 学术研究 → 理论解释 → 加盟商的经济利润
  - 特许权的价值 —— 特许经营收费 → 特许人的管理控制 → 小结

【本章重点】

- 深入理解规模经济和范围经济的内涵；
- 熟悉所有权重定向假设，理解稳定的双重分销的经济意义；
- 了解特许经营学术研究的一些重要结论，掌握特许经营中经济利润的概念；
- 全面掌握特许经营权的费用要素和管理要素，深入理解特许经营权对特许人和受许人双方的经济价值。

规模经济性可以解释连锁经营，但无法解释特许经营。

许多特许经营的通俗读物都把实现规模经济性当作特许经营的经济原理和竞争优势。实际上，特许经营的经济机制和理论基础要复杂得多。1968 年，美国哥伦比亚大学的两位学者，艾尔弗雷德·R. 奥克森费尔迪特和安东尼·O. 凯利发表了一篇著名的文章，题为《成功的特许经营体系最终会演变成直营连锁吗?》，由此拉开了学术界对特许经营现象深层经济机制研究的序幕①。奥克森费尔迪特和凯利在这篇经典论文中提出这样的假设：特许经营只是企业在发展的“婴儿期和青春期”所采取的一种阶段性策略，那些成功的特许人会通过持续地回购加盟店，最终转变成完全直营的连锁体系。毕竟，从特许人的角度

① Alfred R. Oxenfeldt，Anthony O. Kelly. Will Successful Franchise Systems Ultimately Become Wholly-Owned Chains? Journal of Retailing，1968，44（4）.

来说，如果仅仅为了实现规模经济性，那么按照收益最大化的原则，一旦当他们拥有充足的资本，就会把授权给他人的加盟店收购回收。因为在相同的条件下，总部企业能够获得直营店的全部利润，而从加盟店只能收取全部利润当中一个很小的比例（特许权使用费）。

时间已经过去了半个世纪，事实对奥克森费尔迪特和凯利提出的问题做出了否定的回答。许多成熟的特许人，即使已经拥有了充足的资本（如麦当劳这样的行业巨头），却并未全面回购加盟店，反而持续保持了较高的加盟比例。特许经营成为许多第三产业企业的长期策略，并形成了一个相对稳定的特许经营行业。因此，学术界对特许经营内在经济机制的研究，首先从特许经营体系内部两种所有制网点并存的现象展开。

第一节 企业的规模和范围

商业特许经营是现代经济，特别是现代工业经济发展的一项副产品。

从西方国家的发展历史来看，从 18 世纪开始，整个社会经济体系开始出现重大变革，延续数千年的农业经济逐步被新型的工业经济所颠覆和取代，这就是今天所称的现代化进程的开端。在生产组织的形态方面，其突出表现就是适应大规模生产与分销的现代化工业企业的诞生。1776 年，现代经济学的鼻祖亚当·斯密出版了其经典著作《国富论》（全称：《国民财富的性质和原因的研究》）①。该书的第一篇第一章“论分工”，开门见山地论述了现代企业制度的第一块基石：分工提高效率。《国富论》开篇的第一句话就是：“劳动生产力上最大的增进，以及运用劳动时所表现的更大的熟练、技巧和判断力，似乎都是分工的结果。”

一般人往往认为，18 世纪工业革命中发明的蒸汽机，是改变历史进程的主要因素。实际上，生产动力的变革仅仅是催生现代化文明的因素之一，除了这个技术因素以外，从社会发展更宽广的视野来看，生产组织的变革，即现代化大型工厂取代传统的、以家庭为单位的手工作坊，才是现代经济最主要的社会特征。18 世纪的蒸汽机和 19 世纪的电气化，为现代产业经济提供了物质基础；而与之相对应的社会因素是日趋细密的劳动分工，以及随之而来的职业与技能的专业化。

在《国富论》出版的 160 多年后，另一位英国经济学家罗纳德·科斯（Ronald Coase），首次全面论述了现代企业的经济本质。他于 1937 年发表的经典论文《论企业的性质》，发展了亚当·斯密提出的“资本家”（在这里可以视为企业家的同义语）的概念：企业家是“通过指挥别人来赚钱”②。由此揭示出现代企业管理制度这种“看得见的手”，是如何在市场交换的海洋里凝聚起来的。科斯最大的贡献是，提出了“交易成本”这一重大思想：任何一项交易的本质都是一种价值交换的契约关系，而参与交易的双方，除了要支付交易价格这种显性成本以外，还必须承担契约的风险因素所带来的隐性成本，如防范欺诈和违约、保证交易商品的价格和质量等。科斯指出：“……市场的运行需要成本，而组

① 亚当·斯密．国民财富的性质和原因的研究．北京：商务印书馆，1979.

② Ronald Coase. The Nature of the Firm. Economica，1937，4（16）.

成组织[①]并让企业家支配其资源，如此便可节省若干市场成本。”按照科斯的观点，现代企业组织的最重要的特征是企业家以雇佣方式使用大量劳动力。这种雇佣的社会机制是劳动力契约。按照这种契约，工人在一定限度内放弃自主权，听从企业家的指挥并以此获得报酬（工资）；企业家则以支付薪酬的方式，获得了按照自己意愿使用工人劳动力的权力。在此基础上，科斯把交易成本概念，进一步引申到企业的规模（或边界）的问题上来。当企业家把新的交易活动纳入企业范围以内时，意味着企业边界向外扩展，企业规模扩大。直到企业组织所带来的收益与市场交换的交易成本刚好相抵时，企业便停止扩张，形成相对稳定的企业边界。

又过了40年，美国经济史学家小艾尔弗雷德·钱德勒在1977年出版了《看得见的手：美国企业的管理革命》一书，该书全面阐述了现代工商企业和职业经理人阶层的兴起[②]。书中，他以历史分析的实证方法，把亚当·斯密称为“看不见的手”的市场交易机制，与科斯的交易成本思想结合在一起，形成了现代企业制度的完整理论体系。后来，钱德勒把研究视野从美国企业史扩展到全球主要发达国家。通过对英国、德国现代企业的研究，并将其与美国企业进行对比，完整提出了“生产与分销”和“规模与范围”这两组紧密相连的概念。他在1990年出版的《规模与范围——工业资本主义的动力》一书中指出，出现了一种新的经济制度即管理企业制度，并形成了一种新的社会群体，即职业经理人。由此，世界上出现了一种新的资本主义（他称之为管理资本主义）：日常业务、雇用工人、生产品种和数量，以及业务资源的配置，是由职业经理人来决策。一旦整个社会的运输和通信等基础设施趋于完善，这种管理资本主义就为社会经济的持续增长提供了核心动力[③]。

我们可以用一幅示意图，来简要概括钱德勒的两组概念的含义。如图4-1所示，在生产的维度上，只要市场上有充足的需求，而企业内部的基础设施（固定资产）能够支撑，企业就会在规模经济性的驱动下，尽可能扩大生产规模；而在分销的维度上，企业的主要决策就是确定合理的分销战略（或称为渠道战略），根据市场环境和企业自身条件，决定采取自主分销还是市场分销，以及如何选择和管理渠道商。

下面，我们更具体地分析，企业家是如何决定企业的规模和范围的。

一、规模经济性与规模扩张

从微观经济学的一般性原理我们知道，企业生产数量取决于市场价格与边际生产成本的对比。通常，一个生产型企业都需要相当规模的固定资产，如厂房、设备等。这些固定资产以固定成本的形态摊入每一件产品当中。因此在短期内，生产的边际成本就完全取决于流动资产的使用即变动成本，如人力、原材料、能耗等。这意味着，当市场需求越充足，企业的生产规模越大，每件产品分摊的固定成本越少，平均成本越低。这时，企业就有扩大生产规模的动力。但在长期范围内，固定资产也是可变的。我们用 u_1 和 u_2 分别代

① 着重号为引用者所加。

② Alfred Chandler，Jr.. The Visible Hand：The Managerial Revolution in American Business. Balknap：The Belknap Press，1977.

③ Alfred Chandler，Jr.. Scale and Scope：The Dynamics of Industrial Capitalism. Balknap：The Belknap Press，1990.

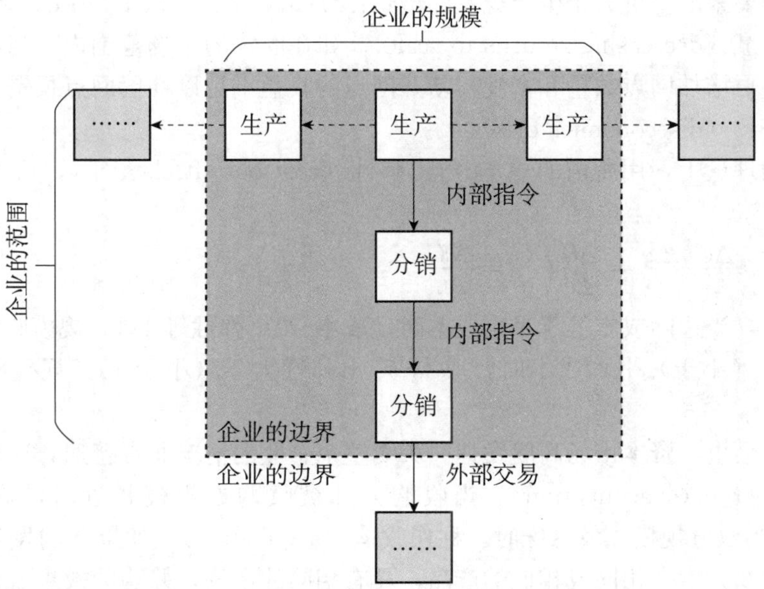

图 4-1 企业的规模与范围，以及生产与分销

表变动成本和固定成本所对应的生产要素。则短期内企业的生产函数是 $f(u_1, \bar{u}_2)$，$\bar{u}_2$ 上面的横线表示短期内该生产要素固定不变。

我们举一个零售或服务业的例子：假定企业总部的规模、能力（包括配送与网点支持等能力）在一定时期内是固定的，并且相对于现有网点数量而言尚有余量。这时，由于单个网点的经营模式可以复制，因此，开设更多的网点，就能够摊薄总部的管理和支持成本，企业就有通过开设新网点扩大规模的动力。如果一个体系内网点数量已经饱和，这时再增设新的网点，或者是总部支持效率下降，或者本体系内部出现横向竞争，就会导致整个体系的经济效益下降。

在长期范围内，所有生产要素都可变。如上例中企业可以通过重组总部、增设配送中心等手段，实现对更大规模生产的支持；或者通过开拓域外市场来扩大规模。这时，企业的生产函数变成 $f(u_1, u_2)$。如果同时等比例地扩大生产要素的规模，如在增开新网点或开拓新市场的同时，对应地扩大总部服务体系的支持能力，这时企业的生产能力会如何变化？一般来讲有三种可能：

生产规模与要素规模等比例增长：$tf(u_1, u_2) = f(tu_1, tu_2)$，$t>0$。这时称作规模收益不变（constant returns to scale）。如一个零售连锁企业，在一定范围内，投资增开零售终端，总销量的增加与增加的投入成固定比例。这是由于在一个零售企业内部，零售终端具有可复制性（replicable）。在一定条件下，出租车公司通过增加出租车数量来扩大规模，其规模收益保持不变。

如果新增要素的代价小于生产规模的增长：$tf(u_1, u_2) < f(tu_1, tu_2)$，$t>1$。这时称作规模收益递增（increasing returns to scale）。如一个企业以固定价格（不随产量而变）购买专利授权从事生产，其生产规模越大，知识产权的成本在单件产品中就越小，这时该企业具有规模经济性（economies of scale）。

如果新增要素的代价大于生产规模的增长：$tf(u_1,u_2)>f(tu_1,tu_2)$，$t>1$。这时称作规模收益递减（decreasing returns to scale）。如在固定的市场范围内，当零售网点趋于饱和时，如果再增加网点数量和密度，新开网点的收益不足以补偿网点投资。这时该企业是规模不经济的（diseconomies of scale）。

在经济学理论上，用所谓的成本-产出弹性（cost-output elasticity，E_C）来衡量规模经济性：

$$E_C=\frac{\Delta C}{C}\Big/\frac{\Delta q}{q}=\frac{\Delta C}{\Delta q}\Big/\frac{C}{q}=\frac{MC}{AC}$$

这意味着，当边际成本等于平均成本时，成本-产出弹性等于1，规模收益不变；而当边际成本大于（小于）平均成本时，成本-产出弹性大于（小于1），规模收益递减（递增）。

在现代社会里，资本市场高度发达。买卖整个企业的情况非常普遍，这种交易的结果就是并购（merge & acquisition）。当收购方和被收购方规模相近时，称作企业合并（merge）；而当双方规模比较悬殊时，称作收购（acquisition）。如果并购发生在同类企业之间，即并购双方生产相同或相似的产品，具有相同的市场，并购的效果就是扩大了生产规模，这种并购称作横向一体化（horizontal integration）。通常，形成规模经济性是企业横向并购的主要驱动力。

二、范围经济性与范围扩张

上面讨论的是企业生产一种产品或从事单一业务时的扩张与收缩决策。与之相对应的是，企业同时生产两种或更多种产品、从事多项不同业务时所面临的决策问题。如果一个企业增加新的产品种类或业务，在经济学上称作生产范围扩大。如，麦当劳在原有的快餐业务之外，增开卖咖啡业务；养牛场从事餐饮业务，开设肥牛火锅连锁店；或者快餐企业收购上游的农场以保障供应品品质等，都属于这种情况。

当单个企业同时生产两种产品（或从事两种业务），其产出超过两个单独的企业各自生产一种产品（或从事一种业务）时，就称作具有范围经济性（economy of scope）。如果该企业的产出少于两个单独企业各自生产单一产品或从事一种业务时的产出，就称作范围不经济（diseconomies of scope）。企业和业务是否具有范围经济性，以及范围经济性的程度，取决于企业的生产成本，即当同时生产两种产品或从事两种业务时，相对于两种产品单独生产或两项业务独立开展，其总成本是减少还是增加，以及减少或增加的程度有多大。

$$SC=\frac{C(q_1)+C(q_2)-C(q_1,q_2)}{C(q_1,q_2)}$$

式中，SC代表范围经济性的程度；$C(q_1)$代表只生产q_1时的成本，$C(q_2)$代表只生产q_2的成本，$C(q_1,q_2)$代表同时生产q_1和q_2时的成本。如果$SC>0$，则说明同时生产两种不同产品具有范围经济性；如果$SC<0$，则说明存在着范围不经济；通常，SC越大，表明范围经济性越大。

同样，在资本市场上，如果两个从事不同业务或生产不同产品的企业之间发生并购，往往意味着这两种产品或两项业务之间存在范围经济性。这两项产品或业务之间有可能是完全独立或平行的，也有可能是相互关联的。前者如轿车生产企业收购或投资卡车生产企业，后者如前述农场从事餐饮业，或快餐业收购上游农场。

当企业基于范围经济性实现的扩张是沿着产业链条方向展开的，这种扩张就称作纵向一体化（vertical integration），这意味着企业向上下游扩张有利可图。反之，就像早期的福特汽车公司等企业放弃了直营销售公司而全部采用基于合同的授权经销方式（今天的独立4S店的雏形），意味着企业采取了纵向收缩策略。

相对于横向一体化或规模扩张，企业的纵向策略要更复杂，其面对的选择也更加多样化。我们可以用高度概括的方式来归纳，商业特许经营的经济实质就源自企业的纵向扩张与收缩两种策略之间的权衡。接下来，我们将更详细地讨论这一问题。

第二节 所有权重定向与双重分销

本书第一章中，回顾了19世纪下半叶到20世纪上半叶，一些典型的制造业企业如福特汽车、太阳石油等在渠道策略上的选择和权衡。在经济、法律、市场和商业惯例等诸多因素的共同作用下，到20世纪中叶，这些企业逐渐形成了稳定的混合渠道模式，即上游企业放弃全直营体系，通过合同授权的方式来控制下游经销商。这种方式使上游企业实现并保持了类似于直营网点那样的统一管理。这样，上游企业既可以实现分销和广告两个方面的规模经济性（既扩大了销售规模，又保持了统一的品牌形象），同时也无须承担大量的投资和管理运行成本。还有一些企业根据自身情况和行业特点，在采取合同授权方式建立网络的同时，保留了一定规模的直营分销体系，经济学理论上把这种现象称作双重分销（dual distribution）；欧洲一些学者，倾向于称其为复合模式（plural form），二者的经济含义基本相同。这就是现代商业特许经营中的直营店和授权店的起源。

到了20世纪50年代以后，以麦当劳为代表的一批餐饮、零售和服务业企业，开始大面积采取授权的方式扩充网络体系。由于在这些行业里，企业的品牌、商标、专利和专有技术（know-how）等知识产权要素占有更为显著的地位，有形产品的分销反而退居到次要位置。这样，就使得这种所谓商业模式特许经营不再局限于产品分销，而是成为一项专门的业务。也就是说，这时的上游企业不仅可以通过分销有形产品获利，还可以通过一揽子的知识产权授权获利，甚至把后者当作一项具有战略意义的业务，这就是现代商业特许经营的由来。

一、“所有权重定向”假设

起初，这种特殊的商业实践并未引起学术界的关注。美国的《商业期刊索引》和《期刊文献读者指南》直到1958年，才开始出现“特许经营”的条目。直到1969年，《期刊文献读者指南》的“特许经营体系”条目下，仍然只有“排他性代理”的交叉引用，完全没有其他次级条目。现有资料表明，美国学术界最早系统审视商业特许经营经济机制的研究，出自艾尔弗雷德·奥克森费尔迪特和安东尼·凯利。他们二人在《成功的特许经营体系最终会演变成直营连锁吗?》中提出了一个重要假设：所有权重定向（ownership redirection）。具体而言，他们认为对于特许人企业来说，特许经营可能是其创业初期所采取的一种权宜之计。在这个阶段，他们缺乏足够的资本和资源实现快速扩张，也无力进入一些边缘市场。这时采用特许经营授权的方式，不仅可以快速扩张渠道体系，而且受许人缴纳的特许经营费用，还可以为他们提供宝贵的资金。如果这一假设成立，那么那些成功的特许人企业在趋于成熟之后，就会采取纵向一体化策略，逐步回购受许人投资的网点，将其改造为全直营连锁体系。这样他们就可以重新获得原先分享给受许人的那部分渠道利润。但是，这两位作者在文章的脚注当中谨慎地表示：他们并不确定这种被称作所有权重定向的假设是否成立。然后在文章的主体部分，他们运用特许人和受许人双方的生命周期模型，系统分析了在特许经营体系的成长和成熟阶段，特许人回购网点和受许人出售网点的动机与障碍。

即使到了今天，我们仍旧不难看出“所有权重定向”假设在特许经营理论研究中的重要地位。因为按照主流的微观经济学原理，特许人企业一旦度过了资本匮乏的初创阶段，就应当采取完全纵向一体化策略，逐步回购原属于受许人的那些授权网点，从而实现自身的渠道利益最大化。成熟的特许经营体系是否会系统性地回购授权网点，直接表明特许经营是作为阶段性策略还是一项稳定的商业模式。

奥克森费尔迪特和凯利两人提出的“所有权重定向”假设，已经被数十年的商业实践所推翻。即使是像麦当劳这样的巨无霸特许人，在高度成熟并拥有充足资本之后，也并未全面回购加盟网点，而是持续保持了相对稳定的加盟比例。该公司 2016 年年报披露，截至 2016 年年底，麦当劳在全球共拥有 36 899 个快餐店，其中直营店 5 669 个，加盟店 31 230 个，直营店比例为 15.4%[①]。2016 年麦当劳公司的店铺数量和收入情况如表 4－1 所示，2001—2016 年麦当劳公司直营比例的变化如表 4－2 所示。

表 4－1　　2016 年麦当劳公司的店铺数量和收入情况

	公司直营	授权加盟	总计
店铺数量（个）	5 669	31 230	36 899
销售额（百万美元）	15 295	69 707	—
单店平均销售额（百万美元）	2.70	2.23	2.30
麦当劳公司销售收入（百万美元）	15 295	9 327	24 622
麦当劳公司运营成本（百万美元）	—	—	16 877
麦当劳公司营业利润（百万美元）	—	—	7 745

表 4－2　　2001—2016 年麦当劳公司直营比例变化

年份	直营店（个）	加盟店（个）	直营比例
2001	8 378	30 093	22%
……	—	—	—
2011	6 435	27 075	19%
2012	6 598	27 882	19%

① McDonald's Corporation's FORM 10-K，March 1，2017.

续前表

年份	直营店（个）	加盟店（个）	直营比例
2013	6 738	28 691	19%
2014	6 714	29 544	19%
2015	6 444	30 081	18%
2016	5 669	31 230	15%

麦当劳公司在2016年年报中披露，2017财年内，将授权4 000家加盟店，其长期目标是把直营比例降低到5%。该公司将这种策略称为“重加盟模式”（heavily franchised business model）。麦当劳对此的解释是：

> 重加盟商业模式将有利于公司的长期表现。来自受许人的租金和特许权使用费，会提供更加稳定和可预测的收入流，同时显著降低运营成本和风险。由于受许人承担了店铺的投资，因此麦当劳的资本密集程度将下降。

实际上，早在奥克森费尔迪特和凯利两人提出“所有权重定向”假设之后不久，就有学者对此提出反驳。1976年，美国华盛顿州立大学的学者查尔斯·李利斯等人在《营销杂志》上发表了一篇题为《特许经营生命周期中竞争优势的变化》的文章。几位作者向美国125家快餐企业发出征询函，反馈率为44%。他们根据反馈结果，将特许经营体系的生命周期划分为四个阶段：（1）渗透期（创立5年以下或10个店以下）；（2）成长期（6～8年或10个店以上）；（3）成熟期（9～13年或30个店以上）；（4）后成熟期（14年以上或50个店以上）。并且，他们根据当时已积累的文献，把特许经营的优势（或可称作对特许人的吸引力）概括为：

- 实现快速扩张；
- 与渠道分担风险；
- 降低成本和资本投入；
- 加盟店店主的工作热情。

将特许经营的生命周期与特许经营模式的优势结合起来，结果如图4-2所示。

从李利斯等人的研究成果不难看出，在整个特许经营生命周期当中，拥有所有权的店主所具有的工作热情（激励）一直是特许人最看重的优势。在特许人的创业初期，市场扩张占有同样重要的地位。相反，获取资本始终是最次要的考虑因素。

尽管奥克森费尔迪特和凯利提出的“所有权重定向”假设，早就被商业实践和理论研究推翻，但该假设却成为特许经营经济理论的重要基石。特许经营体系内部，同时存在两种不同的所有制，是特许经营区别于其他企业架构和商业模式最显著的特征。特许经营的所有特殊性，都源于此。基于此，可以引发出一系列理论和实践的重要课题，如：

- 特许人为何长期保持双重分销模式（而非选择全直营连锁）？
- 特许经营体系中直营-加盟的比例如何确定？
- 随着特许经营体系的成熟，这一比例是否会变化，以及如何变化？
- 受许人的加盟店是否能够获得经济利润？
- 如果上一个问题是肯定的，特许人为何会把经济利润留给受许人？

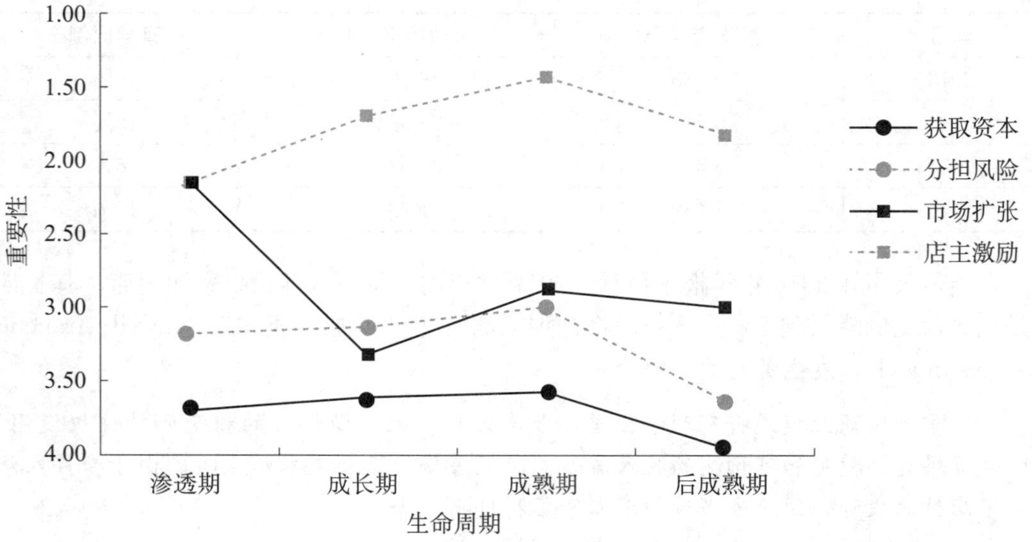

图 4-2　企业生命周期不同阶段中特许经营的吸引力

注：重要性的数值越小，表示重要性程度越高。

- 特许权的价格是如何确定的？
- 特许经营体系中，是否存在以及如何解决渠道冲突问题？
- 特许人限制受许人的采购或强制采购是否是不正当竞争？
- 特许人是否应该限制受许人的价格和产品/服务标准？
- 特许经营合同的期限以及续约条款。
- 特许经营权的转让、回购与提前终止。
- ……

上述这些课题，大致构成了近几十年来特许经营理论研究的主要方面。来自经济学、管理学、社会学、法学等诸多领域的学者，对此展开热烈讨论。不同领域、不同流派的学者对这些问题做出了丰富多彩的研究和阐释。按照本书和本章的目标，我们只需要了解，在全世界范围内，作为一种独特而且富有生命力的商业实践，特许经营已经成为流通领域的一种显著现象。对于特许人企业来说，特许经营并非某一发展阶段的权宜之计，而是一种长期稳定的长远战略。前面所引用的麦当劳年报中对所谓“重加盟模式”的阐述，非常明确地表明了这一结论。

二、长期稳定的双重分销模式

如前所述，按照微观经济学的一般原理，在资本和市场两个因素充足的条件下，上游企业应该采取全直营渠道体系，这样才能最大限度地获取渠道利润。中间商的存在，不仅会降低市场效率，在最极端的情况下，甚至会导致所谓双重边际化（double marginalization），即制造商和经销商两次加价，使得销售量低于完全竞争的市场水平，从而造成厂商和消费者双边的无谓损失。然而，半个多世纪商业特许经营的发展颠覆了这一常识。绝大多数进入成熟期的特许经营企业，都保持了相对稳定的双重分销比例。

在进一步讨论双重分销模式之前，我们需要澄清以下两点：

首先，任何开展特许经营的企业，都必然经历一个加盟店从零到多的过程。假定在特许人企业成长期其直营店数量不变，则其直营比例一定是从100%逐步下降，直到某一个水平上，大致稳定下来。也就是说，一个特许经营体系从初创到成熟，必然经历一个直营比例持续下降的过程。

其次，在商业实践当中，特许人可以通过增开、关闭直营店，或回购加盟店等多种方法，很容易地保持或改变直营比例。实证研究已充分表明，成熟的特许经营企业，通常会保持其直营比例的相对稳定，除非企业的战略发生重大改变。如前述麦当劳公司的例子，在公司从2015年起实施的“重加盟模式”的指引下，未来数年内其直营比例将会下降到5%的目标水准。

根据美国IFA和普华永道的报告，2016年美国全部特许经营体系共拥有网点732 842个，其中直营网点88 487个，全国的特许经营直营比例为12.1%[①]。中国CCFA评选的“2016年中国特许连锁百强”，共有总门店数13.9万个，其中加盟店数量为11.4万个，直营比例为18%[②]。

然而，行业机构和商业媒体对于特许经营企业规模和成分的调查和统计，绝大多数都是笼统地包含所有正在开展加盟招商的企业，而忽视其生命周期。这样统计出来的结果，无法准确地描述特许经营当中标志性的双重分销现象的真实情况。粗略地讲，按照所谓二八原则，会有许多短期尝试过特许经营的企业，由于各种原因失败而退出特许经营，甚至特许人企业完全消失。这就意味着在某一个时间断面上，某个国家、地区或行业内现有的直营店和加盟店比例偏向较高的一端。上述美国IFA和中国CCFA的调查结果表明，中美两国特许经营企业的综合直营比例均为18%左右。需要说明的是，尽管中国CCFA的调查是针对行业百强，入选企业普遍是比较成熟的。然而，中国整个特许经营行业的不成熟，会在一定程度上抵消CCFA榜单的企业成熟度。

美国学者布莱尔和拉芳丹曾经对1 967家从事特许经营8年以上的成熟企业进行研究。研究结果表明，70%以上的企业直营比例低于20%，直营比例高于50%的企业只有10%。值得注意的是，有高达27%的特许经营企业直营比例是0，即完全没有直营店[③]。当然，也有极少数企业（大约6%）是完全的直营连锁，直营比例为100%。布莱尔和拉芳丹还进一步研究了直营比例的行业差异问题。他们把全部1 967家样本企业划分为17个行业，按照直营比例分段统计企业数量，结果如图4-3和图4-4所示。

根据这项研究，布莱尔和拉芳丹得出的结论是：不同行业之间，直营比例的特征的确存在一定差异，房地产服务和建筑承包的直营比例明显较低，且采取零直营的体系非常多；正餐餐厅的直营比例明显偏高。然而，相对于行业之间的差异，同一行业内部的直营比例差异更大，大到使行业之间的直营比例的对比几乎失去意义。进一步的研究表明，特许经营体系的直营比例首先受其生命周期的制约，即在成熟之后的直营比例要低于成长

① PricewaterhouseCoopers LLP，IFA. The Economic Impact of Franchised Businesses，Vol. IV，2016.

② 参阅中国连锁经营协会网站：http：//www. ccfa. org. cn/portal/cn/view. jsp?lt=37&id=431749。

③ 中国的现行法律不允许这种情况。

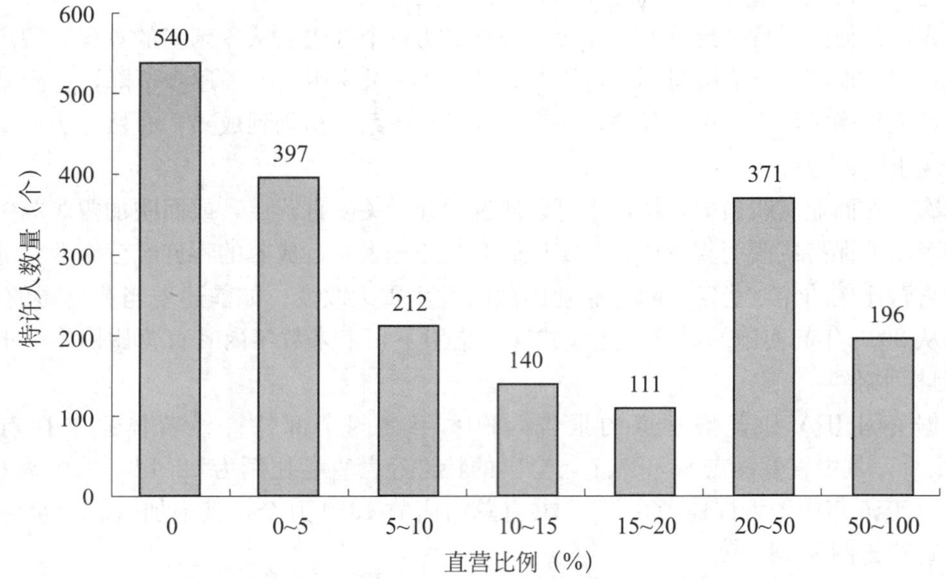

图 4-3　1967 家美国特许经营企业的直营比例分布情况，2001 年

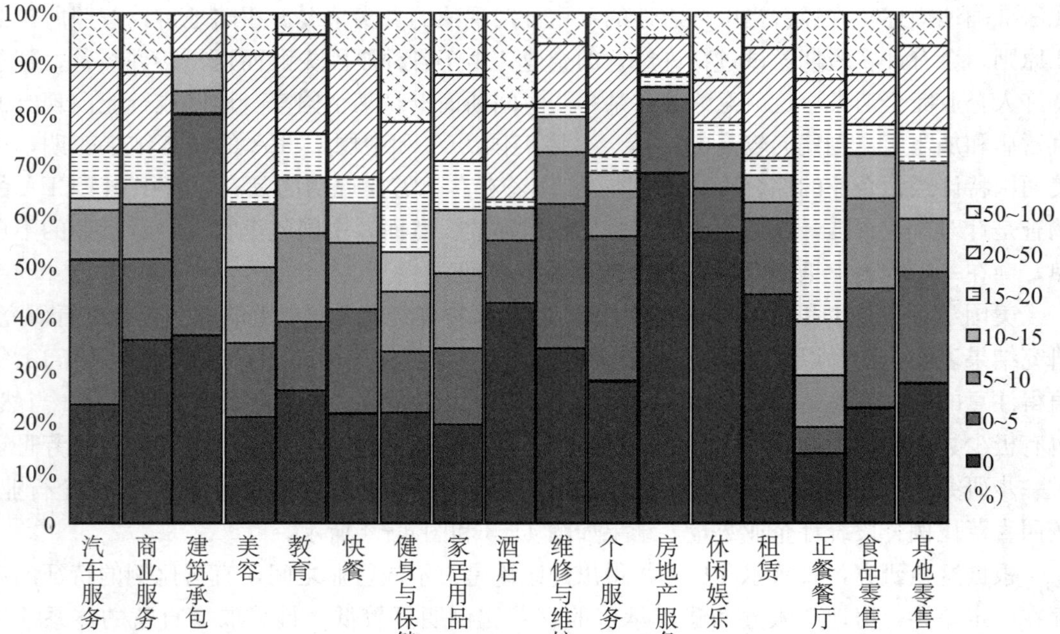

图 4-4　1967 家美国特许经营企业的分行业直营比例分布情况，2001 年

期。除了生命周期这一制约性因素以外，对具体企业直营比例影响最大的因素是品牌价值，而所处行业对直营比例影响不大，品牌价值较高的企业，往往会选择较高的直营比例。当然这一结论也并非绝对，前面我们多次引用的麦当劳的例子就表明了这一点。

第三节 对特许经营的经济解释[①]

上一节引用的美国学者查尔斯·李利斯于20世纪70年代发表的文章里，把特许经营的优势，也就是这一模式对特许人的吸引力归纳为四点：（1）实现快速扩张；（2）向渠道分散风险；（3）降低成本和资本投入；（4）加盟店店主的工作热情。实际上，这四点中的前两点，都是企业在初创阶段所面临的挑战，即由于实力有限和资源匮乏，完全凭一己之力无法快速覆盖广大市场，尤其是边远地区的市场；以及，上游企业要尽可能把产品转移到渠道当中，从而降低企业风险。第三点关于资本需求的情况稍微复杂一些：由于特许人在签署特许经营合同时，会首先收取一次性的加盟费，这使得特许经营这种商业实践带有了一定的融资色彩（这也是世界各国对特许经营实行特殊监管的主要原因），即缺乏资本的特许人通过出售特许权募集急缺的资本。如果仅限于此，那么上述四点中的前三点，都无法解释成熟企业，甚至像麦当劳这样的成功企业为何会持续维持较低的直营比例。

一、对特许经营的学术性研究

当前学术界的共识是，传统的新古典经济学原理无法解释特许经营企业中长期稳定的双重分销模式，因此学者们对特许经营经济机制的研究，主要是采取新制度经济学（new institutional economics）的思想和方法。由于新制度经济学迄今并未形成统一的知识框架，因此，这种学术性研究和阐述，也就呈现出多元化特征。对这一问题的深入探讨，已经超出了本课程的范围，下面简要列举国内一些学者在综述性文章中列出的对特许经营经济机制的主要解释思路[②]：

- 产权理论：受许人拥有店铺所有权，但经营权掌握在特许人手里；特许人的无形资产价值越大，特许人掌握的控制权就越多。
- 成本控制：受许人能够比总部更好地控制店铺的运营成本。
- 单向道德风险：网点经营者与总部之间信息不对称，总部为保障绩效需要对经营者进行监督。当监督成本过高时，采取授权的方式把网点经营的剩余索取权转让给加盟商更加有利。
- 双向道德风险：在网点一侧的道德风险之外，同时考虑总部一侧的道德风险，以此来解释定期缴付的特许权使用费。
- 风险分担：特许人希望由社会资本（来自受许人）来分担渠道扩张的风险。
- 管理激励：通过赋予加盟商剩余索取权，更好地激励店铺经营者，同时用严密的合同和部分直营店来控制授权网点的外部性。
- 监督成本：和上一条相似，总部为降低对众多网点的监督成本，而赋权给加盟商。

---

① 本节和下一节内容主要参考了罗杰·布莱尔和弗朗辛·拉芳丹所著的《特许经营经济学》一书。Roger Blair，Francine Lafontaine. The Economics of Franchising. Cambridge：Cambridge Universtiy Press，2005.

② 此部分综合了国内三位学者的综述文章。

● 交易成本：特许经营作为一种复合所有权模式，通过降低代理成本、监督成本，改善经营者激励，实现规模经济性等方式，达到降低交易成本的效果。

● 人力资本约束：合格的网点经营者是稀缺资源，以赋权的方式来激励经营者更为有效。

● 适应性优势：特许经营体系通过直营店来维持体系的统一性，通过加盟店来获得创新能力和市场环境的适应能力。

● 搜索成本：相对于隶属于总部的直营店，加盟店能够更有效地获取当地市场信息。

● 委托代理：总部和网点经营者之间是委托-代理关系，特许经营合同能够实现对网点经营者的最优激励。

● 无形资产分布：特许经营关系是特许人的知识产权与受许人对当地市场的了解之间的综合权衡。

● 信息搜索与发送：加盟店可以降低总部获取地方市场信息的成本，而直营店的意义在于传递体系的高品质和同一性信息。

● 资本筹集：这是一种较早期的理论，认为开展特许经营的目标是通过提前收取加盟费并持续收取特许权使用费，获取企业早期所稀缺的扩张资本。

除此之外，几年来随着知识经济日益成为热门话题，一部分学者也开始从知识产权和无形资产的角度研究特许经营。

二、对特许经营经济机制的概括与归纳

从本课程的角度出发，我们可以把特许经营经济机制简化为两个基本问题：

(1) 特许人为何要把盈利的网点授权给别人（独立的受许人）？

(2) 受许人为何愿意承担代价购买特许权？

把这两个问题结合在一起，就是：网点经营能否盈利？如果盈利，特许人为何愿意把利润分享给加盟商？如果特许经营收费榨取了全部下游利润，受许人为何愿意继续经营下去？——说到底，特许经营的本质就是一种特许人与受许人之间分担投资、分享利润的关系！

我们用一个高度简化的例子来说明这一点。前面所引的麦当劳公司 2016 年年报的数据表明（如表 4-1 所示），2016 年麦当劳的 5 669 个直营店创造了 152.95 亿美元的销售收入，平均单店销售额为 270 万美元。同期麦当劳公司从 31 230 家加盟店获得的收入是 93.27 亿美元。如果麦当劳公司能够回购所有加盟店，并使之全部实现现有直营店的单店销售水平，那么即使总店数保持不变，其总销售收入将达到 996.3 亿美元，大致相当于现在总销售收入的 4 倍。我们进一步假定麦当劳公司拥有回购全部网点所需资本，则这一假设背后还不确定的因素就是：能否使回购的三万多家店都实现现有直营店的销售水平？更重要的是，整个麦当劳公司的运营成本会达到何种程度？

实际上，前面所引用的麦当劳公司 2016 年年报中，对其未来采取的“重加盟商业模式”的阐释，很好地说明了这些问题。在某种意义上，我们可以把麦当劳公司年报中的这段话，当作成熟的特许经营企业对特许经营内在经济机制的最佳阐述。这一阐述包含三个方面的具体含义：

（1）来自受许人的租金和特许权使用费，会提供更加稳定和可预测的收入流。这就是说，麦当劳公司把众多加盟商视作其主要收入来源，并且由于租金和特许经营收费相对固定，因此麦当劳总部的收入更加稳定。

（2）同时显著降低运营成本和风险，这是说麦当劳公司把网点投资和主要经营风险转嫁给受许人。

（3）由于受许人承担了店铺的投资成本，因此麦当劳的资本密集程度会下降。近年来，越来越多的传统行业企业，逐步淘汰原来的重资产经营模式，向轻资产、高回报的知识经济模式转型。商业特许经营依托知识产权内核，在这方面具有先天优势。

三、加盟商的经济利润

两位美国学者派特里克·考夫曼和弗朗辛·拉芳丹于1994年在《法律与经济学杂志》上发表了一篇题为《控制成本：麦当劳受许人经济租金的来源》① 的文章。在这篇文章中，两位作者运用翔实的数据，对特许经营关系的本质，做出了令人信服的阐述。该文对于我们理解特许经营的经济机制有很大帮助，下面用一些篇幅概要介绍该项研究的要点。

首先简单解释一下经济租金（economic rent）的概念。在一个不太严格的意义上，我们可以把经济租金理解为微观经济学当中的“经济利润”（economic profit）。所谓经济利润，是指某种生产要素的收入超出该要素机会成本的部分。比如一个人创业成功，他所获得的经济收入超过了他为别人打工能够赚取的最高工资，创业收益超出其最高打工工资的部分，就是他创业的经济利润。按照微观经济学的一般性原理。在一个完全竞争市场上，价格等于边际成本，对于资本、劳动力这样的生产要素来说同样如此。因此，这时的经济利润为零。把这一原理运用到特许经营上，具体到一家加盟的麦当劳餐厅，这个问题就可以表述为：

> 新开一家麦当劳餐厅是否赚钱？如果不能赚钱，受许人就没有理由加盟；如果能够赚钱，麦当劳公司为何不自己开，而是把店授权给受许人？
>
> 麦当劳公司向加盟商收取的加盟费和特许权使用费，相当于受许人购买特许权的价格。麦当劳公司能否通过特许经营收费，榨取特定网点的全部经济利润？如果能，就意味着受许人不赚钱，还是没有理由加盟；如果受许人能够赚钱，麦当劳公司为何要把这部分经济利润留给加盟商？

考夫曼和拉芳丹在正文中，运用1982年麦当劳公司的数据，依次分析了一家典型的麦当劳加盟店的经济利润（经济租金）、加盟店的贴现价值以及在特许权二级市场（加盟店转让或回购）上的价格，然后对当时学术界的主要理论进行概括和综合分析，最后得出了自己的结论。该文的附录中还列出了1989年的对应数据。下面就按照1989年数据对这一问题做简单说明，如表4-3所示。

---

① Patrick Kaufmann，Francine Lafontaine. Costs of Control：The Source of Economic Rents for McDonald's Franchisees. Journal of Law & Economics，1994，37（2）.

表 4-3　　麦当劳加盟店的经济利润，1989 年　　（单位：美元）

	业绩水平		
	低	中	高
年销售额	1 300 000	1 500 000	1 700 000
直接成本	423 802	485 976	544 651
管理成本	485 927	544 761	590 295
毛利润	390 271	469 263	565 054
特许经营缴费	244 352	267 010	295 902
净利润	145 919	202 253	269 152
机会成本	113 100	117 200	132 300
经济租金	32 819	85 053	136 852

注：(1) 表中的特许经营缴费主要包括按月缴纳的特许权使用费和场地租金（从麦当劳公司租赁），以及其他与特许经营直接相关的开销；(2) 机会成本包括两部分，一部分是店铺投资额按 5%年利率计算的利息价值，另一部分是受许人在加盟前的年收入。

如表 4-3 所示，1989 年的一家中等水平的麦当劳加盟店，年销售额是 150 万美元；扣除直接成本、管理成本之后的毛利润约为 47 万美元；扣除特许经营相关费用（相当于每年支付的特许权使用费）后，其净利润约为 20 万美元；再减去机会成本，得到的经济利润为 8.5 万美元。这意味着，在 1989 年的条件下，一家麦当劳加盟店每年的经济利润大致在 3.3 万到 13.7 万美元之间。这部分可以视作受许人加盟麦当劳的经济动力。

在此基础上，作者进一步分析了受许人在整个合同期内的全部投入产出的贴现测算。基本的假定前提是，特许经营合同期限为 20 年，贴现率为 5%。从表 4-3 中可以看出，一家中等水平的麦当劳加盟店销售额为 150 万美元，受许人的经济利润是 8.5 万美元。把 20 年的全部经济利润按照 5%的贴现率贴现后的现值为 111.35 万美元①。而一家中等水平的麦当劳店的初始投资（包含全部硬件和初始的特许经营缴费）是 82.15 万美元。这意味着受许人在签约前可以预期的总计经济利润是 29.2 万美元。按 30%的税率扣除所得税，税后经济利润是 20.4 万美元。如表 4-4 所示。

表 4-4　　麦当劳加盟店合同期内的全部经济利润贴现，1989 年　　（单位：美元）

	业绩水平		
	低	中	高
年销售额	1 300 000	1 500 000	1 700 000
年经济租金	32 800	85 100	136 900
总经济租金贴现	429 200	1 113 500	1 791 300
事前成本	—	—	—
设备	658 000	724 000	986 000
加盟费	22 500	22 500	22 500

① 熟悉 Excel 的读者可以用现值函数 PV () 自行验证：PV (5%，20，85 100，1) =1 113 500。

续前表

	业绩水平		
	低	中	高
培训费	75 000	75 000	75 000
小计	755 500	821 500	1 083 500
事前经济租金	—	—	—
税前	−326 300	292 000	707 800
税后	−326 300	204 300	495 500

概括起来讲，根据考夫曼和拉芳丹的计算，按照 1989 年的条件，有意加盟麦当劳开设一家中等水平麦当劳快餐厅的潜在受许人可以做如下预期：

- 初始投入：82.2 万美元。
- 合同期：20 年。
- 年销售额：150 万美元。
- 年净利润（经济利润）：8.5 万美元。
- 合同期内总利润现值（税前）：29.2 万美元。

此外，考夫曼和拉芳丹还研究了麦当劳特许权在二级市场交易（加盟店转让或回购价格）中的表现。根据测算，按照 1982 年美元价格计算，单店平均——

- 剩余合同期：11.8 年（142 个月）。
- 年销售额：117.5 万美元。
- 有形资产价格：10.0 万美元。
- 转让价格：57.0 万美元。
- 特许权（转让）价值：47.0 万美元。

考夫曼和拉芳丹在他们的论文中，从经济学理论上，对麦当劳加盟商能够获得显著经济利润的现象进行了深入分析。这种研讨过于学术化，超出了本书范围。但该项研究的结论非常明确和简洁，也很容易理解，这里引用该文的部分原文归纳如下：

> 当特许人能够开设直营店时，为何要选择特许经营，把显著的经济利润留给下游的加盟商？事实上，在麦当劳公司股票上市之后的十余年间，麦当劳公司曾经尝试把直营比例从 3%提高到 33%，但它很快发现，直营餐厅的效益比加盟店差……其原因是，加盟的受许人是自我激励（self-motivated）的，特许人用于监督加盟店的成本远远低于管理直营店的成本。

由此，从该文得出一个核心结论，特许人开展特许经营的主要动机，来自考夫曼和拉芳丹文章标题中所说的：控制成本（cost of control）。值得说明的是，尽管以上对考夫曼和拉芳丹文章的引用高度简化，并且该文发表于 20 多年前，引用的更是 30 多年前的数据，但其中所阐发的经济学原理不但没有过时，反而逐步为后续的研究不断印证和强化。该文也因此被视作特许经营经济学研究当中的一篇经典文献。

第四节 特许经营权的价格与价值

特许经营的核心是特许权交易。因此，研究商业特许经营本质的关键，就是从双方及市场环境的角度，分别研究特许经营权的价值、价格与交易条件。本书把一份典型的特许经营合同，归纳为费用条款、管理条款和其他条款三个主要部分。下面我们概要介绍一下前两个方面的经济学意义和原理。

一、特许经营收费

特许经营的收费模式，源自西方近现代的商标、专利、版权等知识产权的授权方法。毕竟，特许经营权作为一项自由交易的商品，其本质是一揽子知识产权的集成，前文对此已做过详细讨论。与其他授权交易一样，特许经营授权的正式收费通常分两个部分：初始的一次性费用，以及合同期内按一定比例的收益分成。前者称为特许经营费（franchise fee，initial fee）或简称加盟费，后者可能包含多种具体名目，但其实质是合同期内持续缴纳的费用，其主体是特许权使用费（royalty，ongoing fee），国内也常常称为管理费。此外，从经济意义上来看，特许经营关系当中还存在着一种隐性的收费机制（implicit fee），即特许人按照合同向加盟商有偿提供产品或服务，从而获取商业利润。过去，曾经有人认为这是一种不正当竞争行为，即特许人在向受许人出售特许权时，搭售（tying）其他商品，包括开店前需要购置的设备、设施，以及开店后的经营性消耗品，如关键性原辅料、包装用品、宣传用品等。但经过几十年的司法实践，现在普遍认可在特许经营关系中，上游企业为保持体系的一致性，包括产品品质和品牌形象的统一，有权对加盟商的采购行为做出一定的限制，甚至制定一些强制性采购条款，前提是在签约前的信息披露和合同文本中，必须对此做出明确的说明和解释。

需要说明的是，在以有形产品批发为主的传统特许经营范畴，表面上不收取持续性费用，实际上这部分利益体现在上游向下游销售产品的利润当中。正是基于这层意义，学者们才提出，传统特许经营与商业模式特许经营的区别仅仅是有形产品和无形产品的区别。在绝大多数的特许经营体系当中，二者同时并存，不同的只是二者所占的比例。因此从经济意义上讲，这两种模式并不存在质的区别。

按照微观经济学的一般原理，通常认为特许经营收费是上游企业尽可能榨取渠道利润的手段和工具。因此，特许经营权的定价标准就相当于渠道全直营条件下上游企业所能获得的渠道利润。不过，上一节的讨论表明，当渠道规模较大时，特许人企业存在着显著的“控制成本”，因此，特许人“不得不”向下游加盟商让渡相当于这种成本的经济利润。为简化起见，我们暂且忽略这一因素，就像学术界通常的做法那样，把理想状态下全直营体系的渠道利润，当作特许经营权定价，或者说是特许经营收费的定价基准。

1. 特许经营合同的统一性

世界各国的特许经营企业通行的做法是，在一定时期、一定地域范围内，针对不同加盟商普遍采用统一条款的授权合同，即收费的标准和费率水平保持一致。实际上，按照微观经济学的一般性原理很容易理解，如果特许人企业的终极经济目标是自身的利润最大化，那么特许人应该针对每一个加盟者制定不同的合同条款。拉芳丹在一项研究中，调查了130位特许人。其中42%的企业为意向加盟商提供的是固定合同，即所谓“接受或放弃”（take-it or leave-it）式合同，意向加盟者要么全盘接受所有条款，要么放弃加盟。只有38%的特许人允许就合同中的非货币条款进行协商，并提供有限的选择余地。对于为何采用统一的合同条款和收费标准这一问题，73%的特许人给出的第一理由是，“统一的合同可以维护一致性并且对受许人更公平”；其余27%的特许人则回答“保持一致性使得合同更容易管理和执行”，即统一合同有助于降低交易成本。由此可见，特许人力求在自己的特许经营体系内部保持统一，这种统一性从最初的特许经营合同就开始了。

2. 初始费用

有研究表明，在同一特许经营体系内部，所有收费条款当中，初始费的差异是最大的。这种差异主要是针对不同的市场条件，而非针对不同的受许人。拉芳丹等人的一项研究表明，特许人设定的初始费用收取方式和收费标准，主要受三个条件的影响。

- 市场潜力：按照预先指定的公式和计算办法，针对不同市场条件下的加盟店，计算出不同的初始费用金额。
- 选址特征：针对临街独立店铺、购物中心或者城市不同区域的加盟店规定不同的收费标准。
- 授权方式：对于单店、多店、区域等不同授权方式设定不同费用标准，或者对现有加盟商增开新店给予折扣。

针对54位美国特许人的调查表明，所有加盟商收取同一初始费用的占35%（其中包括完全不收取初始费用的情况），按照市场容量计算初始费用以及对区域开发受许人收取不同费用的，各占18%，其他包括对不同的特许权选项收取不同费用、现有受许人增开新店给予折扣、转型加盟（指现有独立店加入特许经营体系）优惠等。

在初始费用的水平方面，多项研究都表明：从整个合同期内特许人向受许人收缴的全部费用来看，初始费用所占比例很小。有研究表明，美国特许经营企业当中，加盟费只占合同期内全部收费的5%～10%。学术界对此的解释主要有两点：一是受许人不愿意，更没有能力提前支付合同期内的大部分经济利润（经济租金）；二是如果初始费用过高，则特许人会难以用提前解约来控制和管理加盟商。

在初始费用的具体金额方面，布莱尔和拉芳丹对2001年美国980位特许人的调查表明，超过70%的特许经营企业，加盟费都介于10 000美元到30 000美元之间，少于10 000美元的占13%，介于30 000美元到50 000美元的占14%，超过50 000美元的只有2%（如图4-5所示）。

从跨行业的对比来看，某些行业里的加盟费普遍高于其他行业。正餐餐厅和酒店行业的特许人收取的加盟费相对较高。建筑承包和个人服务行业的特许人收取的加盟费平均较低（如图4-6所示）。但是，和前面讨论的直营比例的情况相似，在同一行业内部不同企业之间的加盟费差异非常明显，行业内的差异甚至超过了行业之间的差异。这是由于各行业内都有一些企业试图用“低成本”来吸引受许人，毕竟对于那些严肃的特许人来讲，长期来看，加盟费在其总收入中只占很小的比重。

3. 持续费用

相对于初始的加盟费而言，持续性的特许权使用费，以及其他持续定期收取的可变或

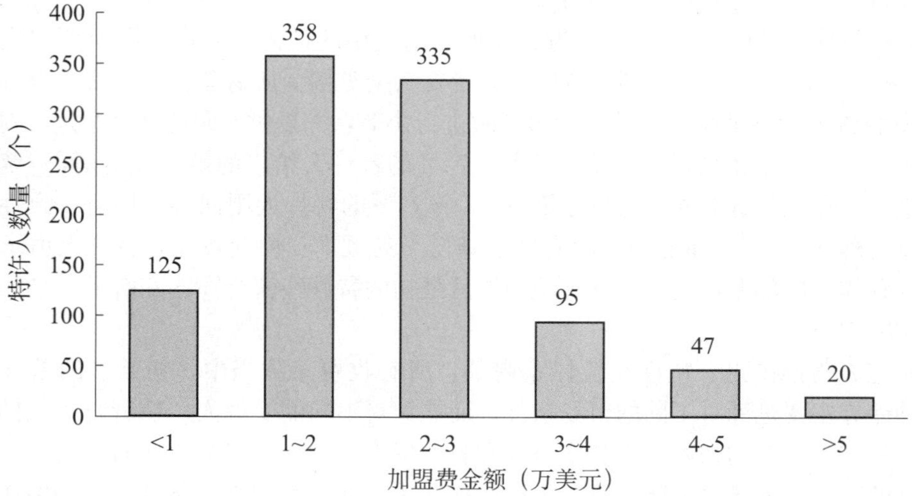

图 4－5　980 家美国特许经营企业的加盟费标准，2001 年

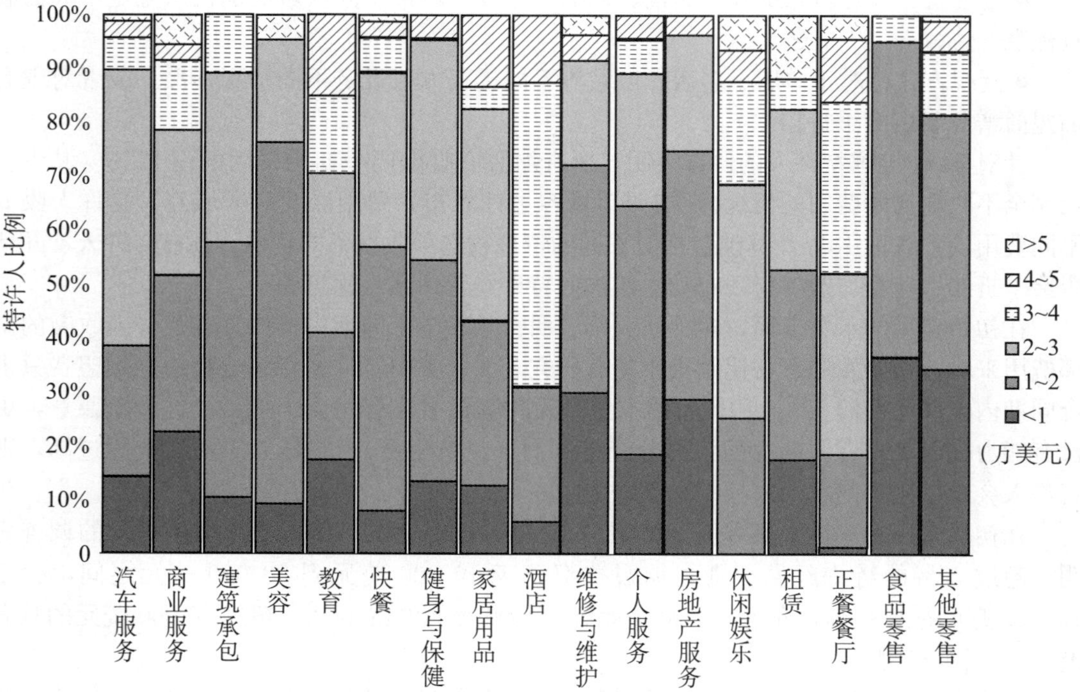

图 4－6　980 家美国特许经营企业的分行业加盟费分布，2001 年

固定费用，无论是对特许人还是受许人来说，其经济意义都要大得多；而且，特许人在设计收费方式和标准时，特许权使用费和其他定期收取费用的收费标准和计算方法，也要复杂得多。毕竟，对于特许人来说，这是他们开展特许经营活动获取经济回报的主要来源。我们首先来看收费方式。

根据布莱尔和拉芳丹的研究结果，超过 80％的美国特许人，都是按照加盟店销售额的一定比例，定期收取（通常是按月）特许权使用费。但在不同的特许经营企业，收费的基数、费率存在较大差异。常见的计费方式有：

- 以销售额做基数，按固定费率或变动费率（递增或递减）收费；
- 以毛利润做基数，按固定费率或变动费率收费；
- 以具体业务单位做基数，按一定比率收费，如会计服务按每一笔业务收费、连锁酒店按出租的客房日收费等等；
- 设定缴费下限，即当加盟店销售额或毛利润水平低于某一指标时，受许人必须以该指标作为基数缴纳特许权使用费。

研究还表明，某些特许经营企业把利益机制完全建立在向加盟店销售产品或物品之上，并不收取特许权使用费，这种情况就像是传统特许经营企业那样。还有少数企业定期收取固定金额的持续性费用，即特许权使用费与网点业绩脱钩。

根据布莱尔和拉芳丹对980家美国特许经营企业的研究，特许权使用费费率在4%～6%之间的企业超过一半；在2%～8%之间的占85%；超过10%和在0～2%之间的都不到2%（如图4－7所示）。值得注意的是，超过7%的企业费率为零即不收取特许权使用费。他们的结果还表明，在全部样本中，甚至有企业按照15%、20%甚至25%的费率收费。由于该项研究中并未区分计费基数是销售额还是毛利润，所以这两位学者认为这种超高水平的费率很可能是按照毛利润而非销售额计算。

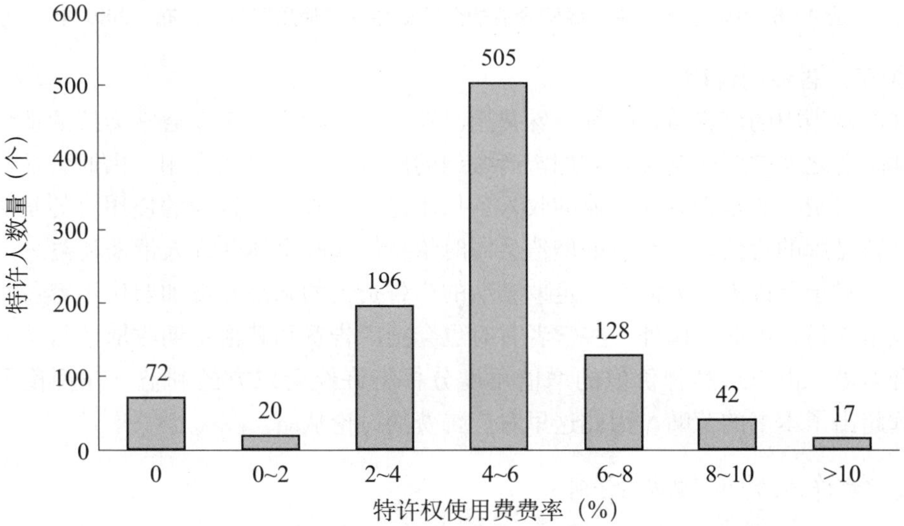

图4－7　980家美国特许经营企业的特许权使用费费率，2001年

与前述的加盟费相类似，布莱尔和拉芳丹也给出了针对持续费用费率的跨行业研究和对比。如图4－8所示，连锁零售业不出意料地都采取了较低的费率，绝大部分低于5%；而在个人服务、商业服务、教育、维修与维护等纯粹服务行业里，费率普遍较高，大多高于5%。占商业模式特许经营较高比重的快餐类企业，大多数采取了5%左右的中等水平费率。根据他们的研究结果，完全依赖固定金额持续性费用的企业很少，仅占全部样本的6%到7%之间。但有超过1/3的特许人在收取固定费率的特许权使用费的同时，也会收取固定金额的其他名目的费用。

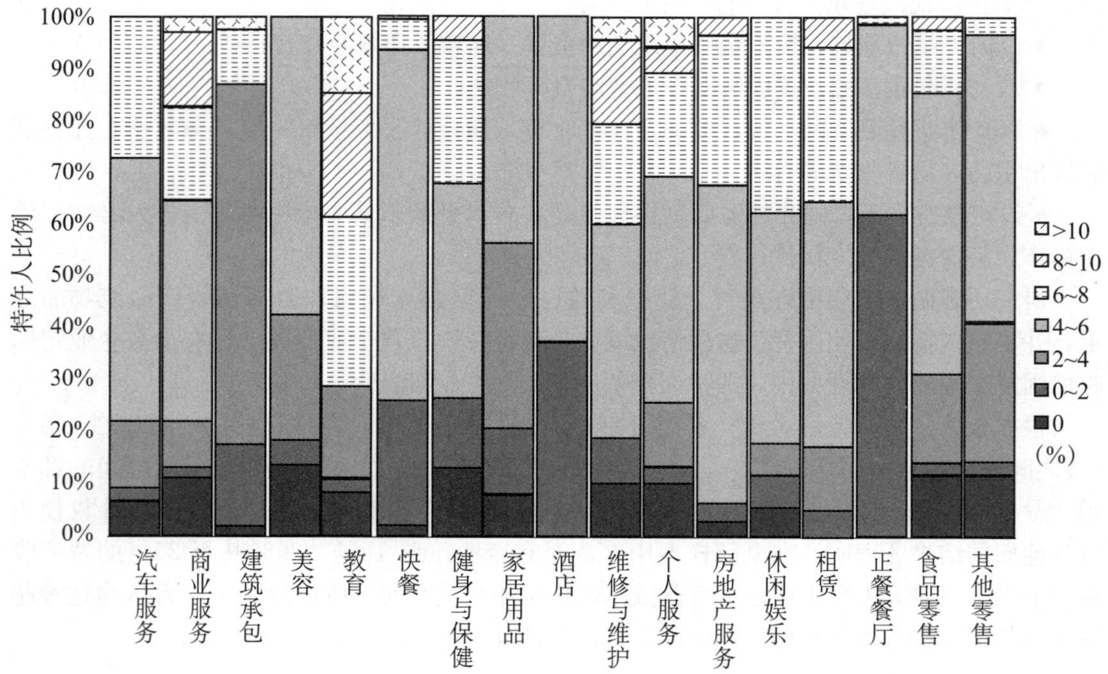

图 4-8　980 家美国特许经营企业的分行业特许权使用费费率分布，2001 年

4. 关于广告费的说明

特许经营当中的广告费是一种特殊费用。在美国，特许人企业通常会按照惯例设置独立于总部企业之外的广告基金，对加盟商缴纳的广告费实行专款专用。因此，从经济学角度来看，广告费并非是特许人企业的收入。从用途上来看，广告费的使用目的是维护和提升特许经营品牌的价值，而品牌的增值会同时给特许人和全体受许人带来利益。

但是，对于受许人一方而言，定期缴纳的广告费又的确是开设加盟店不容忽视的一项开支和成本项目。因此，国外一些学者有时也会把广告费和其他定期收取的持续费用放在一起综合考虑。由于从品牌价值的增值角度分析特许经营双方的利益，在理论上过于复杂，远远超出了本书的范畴，因此这里对广告费的讨论从略。

二、特许人的管理与控制

特许经营合同中的第二类条款是非货币项目，也就是所谓的管理项目。在具体讨论特许经营合同的管理项目之前，我们先简要介绍一个经济概念：合同等效。

特许经营关系中，双方在法律上和财务上都是相互独立的经济实体，双方在经济方面，既有共同利益，又存在利益冲突，双方都各自追求自己的利益最大化。从特许人一方来讲，目标是在尽量减少自己的资本投入的同时，尽量提高自己的渠道利润。减少资本投入，降低管理成本，要求减少直营店，增加加盟店，即降低直营比例；提高渠道利润，则要从加盟商身上榨取更多的收入。在理想的条件下，特许人渠道利润最大化的方式是榨取全部渠道利润，使得加盟商的经济利润为零。这意味着特许人在不承担渠道资本投入即管理成本的条件下，攫取相当于直营渠道的全部下游利润。这就是特许人希望通过特许经营合同实现的最大经济目标。学者们用一个专门术语来描述这种情况，即纵向一体化的合同等效（contractual equivalents to vertical integration）。

下面我们将要说明，要实现这种接近理想状态的合同等效，仅靠收取加盟费和特许权使用费这种财务手段是不够的，特许人还必须同时采取一系列管理手段，控制加盟商的行为。

1. 统一性与价格控制

首先我们来看特许经营体系内部的统一性问题。在一个由众多相互独立的加盟商所组成的特许经营体系内，各加盟店同时以特许人的品牌，经营由特许人提供的产品和服务，体系内的统一性似乎是不言而喻的。然而，这种统一性背后的经济机制，却是非常值得研究的。经营活动中的统一性，最重要的是产品与服务在品质和价格上的统一。但是，在特许经营关系中，众多受许人同时使用特许人提供的品牌时，会出现经济上的负的纵向外部性（negative vertical externality），使得特许人必须采取一定的强制措施，来限制加盟商的行为。

经济上的外部性是指，行为人的行为使他人获益或付出代价的现象。在网络条件下，外部性体现为一方的行为使其他所有人获益或付出代价。在特许经营体系当中，所有加盟商和特许人一起共享同一个品牌。这时，如果单个加盟商做出有害/有利于这个品牌的行为，损失/利益就要由全体受许人和特许人共同承担或接受。在这种条件下，单个加盟商就会存在着牺牲集体利益使自身利益最大化的不良动机。表 4－5 中归纳了受许人在经营活动当中三种典型的导致负外部性的行为，以及特许人相应的制约措施。

表 4－5　　导致网络负外部性的典型行为及特许人的制约措施

受许人的特定行为	产生的负外部性	特许人的制约措施
降低产品质量或服务品质	破坏品牌形象	统一质量
提高产品或服务的零售价格	抑制消费者需求	统一价格
削减广告支出，搭便车	削弱营销效果	统一营销

布莱尔和拉芳丹在其所著的《特许经营经济学》一书中，提出了一个描述纵向外部性的简单模型。基于这一模型，可以得出体现特许经营关系经济实质的两个重要结论：

结论一：按照特许经营合同，拥有单个店铺的受许人具有降低产品质量的利润动机，使得产品质量低于特许人利润最大化所要求的标准。

结论二：按照特许经营合同，拥有单个店铺的受许人具有抬高产品价格的利润动机，使得产品价格高于特许人利润最大化所要求的标准。

这两个结论表明，不能放任加盟商自行选择质量标准和零售价格以使其自身的利润最大化，这样会损害到整个特许经营体系的盈利能力。由此就产生出特许经营关系中最为重要的一项原则，即特许人对全体受许人实行纵向控制，使得每一个受许人将自身利益与其他受许人以及特许人联系起来。这种控制的依据和手段就是特许经营合同中的管理条款。

特许人采取纵向的控制手段来统一质量和价格，会导致特许人和受许人之间产生摩擦，因为这种措施限制了受许人采取损人利己行为的能力。更重要的是，这些措施削弱了受许人的独立性，限制了他们个性化自己的店铺以及迎合本地客户方面的能力。因此，品质和价格也是特许经营关系中冲突和矛盾的主要来源。

补充说明一点，在美国由于历史上存在着强烈的反垄断传统，所以对于特许人限制受许人零售价方面，在立法和司法实践当中一直存在着争议和对立。就国内情况而言，由于零售价格限制而导致特许经营双方产生诉讼的情况尚不多见。

2. 强制采购或采购限制

其次，我们来讨论特许人对受许人的强制性限制问题。对于特许经营的历史演变和经济机制的分析，从实践和理论两个方面都已经证明了，其本质是一种特殊的双重所有制分销模式。因此，特许人向加盟商销售产品似乎是天经地义的。但是在商业实践当中，无论是中国还是美国，或者世界上其他特许经营比较发达的国家，特许人强制向加盟商销售产品，或者限制加盟商的采购活动（如由特许人指定供应商）而引发的矛盾和冲突都非常常见。

在传统特许经营范畴，如加油站或汽车 4S 店，特许人在产品成本之上加价向受许人销售汽油或汽车，是上游制造商获得经济利益的唯一来源。这时，只要下游市场是自由竞争的，即加盟商可以自主选择是否加盟（是否分销某供应商的产品），这种上下游差价就不会导致任何冲突与矛盾。然而在服务业的商业模式特许经营当中，最终销售给消费者的产品（如汉堡）或服务（如美发）并非由特许人直接提供，而是在加盟店现场制作或提交。因此，特许人向受许人销售的货品是作为加盟店的投入品（input）。根据具体的业务特点，这种投入品可能包括从设备（如烤箱）到原料（如化妆品），从店面装修到宣传用品，等等。这时在受许人看来，如果特许人在强制提供的投入品上加价，就是在收取合理特许经营费用之外，对受许人施加一种额外的剥削行为。

布莱尔和拉芳丹在其《特许经营经济学》一书中，运用纵向一体化的合同等效模型推导出这样一条令人信服的结论：只要特许人没有限制加盟商全部投入品的采购，就不足以从下游渠道榨取全部经济利润，因此，也就不构成经济学意义上的不正当竞争。在分析了大量与强制采购或采购限制相关的诉讼案例和市场调查结果之后，他们认为，只要特许人在签订特许经营合同之前，向意向加盟商披露并详细说明了合同中规定的强制采购和采购限制，那么这种强制性限制就是正当的。

3. 合同期的意义

最后，我们来讨论特许经营的合同期以及特许人提前回购加盟店或提前终止特许经营合同的情况。

在具体分析特许经营合同期的经济意义之前，首先要说明整个中国特许经营领域所存在的一种普遍现象，或者叫行业差距。根据美国多位学者的调查和研究，美国的特许经营企业普遍采用较长的合同期。美国特许经营服务机构 FranData 和国际特许经营协会的一项调查表明，特许经营合同的平均合同期是 10.3 年。同时，91%的特许人还在合同内提供了续约选项，平均续约期（renewal period）达到 8.2 年。这意味着绝大多数特许经营关系，寿命周期都将近 20 年。布莱尔和拉芳丹对约 1 100 家不同行业的特许经营企业的调查也得到了类似的结果，加权平均的合同期平均为 10.7 年，续约期为 8.7 年（如图 4－9 所示）。在这 1 100 家特许经营企业中，合同中未包含续约条款的只占 7%。

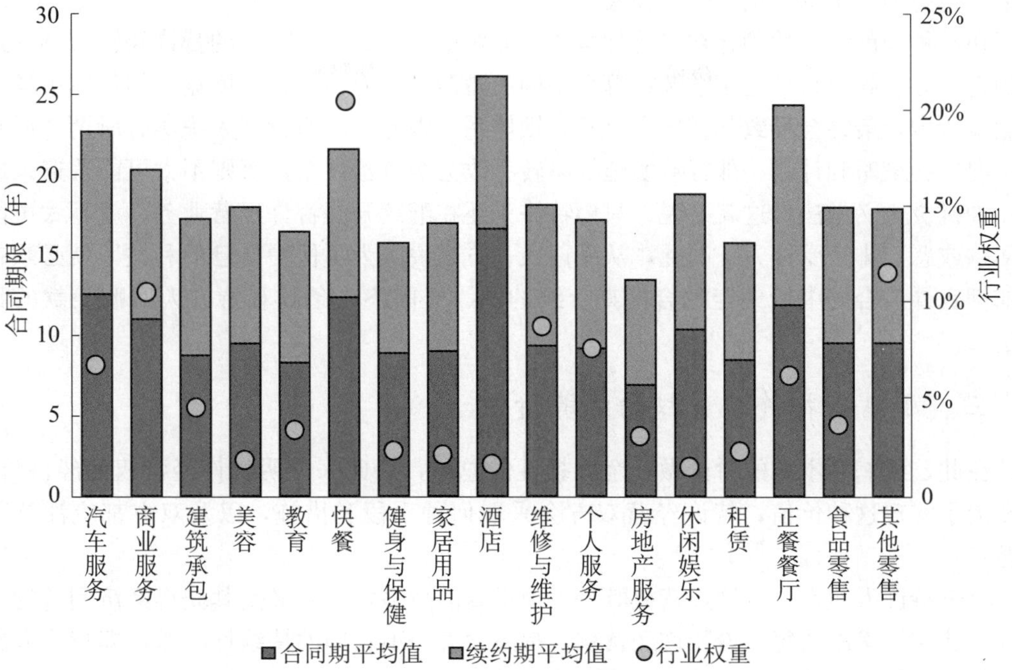

图 4-9　1 100 家美国特许经营企业的合同期

尽管在国内尚缺乏关于特许经营合同期限的系统性调研结果，但业内人士的行业经验表明，目前国内大多数特许经营企业提供的合同期都远远低于 10 年。由于现有的《商业特许经营管理条例》明确规定，特许经营合同期限不得少于 3 年，因此，有相当多的企业都按照法律规定的下限，采用 3 年的合同期。这种现象体现的是整个中国特许经营行业尚不成熟。

现在回到合同期的经济意义问题上来。如前所述，如果受许人的确能够从经营加盟店当中获得经济利润，那么，只要市场条件没有明显变化，在加盟店重大固定资产的折旧期限内，合同执行的期限越长，受许人就能获得越多的经济利益。事实上，如果合同期能够无限延长，对于折旧期限的要求就是不必要的。前述美国特许经营行业合同期的数据，也从另一个方面印证了这一点。很显然，对于大多数服务业网点，在长达近 20 年的期限里，一定会存在着相当程度的固定资产重置与更新。本章开始部分所讨论的受许人能够获得的经济利润，已经综合考虑受许人初始投资的因素。

正是由于受许人加盟特许经营体系能够赚取显著的经济利润，并且合同期限越长，受许人获得的利益就越大，因此，对于合同期的管理，就成为特许经营关系中的一个重要因素。概括而言，提前终止合同是特许人对受许人进行综合管理的一种终极手段，即当受许人不能达到特许人的各方面要求，尤其是经营业绩和产品/服务品质方面的要求时，特许人一方所能采取的最严厉的措施，就是提前终止合同。

但特许人的这种特权会引发某种争议。就像许多失败的特许经营关系那样，有些加盟商会抱怨说，特许人利用合同中规定的回购条款，或者故意制造理由，解除与那些业绩优异的加盟店的合作，将这些网点转为直营，从而攫取更多利润，只在那些市场条件较差的地区，把业绩平平的店铺留给加盟商。

在某种程度上，的确存在着这种可能。但对于一个成熟度较高的特许经营市场，这样做的特许人会导致自己无法继续招募合格的加盟商，从而使其在高度竞争的加盟市场上丧失竞争能力，最终会导致其转向全直营连锁体系。因此，除非特许人确实有所谓“所有权重定向”的策略和计划，即打算实施战略转型改为全直营体系，否则不太可能普遍采取这样一种机会主义做法。这就是说，只要特许人还在继续开展特许经营业务，就不太可能主动回购或恶意排挤受许人。因此，从受许人一方来说，为了保护自己的利益，就必须在签约前彻底弄清合同中所约定的合同期、续约期、提前终止条款和特许人回购条款的具体规定。

三、小结：特许经营权的经济价值

在此，我们对本章的讨论做一个概括性的总结，以此来说明特许经营权的经济价值，以及为了实现这种价值，特许经营双方会采取何种手段和措施，以及双方都应注意哪些问题。

对于特许人而言，特许经营权既是一项重要的战略资产，又是其获得经济利益的主要来源。特许人卖出的每一份特许经营权，都蕴含着一项长期的持续性收益，即特许人出售特许权的单位收益是：

$$F = I + \sum_{i=1}^{n} \frac{C_i}{(1+r)^i}$$

式中，I 代表合并后的全部一次性初始费用；C_i 代表第 i 年的持续费用（包括特许权使用费和其他各项定期收取的服务费用）；r 代表贴现率；n 代表特许经营合同的年限。

对于特许人企业而言，关于企业长远的综合经济利益，需要考虑以下几个方面。

● 直营-加盟比例：即特许人企业对于特许经营体系的依赖程度。

● 初始费用与总费用比率：按照西方国家的惯例，一份特许经营权的收费当中，初始费用大约占整个合同期内全部特许经营收费的 5%左右；但不同行业或者同一行业内的不同企业可能会存在较大差别。

● 供应链利润的比例：特许人通过向受许人销售有形产品而获取的销售利润，包括从指定第三方供应商处获得的折扣、返点等形式的收入。

此外，特许人企业还要注重对特许权知识内核的维护与更新，包括品牌价值的管理、产品服务创新和商业模式的更新。

从受许人的角度来审视特许经营权的经济价值，要考虑以下几个方面：

● 首先，必须明确的是，加盟商购买特许权，所获得的是加盟店运营至关重要的一项生产要素。获得这项生产要素的成本就是全部特许经营缴费的综合。其表达形式与上述特许人出售特许权的单位收益公式相同，即特许人的每一项收益，都对应单个受许人的一项重要成本。

● 其次，受许人必须明确一点，自己有偿获得的是品牌、技术等知识产权的使用权而非所有权。特许经营体系的核心知识产权始终归特许人所有。这意味着在合同期内，受许人有义务接受特许人的监督管理，合同终止后，原受许人便与该品牌失去经济和法律关系

（合同约定的竞业禁止条款除外）。

● 最后，受许人还要了解的一点是，特许人可以按照合同条款，合法地运用其管理优势，限制或强制受许人的采购和营销等经营活动，并从中攫取经济利益。受许人要想保护自身利益，就必须在签约之前，对于特许权交易的所有附加条款，如价格管理、市场区域管理、营销开支规定、采购限制等有明确的认识和了解。

扩展阅读

麦当劳的下游经济租金

材料说明：美国学者派特里克·考夫曼和弗朗辛·拉芳丹于1994年在《法律与经济学杂志》上发表了一篇题为《控制成本：麦当劳受许人经济租金的来源》的文章，文中引用大量实证数据证明了麦当劳公司在授权之前，就有意识地把一笔显著的利润留给了受许人。文章发表后，在契约经济学和组织经济学范畴引起广泛反响，现在已经成为特许经营经济机制方面的一篇经典文献。以下是这篇文章的最后一节“结论”。

经济租金（economic rent）是经济学里一个比较晦涩和含混的概念。在本文所述及的范围内，可以粗略地把经济租金理解为一种超额利润。所谓受许人的经济租金，可以理解为受许人在支付了特许权的价格（初始的和持续的特许经营费用）之后，在整个授权期限内所赚取的经济利润。经济租金有事前（ex ante）和事后（ex post）之分，这里的事前、事后指的是特许经营合同的签约。下游的事前经济租金是指，麦当劳公司作为特许人在签约前就已经知道并且默许加盟商赚到更多的钱，而没有抬高特许权的价格榨取这部分利润；而事后经济租金是特许人事先并不知道有多余的利润留给加盟者，而是在签署合同之后的运营阶段才了解到加盟商赚到了更多的钱。由于加盟费和特许权使用费的收费标准是在合同中规定的，所以留给受许人的事后经济租金，超出了特许人的控制范围。

本文的目标是要证明在麦当劳存在着显著的下游经济租金，既包括缔约前也包括缔约之后。有许多用激励来解释特许经营的理论，而且我们认为这类理论能够更好地解释特许经营这种特殊的组织形式。但按照这种理论去推断，特许经营体系中不应该存在这种下游事前经济租金，所以这种存在下游事前经济租金的结论非常有意思。我们是通过两种不同的方法得出的这一结论，首先是通过研究个别加盟店的投资收益，其次是分析特许经营权的销售价格。此外，我们的结论还得到以下事实的支撑：（1）合格的加盟商需要等待2年的时间，才能获得正式授权，这表明这份特许经营权对他们来说具有非常的价值。（2）根据麦当劳公司内部人员的说法，如果该公司允许的话，有些投资者愿意支付更高的价格购买麦当劳的特许权。（3）麦当劳有两种方式来激励加盟商，这些方式都严格依赖于事前的经济租金。第一种是合同续约，只有表现良好的加盟商，才能在他们现有合同到期时获得新的特许经营合同。第二种是授予新增的加盟店，只有那些现有加盟店业绩优秀的受许人，才能获得麦当劳公司授予的额外授权，开设一家新的麦当劳餐厅。如果不存在下游事前经济租金，这两种手段都无法有效激励加盟商。

我们相信，特许经营当中存在着下游事前经济租金，麦当劳并非特例。正如马修森

(Mathewson) 和温特 (Winter) 曾经指出的那样，许多特许经营体系都存在着加盟者排队等待授权的情况，这为我们的结论提供了支撑。这一结论也与史密斯 (Smith) 的观点相一致，他曾指出汽车经销商能够以“低于市场价格”的代价获得奖励性授权。班纳吉、西蒙和拉芳丹曾经称，特许经营费和特许权使用费之间缺乏明显的负相关，这也与特许经营体系中存在下游的事前经济租金的结论相一致。

本文当中，我们没有讨论特许人为何开展特许经营这样一个核心问题。如果一个企业事前明知会给下游留下经济租金，为何不直接开设直营店？事实上，在 1967 年至 1976 年间，麦当劳公司曾经试图增加直营店的比重（从 9%提高到 33%），但它很快发现，直营店的效益不如加盟店，尤其是在那些客流量较小的店里。因此，麦当劳公司决定把整个体系中的直营店的比例限制在目前的 25%。

有些文献表明，直营店的成本控制水平不如加盟店，麦当劳这次提高直营比例的尝试，其结果与这些文献的结论相一致。由于受许人是自我激励的，所以，总部企业用于监督他们的资源成本，远远低于监督直营店经理所必需的水平。麦当劳运营公司 (McDonald's Operated Company，McOpCo) 的每个区域主管 (area supervisor)，平均负责监督 4 家直营店，最多 6 家。而对于加盟店的管理，每个督导人员 (field consultant) 平均负责 9 位受许人，管理 21 家加盟店。本文当中我们在计算经济租金时，把对每个受许人的监督成本分摊到每个加盟店，因此，这种公司管理人员所负责的店数上的差异，就体现了直营店和加盟店这两种组织形式之间的直接成本差异。并且，采用特许经营的方式，会使店长的替换率明显下降，这也会从另一个方面降低麦当劳公司的成本。基于以上各点，尽管麦当劳公司要在事前（签约授权之前）给加盟商留下一笔可观的经济租金，但它仍然会认为，特许经营是管理大多数快餐厅更加有效的组织形式。

虽然我们无法依赖现有数据来检验和对比经济租金理论，但考虑到对它们的各种解释，我们认为，开展特许经营的企业需要在赋予受许人分享网点利润的权利之外，再为他们提供事后的经济租金流作为补充。此外，我们还认为，麦当劳之所以把事前经济租金留给新加入的加盟商，并非要求他们在签约时一次付清这笔经济租金，主要是因为许多合格的潜在受许人所拥有的个人财富有限。因此我们相信，通过把店主经营者 (owner-operators) 和事后经济租金这两种机制相结合，麦当劳公司获得了对受许人的显著控制权。而承诺给表现优秀的受许人额外的授权，以及按照当前绩效来决定合同到期后是否续约，这两种方式使得麦当劳能够更进一步控制受许人。

关于合同自我执行的大部分现有文献，都假定事后租金的存在是出于激励的目标，但事前租金并非如此。换句话说，现有文献的观点认为，作为激励机制，事先一次性偿付的事后经济租金，其效果与没有事前偿付的事后经济租金完全一样，但后面这种方式会使加盟者得到更多财富。允许他人“致富”能够产生出更好的激励效果，例如更高的忠诚度和合作精神。按照拉弗 (Love) 的说法，克罗克“相信，只有当加盟者变得富有了，麦当劳公司才能取得成功”。果真如此的话，那么购买他人转手的特许权的买主，就无法获得一个全新加盟的受许人那样多的事前经济租金。从激励的观点来看这会有些问题。那样的话，可以预期特许经营体系中的忠诚度和合作精神会随着时间而减弱，或者说那些购买二手、三手特许权的人的忠诚度和合作精神会下降。尽管这个话题已经超出了本文的范围，但研究者可以通过特许人-受许人纠纷的数据来验证这种效果。我们相信这将是合同自我执行领域一个非常有希望的研究方向。

最后，至少在某些特许经营体系中存在着下游经济租金这一现象表明，虽然分享式合同理论能够帮助我们更好地理解特许经营关系中的许多方面，但这一理论无法解释所有问题。新的模型可以建立在马修森和温特的工作基础上，进一步探索同时使用利润分享和事后经济租金两种机制的潜力，以及从激励的角度来研究二者之间的相互作用，有助于更深入地了解特许经营及其他类似关系。一种可能的结论是，利润分享主要解决与受许人每个阶段所付出的努力直接有关的各种问题，同时，事前的费用和/或经济租金，更多地是用来解决持续性的搭便车问题，以及当行为人通过利润分享机制已经获得补偿之后，产生出的新的问题。我们希望本文能够激励在这个方向上的进一步研究。

资料来源：Patrick Kaufmann，Francine Lafontaine. Costs of Control：The Source of Economic Rents for McDonald's Franchisees. Journal of Law & Economics，1994，37（2）.

第五章　特许经营的法律监管

【本章纲要】

- 特许经营的法律监管
  - 美国的情况 —— 立法演变过程→FTC准则
  - 中国的情况 —— 发展过程和指导思想→对特许经营的界定→主要监管制度
  - 其他相关法律 —— 我国的立法体系→合同法→知识产权法→其他相关法律
  - 特许经营合规 —— 合规的概念→特许经营监管合规→商业伦理

【本章重点】

● 了解美国特许经营立法的发展历程和现状；

● 熟悉中国特许经营立法的三个阶段，掌握我国对特许经营的法律定义及主要监管制度；

● 了解特许经营立法在国内立法体系中的地位，熟悉与特许经营有关的其他一些主要法律；

● 掌握合规的一般性概念，全面理解特许经营企业合规的内涵；

● 初步理解商业伦理和企业社会责任的概念，了解特许经营行业自律的基本情况。

美国法律学者威廉·L. 基林（William L. Killion）说，健康的自由经济和有害的贪婪之间的界限非常模糊，在商业模式特许经营当中，这一点尤为突出①。

在美国，20 世纪 60 年代以麦当劳为代表的一批特许经营企业取得了巨大成功，由此引发了一场特许经营狂潮。大量不负责任甚至故意欺诈的特许人，对这种新兴商业模式的声誉造成巨大损害，同时也带来严重的社会问题。从 20 世纪 70 年代初美国加利福尼亚州颁布《加利福尼亚特许经营投资法》开始，经过近半个世纪的司法和商业实践，国际上已

① William L. Killion. The History of Franchising//Alexander M. Meiklejohn. Franchising: Cases, Materials, & Problems. American Bar Association, 2014.

经初步形成了针对商业特许经营的一整套法律监管体系。目前，世界各国对商业特许经营的法律规制主要采取三种方式：登记备案制度、强制信息披露制度、特许经营关系管制。此外，还涉及反垄断和反不正当竞争等相关法律的某些方面。特许经营法律的原则性框架，如图 5-1 所示。

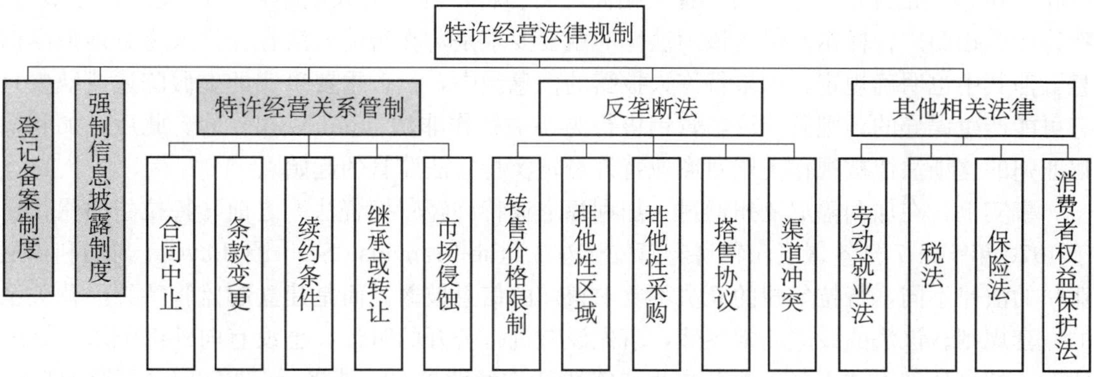

图 5-1　国际上对特许经营进行法律规制的基本框架

本章将结合美国特许经营发展早期的法律规制和行政监管实践，介绍特许经营专门法律的一般性内容，以及特许经营涉及的其他相关法律问题。

第一节　美国的特许经营监管

一、美国特许经营立法的演变过程

本书第一章讨论了美国商业特许经营从 19 世纪中叶直到 20 世纪 70 年代初期的演化过程。20 世纪 60 年代末期，随着一些优秀的特许经营企业成功登陆资本市场，全美范围内爆发了一场特许经营狂潮。以特许经营的名义实施的各式各样的欺诈行为层出不穷，在社会各界的质疑声中，特许经营最终引起了各州立法机构的关注。

1971 年是美国特许经营发展历程中的一个重要节点。1971 年 1 月 1 日，加利福尼亚州立法机构开始实施《加利福尼亚特许经营投资法》(the California Franchise Investment Law，CFIL)。加利福尼亚州议会对这项法律的说明是：

> 特许经营权的销售是一种相对新颖的商业模式，由此在投资和企业方面都产生了许多问题……加利福尼亚州的受许人发现，由于特许人或者其代表没有提供关于特许经营关系、合同细节，以及特许人的商业经验等方面充分和完整的信息，使其蒙受了重大损失……这项法律旨在向潜在受许人提供做出理性决策所必需的信息。本法律禁止欺诈性的，或者那些特许人无法兑现其承诺的特许经营权的销售……

该项法律确立的售前披露原则 (presale-disclosure statute) 成为现代特许经营法律监管的核心原则。该原则的目的是要求特许人必须向潜在受许人提供“充分且完整的信息”，供其做出“知情投资决策”(informed investment decision)。该法要求特许人在约束性的特许经营协议生效之前，必须向每一位意向受许人提供一份披露文档。披露文档中包含特许经营业务的特定信息、特许人的从业经验、特许经营关系中止（termination）或终止（refusal to renew）的条款、对受许人从特许人或特许人所指定的供货商采购物品或服务的要求。任何对预期盈利的估计都必须详细解释估算基准和数据，并明示出排他性区域。该法要求特许人必须向加利福尼亚州企业专员（the California Commissioner of Corporations）申请登记并填写登记表，提交招商说明和特许经营协议副本、特许人的财务报告、特许经营招商广告样本。尽管该项法律的主要要求是，在售前向潜在受许人充分地披露信息，但其中也明确规定，如果特许人披露的信息当中，包含重要事实的虚假陈述或缺失且有可能产生误导的，则其特许经营销售行为将被视作非法（unlawful）的。此后，加利福尼亚州的这项法律被视作美国对商业特许经营实行立法监管的起始点。

事实上，在加利福尼亚州通过《加利福尼亚特许经营投资法》之前，特拉华州州长已于 1970 年 7 月 7 日签署了《特许经营安全法》（the Franchise Security Law）。与加利福尼亚州的法律不同，特拉华州的立法不要求售前的信息披露，而是建立起监管特许经营关系的一套规则。该法的设立非常突然，事先没有进行公开的听证，也没有向外部征求咨询或建议。如果特许人“不公正地”中止或终止特许经营关系，或者是仅仅以此威胁受许人，就会触犯特拉华州的这项法案。该法要求特许人在中止或终止特许经营关系时，必须提前 90 天通知受许人。

新泽西州于 1971 年通过的《新泽西特许经营行为法》（New Jersey Franchise Practices Act），禁止随意和无端地取消特许经营权，同时也保留了特许人通过明晰且非歧视性的标准保护自身利益的权利。

华盛顿州是全美第一个同时实施信息披露法律和特许经营关系管制的州。该州于 1971 年 2 月 19 日同时向参众两院提交了《特许经营投资保护法》（Franchise Investment Protection Act）。该项法案同时包含了借鉴《加利福尼亚特许经营投资法》的信息披露条款，以及参考马萨诸塞州法律的“公平行为”（fair practice）条款。华盛顿州的这项法律在 1971 年度的议会会议上获得通过并经州长正式签署，但其生效日期推迟到 1972 年 5 月。华盛顿州的首席监察长助理威廉姆·克拉克（William Clarke）说，“国际特许经营协会（IFA）准备对这项法律展开大规模攻击”。在两届立法会议之间，华盛顿州的总检察长私下与特许人代表进行会晤并就该法的一项修正案达成协议，“削弱了该项法案对受许人的若干保护条款”。

成立于 1960 年 2 月的美国国际特许经营协会（IFA）主要由特许人及其供应商组成。该协会的发起人是当肯甜甜圈特许经营的创始人比尔·罗森博格。据他说，组织 IFA 的初衷是抵制那些通过特许经营一夜暴富（fast buck artists）和不讲信誉（fly-by-nighters）的特许人对这一行业所造成的恶劣影响。IFA 的第一任主席图尼克（A. L. Tunick，Chicken Delight 总裁）宣称：IFA 的主要目标是为特许经营赢得公众认可，以及确立道德准则。1970 年 IFA 把总部从芝加哥搬到华盛顿特区时，拥有 250 名企业会员，这些企业所占的比重虽然不大，但极具影响力。在整个 20 世纪 70 年代，IFA 影响了许多州的特许经营立法。

20 世纪 70 年代里，一些州制定了备案和注册的法律，另一些州则制定了关于特许经营公平行为的法律，也称作特许经营关系法（Franchise Relationship Law）。到 21 世纪，全美有 15 个州的法律要求特许人必须向潜在受许人披露指定信息；18 个州实行了特许经营关系法。

除了各州的特许经营立法以外，联邦贸易委员会也在《联邦贸易委员会法案》（the Federal Trade Commission Act，FTC Act）的框架下，建立起全国范围的特许经营销售准则。1971年11月11日，美国联邦贸易委员会宣布，开始制定有关特许经营销售的披露要求和禁止性监管准则，并提交了特许经营准则草案。1972年2月14日至3月1日，联邦贸易委员会举行了听证会。直到1978年12月21日，FTC正式颁布了《与特许经营和商业机会项目有关的信息披露要求和禁止性准则》（Disclosure Requirements and Prohibitions Concerning Franchising and Business Opportunity Ventures），简称为《FTC特许经营准则》（FTC Franchise Rule）。这项法律对信息披露的要求，在很大程度上借鉴了《加利福尼亚特许经营投资法》。此后长达30年的时间里，这一准则一直是美国特许经营企业信息披露的法律基准，其中详细规定了规范化的信息披露文档“统一特许经营公告”（UFOC）的具体内容与格式。

2007年，美国联邦贸易委员会对延续了近30年的《FTC特许经营准则》进行了修订。修订后的准则把特许人的法定披露文档修改为新的格式，并改名为“特许经营披露文档”（FDD）。原先要求特许人在与受许人的初次正式会面时，就要提供UFOC文件，新的准则修改为在受许人签署合同的14天之前提供FDD。除了这种程序性的改变以外，新准则也对信息披露的内容做出了更详细的规定，如：要求必须说明特许人企业是否与特许人指定的供应商之间存在利益关联；要求特许人说明自身或关联企业是否同时采用其他分销渠道如电子商务等；如果特许人限制现受许人（或前受许人）向其他意向投资者介绍经验，则必须在FDD中明确说明；此外，新的FDD中还必须披露过去三年里销售、终止、转让的特许经营权，如果特许人转售此前的加盟网点，必须提供前受许人及授权合同的信息，并说明转售的原因。

二、美国的《FTC特许经营准则》

如前所述，当前美国对特许经营的法律监管机制是以州立法为核心。一部分州实行了特许人的法定信息披露和备案制度，另一些州则实施了特许经营关系法。在美国，全国性的监管制度就是2007年修订后的《FTC特许经营准则》。从正式名称上看，该法规是美国联邦法规（Code of Federal Rule，CFR）的第436和第437部分。第436部分是关于特许经营的，是该项法规的主体部分；第437部分是关于商业机会的。

美国CFR第436部分下面一共有11节（Section 436.1～436.11），简要介绍如下：

- 436.1：定义。
- 436.2：提供（披露）文档的义务。
- 436.3～436.5：披露文档（FDD）。
- 436.6：一般性说明。
- 436.7：更新要求。
- 436.8：豁免。
- 436.9：附加禁止性条款。
- 436.10～436.11：其他法律法规和（权利义务）可分离性。

第 436.3～436.5 是该项法规的主体部分，其中 436.3～436.4 分别规定了特许经营披露文档（FDD）的封面和目录；436.5（a）～436.5（w）详细规定了特许人法定信息披露的 23 项细目：

a. 特许人企业及其母公司、前身和附属企业：具体说明特许人企业、代理人、直接或间接拥有控制权的控制人、本企业十年内的直接前身、本企业的主要经营场所及适用法律法规。

b. 商业经验：董事、监事、主要管理人员的从业经验。

c. 诉讼：特许人企业及其前身、母公司、附属企业的董事、监事、普通合伙人、主要管理人员、与特许经营销售和运营有关的管理人员的未决诉讼、其他重要民事诉讼、特许经营关系诉讼、十年内的已决诉讼、政府禁令、法规和命令。

d. 破产：特许人企业及其前身、母公司、附属企业的董事、监事、普通合伙人、主要管理人员、与特许经营销售和运营有关的管理人员十年内的破产经历。

e. 初始费用：受许人开业前支付或承诺支付的、一次性或分期付款的所有费用，以及退还或分期支付条款。

f. 其他费用：加盟店经营期间定期支付或临时支付的所有费用，如特许权使用费、广告费、转让费、培训费、服务费、审计费、续约费等。

g. 预计初始投资：预计的受许人全部初始投资，包括向第三方支付的费用，如初始加盟费、初始培训费（含培训差旅费）、场地租赁费、设备和装置费、标识费、初始库存费、初始广告费、初始人工费用等。

h. 产品与服务来源的限制：指定采购的物品和服务、选择性采购和服务、指定的替代性供应商、与供应商的利益关系、来自供应商的收入和其他利益、采购或分销合作社等。

i. 受许人义务：选址、开业前采购或租赁、场地装置、初始和持续培训、开业仪式、费用、运营标准和政策/运营手册、商标和专有信息、产品和服务限制、品质保证和顾客服务、区域开发和销售指标、持续性产品/服务采购、经营场地的维护/翻新/重置、保险、广告、赔偿、受许人直接参与管理、网点员工、经营记录和报告、调查与审计、网点转让、合同续约、终止后义务、竞业禁止、争议解决、义务担保。

j. 融资：特许人为受许人提供或推荐的融资服务的利率、利率浮动范围、违约条款。

k. 特许人的支持、广告、计算机系统和培训：特许人为受许人提供的初始服务（如选址、开业）和持续性服务（如广告、培训）、选择性服务、多品牌广告、生产与管理费用分担、计算机系统、运营手册等。

l. 授权区域：受许人的指定地域和销售限制、经特许人批准的搬迁以及新增经营场所、特许人经营竞争性体系的计划、特许人服务于受许人区域内顾客的条件及补偿措施、特许人使用替代性分销手段（如电子商务）的权利等。

m. 商标：特许人商标的注册情况，可能影响受许人使用的与商标有关的诉讼、授权、协议，特许人保护受许人使用其商标的义务，特许人保护受许人免于侵权和不正当竞争指控的义务，等等。

n. 专利、版权和专有信息：特许人专利、版权和专有信息的注册情况，可能影响受许人使用的与相关知识产权有关的诉讼、授权、协议，特许人保护受许人使用其知识产权的义务，等等。

o.（受许人）实际参与经营活动的义务：受许人直接参与经营的义务、特许人对受许人直接参与的建议、受许人聘用管理人员的条件（如参加培训、竞业限制）等。

p. 销售限制：限制受许人只能销售特许人认可（approved）、授权（authorized）的产品与服务，特许人改变授权产品与服务的权利及对此权利的限制。

q. 续约、终止、转让和争议解决：同时包含特许人回购条款。

r. 公众人物：公众人物作为代言人，授权、控制、管理或投资特许人企业。

s. 财务绩效的陈述：本准则不要求特许人披露特许经营网点的财务绩效，但如果特许人选择披露，则必须遵守指定规则，说明所披露的是历史数据还是预测数据；明显的警告性提示；现有证据；等等。

t. 网点和受许人信息：近三年内的加盟店、直营店综合性统计信息和未来的开店计划，包括网点的转让、中止、终止、回购、停业等情况，前受许人的信息，前所有人的信息，受许人协会等。

u. 财务报表：近三年经审计的财务报表，会计准则要求，母公司、附属公司、分特许人等的财务信息等。

v. 合同：向受许人提供的特许经营正式合同文本。

w. 收据：潜在受许人收到 FDD 的签署证明。

为防止特许人提供虚假的财务绩效陈述，《FTC 特许经营准则》还规定了附加的限制性条款 436.9。其主要内容包括：

- 禁止使用矛盾性信息；
- 禁止使用“诱骗性”证据（雇托儿）；
- 禁止延期披露；
- 禁止披露信息的未更新部分；
- 禁止单方面修改合同；
- 禁止免责声明和豁免条款；
- 禁止拒不偿还承诺的退款。

第二节 国内的特许经营立法与行政管理制度

一、国内特许经营监管的发展历程

我国的商业特许经营活动，始于 20 世纪 90 年代初期。从那时起，我国的特许经营监管与立法经历了三个阶段。

1. 监管空白阶段（1997 年以前）

1997 年以前，我国政府机构对特许经营的监管处于空白状态，在各种法律法规和行政规章内也没有对特许经营的明确界定。

直到 1997 年 3 月，国内贸易部发布了《连锁店经营管理规范意见》。这是我国政府第一次对连锁和特许经营做出政策性规定，但其中并没有具体区别连锁经营与特许经营。该意见第四条定义了三种连锁形式，包括直营连锁、自愿连锁和特许连锁（或称加盟连锁）。受许人虽然和总部（特许人）使用同一商标或商号，但在财务上是完全独立的。为了解决这一问题，1997 年 9 月，财政部发布了《企业连锁经营有关财务管理问题的暂行规定》。该规定第十五条规定："总部对加盟店拥有经营权和管理权，加盟店拥有对门店的所有权和收益权。加盟店具备法人资格，实行独立核算。"1997 年 11 月，财政部、国家税务总局联合发布了《关于连锁经营企业增值税纳税地点问题的通知》，规定每个受许人应向其所在地主管税务机关申报缴纳增值税。至此，总部与网点在财务上的相互独立地位完全确定。

2. 部门规章阶段（1997—2007 年）

为了更好地规范特许经营，国内贸易部于 1997 年 11 月 14 日发布《商业特许经营管理办法（试行）》（以下简称《试行办法》）。这是我国关于特许经营的第一部法律，也使我国成为世界上第十个有专门特许经营立法的国家。

《试行办法》第一次正式确定了"特许经营"这一概念，并做出定义："特许经营是指特许者将自己所拥有的商标（包括服务商标）、商号、产品、专利和专有技术、经营模式等以特许经营合同的形式授予被特许者使用，被特许者按合同规定，在特许者统一的业务模式下从事经营活动，并向特许者支付相应的费用。"《试行办法》第十七条明确了中国连锁经营协会作为特许经营行业组织和自律机构的法律地位，规定特许者开展经营活动时，应向中国连锁经营协会备案。协会的工作是制定特许经营的行规行约，开展行业自律，为特许双方提供相关服务，促进行业发展。为了进一步规范特许加盟这种新型营销模式，制止当时出现的一些以骗取加盟金为目的的欺诈行为，国内贸易部于 1999 年发布了《关于进一步规范特许加盟活动的通知》。为了配合《试行办法》和上述通知的执行，中国连锁经营协会于 2000 年 1 月发布了《特许经营企业备案管理办法（试行）》，2003 年发布了《特许经营道德规范》。由于中国连锁经营协会作为行业组织，不具备行政管理的约束力，因此，由该协会主管的特许经营企业备案只能是一种自愿行为，在行业监管方面作用有限。

2004 年 12 月，为适应中国加入世界贸易组织的相关要求，商务部颁布了《商业特许经营管理办法》。从立法层级上讲，这个管理办法仍然处在与国内贸易部颁布的《试行办法》相同的级别。

3. 行政法规阶段（2007 年至今）

2007 年 2 月 6 日，国务院正式公布《商业特许经营管理条例》（以下简称《条例》）。该条例将我国的特许经营立法提高到了行政法规的层面。同年 4 月，商务部颁布了与《条例》配套的《商业特许经营备案管理办法》和《商业特许经营信息披露管理办法》。

《条例》共 5 章、34 条，除了总则和附则外，分别规范特许经营活动、信息披露和法律责任。《条例》在借鉴此前的两个管理办法经验的基础上，对特许经营活动的界定和基本原则都做了新的规定。从行业监管的角度看，《条例》的现实意义主要体现在以下几个方面：首先，加强了对特许经营主体资格的限制，明确规定只有拥有相应经营资源的企业才能开展特许经营，明确禁止个人和其他组织从事商业特许经营活动；其次，进一步明确了特许人信息披露的法定义务，具体规定了信息披露的对象、内容和形式，并且规定了强制性的特许人备案制度；再次，《条例》中借鉴了国外的实践经验，引入了冷静期制度，规定在特许经营合同订立后一定期限内，受许人可以单方解除合同；最后，《条例》首次明确了特许经营的法律责任，增强了法律的可操作性。尽管在《条例》发布后，社会上也出现了一些异议，但这份法律文件仍不失为现阶段对我国的特许经营活动进行管理的一项有效措施。

2011 年 12 月和 2012 年 2 月，商务部先后对《商业特许经营备案管理办法》（以下简称《备案管理办法》）和《商业特许经营信息披露管理办法》（以下简称《信息披露管理办法》）进行了修订。主要的修订内容包括：新的《备案管理办法》规定，商务部可以将跨省经营的特许人企业委托给省级商务主管部门备案；外商投资企业应提交“外商投资企业批准证书”且其中应包括“以特许经营方式从事商业活动”的内容；境外形成的备案资料需经所在国公证机关公证，并经中国驻所在国使领馆认证；特许人备案信息发生变化时应向备案机关申请变更，并增加了对变化具体内容的规定，包括工商登记信息、经营资源信息、全部受许人店铺分布情况。

《信息披露管理办法》的修订体现在：特许人与现有受许人以相同条件续约时，可不再重复披露；在特许人为受许人提供的技术支持和经营指导方面，明确了规定支持和指导的具体内容、提供方式和计划。技术支持方面，包括经营资源的名称、类别及产品、设施设备的种类等；经营指导方面，包括店铺选址、装修装潢、店面管理、广告促销、产品配置等；增加了（潜在）受许人保密义务的条款，规定无论特许经营合同是否成立，受许人都有保守特许人商业秘密的义务；合同终止后，受许人也应承担保密义务；违反上述规定的，受许人一方应承担损害赔偿责任。

二、立法的指导思想

特许经营在性质上属于合同行为，适用合同法和其他有关民事法律，从事特许经营活动是当事人的民事权利。如何通过行政法规对特许经营活动进行规范和管理，是制定《条例》时首先要考虑的问题。为此，确立了两方面的总体思路：

一是必须把握好行政权力介入民事法律关系的程度，处理好当事人意思自治与行政干预的关系。相关制度设计既要切实加强对特许经营活动的规范和管理，促进特许经营健康、有序发展，维护市场秩序，又要符合当事人意思自治的基本民事法律原则，不限制当事人从事特许经营活动的民事权利，避免因行政干预过度而妨碍特许经营的发展。

二是根据国外的有益经验和我国的实际情况，只要特许人的行为规范了，就基本上可以达到维护市场秩序的目的。因此，规范特许经营活动，关键在于规范特许人的行为。

按照上述总体思路，《条例》主要规定了规范和管理特许经营活动所必需的具有管理性质的一些制度、措施和要求，并通过严格、明确的法律责任保证其落实；对属于民事法律关系，可以由当事人通过合同约定或者事后协商解决的问题，仅做了必要的重申、强调。同时，《条例》所规定的制度、措施和要求，主要是针对特许人的行为所做出的规范。

根据《条例》确定的原则，商务主管部门是商业特许经营活动的备案管理机关。《备案管理办法》根据《条例》的规定，明确了两级备案机关，即在省、自治区、直辖市范围内从事商业特许经营活动的，向特许人所在地省、自治区、直辖市人民政府商务主管部门备案；跨省、自治区、直辖市范围从事特许经营活动的，向商务部备案。

根据《备案管理办法》，商务主管部门将对有关备案材料进行审核，并在网上予以公开，接受社会监督。商务主管部门有权对违反《条例》和《备案管理办法》的行为依法予以处罚。《备案管理办法》同时明确了备案的方法与程序，便于行政部门高效规范地履行职能，加强对商业特许经营活动的引导和监督。

三、对特许经营的界定

商业特许经营，一般简称为特许经营，有时也叫特许加盟。作为一种营销方式，它是指拥有注册商标、企业标志、专利、专有技术等经营资源的企业，也就是特许人，通过订立合同，将其拥有的这些经营资源许可其他经营者也就是受许人使用，受许人按照合同约定在统一的经营模式下开展经营，并向特许人支付相应费用的经营活动。从特许经营的概念可以看出，特许经营有四个基本要素：

● 特许人必须是拥有注册商标、企业标志、专利、专有技术等经营资源的企业。特许人如果不具备上述条件，特许经营也就无从谈起。

● 特许人和受许人之间是一种合同关系。特许人和受许人是相互独立的市场主体，双方通过订立特许经营合同，确定各自的权利和义务。因此，特许经营本质上是一种民事行为。

● 受许人应当在统一的经营模式下开展经营。特许经营是一种高度系统化、组织化的营销方式，统一的经营模式是其核心要求之一，也是保证服务的规范性、一致性以及维护品牌形象的需要。这种统一的经营模式体现在各个方面，大到管理、促销、质量控制等，小到店铺的装潢设计甚至标牌的设置等。

● 受许人应当向特许人支付相应的费用。特许人拥有的经营资源一般都经过了较长时间的开发、积累，具有较高的商业价值。受许人经许可使用这些经营资源也是为了开展经营活动，因此需要支付相应的费用。支付费用的种类、数额以及支付方式，由双方当事人在合同中约定。

四、主要监管制度

由于特许经营的核心是无形资产的输出，一个特许人往往有为数较多的受许人，特许人和受许人之间信息不对称，潜藏着较大的风险，容易引发欺诈等违法犯罪活动，加上我国市场发育尚不成熟，社会公众对特许经营的了解不够充分，特许经营在快速发展中也存在一些突出问题。比如，一些从事特许经营活动的特许人不具备相应的条件；特许经营活动不规范，市场秩序较为混乱；特许经营活动当事人特别是受许人的合法权益得不到有效保障；以特许经营名义进行欺诈等违法犯罪活动时有发生；等等。针对这些问题，借鉴国外的做法，《条例》主要确立了以下五个方面的制度，参见图 5－2。

1. 明确特许人的主体资格

从事特许经营活动应当具备的条件具体包括三个方面：第一，只有企业可以作为特许人从事特许经营活动，其他单位和个人不得作为特许人从事特许经营活动；第二，要求特许人从事特许经营活动应当拥有成熟的经营模式，并具备为受许人持续提供经营指导、技术支持和业务培训等服务的能力；第三，规定特许人从事特许经营活动应当拥有至少 2 个直营店，并且经营时间超过 1 年。第三方面的条件，也就是通常所说的“两店一年”要

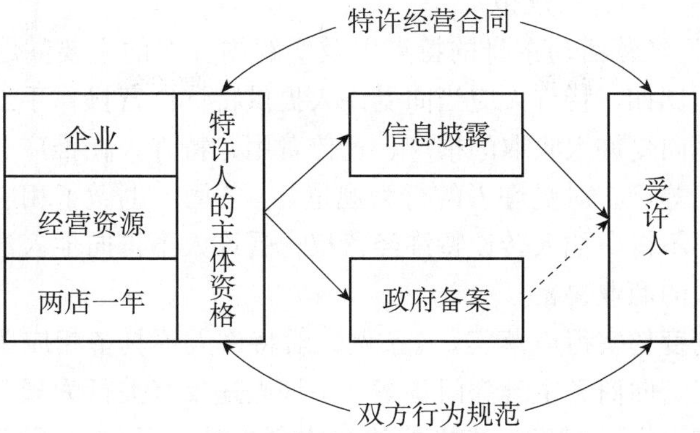

图 5-2　中国商业特许经营的制度框架

求，主要目的是防止一些企业利用特许经营进行欺诈。同时，直营店具有一定的示范作用，便于其他经营者从直营店的经营中较为直观地了解特许人的品牌、经营模式、经营状况等。

2. 特许人的信息披露制度

特许人的信息披露，对于保证受许人及时、全面、准确地了解、掌握有关情况，在充分占有信息的基础上做出适当的投资决策，防止上当受骗，非常关键。因此，有特许经营立法的国家，都把信息披露作为核心制度。《条例》借鉴国际通行做法，专设“信息披露”一章，明确规定特许人应当建立并实行完备的信息披露制度，在订立特许经营合同之日前至少 30 日，以书面形式向受许人提供有关信息和特许经营合同文本，并明确规定了特许人应当提供的信息内容。《条例》还对特许人提供的信息应当真实、完整、准确，不得遗漏有关信息或者提供虚假信息做出了明确规定。

3. 特许人备案制度

由于从事特许经营活动是当事人的民事权利，政府不宜对其实行行政许可，但又需要对其经营活动进行监督管理，以维护市场秩序。为了便于商务主管部门及时了解、掌握特许人的数量等有关情况，有针对性地对特许经营活动进行规范、监督，也为了有助于潜在的投资者了解特许人的基本情况，做出恰当的投资决策，同时有利于形成对特许人的社会监督，《条例》确立了特许人备案制度。《条例》明确规定特许人应当自首次订立特许经营合同之日起 15 日内，向商务主管部门备案，并规定了备案的程序以及备案时应当提交的文件、资料。商务主管部门收到特许人提交的符合规定的文件、资料后，应当予以备案，通知特许人，并将备案的特许人名单在政府网站上公布和及时更新。

4. 特许经营合同

特许经营合同是明确特许人和受许人之间权利义务的依据。特许经营活动在实践中出现的不少问题和纠纷，与特许经营合同不够规范有直接关系。为此，《条例》从三个方面做了规定：第一，特许人和受许人应当采用书面形式订立特许经营合同，并明确了特许经营合同应当包括的主要内容；第二，借鉴其他国家的做法，规定特许人和受许人应当在特许经营合同中约定，受许人在合同订立后一定期限内，可以单方解除合同；第三，除受许人同意的情况外，特许经营合同约定的特许经营期限应当不少于 3 年。

5. 特许人和受许人的行为规范

《条例》针对特许经营活动本身的特点以及实践中存在的主要问题，重点对特许人的行为规范做了规定。比如，特许人应当向受许人提供特许经营操作手册；特许人应当按照合同约定的用途使用向受许人收取的推广、宣传费用；特许人在推广、宣传活动中不得有欺骗、误导的行为；等等。对受许人的行为规范，《条例》也做了相应规定，主要是受许人未经特许人同意，不得向他人转让特许经营权；受许人不得向他人泄露或者允许他人使用其所掌握的特许人的商业秘密。

为了保证各项制度切实得以落实，《条例》对特许人不具备相应条件从事特许经营活动、特许人未依照规定向商务主管部门备案、特许人违反有关行为规范以及违反信息披露要求等违法行为，均规定了明确、严格的法律责任。从《条例》规定的法律责任的种类看，除没收违法所得、罚款等行政处罚外，对构成犯罪的，还要依法追究刑事责任。特别值得注意的是，《条例》针对特许经营活动的特点，规定对特许人的违法行为可以予以公告，通过社会舆论和市场的压力，促使特许人依法办事，改正违法行为。

此外，特许经营活动经常会涉及违约责任或者侵权责任等民事责任，而《条例》所规定的法律责任则主要是违反管理性要求所应当承担的行政责任。这主要是考虑到，《民法通则》《合同法》等有关民事法律对民事责任的承担都有规定，特许经营活动中的民事责任问题应当通过民事法律来解决。因此，《条例》作为行政法规，对于当事人应当承担的民事责任没有做出规定。

五、特许人备案与信息披露

特许经营在性质上属于合同行为，从事特许经营活动是当事人的民事权利，政府不宜对其实行行政审批管制，但需要对其经营活动进行必要的监督管理，以维护市场秩序，保护当事人合法权益。鉴于此，《条例》确立了特许人备案制度，要求从事商业特许经营的特许人必须依法备案。要求特许人备案主要有三个作用：一是便于商务主管部门及时了解、掌握特许人的有关情况，有针对性地对特许经营活动进行规范、监督；二是有助于潜在的投资者了解特许人的基本情况，做出恰当的投资决策，防止欺诈和不实宣传；三是有利于形成对特许人的社会监督。

在具体操作程序上，《备案管理办法》明确规定了网上备案的原则，即所有符合《条例》规定的特许人，都应当在网上备案。为此，商务部开通了“商业特许经营管理信息备案系统”。特许人都可以通过商务部网站（www. mofcom. gov. cn）提交所有备案材料，商务主管部门将通过该系统进行备案管理。

《备案管理办法》明确了12项备案应提交的材料，并规定企业所有材料都可从网上直接提交。此外，在备案信息系统内，对主要文字性材料还设计了以表格的形式填写，保证提供材料的统一性和便利性。同时，《备案管理办法》还对备案时间、信息变更、年报制度、备案监管、罚则等内容进行了明确规定，便于商业特许经营者遵守和执行。

信息披露制度是指，特许人根据《条例》的要求，将有关信息在规定的时间内向受许人进行披露。《条例》在借鉴国际通行做法的基础上，对信息披露的内容做了专门的规定。《信息披露管理办法》在此规定的基础上，对有关问题进行了细化，对《条例》中规定的

11 项信息披露的每一项内容都进行了分解，对所包含内容进行了详细说明，如规定了有些信息必须用文字说明，所有数据要提供测算依据等，提高了信息披露的可操作性。同时，借鉴国际通行的做法，出于对特许人的保护，《信息披露管理办法》增加了有关特许人关联公司的信息披露的内容和保护特许人商业秘密的内容。

第三节　与特许经营相关的其他法律

国务院法制办和商务部相关负责人在向社会公众阐述《条例》及两个管理办法的立法思想时明确指出：特许经营在性质上属于合同行为，适用合同法和其他有关民事法律，从事特许经营活动是当事人的民事权利。因此，研究特许经营立法和行政监管，必须要把特许经营活动和特许经营关系放到民商法的大背景下，从我国的立法体系和行政监管体系上进行综合分析。

一、我国的立法体系

按照《中华人民共和国立法法》的规定，我国的立法体系分成四个层次：宪法，法律，行政法规，地方性法规、自治条例和单行条例、规章。这四个层次的法律法规的立法权限分别是：

- 宪法和法律：全国人民代表大会和全国人民代表大会常务委员会行使国家立法权。
- 行政法规：国务院根据宪法和法律，制定行政法规。
- 规章：国务院各部、委员会、中国人民银行、审计署和具有行政管理职能的直属机构，可以根据法律和国务院的行政法规、决定、命令，在本部门的权限范围内，制定规章。

由此可以清晰地看出，《条例》是由国务院制定的行政法规；关于特许人信息披露和备案的两个管理办法是由国家商务部在本部门权限范围内制定的部门规章。我国的《立法法》第五章“适用与备案审查”中规定：

> 第八十七条　宪法具有最高的法律效力，一切法律、行政法规、地方性法规、自治条例和单行条例、规章都不得同宪法相抵触。
>
> 第八十八条　法律的效力高于行政法规、地方性法规、规章。
>
> 行政法规的效力高于地方性法规、规章。
>
> 第八十九条　地方性法规的效力高于本级和下级地方政府规章。

此外，特许经营活动是当事人的特殊民事行为。从法律的角度来看，这种行为的特殊性体现在法人与自然人、法人与法人之间的合同关系，即按照我国法律规定，从事特许经营活动的主体即特许人必须是企业，而受许人一方则既可以是法人，也可以是自然人。因此，特许经营活动的法律框架包括四个层次，如图 5－3 所示。

以下分别对与商业特许经营活动有关的相关法律做简要说明。

二、合同法

国内外行业专家、政府官员以及相关领域的学者都普遍强调，特许经营关系的本质是

民法总则

- 民事主体：自然人、法人、营利法人
- 民事权利：财产权利、知识产权

专项法律

- 《合同法》
- 《商标法》《专利法》《著作权法》
- 《广告法》
- 《反不正当竞争法》
- 《消费者权益保护法》

行政法规

- 《商业特许经营管理条例》：定义、主体资格、法律责任、行为规范

部门规章

- 《商业特许经营信息披露管理办法》：信息披露的内容与程序
- 《商业特许经营备案管理办法》：备案条件与程序

图 5－3　中国商业特许经营的法律框架

一种合同关系。在那些有特许经营专门立法的国家，其立法目标也都旨在适当调节特许经营关系中的不对称性，真正规范和约束双方日常行为的依据主要来自双方签订的特许经营合同。2007 年国务院颁布《条例》时，国务院法制办和商务部相关机构在阐述立法的指导思想时曾指出：特许经营立法的基本原则是“符合当事人意思自治的基本民事法律原则，不限制当事人从事特许经营活动的民事权利，避免因行政干预过度而妨碍特许经营的发展”。从商业实践的角度来讲，为了建立健康稳定、合作共赢的特许经营关系，双方都必须高度重视特许经营合同的制定、签署与实施。双方在经营活动中出现意见分歧或争议时，首先要按照公平、诚信、守约的基本原则，依据合同的具体条款进行处理。

我国现行《合同法》主要包括“总则”和“分则”两大部分。总则规定了合同的订立、效力、履行、变更与转让、终止、违约责任等基本原则；分则具体规定了 15 类特殊合同的具体内容。商业特许经营合同在本质上是一种知识产权授权合同，而现行《合同法》分则中并未列入此类合同，这在法学理论上被称作无名合同①。因此，在运用《合同法》调节特许经营关系时，主要依靠总则中对合同的基本属性、要素的相关规定。下面根据特许经营合同的特性，结合《合同法》总则的内容具体讨论与特许经营合同相关的若干典型问题。

1. 合同的定性与成立问题

在具体的民事诉讼和司法实践当中，许多与特许经营相关的民事诉讼，法庭在审理时

① 国内也有人认为特许经营合同属于有名合同，理由是《条例》中规定了“特许经营合同”的概念。主流学者认为，由于该条例在立法层级上属于行政法规而非法律，因此，特许经营合同仍属于无名合同。

往往首先要确认案件中涉及的合同是否是特许经营合同。只有当法庭认定合同属于特许经营合同时，才能适用《条例》以及相应的两个管理办法。这是由于现实中许多特许人为了规避法律责任和风险，对具有某些特许经营内涵的商业关系进行掩盖，把特许经营合同改造成合伙经营、合作经营、代理销售合同等，并在合同文本中刻意回避特许经营的称谓。

北京市高级人民法院于2011年发布的《关于审理商业特许经营合同纠纷案件适用法律若干问题的指导意见》中，在第三条、第六条、第十四条分别规定，“合同名称及合同中有关‘本合同不属于特许经营合同’等类似约定一般不影响对特许经营合同性质的认定”，“特许人许可被特许人从事特许经营业务，但未采用书面形式的，一般不影响特许经营合同的效力”，“特许人在推广宣传特许经营业务过程中使用的广告或者宣传手册等资料通常应视为要约邀请，但特许人就特许经营所作的说明和承诺对特许经营合同的订立有重大影响的，亦可视为合同内容”。

2. 主体资格与合同效力问题

如上所述，现行《条例》中，对于特许人的主体资格做出了明确规定（参见图5-3），因此，如果特许人不能满足《条例》的相关要求，其与受许人签订的合同，就应当视作无效合同。但在具体的司法实践当中，对于经营资源、“两店一年”等主体资格的认定，仍存在不同意见。

3. 格式合同问题

绝大多数企业在开展特许经营业务时，所提供的合同文本都是由特许人一方预先制定好的格式合同。尽管行业专家经常建议受许人在签约前，应当就特许经营的合同条款与特许人展开谈判，但事实上，现实中的意向受许人所面对的通常是“接受或放弃”式的固定合同。现行《合同法》中有关格式合同的条款包括：

> 第三十九条　采用格式条款订立合同的，提供格式条款的一方应当遵循公平原则确定当事人之间的权利和义务，并采取合理的方式提请对方注意免除或者限制其责任的条款，按照对方的要求，对该条款予以说明。
>
> 格式条款是当事人为了重复使用而预先拟定，并在订立合同时未与对方协商的条款。
>
> 第四十条　格式条款具有本法第五十二条和第五十三条规定情形的，或者提供格式条款一方免除其责任、加重对方责任、排除对方主要权利的，该条款无效。
>
> 第四十一条　对格式条款的理解发生争议的，应当按照通常理解予以解释。对格式条款有两种以上解释的，应当作出不利于提供格式条款一方的解释。格式条款和非格式条款不一致的，应当采用非格式条款。

对此，特许经营双方都应给予充分的重视。

4. 冷静期问题

现行《条例》的第十二条规定：特许人和被特许人应当在特许经营合同中约定，被特许人在特许经营合同订立后一定期限内，可以单方解除合同。这种规定被称作冷静期（cooling off period）制度，其目的是更好地保护受许人的利益，给予其在对特许人有进一步的了解后反悔的权利，减少因特许人信息披露不足或夸大宣传致使加盟商上当受骗的可能。在合同法中，受许人被赋予的这种权利是一种法定解除权，而不是违约特权，更不能解释为被特许人在经营亏损时有权单方解除合同。

三、知识产权法

从特许经营权的内涵来讲，它包含了由同一企业所拥有或具有合法使用权的、相互关联的一揽子知识产权。其中，最主要的是商标、专利和专有技术。

1. 商标法

特许经营模式及其前身授权经销模式，从一开始就是和品牌、商标紧紧联系在一起的。我们经常说商业特许经营是一种授权关系，这种授权活动中最主要的授权标的往往就是表现为商标的产品或服务品牌。按照商务部的统计，已备案的特许经营企业当中，88%的企业拥有注册商标，15%的企业商标已申报尚未获得注册，10%的企业拥有未申请注册的企业标志①。

我国于1982年正式颁布《商标法》，迄今为止先后对其进行了三次修订。按照现行《商标法》的规定，经商标局核准注册的商标为注册商标，包括商品商标、服务商标和集体商标、证明商标。商标注册人享有商标专用权，受法律保护。未经商标注册人许可，其他人不得使用、模仿注册商标，不得销售侵权商品，不得伪造或擅自制造以及销售他人注册商标标识，不得更换商品上的注册商标并投放市场，不得损害商标注册人的商标专用权。

我国的《商标法》对商标的授权许可做出了专门的规定。《商标法》第四十三条规定：

> 商标注册人可以通过签订商标使用许可合同，许可他人使用其注册商标。许可人应当监督被许可人使用其注册商标的商品质量。被许可人应当保证使用该注册商标的商品质量。
>
> 经许可使用他人注册商标的，必须在使用该注册商标的商品上标明被许可人的名称和商品产地。
>
> 许可他人使用其注册商标的，许可人应当将其商标使用许可报商标局备案，由商标局公告。商标使用许可未经备案不得对抗善意第三人。

商业特许经营的一个重要特征是，众多加盟店统一使用特许人所拥有的（或拥有合法使用权的）商标开展经营活动。因此，国内外普遍的做法是在签订特许经营合同的同时，另行签署一份商标使用许可合同。也有些不太严谨的特许人，仅仅在特许经营合同中列入商标使用许可条款。尽管后面这种做法并不违反法律，但行业专家们普遍不赞同这种做法。

在商业特许经营的范畴内，与商标相似但法律意义不同的另一项授权标的是企业商号(trade name)。商号与商标的区别在于，商标用于标识不同的产品与服务，而商号用于标识提供不同产品与服务的企业。但在现实的商业实践当中，二者的作用和意义高度相似或重合。不过，在特许经营当中，特许人授权受许人使用的通常是商标，而不允许受许人组

---

① 三项数据之间有重叠，因此总计超过100%。

建的企业使用自己的商号。在实践当中，特许经营双方需要注意这一点。

2017年1月，中信集团旗下的中信股份、中信资本和凯雷投资集团一道组建新公司，收购麦当劳公司在中国内地和香港地区的业务。新公司当中，中信、凯雷和麦当劳分别持股52%、28%和20%。交易完成后，麦当劳在中国内地和香港的1 750多家直营店转为特许经营，新公司也随之成为麦当劳公司的区域受许人。同年10月，媒体上传出了麦当劳中国公司改名为金拱门（中国）有限公司的消息。从法律的意义上讲，这并非是一般意义上的公司改名，而是麦当劳出售业务后，并未向区域受许人（上述新公司）转让商号使用权。因此，尽管1 750多家麦当劳店依然合法使用麦当劳标志，但作为中国区总部的新公司则从原来的麦当劳直营企业转变为区域加盟商，因此在公司名称当中不能再使用“麦当劳”字样。

我国现行法律，并未对商号使用权提供直接的法律界定和保护。现行相关法律法规中，与商号直接有关的，是由国务院于1988年发布、后经多次修订的《企业法人登记管理条例》以及国家工商行政管理总局于1991年发布并于2012年修订的《企业名称登记管理规定》。《企业法人登记管理条例》规定：

> 第十条　企业法人只准使用一个名称。企业法人申请登记注册的名称由登记主管机关核定，经核准登记注册后在规定的范围内享有专用权。

《企业名称登记管理规定》中规定：

> 第三条　企业名称在企业申请登记时，由企业名称的登记主管机关核定。企业名称经核准登记注册后方可使用，在规定的范围内享有专用权。
>
> 第七条　企业名称应当由以下部分依次组成：字号（或者商号，下同）、行业或者经营特点、组织形式。
>
> …………
>
> 第二十七条　擅自使用他人已经登记注册的企业名称或者有其他侵犯他人企业名称专用权行为的，被侵权人可以向侵权人所在地登记主管机关要求处理。……被侵权人也可以直接向人民法院起诉。

2. 专利法

本书第一章中提到，商业特许经营的早期先行者如麦考密克和胜家，在其开展业务的早期阶段，都采用了专利授权制造加销售的方式。这些当年的初创企业成长起来之后，才转变为授权分销模式。到了20世纪50年代，随着商业模式特许经营的兴起，有形的专利产品生产与分销，在特许经营中的比重有所下降。这一时期的特许经营活动，主要集中在商标授权特别是服务商标的授权方面。但这一时期仍然有许多特许人在开展特许经营活动时，对自己拥有专利的一些产品和服务，在商标授权之外，同时按照专利法进行保护。一些比较严谨的特许人往往在签署特许经营合同的同时，另行签署专利授权协议。这是一种值得鼓励的做法。

值得关注的是，进入21世纪以来，涌现出大量的具有高科技内涵的现代服务产品，如人工智能、3D打印、智能制造等，这些新型服务产品在采取特许经营的模式拓展渠道时，专利的保护和许可，又成为知识经济时代的新热点。

四、其他相关法律

除了合同法和知识产权保护法之外，与特许经营关系较为紧密的还有《反不正当竞争法》《消费者权益保护法》《广告法》《著作权法》等。

1. 反不正当竞争法

我国于1993年颁布《反不正当竞争法》，并于2017年进行修订。该项法律中规定的不正当竞争行为包括：与他人商品或企业的故意混淆行为；贿赂行为；虚假宣传或虚假交易，或引人误解的商业宣传活动；侵犯商业秘密的行为；编造、传播虚假信息或误导信息，损害竞争对手的商业信誉或商品声誉；等等。其中涉及的商标商号滥用、侵犯商业秘密、虚假宣传或误导信息等方面，都与特许经营活动有密切关系，需要引起特许经营双方，尤其是特许人的高度关注。

2. 消费者权益保护法

我国于1993年颁布《消费者权益保护法》，并于2013年进行第二次修订。该法明确规定了消费者的权利、经营者的义务以及国家对消费者权益的保护制度。由于商业特许经营大部分分布在与消费者衣食住行紧密相关的零售、餐饮和服务业，因此，无论是特许人还是受许人，都会随时面对与消费者权益相关的法律风险，必须引起高度重视。

与消费者权益相关的一个特殊问题是所谓外部责任问题，即特许人因为受许人与消费者之间发生的纠纷所承担的责任。从法理上讲，由特许人拥有所有权或合法使用权的商标、商号或其他标志，是顾客接受加盟店所提供商品或服务的重要前提；同时，特许人直接或间接地从受许人（加盟店）的经营活动中获取经济利益（特许经营费用），因此，特许人有义务承担由受许人的相应经营活动所带来的不利后果。但在现实当中，大部分特许人都会在特许经营合同中提前规避这类风险。目前在司法实践和学术研究中，对这类问题的认定和处理原则也未能达成共识。

第四节　特许经营合规与商业伦理

如前所述，世界上的多数国家都对商业特许经营活动制定了专门的法律法规。同时，作为一项商业授权，特许经营关系主要受具体的特许经营合同制约。特许经营企业必须兼顾专门法律和监管制度方面的依法经营，以及针对受许人群体这种特殊的利益相关者的良好商业道德。因此，合规性管理就成为特许经营企业一项特殊的管理职能，需要引起特许人企业管理层的高度重视。

一、企业合规的内涵

进入21世纪以来，随着以安然、世通为代表的一系列重大企业违法违规事件的曝光，如何管控企业的法律和道德风险，开始引起企业界和学术界的共同关注，企业合规性管理的概念应运而生。按照美国企业合规与伦理协会（Society of Corporate Compliance & Ethics）的定义，合规（compliance），也称为监管合规（regulatory compliance）或企业合规（corporate compliance)，其含义是：遵从由官方监管机构制定的法律法规，以及道德行为一般性原则[①]。这意味着企业不仅要被动地遵从相关法律法规的制约，还要主动地遵守一般性的商业道德准则，这就是现代的合规性管理与传统的企业法务管理的本质区别所在。

国际标准化组织于 2014 年发布了《合规管理系统指南》(ISO 19600—2014)，其中对合规的定义是：合规是一个组织履行其义务的结果，通过将它嵌入本组织的文化，以及为其工作的人的行为和态度而使其可持续。在保持其职能独立性的同时，最好是将合规管理纳入本组织的财务、风险、质量、环境和安全管理的规定及业务流程当中。基于这样的基本思想，ISO 19600—2014 提出了一个普适性的企业合规管理框架，如图 5－4 所示。

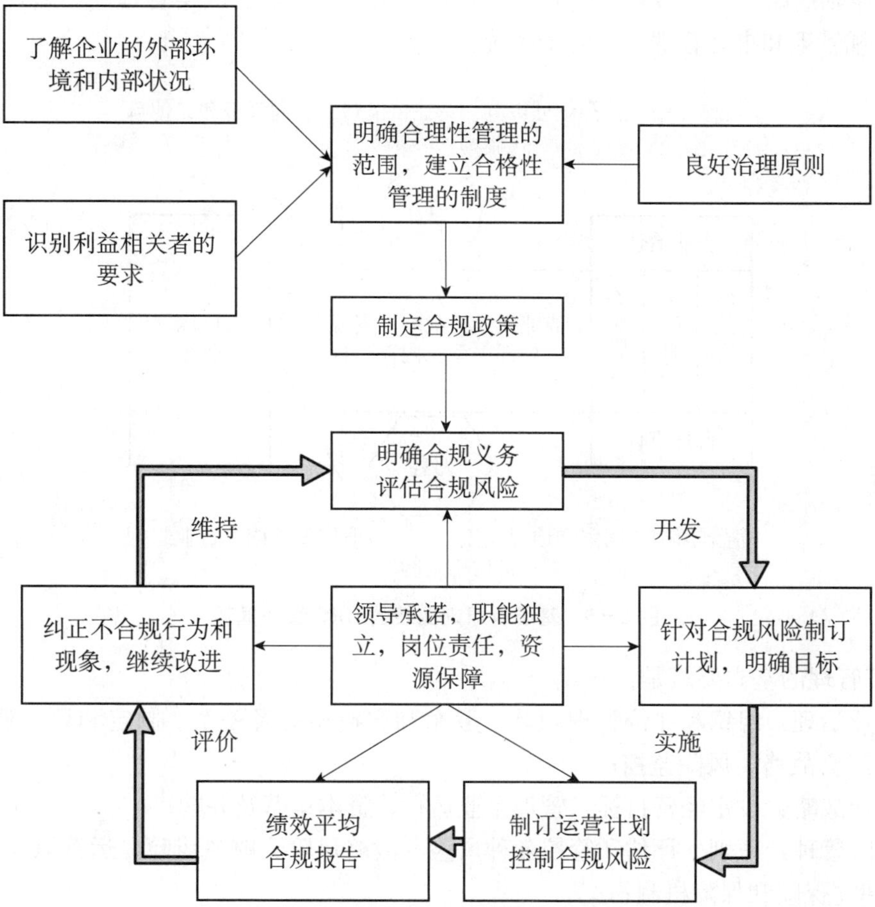

图 5－4 ISO 19600—2014 的企业合规管理框架

2007 年，美国的一家非营利机构 OCEG（Open Compliance & Ethics Group）的创始人斯科特·米切尔（Scott Mitchell）在《国际信息披露与监管杂志》上发表了一篇题为《GRC360：有助于企业实现有原则业绩的一个管理框架》[②] 的文章，首次把企业治理

---

① https：//www.corporatecompliance.org/Resources/SCCEResources/ComplianceDictionary.aspx.

② Scott Mitchell. GRC360：A Framework to Help Organisations Drive Principled Performance. International Journal of Disclosure and Governance，2007，4 (4).

(governance)、风险管理（risk management）和合规性（compliance）管理三个管理学概念和职能整合在一起，提出了一个全新的合规性管理综合模型。这意味着要把合规性管理的思想和体制，纳入企业治理的范畴，并且与原有的风险管控体系紧密结合起来。

GRC 管理的终极目标是实现所谓“有原则的业绩”（principled performance），其基本含义包括三个方面，如图 5－5 所示。

● 有原则的目标：企业应当在有原则的战略框架下，制定企业的使命、愿景和价值观；

● 有原则的人：坚强而有原则的人来领导和执行企业的运行；

● 有原则的路径：打破管理竖井，协调并优化企业治理、战略管理、业绩管理、风险管理、合规管理和审计管理等关键子系统。

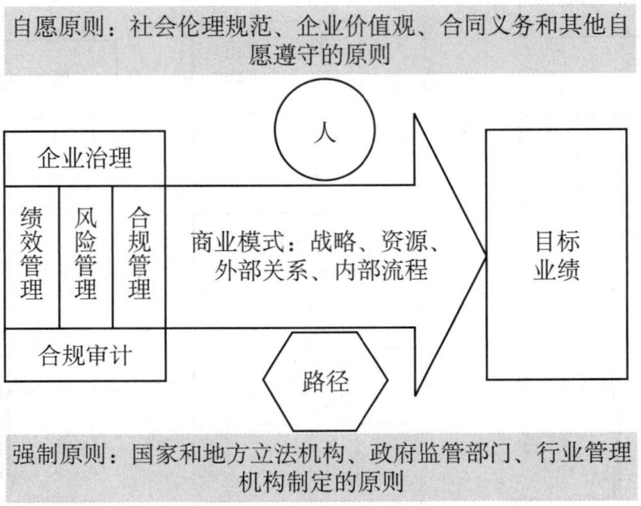

图 5－5　基于有原则业绩的 GRC 管理框架

GRC 管理的基本要素是：

● 企业治理：组织和评价管理团队、股东和利益相关者关系，制定和评价业绩指标，审查企业经营战略，风险监控；

● 企业战略：设定经营目标、管理企业运行、资本运营及并购；

● 风险管理：识别、评估和管控各种风险（战略风险、财务风险、运营风险、合规风险等），建立保险和保障机制；

● 审计体系：建立并管理内部审计制度、组织外部审计、编制财务报告、评价企业内控、开展常规和专项调查；

● 法律事务：制定法务管理策略、调查、诉讼、并购中的尽职调查、确保监管合规；

● 合规管理：雇用员工、政府关系、国际贸易、反欺诈、反腐败、信息安全与合规、营销与广告合规、产品质量和生产工艺合规；

● 信息技术：自动化管理、电子记录、内部和外部报告、提交电子登记备案、保障信息安全和个人隐私；

● 社会责任：制定行为规范、培育道德模范、提倡遵守原则和价值观、编制和发布社会责任报告及公关文档、了解企业社会-政治-经济背景、修正激励奖励制度；

● 质量管理：精细化管理、六西格玛、全面质量管理、实施错误根源分析和流程改善项目；

● 人力资源：培训教育，奖励个人和团队绩效，建立追求业绩、团结、开放、负责任的企业文化。

以下从监管合规和商业伦理两个方面，对特许经营企业的合规性进行具体的说明。

二、特许经营企业监管合规

对于开展特许经营业务的企业而言，监管合规是指企业必须要遵守的、强制性的法律法规的要求。这种要求包括三个主要方面：(1) 企业自身的设立和运行；(2) 特许经营权的销售；(3) 特许经营关系。以下结合国内现行的相关法律法规，列出一个专门针对特许经营企业的监管合规检查清单：

1. 一般性规定

● 企业制度和法律结构：按照国内现行的法律，只有依法成立的企业才能够从事商业特许经营活动。因此，特许人必须符合相关主体资格要求，合法的企业形式有公司、有限责任公司、股份有限公司、合伙企业、股份制合作企业、个人独资企业、国有企业、集体所有制企业；如果是外国特许人，则其合法企业形式包括：中外合资企业（sino-foreign equity joint ventures，EJVs)、中外合作企业（sino-foreign cooperative joint ventures，CJVs)、外商独资企业（wholly foreign-owned enterprises，WFOEs)、外商投资股份有限公司（foreign-invested joint stock limited companies，FISCs)。

● 成立企业的相关法律：公司法、合伙企业法、个人独资企业法、乡镇企业法，中外合资经营企业法、中外合作经营企业法、外资企业法。

● 企业的登记注册和年度报告公示制度：企业法人登记管理条例、企业信息公示暂行条例、合伙企业登记管理办法、企业公示信息抽查暂行办法。

● 税收相关法律：企业所得税法、增值税暂行条例。

● 劳动就业：劳动合同法。

● 知识产权：商标法、专利法、著作权法、反不正当竞争法。

2. 特许经营权的销售

● 特许经营的界定：《商业特许经营管理条例》所规定的四个要素，包括企业主体、由知识产权组成的经营资源、统一的经营模式、收取特许经营费用。

● 特许经营的监管制度：由《条例》和两个管理办法所规定的“两店一年”制度、特许人备案及变更以及年度报告制度、特许经营合同、信息披露、冷静期、特许经营手册。

● 特许经营信息披露要求：至少在签约前 30 天提交披露文档，对签约受许人及时通告变更内容，分特许经营中的分特许人承担信息披露义务，并同时说明其从主特许人处获得授权的情况。

● 特许经营信息披露内容：特许人及特许经营活动的基本情况，特许人拥有经营资源的基本情况，特许经营费用的基本情况，向被特许人提供的产品、服务、设备的价格、条件等情况，为被特许人持续提供服务的情况，对被特许人的经营活动进行指导、监督的方式和内容，特许经营网点投资预算情况，中国境内被特许人的有关情况，特许人财务会计报告摘要和审计报告摘要，与特许经营相关的诉讼和仲裁情况，特许人及其法定代表人重大违法经营记录情况，特许经营合同文本。

● 特许经营合同的一般性原则：主要法律依据是《民法总则》以及《合同法》中所规定的自愿原则、公平原则、诚信原则。

● 特许经营招商：广告法规定的真实、合法、形式健康原则，不得含有虚假或引人误解的内容，不得欺骗和误导消费者，遵守法律法规、诚实守信、公平竞争。

3. 特许经营关系

● 特许人的签约后义务：向受许人提供特许经营手册、必要的培训和支持服务，合理使用受许人缴纳的广告费，未经受许人同意不得转让特许权。

● 特许人终止合作：外部不可抗力，受许人不能承担合同义务，受许人违反特许经营合同。

● 受许人终止合作：外部不可抗力，特许人不能承担合同义务，特许人违反特许经营合同。

● 特许经营合同到期：是否续约由双方协商决定。

● 特许权转让：未经特许人同意，受许人不得转让特许权。

● 竞争法律：主要法律依据是《反不正当竞争法》和《反垄断法》，其中包括价格限制和知识产权保护等方面的相关内容。

● 保密条款。

● 争议解决机制。

三、特许经营商业伦理

区别于强制性的法律法规，商业伦理、职业道德以及企业的社会责任等方面，是企业自愿遵循的、具有更高标准的自律行为。这种自律行为可以分为企业自律和行业自律。

1. 商业伦理和企业社会责任的概念

商业伦理（business ethics）是指导个人、群体或组织的商业行为的原则、价值观和行为规范。从逻辑上讲，商业伦理包含规范性的（normative）和描述性的（descriptive）两个维度。规范性的商业伦理，包含一系列被社会普遍认可和接受的、具体的行为准则。违背这些准则的行为和做法，被视作不道德的，将受到社会舆论的谴责；描述性的商业伦理，是指在特定背景下，如具体的行业、企业、职业、岗位或身份当中，现实中的人们对于行为的正误、善恶、优劣所做的判断。

从行为主体上区分，商业伦理包括企业内外承担各种角色的个人的道德行为，以及企业或企业集团作为一个整体的企业道德行为。通常而言，商业背景下的道德包括诚实、正直、透明、守信、责任、客观、尊重、平等、守法、忠诚等基本内涵；具体到特定的背景和环境下，又可以区分为：契约伦理、雇佣伦理、职业伦理、管理伦理、环境生态伦理、种族性别伦理等一系列具体的行为规范和准则。

从学理上讲，商业伦理是伦理学的应用学科，其价值观和道德标准是建立在商业活动这样一个特定背景之上的。与商业伦理密切相关的一个概念是所谓利益相关者（stakeholder)，这个概念是由美国斯坦福研究院（Stanford Research Institute）于1963年首次提出来的，1983年美国学者爱德华·弗里曼和雷德区分出广义和狭义的两种利益相关者[①]：

● 广义利益相关者：组织实现其目标时，影响或被影响的、可识别的群体和个人（公共利益群体、抗议群体、政府机构、行业组织、竞争者、工会，以及员工、顾客、股东等）。

● 狭义利益相关者：组织持续生存所依赖的、可识别的群体和个人（员工、顾客、供应商、政府机构、股东、金融机构等）。

不难看出，弗里曼等人对于两类利益相关者是按照其与组织之间相互关系的紧密程度划分的，并且两类成员中有很多重复。因此，我们按照企业的内外边界把企业经营活动中的利益相关者，划分为两类，如图5-6所示。

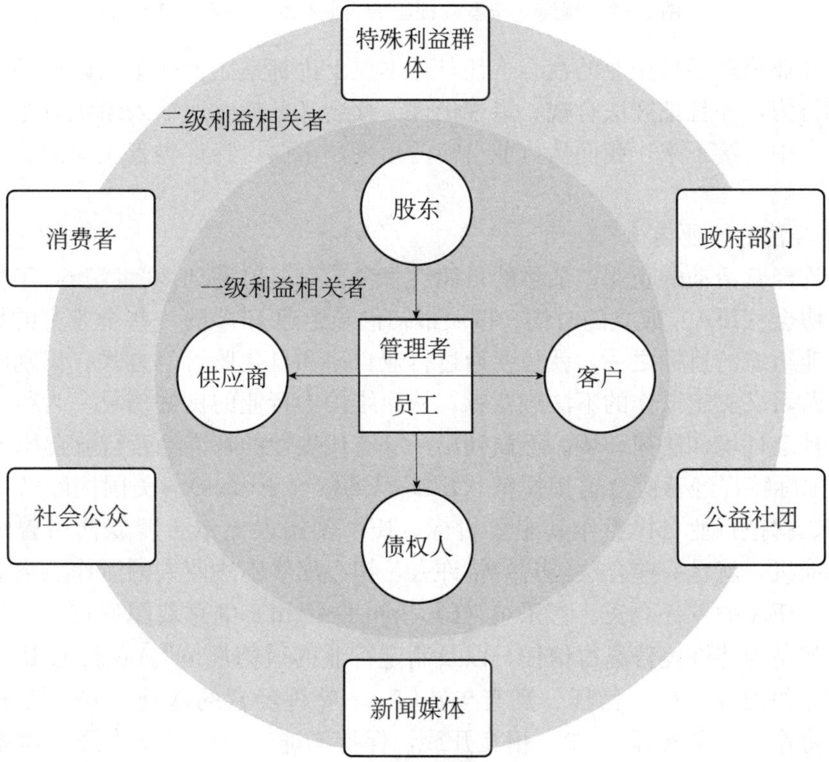

图5-6　企业的利益相关者

与商业伦理紧密相关的另一个概念是企业的社会责任（corporate social responsibilities，CSR)，也称为企业公民意识（corporate citizenship)。从字面上看，这个术语表示的是企业对社会必须承担的责任。但不同的学者和社会机构对其定义和界定各不相同。1991年阿奇·卡罗尔（Archie Carroll）在一篇题为《企业社会责任金字塔》的文章中，从经

① Edward Freeman，Dl Reed. Stockholders and Stakeholders：A New Perspective on Corporate Governance. California Management Review，1983，25 (3).

济、法律、道德和慈善四个层面区分出不同内涵的社会责任与义务[①]。如图 5-7 所示。

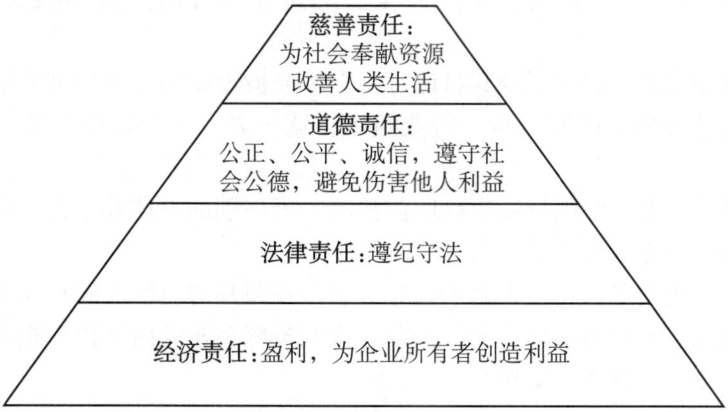

图 5-7 阿奇·卡罗尔提出的企业社会责任金字塔

无论是商业伦理还是企业的社会责任，从本质上讲都是企业或个人的一种主动的、有意识的自律行为，并且把守法合规、道德伦理、社会义务持续地纳入组织或个人的价值观和行为体系当中。接下来，我们从行业自律的角度，来探讨特许经营企业的合规、道德和社会责任。

2. 特许经营的行业自律

从事特许经营活动的企业，最早的自律性思考，可以追溯到 20 世纪 60 年代初美国国际特许经营协会（IFA）成立的时候。按照最初倡导组建 IFA 的一些企业家的想法，组建这样一个行业组织的目标之一，就是要通过行业自律和自我监管的方式，识别和驱逐那些打着特许经营名义实施欺诈的不法经营者，从而维护本行业的良好信誉，为行业健康发展打造良好的社会环境和法律环境。下面列出一些有代表性的特许经营行业自律规范。

- 美国国际特许经营协会道德规范（IFA's Code of Ethics）。美国国际特许经营协会在组建之初，就把行业自律当作其主要目标。IFA 创始人比尔·罗森博格曾经说，组建 IFA 的最初动机，就是一些合法经营的特许人，担心那些不法商人的所作所为会毁掉整个行业的信誉。IFA 的首任会长、喜乐鸡（Chicken Delight）的总裁图尼克说，IFA 的"两个主要目标就是为特许经营赢得信任，以及制定行业的道德规范"。现行的 IFA 道德规范包括五个部分的内容：（1）信任、真实与诚信——特许经营的基础；（2）互相尊重和鼓励——团队协作，互利共赢；（3）相互开放，保持沟通——促进特许经营体系的茁壮成长；（4）遵纪守法——坚守特许经营的承诺；（5）解决冲突与矛盾[②]。

- 欧洲特许经营联合会道德规范（The European Code of Ethics for Franchising）。欧洲特许经营联合会（EFF）在 1972 年成立之初就制定了欧洲特许经营联合会道德规范，此后做过多次修订，最近的一次修订是在 2016 年 12 月。EFF 的成员当中，英国、法国、德国、希腊、意大利、瑞士等在全面继承 EFF 道德规范的基础上，制定出本国的扩充条

① Archie Carroll. The Pyramid of Corporate Social Responsibility：Toward the Moral Management of Organizational Stakeholders. Business Horizons，1991，34（4）.

② https：//www. franchise. org/mission-statementvisioncode-of-ethics.

款。此外，2002年世界特许经营理事会（WFC）制定自己的特许经营道德原则时，也在很大程度上借鉴了EFF的道德规范。现行的EFF道德规范包括六个部分：(1) 特许经营的定义；(2) 指导性原则；(3) 招商、广告和信息披露；(4) 个人受许人的甄选；(5) 特许经营协议；(6) 主特许经营体系的道德规范。英国特许经营协会（BFA）在EFF道德规范的基础上，做了七条扩充和解释（extension and interpretation）：应用、独立性、披露、保密、合同条款、主特许经营、合同续约[①]。

● 澳大利亚特许经营行为准则（Franchising Code of Conduct）。自1998年起，澳大利亚的竞争与消费者委员会（Australian Competition & Consumer Commission，ACCC）承担监管特许经营行业的职责，其监管依据是《消费者与竞争条例：特许经营行业（2014）》（2017年3月修订）[②]。该项法规包括4章，16节，45条。区别于其他国家的行业自律规范，澳大利亚的特许经营行为准则是强制性的行业规范，具有法律效力。其主要内容包括：(1) 强制披露要求；(2) 诚信义务；(3) 争议解决机制；(4) 冷静期制度；(5) 合同终止制度。在此基础上，ACCC分别编制了特许人和受许人各自的合规性手册。

中国连锁经营协会作为特许经营企业的行业组织，也曾经在2003年发布了《特许经营道德规范》，共计4章，23条。

扩展阅读

北京市高级人民法院关于审理商业特许经营合同纠纷案件适用法律若干问题的指导意见

材料说明：北京市高级人民法院审判委员会第1次（总第270次）会议于2011年2月14日讨论通过了《北京市高级人民法院关于审理商业特许经营合同纠纷案件适用法律若干问题的指导意见》，并于2011年2月23日正式印发给北京市第一、第二中级人民法院和市属各区县人民法院。以下是《指导意见》的全文。

为妥善处理商业特许经营合同（简称特许经营合同）纠纷，统一审判标准和裁判尺度，根据《中华人民共和国民法通则》、《中华人民共和国合同法》及《商业特许经营管理条例》等法律、行政法规的相关规定，结合审判实践，特制订本意见。

第一条　商业特许经营（简称特许经营）是指拥有注册商标、企业标志、专利等经营资源的企业（以下称特许人），以合同形式将其拥有的经营资源许可其他经营者（以下称被特许人）使用，被特许人按照合同约定在统一的经营模式下开展经营，并向特许人支付特许经营费用的经营活动。

特许经营的基本特征在于：（一）特许人拥有注册商标、企业标志、专利等经营资源；（二）被特许人根据特许人的授权在特定经营模式下使用特许人的经营资源；（三）被特许人按照约定向特许人支付特许经营费用。

---

① http：//www.eff-franchise.com/77/regulation.html.

② https：//www.accc.gov.au/business/industry-codes/franchising-code-of-conduct，https：//www.legislation.gov.au/Details/F2017C00182.

第二条 经营资源既包括注册商标、企业标志、专利，也包括字号、商业秘密、具有独特风格的整体营业形象，以及在先使用并具有一定影响的未注册商标等能够形成某种市场竞争优势的经营资源。

特许人原始取得或经受让取得经营资源，或者取得包括再许可权在内的经营资源独占使用权的，可以视为拥有经营资源。

第三条 特许经营合同性质的认定应当以双方当事人约定的合同内容为主要依据，合同名称及合同中有关“本合同不属于特许经营合同”等类似约定一般不影响对特许经营合同性质的认定。

合同的实际履行与合同中相应约定不一致的，该实际履行可以视为对合同相应约定的变更，并可与合同约定的其他内容一起作为认定特许经营合同性质的依据。

第四条 合同中约定一方以另一方的分支机构或者关联公司等名义进行注册并经营，当事人据此主张该合同不属于特许经营合同的，应结合合同约定及实际履行情况等因素综合认定该合同是否属于特许经营合同。

第五条 当事人可以在特许经营合同中直接约定特许经营费用，也可以通过货款返点、盈利提成、培训费等形式约定特许经营费用。

特许经营合同既约定被特许人向特许人一次性交付经营资源特许使用费，又约定被特许人按照其经营收入的一定比例等方式向特许人定期交付经营资源特许使用费的，从其约定。

第六条 从事特许经营活动，特许人和被特许人应当订立书面特许经营合同。

特许人许可被特许人从事特许经营业务，但未采用书面形式的，一般不影响特许经营合同的效力。

第七条 特许人应当自首次订立特许经营合同之日起 15 日内依法向商务主管部门备案。

特许人未及时向商务主管部门备案的，一般不影响特许经营合同的效力。

第八条 特许人从事特许经营活动应当拥有至少两个直营店，并且经营时间均超过 1 年。特许经营合同不因特许人不具备前述条件而无效。

特许人拥有的直营店是指特许人利用其经营资源直接从事特许经营业务的直营机构。

第九条 企业以外的其他单位和个人不得作为特许人从事特许经营活动，其签订的特许经营合同无效。

第十条 法律、行政法规明确规定特许经营的产品或者服务应当经批准方可经营，或者从事特许经营的业务需要具备其他特定条件的，特许人或被特许人为规避上述规定签订的特许经营合同无效，但特许人或被特许人在特许经营纠纷发生前已具备相关特定条件的，可以不认定为无效合同。

第十一条 经营资源具有不可续展的法定期限，或者虽具有可续展的法定期限但未依法续展，当事人约定的特许经营合同期限超过该法定期限的，超过部分的约定无效。

第十二条 经营资源被依法撤销或者宣告无效的，特许人或被特许人可以依法解除该特许经营合同。

特许经营合同实际履行完毕后，当事人以相关经营资源已被依法撤销或者宣告无效为由请求解除该合同的，不予支持，但因特许人恶意造成被特许人损失的，应当承担损害赔偿等法律责任。

第十三条　特许经营合同的一方当事人未按约定履行合同致使合同根本目的难以实现的，对方当事人可以根据《中华人民共和国合同法》第九十四条、九十六条等规定解除合同。

特许经营合同的根本目的是指被特许人在特许人指导下使用特许人的相关经营资源，在特定经营模式下开展特许业务。

除当事人另有约定外，被特许人是否盈利不属于特许经营合同的根本目的。

第十四条　特许人在推广宣传特许经营业务过程中使用的广告或者宣传手册等资料通常应视为要约邀请，但特许人就特许经营所作的说明和承诺对特许经营合同的订立有重大影响的，亦可视为合同内容，当事人违反该说明和承诺的，应当承担违约责任。

第十五条　对特许人欺诈的认定应综合考虑特许人隐瞒的信息、提供的虚假信息或夸大的经营资源与合同目的的关联性、与真实信息的背离程度及其对特许经营合同订立和履行的影响程度等因素。

特许人在订立合同过程中隐瞒、提供或者夸大直接关系到特许经营实质内容的相关信息或经营资源，足以导致被特许人签订特许经营合同的，被特许人可以请求撤销或者依法解除该特许经营合同。

第十六条　特许人在签订特许经营合同后隐瞒重大变更信息或者提供虚假信息、夸大经营资源，给被特许人从事特许经营业务造成实质影响的，被特许人可以请求撤销或者依法解除该特许经营合同。

与特许人有关的诉讼、仲裁或行政处罚可能直接影响到被特许人是否签订特许经营合同，或者可能对被特许人实现特许经营合同目的产生重大影响，但特许人隐瞒该诉讼、仲裁或行政处罚情况，或者提供虚假诉讼、仲裁或行政处罚信息的，被特许人可以依法解除该特许经营合同。

第十七条　在特许经营合同的约定期限内，一方当事人被吊销营业执照，致使其无法按照合同约定履行相应义务的，当事人可以解除该特许经营合同。

特许经营合同的当事人被吊销营业执照致使其无法按照合同约定履行相应义务，该当事人隐瞒该信息给对方当事人造成损失的，应承担损害赔偿等法律责任。

第十八条　特许人和被特许人在特许经营合同中约定或者通过其他形式约定被特许人在特许经营合同订立后一定期限内可以单方解除合同的，从其约定。

特许人和被特许人未约定被特许人在特许经营合同订立后一定期限内可以单方解除合同的，被特许人在特许经营合同订立后的合理期限内仍可以单方解除合同，但被特许人已经实际利用经营资源的除外。

第十九条　特许经营合同因特许人的原因未成立、未生效、无效、解除或撤销，或者因被特许人的原因终止履行，被特许人请求返还已经支付的特许经营费用的，应当综合考虑合同的订立和履行情况、实际经营期限、双方当事人的过错程度等因素合理确定返还的数额、比例或方式。

第二十条　特许经营合同已经履行完毕，或者虽未履行完毕但合同约定的返还条件成就的，特许人应当及时向被特许人返还押金、保证金，但该押金、保证金已经充抵特许经营费用或被特许人其他债务的除外。

因特许人的原因致使合同未成立或无效、撤销或者解除的，或者被特许人对特许经营合同未成立、无效、撤销或者解除无过错的，特许人应当向被特许人返还押金、保证金。

特许人和被特许人明确约定押金、保证金系定金的，可以适用《中华人民共和国合同法》等相关法律、行政法规的规定。

第二十一条 特许经营合同未成立、未生效、无效、解除或撤销的，除当事人另有约定外，被特许人应停止使用特许人许可其使用的相关经营资源，特许人亦可请求被特许人返还或销毁与经营资源有关的授权书、特许使用证明、特许商业标志、技术资料、牌匾等文件或材料。

被特许人不能返还上述文件或材料的，应当赔偿特许人因此受到的损失，但属于被特许人从事特许经营业务过程中的正常消耗的材料的，可不予返还且不承担损害赔偿责任。

第二十二条 特许经营合同未成立、未生效、无效、解除或撤销的，除属于从事特许经营业务过程中的正常消耗外，特许人向被特许人提供的产品或者设备应当返还或折价返还。

第二十三条 特许经营合同未成立、未生效、无效、撤销或解除的，无过错的一方当事人可以请求过错方当事人赔偿其因订立及履行合同而产生的实际损失，对于无过错方遭受的丧失缔约机会或其他可得利益的损失，亦可酌情确定过错方予以赔偿。

第二十四条 特许经营合同未成立、无效、被撤销以及因解除等事由而终止，或者被认定为不属于特许经营合同的，当事人应按照合同约定履行相应的保密、保管等注意义务，任何一方违反该义务造成对方当事人损失的，应当承担损害赔偿等法律责任。

第二十五条 一方当事人主张特许经营合同未成立、未生效、无效或应被解除或撤销而对方当事人主张继续履行合同的，在认定该特许经营合同属于未成立、未生效、无效、应予解除或撤销的情形时，应告知当事人可就特许经营费用、产品设备、经营资源的处置等事由请求一并处理，但当事人坚持另行处理的除外。

资料来源：北京法院审判信息网，http：//www.bjcourt.gov.cn/ssfw/spzdwj/detail.htm?NId=25000086&channel=100014003。

第六章　特许人实务概要

【本章纲要】

- 特许人实务
  - 创造商业概念 —— 内涵 → 可行性 → 可复制性 → 原型验证
  - 特许经营决策 —— 必要性 → 可行性 → 商业计划 → 特许人的角色
  - 销售特许权 —— 特许权的概念 → 合同 → 文档 → 授权方式
  - 建设发展体系 —— 体系的概念 → 战略与策略 → 体系和关系

【本章重点】

● 掌握商业概念的内涵、创造过程、可行性、可复制性，以及原型验证的意义和基本要素；

● 掌握特许经营的必要性、可行性概念，熟悉特许经营商业计划的基本框架，理解特许人的角色认知；

● 深刻理解特许经营权的定义和内涵，熟练掌握特许经营合同、特许经营文档的基本内容，熟悉各种授权方式之间的区别；

● 掌握特许经营体系的概念，熟悉特许经营体系的战略与策略，理解特许经营关系的基本要素。

特许经营企业的经济机制要比常规企业复杂得多，这对特许人的经营管理能力提出了更高的要求。

20 世纪中后期那些成功的特许经营企业家，大都是先从规模很小的单店经营起步，在单店经营取得显著成功以后才会考虑以授权的方式复制、扩张。然而，一些知名特许经营企业在资本市场上的巨大成功，吸引了越来越多的创业者直接把特许经营本身当作创业目标。这种趋势带来了正负两个方面的社会影响。其积极意义在于，有助于特许经营作为一个“行业”或“经济部门”走向繁荣；而消极意义在于，会使致力于特许经营创业的创业者过于重视网络扩张的招商环节，而忽视了商业概念的设计、验证，从而削弱了特许经营体系存在的底层基础，影响到特许经营体系的健康与发展，更严重的则会有意或无意地滑向特许经营欺诈。

因此，上述两类创业活动在创业机制上是有很大不同的，从单店起步获得成功后再考虑授权扩张的可以称为串行创业（serial entrepreneurship）；相应地，从一开始就以特许经营为目标的则称为并行创业（parallel entrepreneurship）（如图 6－1 所示）。

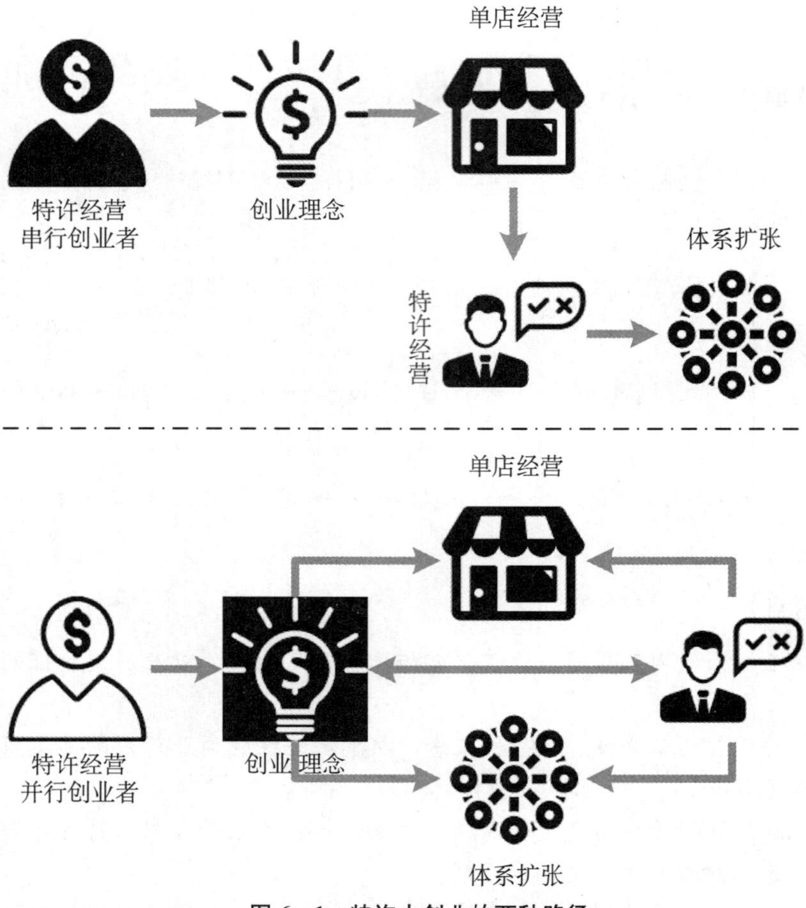

图 6－1　特许人创业的两种路径

从原则上讲，这两种创业路径并没有优劣之分。对于两类创业者需要分别强调的是，串行创业者在做出特许经营决策时，要及时把注意力转向加盟店管理-支持体系上来，对于他们来说，这是一个完全陌生的领域；对于采取并行创业的特许人，需要更加注重对单店运营模式即商业概念的提炼与验证，在决策之前必须在企业内部开展客观的知识产权审计，确认未来的特许权所具有的价值内涵。

第一节　商业概念的设计和验证

创业是一个把主观想法（idea）发展成一个成熟的商业概念（business concept）的过程。特许经营创业也不例外。从创业理论的角度，特许人创业更像是一种二次创业，即单店创业取得成功之后实施的战略转向。因此，无论是前述的串行还是并行创业者，凡是有意向开展特许经营的企业，都必须首先建立起一个能够创造经济价值的商业概念，许多特许经营书籍和文章中也把这种商业概念称作单店运营模式。

一、创造有价值的商业概念

任何创业想法都不是凭空产生的，一个优秀的创业者必须具备的两种能力是：在纷杂的社会和市场上去发现机会而非单纯凭空幻想；在适当的机会窗口打开时，及时捕捉到商机并将其完善成为具备可行性的商业概念。

1. 创造商业概念的客观方面

商业机会（business opportunity），或简称商机，是指在社会上存在着一系列有利条件，产生出对新的产品、服务的有效需求。对于一个有效商机的评价，要从四个方面考虑：（1）对顾客有较强的吸引力；（2）业务具有可持续性；（3）适当的时机；（4）可物化为具体的产品或服务。在这四个维度上，创业者尤其需要注意的是时机。一个好的创业想法和商业理念，能否最终在市场上获得成功，取决于诸多因素。但出乎许多人的认知，对创业成功影响最大的因素是时机。美国知名创业孵化器 IdeaLab 的创始人比尔·格罗斯（Bill Gross）曾经对旗下的数百个创业项目进行综合研究。他发现对创业成功影响最大的五个因素是时机、团队与执行力、创意、商业模式、资金。其中排在第一位的就是创业时机。他曾在一次 TED 演讲中列举了一系列优秀创意由于上市时间过早或过迟而最终失败的例子①。

创业的机会窗口（window of opportunity）是对最适合企业实际进入市场的特定时间段的一种形象比喻。任何一项全新的产品或业务最初投入市场时，都会面临一个从零开始逐渐被接受的过程。根据产品和服务的特性以及当时的社会环境与氛围的不同，这一过程可能很短，也可能很长。对于资金实力有限的初创企业而言，过早进入市场绝非理性选择。只有当新产品或新业务的市场初步建立起来时，市场上出现了一定量的有效需求，机会窗口才真正打开。随着越来越多的企业进入同一市场，竞争日趋激烈，市场趋于成熟，机会窗口就逐渐关闭了。

对于创业者很重要的一点是，必须清醒地认识到创业理念和商业机会之间的本质区别。所谓创业理念（entrepreneurship idea）是一种主观认识，它只是创业者头脑中的一种想法、印象或概念。而商业机会是一种多项客观条件的组合。一般情况下，创业者的想法很可能与外部的商业机会不能完全契合，甚至完全不能契合。要判断头脑中的创业理念是否与社会上存在的机会相契合，最主要的标准是自己的想法或概念，能否与真实的市场需求相对应。从这个意义上讲，创业的第一步，与其说是闭门构思，毋宁说是识别和捕捉客观存在且转瞬即逝的商业机会。

发现和识别商业机会的基本原则是：持续、敏锐地观察社会趋势的变化。具体来说，不断变化的社会趋势包括经济条件、社会环境、技术发展、政治与法律转变四个维度。

● 经济条件：经济发展水平的变化，会直接影响到人们如何支配其收入，即消费者的支出模式。

---

① https://www.ted.com/talks/bill_gross_the_single_biggest_reason_why_startups_succeed.

● 社会环境：社会潮流和文化变革，会改变整个社会的人口构成和消费观念。

● 技术发展：新的技术带来全新的产品和业务，也会改变旧有产品和业务的形态。

● 政治与法律转变：政府政策和法律的变化会影响到整个社会生产、流通和消费的一切方面。

2. 创造商业概念的主观方面

创业想法是主观的，商业机会是客观的，因此，作为一个创业者最重要的素质和能力，就体现为把握并填补这个机会缺口（opportunity gap）的能力，这种能力也被称作创业者的基本素质。概括而言，创业者的基本素质包括发现机会和把握机会两个层面。具体而言，包括以下几点：

● 商业经验：理论研究和实践经验都表明，拥有某一行业的工作经验对于识别和发现商业机会有重大作用。与此相关的一个因素是美国学者罗伯特·龙斯塔特（Robert Ronstadt）提出的所谓"廊道原则"（corridor principle），即一旦创业者创办了企业，就会不断发现新的商业机会。

● 认知因素：捕捉商业机会是一种高层次的心理认知能力，有些人把这种能力称作创业者的"第六感"或"创业警觉性"（entrepreneurial alertness）。这是一种无须刻意搜索就能发现潜在机会的能力。

● 社交网络：社会学理论认为，个人社会交往的活跃程度体现为其社交网络的宽度与深度。创业者的有效社交网络会直接影响其发现和识别商业机会的能力。有研究表明，独立型创业者（solo entrepreneur）往往具有更高的创业警觉性和创新能力；网络型创业者（network entrepreneur）则倾向于发现更多的商业机会。

创业理念、商业机会与创业者素质的关系如图 6-2 所示。

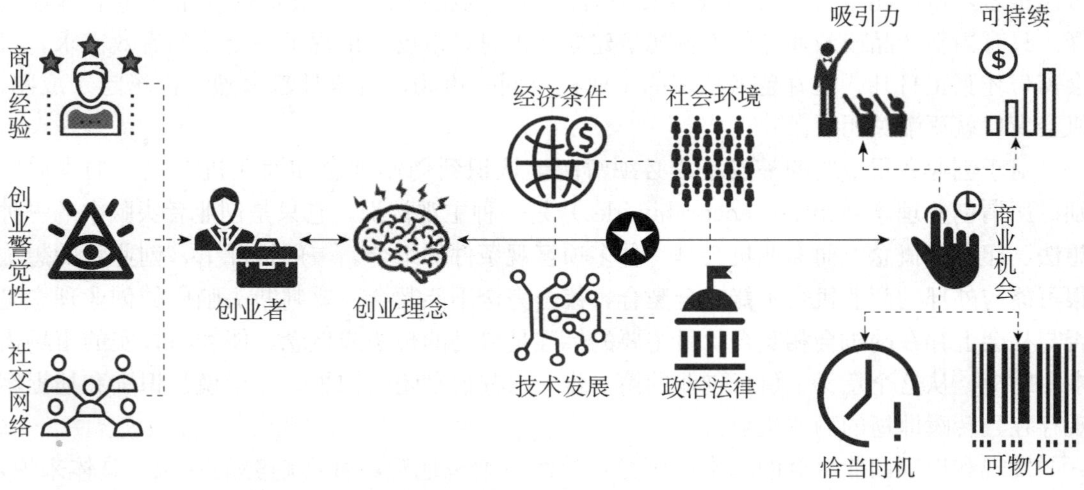

图 6-2　创业理念、商业机会与创业者素质之间的关系

3. 创意过程的特点

尽管已有许多学者从心理学、社会学、组织行为学等多个维度对创意能力和创意过程展开研究，但对于一般公众而言，创意一直是个多少有些神秘的话题。从心理学原理上讲，创意属于一种高级认知过程，创意能力是提出新奇且有效（novel and useful）想法的能力。通俗文化往往倾向于把创意能力和创意过程神秘化，如所谓落下的苹果激发牛顿发现万有引力，凯库勒梦到首尾相连的蛇而发现苯环的分子结构……实际上，现代科学已经对创意的思维过程进行了严谨而科学的充分研究。

研究表明，个人的创意思维体现为一系列逐步进化的步骤：准备、培育、洞见、评价、落实，如图6－3所示。

- 准备：指创业者的生活背景、工作经验和知识储备。
- 培育：指创业者对特定问题的持续思考过程，这种思考可能是有意识的，也可能是下意识的。
- 洞见：指某个新的想法或解决问题的方法在大脑中突然闪现，西方人将其称作尤里卡（eureka）时刻。
- 评价：指创业者对捕捉到的洞见进行理性反思的过程。
- 落实：逐步完善那些经评价具有可行性的想法，系统地思考和记录该创意的各个细节和外部条件。

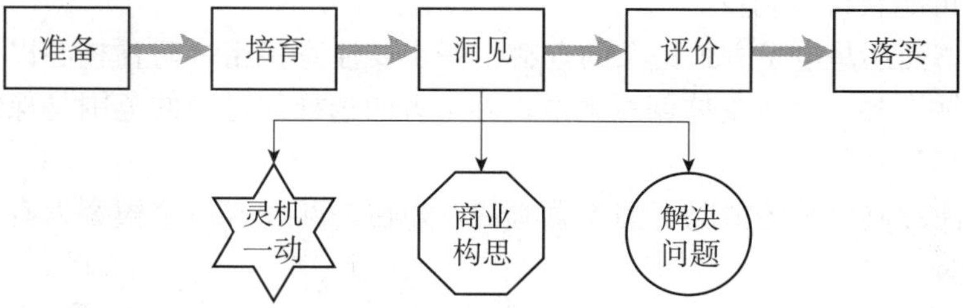

图6－3 创意思维的五个基本步骤

上述创意思维的步骤是针对独立型创业者而言的。对于前述网络型创业者来说，创意过程就不仅仅局限于个体思维，而是演变成一种群体交流的人际互动过程。适合创业者的群体创意工具有头脑风暴、焦点群组和知识检索。

头脑风暴（brain storm）。头脑风暴既可以是一种随意的多人讨论，也可以是一种规范的集体会议。比较规范的头脑风暴通常要有一位主持人，但主持人并不拥有或行使支配性权利。可以自由书写的大面积白板是一种非常有效的工具。一次头脑风暴活动成功的关键，在于严格遵守四项基本原则。

- 禁止批评他人：任何人都不得嘲笑、质疑或否定他人发表的意见，甚至是肢体语言上的不当表示也被禁止。
- 自由表达：任何人都可以不受任何约束地发表意见，甚至要容许那些疯狂、古怪、违反常规的观点自由表达。
- 快速进行：所有参与者必须踊跃发表看法，即使是不成熟的想法也可以随时表达，必要时可以使用电子白板或采取专人拍照、录音的方式做记录。
- 允许跳跃：允许不同人先后发表互不相关的意见，只要符合本次头脑风暴活动的基本主题即可。

焦点群组（focus group）。焦点群组的作用是，对于头脑风暴所产生的创意进行进一步的评估、筛选和论证。具体方式是，由召集人指定或邀请与核心议题相关的不同方面人员如技术、财务、法律、运营等专业人士，也可以是意向投资者、潜在用户、潜在供应商等，共同参与讨论。

知识检索（library and internet research），指创业者本人或关键合作伙伴通过对书籍、媒体和网络资料进行系统的查询检索，必要时可以考虑做一些小规模的专题研究，进一步印证、落实和细化创业理念。

4. 初创商业概念的保护

在创意阶段需要引起特别关注的一个问题是创业理念的保护。由于在创业初期，从创业理念的提炼到商业机会的识别，这一系列活动都是在创业者及其伙伴的思考和交谈中进行的。所有想法、构思、方案都处在不断完善的过程中，因此也就不可能定型为成熟的知识产权。所以，这个阶段的知识保护就显得尤其重要。如何保护这些尚未成熟的创业理念和思想成果，可以从以下三个方面考虑：

● 尽可能地用书面或电子的方式记录创意，这不仅有助于保证创意思想的完整性，更重要的是，当需要申请专利保护时，如果同时出现了相同的发明创造，有证据表明先发现的申请人更有可能获得专利权。

● 无论是书面还是电子方式记录的资料，一定要注意保密，防止核心以外或者不相关的人员接触这些资料。对于集体创意来说，参与者的选择和讨论的范围是保护创意理念的关键所在。

● 最后要注意避免某些情况下的无意泄密，如在公共场合讨论被旁人有意窃听或无意间发现并获得。

二、商业概念的可行性

从创业理念到可行的商业概念之间，存在着一个巨大的鸿沟。创业者在创意阶段可以天马行空、自由畅想，但要真正进入创业的实质性阶段，首先要解决的是商业概念的可行性问题。要以现实的市场条件、资源条件、人力条件为依据，严格、审慎、客观地进行可行性分析。

通常，商业上的可行性分析主要从社会/环境、行业/市场、产品/服务、财务、组织五个维度展开。

1. 社会/环境可行性

很多创业者往往会有意无意地忽视整体社会环境对特定产品和服务的影响，在做创业可行性分析时，直接进入行业/市场分析或产品/服务分析。实际上，社会潮流与趋势、特定的地域文化、大众消费模式与消费心理乃至国家的政策法规，都会直接影响到创业的成败。尽管在通常情况下，创业者的创业理念不会直接与现行法律法规正面冲突，但对于创新产品和服务来说，国家产业政策的倾向性变化，或者某单项法律法规的修正，都有可能带来致命冲击。那些在原来范围经营良好的企业，一旦考虑向外拓展甚至走向国际化，首先要考虑的就是不同地域的文化和政治制度上的差异。

2. 行业/市场可行性

行业/市场的可行性具有两层含义。一层含义是创业者拟进入的行业所处的生命周期阶段。例如在2009年，当时的国际影像巨头、百年老店柯达与国内合作伙伴一道，推出了一个盛大的“柯达乐活影像馆”计划。该计划的重心除了更新全国范围内原有的柯达冲印网点以外，还在于以数字影像为技术依托，以特许经营的方式开辟全新的数码影像市场。当时国内不少意向投资者有意加盟这一体系。然而，2012年年初柯达总部提交破产保护申请，使得这个吸引众多投资者热切关注的“柯达乐活影像馆”计划如泥牛入海般不见了踪影。

行业/市场的可行性的另外一层含义是，潜在市场的总量规模。在制定创业策略时，产品差异化和寻找利基市场是一种通行思路。但选择利基市场的本质是对大范围市场的放弃，因此必须在产品和服务的差异化与利基市场的市场容量之间进行合理权衡。特别是对于服务业企业来说，过于特殊化的服务只能满足少数人的需要，因此必须对细分行业和目标市场进行审慎的评估。

3. 产品/服务可行性

产品/服务的可行性处于创业总体可行性的核心地位。创业者的创业想法、规划中的商业模式以及未来企业的收入和利润，都来自产品和服务的成功销售。通常，对产品/服务可行性的评价也分为两个方面。一是产品和服务对目标顾客的吸引力，所谓产品和服务的吸引力，是针对目标顾客而言的。因此，产品/服务设计规划的基本原则是，在充分掌握市场竞争和目标市场的前提下，通过功能、性能、结构、外观、品质、价格、服务等诸多方面的创新，最大限度地吸引目标顾客。二是目标消费群体的有效需求。一项优秀的产品和服务，很可能得到消费者的认可，但未必能给企业带来足够的收入和利润。消费市场上的有效需求主要由目标顾客群体的购买意愿和购买能力所决定。

4. 财务可行性

证明创业成败的最终标准是财务指标。从创业角度来说，一个创业项目的财务可行性包括资本需求和盈利能力两个方面。

资本需求，金融界也称为资本预算（capital budget），是指一个初创企业从起点到进入正常运营期间所需要的全部投资，包括初始投资和实现收支平衡之前所必需的运营资本。更广义的资本预算还包括创业计划内的几轮扩张所需要的内部积累和外部投资。

盈利能力（profitability）是指企业在正常运行阶段持续创造净利润和投资回报的能力。

5. 组织可行性

一般意义上的创业，其组织可行性主要指成功创办企业所必需的人力资源和其他社会资源。对于特许经营创业来说，组织可行性的概念要复杂一些。因为特许经营企业从事的是双重业务，一方面是单店经营业务（如零售、餐饮和服务），另一方面是招商加盟和体系维护。对很多特许人企业来说，后者往往占有更大的比重，具体地说，就是企业的收入和利润更多地依赖加盟店（包括特许经营收费和向它们提供有偿服务）。因此在内部架构上，必须建立起两套相对独立的运行体系。此外，许多特许经营企业十分注重向加盟店转售产品或服务，这就要求特许经营企业必须建立起稳固可靠的供应链，以及为加盟店提供全面服务的支撑体系。

将以上五个方面的可行性组合进一个单一的可行性分析框架，如图6-4所示。

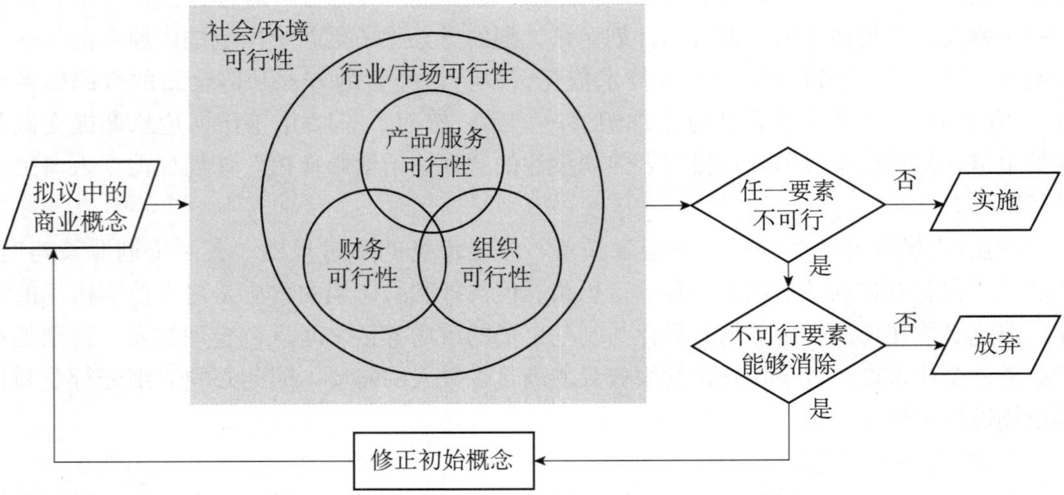

图 6-4　商业概念的可行性分析

三、商业概念的可复制性

从组织形态上看，开展特许经营的目标是以授权的方式建立起一个覆盖广大地域的单品牌分销网络，通俗地说，就是在多地建立同一品牌的连锁店。因此，有意从事特许经营创业的创业者，在设计基于单店运营的商业概念时，必须首先考虑商业模式的可复制性。

如前所述，特许经营模式主要出现在零售、餐饮和服务等传统行业，这些行业往往并没有过高的技术、资金和人力等门槛，但这并不意味着这个领域里的一切商业概念都可复制。美国学者布鲁斯·巴林杰（Bruce Barringer）和杜安·爱尔兰（Duane Ireland）在他们编写的创业教材中，列举了沃尔玛的单店模式不宜复制的例子。作为全球领先的零售巨头，截至 2016 财年，沃尔玛在全世界拥有 11 528 个商店，营业额达到 4 821.3 亿美元①。尽管沃尔玛具有一个强大的品牌形象（“BrandZ Global 2016”排名第 32 位）和全球范围内的上万家商场，但沃尔玛商场的规模过于庞大，建设和运营成本过高，单店的运营管理过于复杂，不仅难以找到合适的加盟者，而且其单店运营模式也难以复制。而同样是零售业的 7-Eleven，在其全球 50 716 个商店中，加盟店占到 77%。国内方面，某些中餐正餐餐厅在加盟连锁方面也遇到障碍，即中餐菜肴制作的特殊性，妨碍了各分店之间的标准化。

许多通俗读物中，都会提到所谓的“特许经营 3S 原则”，即简单化（simplification）、标准化（standardization）、专业化（specification）。实际上，这个 3S 原则并非特许经营所特有，而是所有连锁企业共同的普遍性原则。因此，称之为“连锁经营三原则”更为确切。深入地分析这三项原则，其深层根源都是单店商业模式的可复制性（replicability），有时也称作可重复性（repeatability）。

● 简单化原则：对所有重要的工作流程，采用逐级分解的方法，实现化繁为简，摒弃

① Wal-Mart Stores, Inc. 2016 Annual Report.

多余操作，把标准化的作业单元纳入清晰明确的流程，使员工经过简单培训，即可胜任与其职能相对应的所有作业。

● 标准化原则：把企业的常规性经营活动逐级分解为任务模块，按照最优绩效原则，对每个模块制定出详细的作业标准，要求员工在上岗前必须熟练掌握相关作业标准，并且将日常工作中的标准化操作纳入员工绩效考评。

● 专业化原则：专业化是标准化的延伸，连锁体系的专业化分为三个层次，包括总部内部各职能部门和职能岗位的专业化；总部与各门店之间业务往来和交流沟通的专业化；门店内部职能划分、岗位设置及员工培训符合总部规定的统一标准。

3S 原则与可复制性之间的关系，如图 6－5 所示。

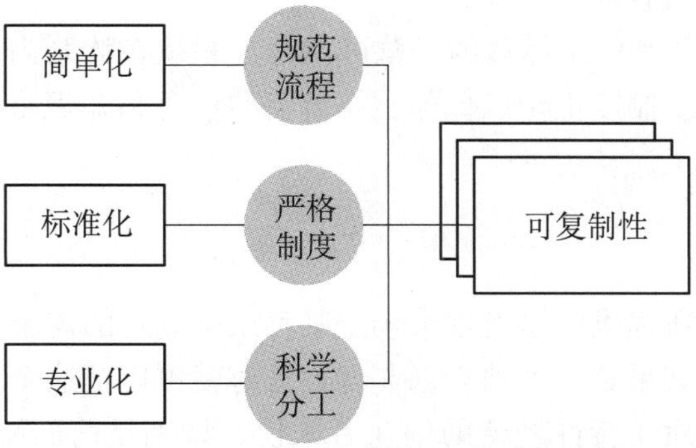

图 6－5 连锁经营的 3S 原则与商业概念的可复制性

实施 3S 原则的目的，是确保商业概念的可复制性。而在广大区域内的店铺之间复制相同的商业概念和经营模式，正是连锁经营的灵魂。按照本书第二章曾经引用的行业标准《连锁经营术语》（SB/T 10465—2008）中的定义：连锁经营是“经营同类商品或服务，使用统一商号的若干店铺，在同一总部的管理下，采取统一采购或特许经营等方式，实现规模效益的组织形式”。

许多谈及连锁店或特许经营的书籍和文章，都很注重强调店铺之间的统一性。最常见的一种观点是，把连锁店的统一性划分为四个层次：经营理念统一、运营管理统一、商品服务统一、企业识别统一。从《连锁经营术语》的定义来看，连锁店的统一性主要体现在“统一商号”和“统一采购”。从管理理论的角度来看，单店复制的核心在于保持统一的品牌形象，而品牌形象的呈现，既包括商标、标识、装潢等有形方面，也包括产品种类、服务标准等无形方面。而统一采购，则是连锁企业实现规模经济性的必要手段，失去了统一采购这一特点，连锁店的经济意义就不复存在。

在现有的工商管理理论研究中，对于可复制性的研究非常稀少，可资参考的理论框架或系统性的实证研究非常罕见。国际知名的贝恩咨询公司的两位专家詹姆斯·艾伦（James Allen）和克里斯·祖克（Chris Zook）在他们撰写的《可重复性：在持续变革的世界里打造持久的企业》① 一书中，提出了可重复性三原则：

① Chris Zook，James Allen. Repeatability：Build Enduring Businesses for a World of Constant Change. Boston：Harvard Business Review Press，2012.

● 一个强大且充分差异化的核心；

● 清晰且无条件的规范；

● 体系内部的闭环学习系统。

尽管艾伦和祖克的可重复性原则是为范围更广的一般性企业战略而设计的，但其中的核心思想对于特许经营创业者设计出具有可复制性的商业概念也很有启发。它提示未来的特许人：

● 首先，要保证自己的商业概念具有相当的独特性，一个平凡无奇的商业概念不仅自己可以复制，体系外的任何人也都可以轻松地复制，这样就失去了在市场上存在的价值；

● 其次，必须设计一整套严格规范的管理机制，既包括企业内部的管理制度，也包括对未来的加盟商的合同式管理；

● 最后，要保证企业和整个体系的经营可持续，必须在体系内部实现市场信息和经营经验的共享，这就要求从制度上予以保障。有价值的信息和知识主要来自重要顾客、关键岗位人员、网点一线员工。

四、原型验证

一个好的商业概念所提供的是发现市场上某种未被满足的需求后创业者所构思的满足这种需求的初步方案。如果是一个独立创业者，这时就可以把这个商业概念付诸实施去接受市场的检验了。但是对于特许经营的创业者来说，特别是前面所说的那种并行创业者，在实际开展特许经营之前，他还必须将这个初具雏形的商业概念升华为规范意义上的商业模式，并且在不同市场条件的若干现实环境当中实际开店，这一步通常称作原型验证(prototyping)。

如果说，商业概念是特许经营创业者为满足特定市场需求所构思的商业设想，那么这个设想能否得到市场、消费者，特别是受许人的认可，实地开展实验性的经营就是最后一个必不可少的环节。我国的《商业特许经营管理条例》第七条规定："特许人从事特许经营活动应当拥有成熟的经营模式，并具备为被特许人持续提供经营指导、技术支持和业务培训等服务的能力。特许人从事特许经营活动应当拥有至少 2 个直营店，并且经营时间超过 1 年。"其目的就是要求特许人在开展特许经营前必须首先进行原型验证。

美国国际特许经营协会 1998 年的一项研究表明，在若干主要行业里，特许人在开展特许经营授权之前，独立经营的时间普遍在 5～10 年之间，如表 6-1 所示[①]。其中可能有些企业并非是在创业伊始就有授权的动机和计划，但在开展授权之前有较长时间的独立经营或直营经验，意味着其商业模式的原型已得到市场的充分验证。相较于国内某些特许人企业，在开业之初甚至开业之前就着手招商加盟工作，其间的差距不言而喻。

表 6-1　　美国主要行业特许人开展授权之前的平均经营年限

行业	授权之前的平均经营年限
汽车维修	5.9

① IFA Educational Foundation. The Profile of Franchising. Washington：IFA，1998.

续前表

行业	授权之前的平均经营年限
烘焙食品	6.9
建筑	5.1
商业服务	4.5
儿童护理和教育	3.8
一般教育	12.0
快餐	7.1
洗衣	11.9
家居维护	6.8
个人服务	7.0
房地产	10.8
正餐	9.3
食品零售	16.2
一般零售	7.0
一般服务	4.3
运动健身	2.9
旅行	1.8
各行业加权平均	7.6

一般来说，特许经营单店的原型验证包括以下几个方面：

1. 商业模式

创业者在前期构思商业概念的阶段，更多地采用发散性思维，这样做的好处是能够拓展思路和眼界，提高对市场机会的敏锐性。但进入实际运作阶段以后，特别是特许经营创业者在原型验证阶段，必须用严谨的逻辑思维对之前构思的商业概念进行规范化。本书第二章第一节介绍的商业模式模板，是一个非常有价值的思考工具。按照这个框架，我们就能够把灵感转化成方案，把概念转化成计划。商业概念向商业模式转化的过程，如图 6－6 所示。

2. 运营流程

在原型验证阶段，一个非常重要的任务是对原先设计的日常运行流程（routine）进行检验、修改和完善，在此基础上提炼出具有普遍适应性和可操作性的特许经营手册。编制手册是开展特许经营必备的基础性工作，许多成熟的特许经营企业，甚至会把特许经营手册列为与受许人签署的特许经营合同的有效附件，赋予其法律效力。

3. 店铺选址

特许经营主要出现在餐饮、零售和服务业，这些行业对于店址的选择都有特殊要求。不同的特许经营项目在选址方面具有截然不同的思路和原则。但无论制定了怎样的选址策略，都需要在构思和规划阶段进行实地检验。

某些特许人为了招商的需要，不计成本地把样板店选在一些租金高昂的繁华地带，甚至长期亏损经营，其目的是制造样板店业务繁荣的假象。这种做法实际上是有意无意地欺

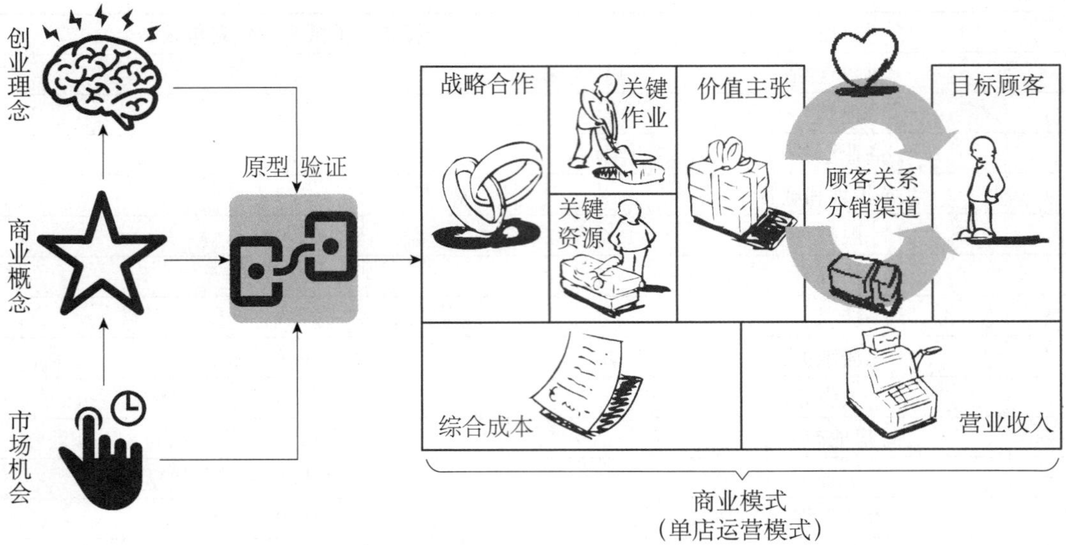

图 6-6 把商业概念转化为商业模式

骗了有加盟意向的潜在投资者，因此是不可取的。对于受许人一方来说，在投资前的考察阶段，也要对这种开设在豪华场所表面繁荣的样板店保持警惕。

4. 广告营销

加盟店在广告营销方面承担着双重义务：一方面要按照特许人的统一规划，在本店或本地区定期或不定期地发布宣传广告、开展促销活动；另一方面，大多数特许经营企业都会在合同中规定，要求加盟店按照一定的比例或额度，定期向总部缴纳广告费，由总部统一支配。因此，在原型验证阶段，拟开展特许经营的特许人企业必须对单店运营的收入、利润、促销方式以及所能承受的规定性广告费用进行调查研究；同时也要探索出总部一级的广告营销活动如何对单店提供有效支持。在现实当中，由于加盟商抱怨缴纳给总部广告费却得不到有效支持所导致的矛盾和冲突十分常见。

5. 人员与装备

原型验证还包括检验单店内的设备、装置、原辅料供给以及不同岗位上的人员素质要求。这是未来特许人为加盟店提供支持、服务的关键性依据。

6. 供应链

在服务业的商业模式特许经营中，由总部向加盟店提供物料（设备、设施、装饰、家具、原料、辅料、包装用品、营销用品和其他消耗品）；对于那些以分销产品为核心的传统特许经营，物流配送的重要性就不言而喻。单店的物流配送对于特许经营体系来说，不仅是维持其正常运行的关键因素，同时也是特许人企业的一项收入和利润来源。因此，特许人在原型验证阶段必须对整个体系层面的供应链做出科学而详细的规划。

第二节 特许经营决策

有了成熟的、经过验证的单店运营模式，只是具备了开展特许经营的必要条件。然而，具备相应条件并不意味着必须要开展特许经营。制定特许经营决策时，第一步也是最关键的一步是：结合当前市场条件和本企业实际情况，充分考虑包括特许经营在内的多种策略选项，理性判断特许经营相对于其他可选方案的优劣、利弊。这就是特许经营决策的第一个步骤：特许经营的必要性研究。

通过必要性研究初步决定开展特许经营之后，特许人必须在着手准备招商之前，对本企业开展特许经营的可行性进行科学和理性的分析，以及对开展特许经营所需的财务资本、人力资本、智力资本和其他必要资源进行必要的审计和规划，在此基础上制订出切实可行的特许经营商业计划。

一、特许经营的必要性

首先必须说明的一点是，特许经营仅仅是企业发展策略诸多选项当中的一个，当企业有扩张意愿并拥有有价值的知识产权时，要对各种备选策略进行充分比较，从而找出最适合本企业的扩张方式。在第四章对特许经营经济机制的讨论当中，我们归纳了特许人开展特许经营的经济动机，如表 6－2 所示。

表 6－2　　特许人开展特许经营的经济动机

体系扩张	管理激励
● 快速低成本地拓展网络体系和市场范围 ● 通过特许经营收费募集一部分发展所必需的资金 ● 把创业初期的高风险分散到众多独立的受许人身上 ● 减轻总部资产负担（轻资产），实现更高的资本收益率 ● 扩大整个网络体系的规模经济性 ● 通过向加盟店销售产品获取直接的收入和利润 ● 必要时可回购加盟店	● 受许人拥有加盟店所有权，盈利动机比直营店经理更强 ● 特许经营可以使总部企业的管理架构得以简化 ● 加盟店和受许人能够提供更多的市场信息和创新理念 ● 特许人企业（总部）可以为员工提供内部创业的机会

尽管开展特许经营能够给特许人带来如此多的经济上的优势，但和其他任何一项商业策略一样，事物总是具有两面性。在做出最终决策之前，还必须充分认识到对于作为上游企业的特许人来说，开展特许经营活动的优势和劣势。

从法律机制上讲，特许经营的本质是一揽子知识产权的授权行为。因此，它必然具有一切知识产权授权活动所具有的优势和劣势。按照世界知识产权组织（WIPO）的观点，拥有某种知识产权的个人或机构，如果自己不具备直接从事生产活动的意愿或能力，便可以通过把这些知识产权授权给合格的受许人而获得直接经济利益（收取授权费用）[①]。除此之外，授权方还可以得到一系列间接利益：

● 在某个特定领域内拥有丰富研发经验的授权者，把创新产品向外授权比自行生产具有更高的效率；

● 通过向陌生地区的受许人授权，可以快速渗透和占领新市场；

① ITC，WIPO. Secrets of Intellectual Property：A Guide for Small and Medium-sized Exporters. Geneav：WIPO，2003.

● 可以通过不断征集受许人的反馈，对原有知识产权进行修正和更新；

● 可以与侵权者和竞争者实现和解，通过建立授权关系将其转变成合作伙伴；

● 对于复杂的科技产品来说，可能必须同时使用多个权利人的知识产权，这时交叉授权就成为一个双赢或多赢的解决方案；

● 通过知识产权授权协议，既可以向受许人收取授权费用，同时还可以保持权利人对知识产权的所有权及使用权。

对于知识产权拥有者来说，对外授权的风险和劣势是：

● 知识产权的受许人有可能成为授权者的竞争对手，侵蚀授权者原有的市场和利润，授权者在授权费用方面的收入不足以抵消这种损失；

● 受许人有可能会随时向授权人提出各种合理或不合理的要求，如技术支持、人员培训、技术数据等，这些都会导致授权者产生额外成本；

● 通常授权者收取的授权费用是按照受许人的经营业绩（收入或利润）来计算的，那些效率低下的受许人无法为授权者提供预期的收益；

● 如果将尚不成熟或没有实现完全商品化的知识产权对外授权，有可能给授权人带来繁重的负担和压力。

商标、专利等专项的知识产权授权通常不涉及实体商品的交易，但特许经营除了具有一揽子知识产权授权的特点以外，还是一种分销产品和服务的手段，在特许人和受许人之间长期存在着大量有形产品和服务性业务的交易。因此，特许人开展特许经营还有一些特殊的利弊，如表 6－3 所示。

表 6－3　特许人开展特许经营的利弊对比

对特许人来说的优势	对特许人来说的劣势
● 快速实现低成本、大范围的市场扩张 ● 直接收取初始和持续的特许经营费用 ● 特许人通过向受许人出售产品和有偿服务获得收入与利润 ● 大幅度增加品牌呈现，快速提升品牌知名度 ● 受许人作为店主经理人具有更强的盈利动机和更高的努力程度 ● 不同地域和背景的受许人可能会提出各种有价值的意见和建议 ● 受许人将分担全国和区域性广告营销费用，节省特许人成本	● 体系网点的利润分享，特许人收取的费用只占网点营业额或利润的一小部分 ● 对受许人的管理必须以合同为依据，控制程度低于对直营店的管理 ● 特许经营关系的特殊性会在日常经营活动中导致各种摩擦 ● 当加盟市场过于旺盛时，体系的过快扩张会给特许人企业带来管理上的挑战 ● 建设和管理特许经营体系是一种特殊的商业技能，完全不同于自营或直营某种业务 ● 特许经营合同通常比较复杂，容易产生各种纠纷；政府对商业特许经营也有特殊的要求，因此会增加合规性成本

总之，对于上游企业的企业家来说，要决定是否展开特许经营，除了要考虑体系扩张和管理激励等经济动机之外，还必须对知识产权授权、特许经营产品分销各自的优势和劣势有清醒的认知，在决策之前做出充分和理性的对比分析。

二、特许经营的可行性

与上一节中提到的商业概念的可行性不同，这里所说的特许经营可行性特指新特许人在正式开始招商之前，对企业内外、主客观两个方面的条件所做的评估和判断。相对于上一节中提到的可行性分析的五个维度——社会/环境、行业/市场、产品/服务、财务、组织，以目前国内的现状而言，前两点不存在重大障碍，对于特定企业而言，开展特许经营是否可行，关键是后面三项。

1. 特许经营权的内在价值

在前面讲述特许经营演变历史时，曾多次提到这样一个原则：一个成功经营单店或多店直营的商人，一旦决定开展特许经营，就意味着他的企业迎来了一次重大的战略转折，意味着他的产品和顾客都发生了质的变化，意味着他选择了一种全新的商业模式。就像我们多次引用的那句话："麦当劳店的产品是汉堡，麦当劳公司的产品是麦当劳店。"

按照定义，特许经营权是一项复合权利，其内涵包括了商标、专利、版权等明确受到法律保护的知识产权，也包括一系列的经营方法和管理技术。潜在受许人投资购买特许经营授权，其唯一目的是在合同期内能够获得更高的经济利润。同时，特许经营合同还赋予特许人严格按照统一规范管理加盟店的权利，与之相对应，特许人也必须为受许人提供必要的服务，如培训、咨询、促销甚至融资。由于特许人企业的经济利益主要来自众多加盟商按照业绩的一定比例所缴纳的特许权使用费（正常情况下，初始加盟费在特许人的长期收入中所占比例很小），以及通过向加盟店提供各种物料（依据合同中规定的采购限制）和服务获得的相应利润，所以，当把特许经营权视作一种产品和服务时，这种产品/服务的质量不仅直接关系到特许人的长期收益，更重要的是，如果受许人购买的特许权不能给他们带来合理的收入和利润，或者特许人（强迫）提供的物料与服务质次价高，就会伤害双方结成的特许经营授权关系，严重时甚至会导致整个体系的崩溃。

一个有授权价值的商业概念，是构建特许经营体系的基石和起点。商业概念的授权价值是建立在其内在经济价值和市场价值的基础上的，同时要求商业概念具备良好的可转让性（transferability）。通俗地说，一个有授权价值的商业概念就是一个能够完整传授给他人的盈利方式。一个特许经营概念的经济价值或市场价值是由市场需求、竞争优势、规模经济性所组成的，缺一不可；而良好的可转让性则决定了特许经营的可行性。授权价值包括三个要素：可复制性（replicability）、可传授性（teachability）和可编撰性（codifiability），如图 6－7 所示。

- 市场需求：市场上对所提供的产品存在旺盛的需求，这是一切商业活动的前提。
- 竞争优势：企业能够比其他竞争者更有效地满足上述需求，这是市场价值的基础。
- 规模经济性：具备规模经济性，是建立大范围网络体系的必要条件。
- 可复制性：特许人创立的商业模式，能够被受许人准确复制，这是授权的前提。
- 可传授性：这种商业模式，能够以一定的方式准确传授给他人，这是授权的基础。
- 可编撰性：这种商业模式，能够形成书面的规范性文档，这是实施有效管理的基础。

2. 特许经营企业的商业模式

上一节讲到特许经营的原型验证时，首先提到的就是如何把原始的商业概念转变成完

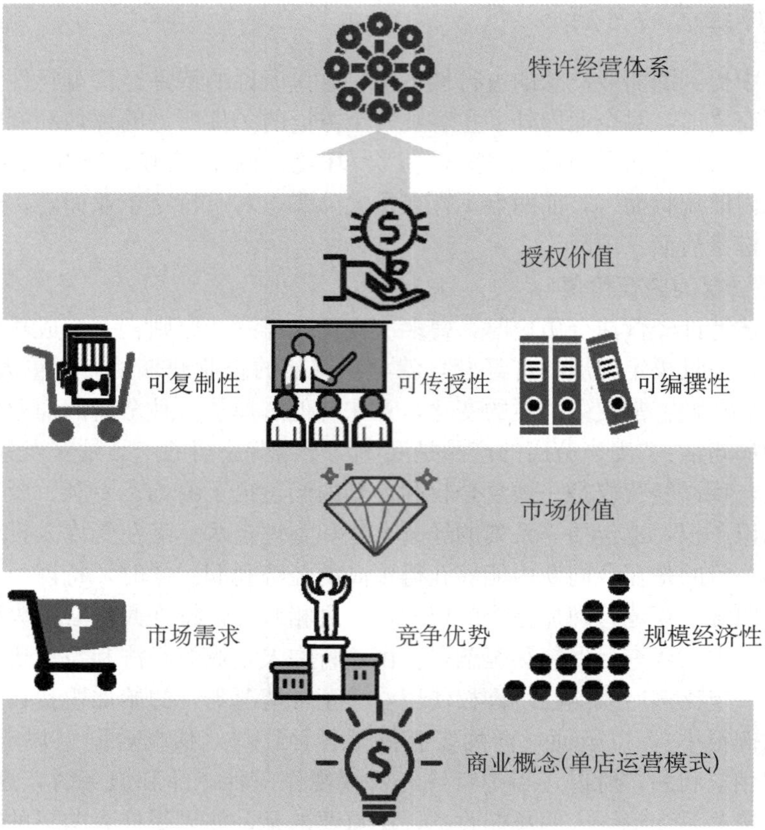

图 6-7　商业概念的授权价值

善的商业模式。但需要注意的是，那个商业模式是特许经营体系内个别单店的经营模式。而我们现在所讨论的，则是特许人企业（或称为总部）自身运营的商业模式。下面我们参考同一个模型，对特许经营企业的商业模式进行说明，如图 6-8 所示。

● 价值主张：特许经营企业的价值主张应当是，以合理的价格向受许人提供高回报、低风险的特许经营权，以及持续稳定的支持与服务。

● 目标顾客：特许经营企业的目标顾客是现有和潜在的加盟投资者。

● 顾客关系：也称作特许经营关系，这是特许经营管理的关键一环，后续章节将深入讨论这一问题。

● 营销渠道：特许经营体系的营销渠道包括两层含义，一是招募加盟商的渠道，二是为现有加盟商提供物料与服务的渠道。

● 关键作业：特许经营企业的关键作业是对现有加盟商进行管理并提供支持服务。

● 关键资源：特许经营企业的战略资源是由商标、专利、商业秘密等构成的一揽子知识产权。

● 关键伙伴：受许人或加盟商不是特许经营企业的伙伴，而是顾客；特许经营企业的战略伙伴主要是供应链上的合作者，特别是供应链上的上游企业。

● 综合成本：特许经营企业的综合成本除了常规企业的运营成本以外，还包括支持产

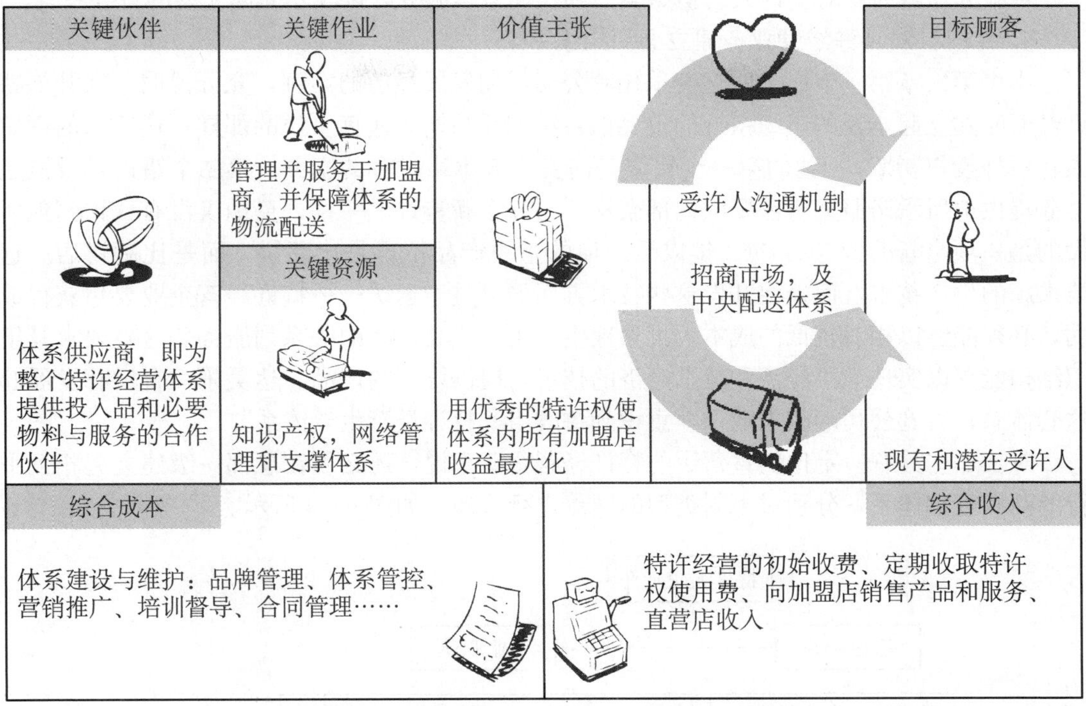

图 6-8　特许经营企业（特许人、总部）的商业模式

权维护与升级、体系管控、培训督导、合同管理等一系列特有的开支项目。

● 综合收入：特许经营企业的收入来源主要有三个——特许经营收费、向加盟店销售产品与服务，以及直营店的经营收益。

3. 开展特许经营的资本需求

第一章我们提到的一些早期案例，如麦考密克收割机和胜家缝纫机，都是由于创业初期的资本匮乏才采取授权方式的。即使到了今天，特许人企业仍然把收取特许经营费用作为重要的资本来源。然而，对于一个处于初创期的企业，必须对开展特许经营的资本需求有一个清醒的认识。在特许经营概念或特许经营体系的规划和启动阶段，特许人企业必须保证充足的资本以满足以下必需的开支项目。

● 产品/服务：设计与完善核心产品并规划总部与单店的两级供应链。

● 单店运营模式的开发：参见本章第一节。

● 企业识别系统：商标设计、注册及 CI 系统的建设。

● 原型验证：参见本章第一节。

● 专业服务：法律、会计、评估、营销、招商代理等一系列专业服务。

● 专门人才：雇用有特殊专长的关键性员工。

● 广告营销：既包括企业品牌和企业识别的推广，也包括加盟招商的宣传活动。

● 合规性：履行现行法律所规定的备案与披露义务，并满足其他与本企业经营活动相关的行政监管要求。

● 招商：开展招商活动本身，以及与潜在加盟者接洽、谈判、签约直至辅助开店。

- 服务加盟商：对受许人的初始服务和长期持续服务，以及建立起完善的督导系统。

4. 专门针对特许经营业务建立必要组织系统

本书第二章第一节所举的达美乐比萨公司早期发展经历的案例，充分说明了在开展特许经营时建立起全新的组织系统的重要性。正如托马斯·迪克所说的那样，达美乐的创始人在对外授权初期，“他的第一个错误是向受许人承诺过多的服务。第二个错误是没能建立起提供他所承诺服务所需要的内部架构。与许多新特许人一样，莫纳汉没有认识到他所做的是一项全新的业务。1969 年以后，他的主要产品不再是比萨饼，而是比萨饼店。这要求新的生产技术，而他在开发这些技术方面显得过于迟缓……特许经营企业要想获得成功，必须能够以相对较低的成本大批量地生产出构成其产品的一系列服务。这就要求其组织结构能够以实现规模经济和范围经济的技术，提供统一的产品。达美乐一直没有发展起这套体系，直到公司濒临失败，才意识到要改组其特许经营生产体系”。

对于那些具有一定比例直营店的特许经营企业来说，还必须在总部一级建立起相互平行的两套管理体系，分别对不同类型的网点进行管理，如图 6-9 所示。

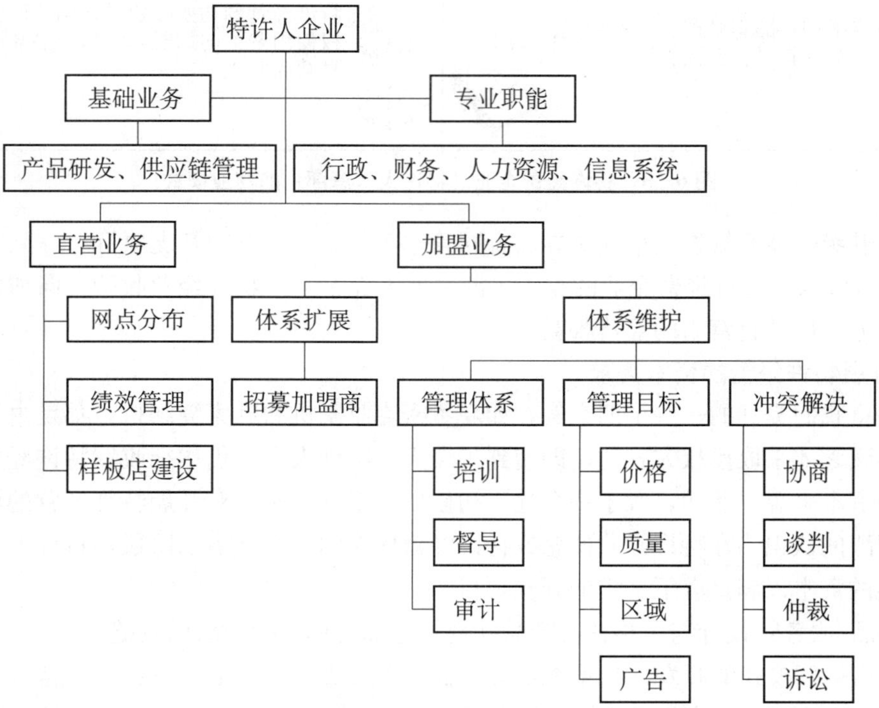

图 6-9　特许经营企业总部一级的管理架构

三、特许经营的商业计划

编制商业计划，是每一个创业者都必须面对并精心完成的一项关键性工作。对于以特许经营方式创业的创业者，他所要编制的商业计划既具有普通创业企业商业计划的一般性特点，又具有一些经营方面的特殊性。但在现实当中，大量初创企业只有在融资时才编制商业计划，或者说是专门为说服投资人而编写，这是一种不可取的做法。商业计划是对企业未来一个阶段战略规划与实施的系统反思和全面阐述。对于特许经营企业来说，有可能已经在单店经营或直营多店经营当中取得了显著成功，但正如此前多次强调的那样，开展特许经营意味着企业的一次重大战略转型，或者说是二次创业，因此，为即将开展的特许经营活动编制专门的商业计划就成为不可或缺的一个前提条件。

所谓商业计划（business plan，BP）是一份由创业者或企业家所撰写的、系统阐述创业项目或现有企业在未来一个时期内经营活动的总体方案。它包含了企业战略目标的描述、企业所处行业的背景和竞争态势、企业所拥有的战略资源与核心能力、企业的主要产品与服务及其价值主张、详细的营销-运营-财务分析、资源（资金）需求、主要风险因素等主要内容。一份精心编制的商业计划主要用于：

- 系统而客观地评估项目或企业在市场上取得成功的机会；
- 发现和解决项目与企业所面临的主要风险；
- 作为指导企业管理者（管理团队）管理活动的战略性指南；
- 作为阶段性评估企业运营成果的基准；
- 吸引和说服外部资本的主要工具。

市面和网络上有极为丰富的编制商业计划书的参考材料和大量模板，本系列教材的后续课程中也会对这一问题有更详细的阐述，因此，这里重点针对创业者开展特许经营活动所编制的商业计划做概要说明。

- 项目概况：说明开展特许经营的基本目标和策略，主要是网络扩张的速度、规模和目标。如本地招商、省域招商、全国招商直至国际化扩张；全面铺开、快速扩大网络规模，还是步步为营、逐步渗透；不同区域内的网点密度规划，直营店与加盟店的配比；等等。

- 产品服务：对特许权的详细阐述。如特许权定价的原则和具体方法；单店运营模式的细节及竞争优势；商标、专利、商业秘密等知识产权的意义和保护手段；特许经营合同的设计纲要。

- 行业背景：基础业务（指单店从事的经营活动）所处的行业现状和发展趋势，特别是目标区域的市场容量和潜力。

- 目标顾客：如何获取优质加盟商，对加盟商进行评估和甄选的主要标准。

- 竞争态势：在目标经营范围内，与本企业业务相同或相似的、已有的或潜在的特许人企业，以及本企业的竞争策略。

- 营销方案：系统阐述品牌推广和招商加盟的营销推广方案，并对预算和预期效果进行客观评估。

- 内部架构：如何快速建立起对加盟商的支持服务和管理体系，以及维系大规模体系运营的供应链和配送中心。

- 财务分析：实施本项目所需的投入和预期回报。
- 风险分析：外部和内部风险及应对策略。

四、特许人的角色认知

特许经营企业与其他普通企业在经营管理上最大的区别在于，特许人企业处在一个以自己为核心、由众多关系密切的小企业所组成的体系的中心位置上。因此，完整、准确地履行特许人的特定职能，是一个特许经营企业取得成功的关键。从创业视角来看，特许人的首要职能是设计、提炼和验证一套单店经营模式（知识产权的开发）；从经营视角来看，一旦特许经营体系建立起来，特许人就必须承担作为网络中心节点的责任与义务。

1. 特许人是无形产品的供应者

特许人首先是一揽子知识产权的拥有者和提供者。健康的特许经营关系是建立在富有经济价值和市场价值的知识资产之上的。因此，无论是特许权的开发还是维护，特许人都必须定期开展知识产权审计（IP audit），不断调整、更新和完善特许权的内涵，使其能够适应复杂多变的市场条件，实现持续的保值增值。

特许经营关系中非常重要的一点是，特许人要承担起对受许人的培训和加盟店的支持责任。特许经营费用中包含了受许人获得这种服务的成本，这也是特许人的收入来源之一，应当引起特许人的充分重视。特许人向受许人提供的服务内容主要包括：初始培训、选址指导、开店辅助、持续培训、营销方案、其他商业服务的集中采购等。特许人向受许人提供的这种服务，其服务品质不仅关系到众多受许人的满意度和整个体系的健康度，还直接关系到特许经营体系的品牌形象和品牌价值。

2. 特许人是有形产品的供应者

有些人误认为，只有在传统特许经营关系中，特许人才向受许人销售有形产品。持有这种错误观念的人，往往对于商业模式特许经营中特许人向受许人销售设备、材料、供应品的做法表现出反感和抵触。实际上，在商业模式特许经营当中，特许人向受许人提供和销售有形产品是非常普遍而且合理的商业机制。对于特许人一方来说，向受许人提供设备、原料、中间品甚至成品，既是实现体系统一性的重要手段，又是特许人企业重要的利润来源；从受许人一方来说，从特许人企业或者特许人认证、指定的第三方采购网点经营所必需的设备装置和供应品，不仅是在履行特许经营合同所规定的义务，也是实现采购规模经济性、提升网点经营效益的主要路径。只要特许人完整履行了信息披露义务，并在特许经营合同中对受许人的采购限制做出了具体规定，那么这种限制或者说强制采购就是合理的。如果受许人一方对特许人所提供的有形产品的价格、品质感到不满，也应当在合同框架内通过协商来解决。

3. 特许人是其他经营资源的供应者

在一些比较成熟的特许经营品牌和体系中，特许人有时还承担起为加盟商提供融资服务，或向受许人出租经营场所的责任。最为常见的做法是，对于一些自身素质和能力符合加盟标准，但自有资本略有不足的受许人，特许人可以通过直接贷款、加盟费分期、推荐第三方融资等方式，帮助受许人解决创业资金缺口。还有些实力雄厚的特许人，以事先收购或长期租赁的方式批量获得适宜的加盟店经营场所，然后出租给新加盟的受许人，并从中获得适当的经济利益。

4. 特许人是品牌和体系的终极责任人

特许人是特许经营体系核心知识产权的拥有者，他必须时刻关注品牌和体系的价值与完整性。绝大多数特许经营合同里都有广告费条款，从众多受许人那里定期收取的广告费用，是由特许人企业管理和使用的（有些大型特许经营企业会建立起第三方的广告基金管理机构，但这种做法并不普及)。如何维护、培育、发展特许经营品牌，使其不断增值，是特许人的另一项重要职能。对外，特许人企业必须确保自己的品牌能够在激烈的市场竞争中处于不败之地，吸引越来越多的最终消费者；对内，特许人要通过对加盟店的监督、管理、培训、教育，确保品牌的形象统一、品质统一、价格统一。

第三节 特许经营权的设计与销售

特许经营权在特许经营企业和特许经营体系中的重要性，无论如何强调都不过分。作为一揽子的知识产权，其内涵与价值不仅是特许人企业的核心资产和最主要的收入/利润来源，也是建立和维护一个健康稳定的特许经营体系的重要基石。如果用一棵大树来比喻一个特许经营体系，枝繁叶茂的树冠是由众多加盟商构成的渠道网络，深埋地下盘根错节的树根是特许人企业（总部），那么特许经营权就是支撑整棵大树的树干，如图 6－10 所示。

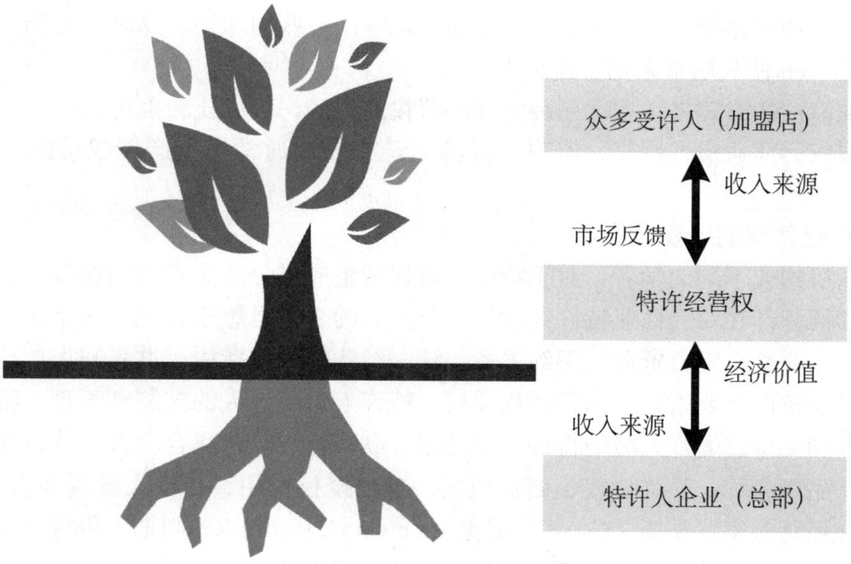

图 6－10 特许经营权在特许经营体系中的意义

一、特许经营权

如前所述，现代商业特许经营覆盖了从产品分销到品牌授权等多种相互关联又各有差异的多种经营模式。因此，在不同市场、不同行业、不同企业里，特许经营权的内涵也各不相同。按照上下游之间的交易内容和交易性质来区分，可以把特许经营权划分为若干代表性类型。

1. 特许经营权的类型

在美国，无论是官方还是民间，都沿袭了传统特许经营、商业模式特许经营这样的分类方法。实际上，如果仔细观察所谓的传统特许经营，不难识别出其中实际上包括了制造和分销两种授权方式：可口可乐公司在各地授权的灌装厂，承担的是生产流程的最后一个环节；而汽车4S店和加油站则是分销制造完成的汽车和汽油。基于这样的理由，世界知识产权组织按照授权的内涵，把特许经营权划分为三类：

● 产品或分销特许经营（product or distribution franchise）：特许人将自己生产或委托他人生产的产品销售给受许人，受许人用特许人的商标将这些产品转售给消费者。例如在美国，很多汽车和汽油的生产商如福特、通用汽车和艾克森石油公司都采用了这种方式。在这种情况下，受许人只需在签约时一次性支付加盟的初始费用，而无须在整个合同期内缴纳持续性费用，特许人的利润来自对受许人销售产品时的加价。

● 制造、生产或加工特许经营（manufacturing，production or processing franchise）：特许人向受许人出售产品的核心成分，或提供一些特定的技术诀窍，受许人严格按照特许人的质量标准生产或加工最终产品，并向零售商销售。例如可口可乐公司在世界上许多地区向受许人出售可乐原浆（受保护的商业秘密），再由受许人按标准稀释、灌装、包装，向零售商出售。

● 商业模式特许经营（business format franchising）：特许人授权受许人使用其商业模式，以及与这种商业模式相关的知识产权如商标等。一些国际知名品牌如麦当劳、希尔顿酒店和7-Eleven便利店都采用了这种方式①。

用更加简洁的方式来表述这三种特许经营权的内涵，可以比较准确地称之为：生产授权、分销授权、商业模式授权。值得一提的是，在欧洲通常把生产授权排除在特许经营之外。

2. 特许经营权的要素

不同的机构或不同的学者，对于特许经营权的组成成分或要素的归纳各不相同。国务院法制办和商务部在对《商业特许经营管理条例》的立法思想进行说明时指出，特许经营包含四个基本要素：经营资源、契约关系、统一经营模式、费用。世界知识产权组织所归纳的特许经营权四个要素是：知识产权授权、特许人对受许人的控制和管理、特许人对受许人的培训和支持、受许人缴纳特许经营费用。欧洲特许经营联合会认为特许经营权包含五个要素：品牌名称、品牌授权、商业模式、各种授权费用、受许人投资和店铺所有权。美国的特许经营专家路易斯·G. 鲁德尼克（Lewis G. Rudnick）则把一份特许经营权划分为十种成分：商标和外观，商业模式和运营体系，选址和经营设施，广告和营销，培训，长期的支持与指导，体系标准，期限、续约与转让，其他条件，费用②。

从理论和实践两个角度综合审视，我们认为特许经营权包含三个基本要素。

● 权利要素：指特许经营合同中所规定的授权标的。在现代商业特许经营的背景下，授权标的通常不是某项单一权利，而是一揽子知识产权，其中最主要的是商标、专利和专有技术，即特许人授权受许人在一定的时间范围、地域范围内，有条件地使用特许人的品牌和独有的商业模式从事商业活动。

● 费用要素：指特许经营合同中规定的，受许人获得授权而必须向特许人缴纳的各种

---

① WIPO. In Good Company：Managing Intellectual Property Issues in Franchising. Geneva：WIPO，2012.

② Lewis G. Rudnick. Expanding a Business by Franchising and Significant Elements of the Franchise Relationship. DLA Piper US LLP，2012. https：//www. franchise. org/sites/default/files/ek-pdfs/html _ page/Expanding-a-Business-by-Franchising-full-article _ 0. pdf.

费用。通常包括签约时的初始费用，也称特许经营费或简称加盟费，以及整个合同期内定期缴纳的持续费用即特许权使用费，国内也有人将其称作权益金或管理费。许多特许经营合同还规定受许人必须在特许权使用费之外同时缴纳广告费（advertising fee）。有人以广告费并非特许人直接收入（甚至并非由特许人直接支配）为理由，将其排除在特许权价格之外。我们认为，无论这种广告费如何使用，其价值最终都体现为特许人品牌价值的提升，最终受益者是特许人，从这个意义上讲应当将其并入持续性费用当中。

● 管理要素：特许经营合同规定了一种长期的合作关系，但其中双方的地位并不对称。特许人一方有权利对受许人的日常经营活动进行严格管理，而受许人获得授权的代价就是放弃经营自主权。特许人对受许人的管理是一种全方位管理，主要体现为价格和品质、原料与设备采购、市场区域限制、市场营销活动等四个方面。特许人在严格管理的同时，也要为受许人提供服务，如初始培训、持续培训、现场人员指导、总部支持中心。这种服务有可能是无偿的，但也可能要另行收取专门费用。

3. 特许人的授权策略

特许经营授权区别于单项知识产权授权的关键在于，特许人必须在整个合同期内，对获得授权的受许人实施严格的管理控制。从特许人的自身利益而言，这种管理的意义和重要性体现在以下几个方面：

● 保障自己能获得持续稳定的收入和利润（保证特许经营收费和向加盟店销售产品与服务）；

● 保护自己的知识产权并实现增值（要求受许人正确使用商标、专利等，并承担市场推广义务）；

● 保证体系内部加盟店之间、直营店和加盟店之间的有序经营（维护内部市场秩序）；

● 保持体系内部的统一性和标准化（要求受许人严格执行总部规定的产品、价格、质量标准）；

● 不断优化品牌形象、提升品牌价值（持续改进和加强对整个体系的管控和创新）。

特许经营体系在管理上不同于全直营网络，其难点在于构成体系的多数成员是自行投资开店并拥有网点所有权的独立受许人。对受许人的管理不能完全套用企业内部上下级之间的行政管理模式，而必须制定出一套完整的策略。这种管理方式是一种以合同为基础、管控和激励相结合的半刚性管理。一方面要通过合同文本、手册条例及加盟店奖惩制度来确保体系标准的落实；另一方面，要不断改善和提升与受许人之间的相互理解和沟通效率，切实保障受许人的利益，帮助受许人实现创业的经济利益，鼓励受许人提高自觉遵守体系规范的意识。

美国创业学者斯科特·A. 谢恩（Scott A. Shane）把特许人对受许人的管控和激励措施归纳为以下几点[①]：

● 尽量保证店主经理人激励的有效性，限制加盟店的被动所有权（passive ownership）现象。所谓被动所有权是指受许人雇用店长从事日常管理，自身完全脱离加盟店的经营活

① Scott A. Shane. From Ice Cream to the Internet：Using Franchising to Drive the Growth and Profits of Your Company. Upper Saddle River：Pearson Education，Inc.，2005.

动。特许人可以在合同中规定，受许人本人是否必须全职负责加盟店的日常经营活动。

● 详尽的合同条款和特许经营手册。特许经营合同及作为合同附件的特许经营手册，是特许人进行垂直管理的唯一依据，合同中必须详细罗列强制性、推荐性、禁止性行为的清单，并说明对违规受许人的惩罚措施。

● 良好的培训和经验共享机制。培训和经验共享是一种有效的柔性管控手段，通过有效的培训和沟通，不仅能够切实落实体系规范，提升受许人满意度和遵守规范的自觉性，还能帮助特许人获取更多的一手市场信息。

● 保留终止不合格受许人资格的权利。对于那些长期违反体系规范、逃避特许经营缴费、逃避广告和宣传义务、破坏市场秩序的加盟商，提前终止合同、取消其授权资格是一种终级制裁手段。尽管要慎重使用这种措施，但特许人必须在合同中明确保留这项权利作为威慑。

● 控制加盟店采购来源。特许人向加盟店销售设备设施和原材料、半成品乃至营销宣传用品，同时具有保持体系统一性和获取利润的双重意义。需要注意的是，特许人必须保证所销售货品具有良好的品质，价格具有竞争力。如果在供应品方面过度榨取利润，会导致受许人严重不满，影响体系的稳定性。

● 加盟店的排他性经营。特许人采取排他式授权是一种很常见的措施，即特许人保障受许人在一定地域的排他性经营，同时严格禁止受许人经营非本体系的商品或服务。

● 网点审计。定期对加盟店的财务收支状况进行审计是特许人保证特许权使用费收入的重要措施。特许人必须在合同中正式申明这种权利，并注明对审计不合格的受许人的惩罚措施。

● 利润激励。保证加盟店获得足够的经济利润，是对所有受许人最重要的激励措施。正如本书第四章第三节中讨论的那样，按照 20 世纪 80 年代末的水平，一个普通的麦当劳单店加盟商每年能够获得 3.3 万到 13.7 万美元的净利润，这是麦当劳深受全世界加盟商青睐的根源所在。

二、特许经营合同

我国的《商业特许经营管理条例》中明确规定：商业特许经营是“以合同形式将其拥有的经营资源许可其他经营者使用，被特许人按照合同约定在统一的经营模式下开展经营”。国务院法制办和商务部有关负责人在解释《条例》的立法思想时强调：“特许人和被特许人是相互独立的市场主体，双方通过订立特许经营合同，确定各自的权利和义务。因此，特许经营本质上是一种民事行为。”“特许经营在性质上属于合同行为，适用合同法和其他有关民事法律，从事特许经营活动是当事人的民事权利。”政府对特许经营的监管，“必须把握好行政权力介入民事法律关系的程度，处理好当事人意思自治与行政干预的关系”。

由此可见，在具体的商业活动当中，特许经营合同是调整和确定双方权利义务的基本规范。在法律法规的基本框架内，特许经营双方的绝大多数分歧与矛盾，都应该按照双方自愿签订的特许经营合同中的相关条款，以平等协商的方式解决。

1. 特许经营合同的特点

如前所述，特许经营权具有权利、费用、管理三大要素。事实上，这三个要素各自的内涵都极为复杂，特许经营的授权合同不同于一般的单项知识产权许可，也不同于普通的购销或服务合同。因此，特许经营合同具有一些显著的特殊性。

● 综合性：特许经营合同兼具授权许可、产品购销、服务管理等不同属性。其合同标的、交易对象都不是简单的单一目标；双方的权利义务同时含有授权、管理、服务、支持等多项具体内容。从这个意义上讲，一份特许经营合同相当于多份商业合同整合的结果。

● 独特性：商业特许经营作为一种战略性的渠道模式，能够广泛应用于第三产业内的众多细分行业。零售、餐饮、服务等代表性行业之间的具体运营和管理，存在着巨大的差别。即使是完全相同的细分行业内，不同企业所拥有的经营资源、管理理念也是千差万别的。这就使得每一份具体的特许经营合同都具有鲜明的个性，很难制作出普适性的合同模板。这意味着特许人在开展特许经营时，必须借助于专业的特许经营律师，结合本行业、本企业的具体情况，编制出有针对性的特许经营合同文本。

● 长期性：我国的《商业特许经营管理条例》第十三条规定："特许经营合同约定的特许经营期限应当不少于 3 年。但是，被特许人同意的除外。"本书第四章曾经提到，美国国际特许经营协会的一项调查表明，美国特许经营合同的平均合同期长达 10.3 年，而且 90%以上的合同都包含了续约条款，平均续约期为 8.2 年。这意味着在美国一份特许经营合同，通常会覆盖长达 18.5 年的期限。

● 非对称性：尽管世界各国对合同的法律规制都强调"平等、自愿、公平、诚信"的基本原则，但在特许经营关系中，特许经营权的授受双方，无论是实力、规模，还是信息、地位，都呈现出强烈的不对称性。特许人不仅占据了关于特许经营权内涵的绝对信息优势，还拥有一种绝对的管理权威，即特许人能够用内部层级管理方式，管理那些名义上独立的受许人，更不用说双方在资金规模、商业经验、社会资本等方面的巨大差异。

2. 特许经营合同的内容

如上所述，每一份具体的特许经营合同，其具体条款都千差万别。具体而言，特许经营合同的个性主要体现在授权标的和管理理念两个方面，即不同的特许人会针对所处行业以及本企业的具体情况，来决定授权的内容、条件、价格，以及对受许人进行管理控制的具体方式。有些国家为了调节特许经营关系中先天存在的不对称性，在本国的特许经营立法当中，对特许经营合同的主要条款做出强制性或建议性规定。如澳大利亚《消费者与竞争条例：特许经营行业（2014）》的"特许经营行为准则"当中，关于特许经营合同部分，有 6 个部分共计 22 项具体规定。此外，一些行业组织或咨询机构，也会提出建议性的特许经营模板。但需要注意的是，这些建议性条款或模板只是最低限度的要求，或者说是企业为实现合规的底线。现实中的企业所编制的特许经营合同必然会在这些框架的基础上，添加大量个性化条款。

我国的《商业特许经营管理条例》第十一条规定：

> 特许经营合同应当包括下列主要内容：
> （一）特许人、被特许人的基本情况；
> （二）特许经营的内容、期限；
> （三）特许经营费用的种类、金额及其支付方式；
> （四）经营指导、技术支持以及业务培训等服务的具体内容和提供方式；

（五）产品或者服务的质量、标准要求和保证措施；

（六）产品或者服务的促销与广告宣传；

（七）特许经营中的消费者权益保护和赔偿责任的承担；

（八）特许经营合同的变更、解除和终止；

（九）违约责任；

（十）争议的解决方式；

（十一）特许人与被特许人约定的其他事项。

欧洲特许经营联合会（EFF）制定的《特许经营行为准则》中，规定了13项最低限度的内容：

- 特许人的权利；
- 受许人的权利；
- 向受许人提供的商品/服务；
- 特许人的义务；
- 受许人的义务；
- 受许人支付费用的条款；
- 合同期长度，至少要满足受许人收回投资的底线；
- 续约的基本条件；
- 受许人转让或出售特许权及网点的条件和限制，以及特许人的回购优先权；
- 受许人使用特许人的标志、商号、商标、服务商标、店面装饰和其他区别性标志物的条款；
- 特许人保留的改进、修改其商业模式的权利；
- 终止合同的条款；
- 合同终止后，特许人所放弃的有形或无形财产产权。

由于特许经营合同的综合性、复杂性和特殊性，许多特许人企业在设计和规划特许经营权时，往往会把授权协议设计成以特许经营合同为主、多份单项合同为辅的多项合同并行的合同组合。如商标、专利许可协议，保密和不竞争协议，采购供应协议，专项服务协议，店址租赁协议，设备租赁协议，保证金协议，等等。

三、特许经营文档

在建立和维护良好的特许经营关系方面，规范性的书面文档起着非常重要的作用。商业特许经营，特别是主要分布于服务业的商业模式特许经营，具有鲜明的知识经济特色。上下游之间的授权关系，其核心是一套具有显著商业价值的技术诀窍和运营诀窍。此外，特许人对受许人的日常经营活动实行统一的规范管理，但双方在法律和财务上是相互独立的经济主体，由此会产生一系列的责任与义务。所有这些，都要通过详尽的特许经营合同，以及一系列完备的特许经营文档最终落实到众多加盟店的日常经营活动中去。

在特许经营授权当中，主要的文档包括三类：信息披露文档、特许经营合同（组）及其附件、特许经营手册。下面具体介绍信息披露文档和特许经营手册。

1. 信息披露文档

美国是最早建立特许经营信息披露文档法律规范的国家。目前，美国联邦政府对商业特许经营的法律监管主要体现为对特许人信息披露的规范。美国联邦贸易委员会现行的《FTC 特许经营准则》，其正式名称就是《与特许经营和商业机会有关的信息披露要求和禁止性规定》。澳大利亚的竞争与消费者委员会（ACCC）制定的《消费者与竞争条例：特许经营行业（2014）》中，也用了大量篇幅，对特许经营信息披露文档做出了详细的规定。

2007 年，国务院发布《商业特许经营管理条例》时，商务部同时发布了与之配套的部门规章《商业特许经营信息披露管理办法》（2012 年修订）。现行的《商业特许经营信息披露管理办法》第五条，对特许人信息披露的内容做出了具体规定：

（一）特许人及特许经营活动的基本情况。

1. 特许人名称、通信地址、联系方式、法定代表人、总经理、注册资本额、经营范围以及现有直营店的数量、地址和联系电话。

2. 特许人从事商业特许经营活动的概况。

3. 特许人备案的基本情况。

4. 由特许人的关联方向被特许人提供产品和服务的，应当披露该关联方的基本情况。

5. 特许人或其关联方过去 2 年内破产或申请破产的情况。

（二）特许人拥有经营资源的基本情况。

1. 注册商标、企业标志、专利、专有技术、经营模式及其他经营资源的文字说明。

2. 经营资源的所有者是特许人关联方的，应当披露该关联方的基本信息、授权内容，同时应当说明在与该关联方的授权合同中止或提前终止的情况下，如何处理该特许体系。

3. 特许人（或其关联方）的注册商标、企业标志、专利、专有技术等与特许经营相关的经营资源涉及诉讼或仲裁的情况。

（三）特许经营费用的基本情况。

1. 特许人及代第三方收取费用的种类、金额、标准和支付方式，不能披露的，应当说明原因，收费标准不统一的，应当披露最高和最低标准，并说明原因。

2. 保证金的收取、返还条件、返还时间和返还方式。

3. 要求被特许人在订立特许经营合同前支付费用的，该部分费用的用途以及退还的条件、方式。

（四）向被特许人提供产品、服务、设备的价格、条件等情况。

1. 被特许人是否必须从特许人（或其关联方）处购买产品、服务或设备及相关的价格、条件等。

2. 被特许人是否必须从特许人指定（或批准）的供货商处购买产品、服务或设备。

3. 被特许人是否可以选择其他供货商以及供货商应具备的条件。

（五）为被特许人持续提供服务的情况。

1. 业务培训的具体内容、提供方式和实施计划，包括培训地点、方式和期限等。

2. 技术支持的具体内容、提供方式和实施计划，包括经营资源的名称、类别及产品、设施设备的种类等。

（六）对被特许人的经营活动进行指导、监督的方式和内容。

1. 经营指导的具体内容、提供方式和实施计划，包括选址、装修装潢、店面管理、广告促销、产品配置等。

2. 监督的方式和内容，被特许人应履行的义务和不履行义务的责任。

3. 特许人和被特许人对消费者投诉和赔偿的责任划分。

（七）特许经营网点投资预算情况。

1. 投资预算可以包括下列费用：加盟费；培训费；房地产和装修费用；设备、办公用品、家具等购置费；初始库存；水、电、气费；为取得执照和其他政府批准所需的费用；启动周转资金。

2. 上述费用的资料来源和估算依据。

（八）中国境内被特许人的有关情况。

1. 现有和预计被特许人的数量、分布地域、授权范围、有无独家授权区域（如有，应说明预计的具体范围）的情况。

2. 现有被特许人的经营状况，包括被特许人实际的投资额、平均销售量、成本、毛利、纯利等信息，同时应当说明上述信息的来源。

（九）最近2年的经会计师事务所或审计事务所审计的特许人财务会计报告摘要和审计报告摘要。

（十）特许人最近5年内与特许经营相关的诉讼和仲裁情况，包括案由、诉讼（仲裁）请求、管辖及结果。

（十一）特许人及其法定代表人重大违法经营记录情况。

1. 被有关行政执法部门处以30万元以上罚款的。

2. 被追究刑事责任的。

（十二）特许经营合同文本。

1. 特许经营合同样本。

2. 如果特许人要求被特许人与特许人（或其关联方）签订其他有关特许经营的合同，应当同时提供此类合同样本。

2. 特许经营手册

特许经营手册有广义和狭义之分。广义的特许经营手册包含整个特许经营体系内部、特许人企业（总部）内部所制定和实施的规范性文档。商务部于2007年发布了推荐性行业标准《特许经营管理体系指南》（SB/T 10410—2007），其中的“文件与手册”一章列出了企业规划类文件、企业基本制度、特许体系管理类文件、工作执行中的标准类文件等四类文档。这些都属于广义的特许经营手册。狭义的特许经营手册是指由特许人在签约后正式发放给受许人，并列为特许经营合同附件且与特许经营合同具有相同法律效力的、指导和规范加盟店日常运营的规范性文档。这就是《商业特许经营管理条例》第十四条所规定的“特许人应当向被特许人提供特许经营操作手册，并按照约定的内容和方式为被特许人持续提供经营指导、技术支持、业务培训等服务”。《条例》第八条中规定，“特许经营操作手册”是特许人在向政府备案时必须提交的材料之一。

由于特许经营手册是对体系内所有加盟店日常经营活动的规范化、制度化描述，因此，相较于特许经营合同而言，其个性化和独特性程度更加突出。没有任何两个特许经营品牌的手册是完全相同的。特许人在开发、设计特许经营权时，很重要的一项工作就是组织企业内外的业务专家和行业专家，在对本企业所开发的独特商业模式进行提炼和规范的基础上，编制出全面、详尽、可操作、可更新的特许经营手册。商务部的“商业特许经营信息管理系统”，给出了一个对于特许经营手册的参照性定义：“所谓操作手册，是指在被特许人经营过程中，特许人给予被特许人的指导和支持，并对被特许人经营管理进行统一规范要求的书面文字材料，包括经营管理、技术支持以及业务培训等方面内容。经营指导手册是特许经营中的必不可少的重要文件资料，是体现特许人特许项目发展潜力以及被特许人在实际经营中进行有效学习的主要材料依据，同时也是被特许人执行特许人统一经营模式的主要依据。在实务操作中，特许人经营指导手册从名称上并不一定叫作经营指导手册，有的叫运营手册，有的叫管理手册，有的叫指导手册等，但无论叫什么名字，其内容都应该包括经营管理、技术支持以及业务培训等有关的内容。从经营指导手册的形式上可以汇总成一册，也可以根据不同的内容汇编成几册，如店面管理手册、店长手册、技术手册、推销手册等。”[①] 此外，“商业特许经营信息管理系统”还提供了一份“操作手册目录范例”[②]。

国内的许多有关特许经营手册的参考资料当中，往往注重对手册经营方面内容的说明，而忽略手册在法律方面的意义。由于特许人通常会把手册列为特许经营合同的正式附件，而特许经营合同是协调特许经营关系、处理特许人-受许人矛盾冲突和权利义务的首要依据，因此，一旦把特许经营手册列为合同附件，就赋予了它一定的法律意义。尤其值得注意的是，当受许人的加盟店出现某些意外事故并引发诉讼，法庭在确定法律责任时会参照特许经营合同暨特许经营手册，来确定特许人是否需要承担，或承担多少外部责任。对此，特许人必须引起充分重视。

四、特许经营授权

在具体的商业实践当中，特许人可以按照预定的市场策略，根据意向受许人的规模、实力、经验等方面条件，选择不同的授权方式，具体来说就是授予对方不同的开店权限。特许经营授权的方式，可以按照店铺数量、再授权权限、授权中介等不同维度进行分类，如图 6－11 所示。

1. 授权方式

单店授权（single-unit franchising），是最简单的一种授权方式，业界人士多将狭义的直接授权称为单店授权。所谓单店授权并非仅限于一个店的授权，对于那些有行业经验、有资本实力的受许人，有可能一次性地授予几个店铺；或者对于那些经营业绩良好的现有单

① http：//txjy. syggs. mofcom. gov. cn/manager/news. do？method＝view&id＝1014021.

② http：//txjy. syggs. mofcom. gov. cn/manager/news. do？method＝view&id＝1251513.

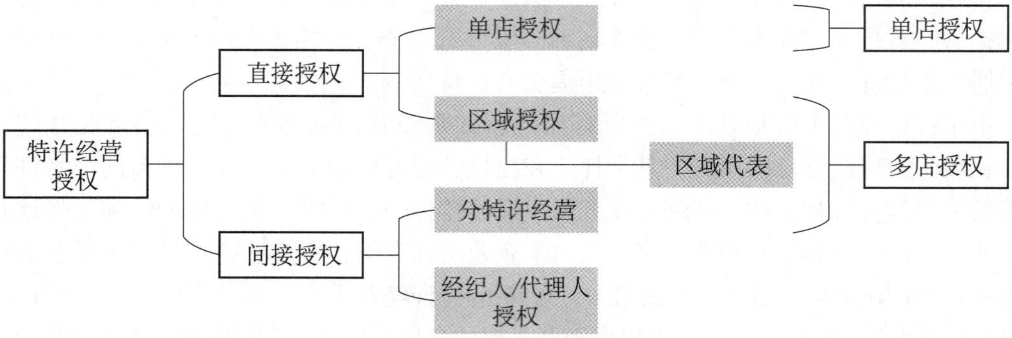

图 6-11　特许经营授权的方式

店受许人，作为奖励措施，有可能会以比较优惠的条件授予其增开新店的权利。

区域授权：特许人按照行政区划或地理划分，一次性地将整个地区授予区域开发商(area developer)。具体形式是：由特许人和区域开发商签署区域开发协议，区域开发商向特许人支付一笔区域开发授权费用（development fee），并规定区域开发商必须在规定的时期内，按照双方议定的开发计划开设一定数目的加盟店，其中所有店铺都必须由区域开发商自行投资开设，或以绝对控股比例与他人合资合作。在合同期内，区域授权通常是排他性的，特许人自身不得进入该地区开设直营店，也不得授权第三方在该区域内开设加盟店。如果区域开发商不能按照合同规定完成开发计划（指开店数量和速度未达到合同要求），特许人有可能会缩小授权区域或缩短授权时间，直至完全取消区域授权。通常情况下，区域开发商在开设每一家新的加盟店时，还要与特许人另行签署单独的特许经营合同，先期缴纳的区域开发费可能会抵扣每个店的特许经营费。

分特许经营：区域授权的一个显著特征是，区域开发商不得向其他受许人再授权(sub-licensing)。如果特许人授权某一地区的受许人可以向第三方再授权，就是所谓的分特许经营（sub-franchising)。分特许经营在国际特许经营中比较常见。那些实施国家化扩展战略的特许人，往往会在一个国家授权一家分特许人，由其在本国境内开展再授权业务。关于分特许经营体系内各级的名称，不同材料上称谓不同，容易引起混淆，其中的逻辑关系如图 6-12 所示。

区域代表：区域代表模式大致介于区域授权和分特许经营之间。某些特许人希望既能实现体系的快速扩张，又能规避再授权所导致的体系失控风险，于是聘用一种被称作区域代表（area representation）的特殊区域受许人。这些区域代表可以代表特许人招募潜在加盟者，并对其进行评估，但无权与新的加盟商签署合同。对于那些以这种方式发展的加盟商，区域代表也会承担一定的支持和服务责任，并分享一部分加盟费用。区域代表和分特许最大的区别是不具有开展再授权的权利。

经纪人/代理人：另一种协助特许人开展招商业务的形式是特许经营经纪人（franchising broker)。和区域代表一样，这些经纪人经特许人授权，可以在指定地区以特许人的名义招募潜在受许人，并对其进行初步评估。他们同样无权与意向受许人签订授权合同，其意义仅限于扩大特许人的招商范围和深度。在美国的联邦法律框架内，区域代表和分受许人都有可能被视为法律意义上的经纪人，由此对特许人的信息披露提出专门的要求。

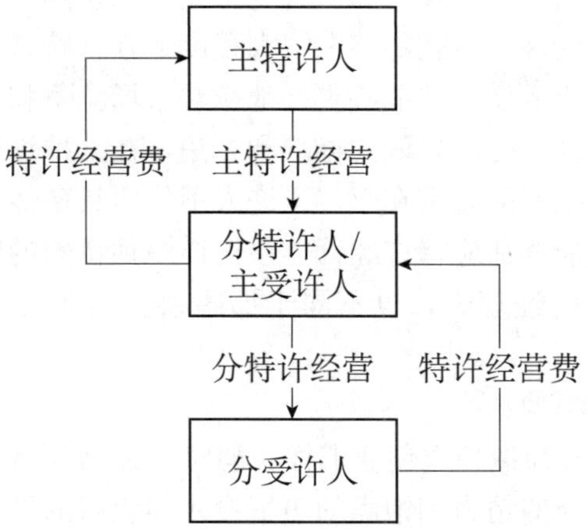

图 6-12 分特许经营中的各方关系

2. 多店特许经营的优缺点

如前所述，单店特许经营模式是最简单，也是最常见的特许经营授权方式。这种方式最大的优点是特许人可以全程掌控受许人的招募、评估、甄选、签约、管理、支持，完全控制终端市场；它最大的缺点是特许人要完全依赖自身的资源和力量去拓展市场，体系扩张速度较慢。用一个形象化的比喻，单店特许经营相当于特许权的“零售”，而多店特许经营则相当于特许权的“批发”。

多店特许经营的优势：

- 实现快速扩张；
- 利用外部的人力/财务资源；
- 向他人分散风险；
- 借鉴他人经验；
- 更快的现金流；
- 增强在地方市场的可信度；
- 增加对地方市场的了解；
- 提高在地方市场的竞争能力。

多店特许经营的劣势：

- 使末端市场失控风险增加；
- 使领导和管理整个体系的难度增加；
- 损失相当一部分特许经营收入；
- 承担法律上的转承责任（vicarious liability）；
- 增加实施和落实特许经营合同的难度；
- 合同关系更加复杂；
- 信息披露复杂性增加。

3. 受许人的评估和甄选

选择合格的受许人，对于建立和发展特许经营体系至关重要。一个设计良好的商业概念和商业模式，如果没有合适的受许人去落实和实施，就不可能创造出好的经营业绩，也无法实现体系自身的健康发展；相反，如果有一批充满工作热情、具有适当商业经验且能够顾全大局、服从管理的受许人，就能够在很大程度上弥补特许经营权本身的不完善，促使新生的特许经营体系趋于成熟，并能够更好地应对市场竞争和外部条件的变化。

特许人评估和选择受许人时所采取的标准和方法，在某种程度上接近于企业内部中级管理人员的招聘。其中最主要的差别在于，受许人不仅要具备经营管理上的能力，还要满足投资开店的要求，并且能够适应特许经营体系这样一种特殊的管理环境。作为加盟商的受许人，既不同于直营店的经理人，也不同于那些独立创业的业主，而是兼具二者的特点，即所谓店主经理人。

受许人评估的一般性框架：

● 创业热情：受许人必须像独立创业那样，能够以强烈而持久的工作热情，投入加盟店的创业过程当中，以充沛的精力和饱满的热情投入加盟店的经营和管理中去，并且能够长期保持这种工作热情。

● 价值认同：特许经营是一种长期的全方位合作关系，一个合格的受许人，不仅要认同特许经营品牌的商业价值，还必须能够接受、理解并认同特许人企业的企业文化和价值观，这样才能从根本上保证特许经营体系的统一性。

● 服从管理：加盟创业与独立创业最大的区别在于，受许人必须严格按照合同规定在统一的经营模式下开展经营，这就要求受许人必须具有服从意识。过分强调个性和独创精神的创业者，不适合加入特许经营体系。

● 资本实力：受许人加盟必须具备充足的资本，这是加盟的起码条件。

● 商业经验：不同的特许人对于受许人的商业经验有不同的要求。有些特许人反而偏爱那些没有本行业从业经历的受许人，其理由是缺乏经验的受许人能更好地服从和配合。但这并不是绝对的，还有很多特许人希望招募那些有从业经验的受许人来加盟，这样可以显著降低特许人的培训教育成本和日常沟通成本。

● 管理能力：多数特许经营企业都要求受许人本人必须直接参与加盟店的日常管理，因此受许人至少要具有店面层面上的经营管理能力。

● 服务意识：从价值链上看，加盟店是特许经营企业的销售终端，是产品和服务最终交付给消费者的场所，而且商业特许经营主要分布在服务产业，所以一个加盟店的经营业绩，与店主经理人的服务意识有很大关系。

特许人在对意向受许人进行评估时，主要采取以下三种评估方法：

● 背景调查：按照意向受许人提供的个人业务简历，有针对性地进行背景调查，如此前的创业/就业经历、个人爱好特长、个人成就、无犯罪证明等。

● 资格审查：主要是投资指标以及其他硬性指标的核查。

● 测试访问：采取面谈、问卷、笔试、模拟测试等手段，对意向受许人的心理素质、人格倾向、身体素质、社交素质、商业智慧等进行测试。

第四节　特许经营体系的建设与发展

特许经营企业最主要的管理职能是对特许经营体系的建设、维护和发展，具体体现为受许人的招募、甄选、培训、管理、服务和关系维护。美国特许经营学者罗伯特·贾斯蒂斯曾经提出了一个著名的自行车模型，用来描述特许经营体系中特许人和受许人各自的地位和作用。一辆自行车能够正常行驶需要两种力量：一种是通过车把控制方向的力量；另一种是蹬在脚踏板上的驱动力量（贾斯蒂斯的原文是“操纵力”），二者必须相互协调才能形成合力。一个不断向前发展的特许经营体系也是如此，特许人掌控着品牌和体系向前发展的方向，而受许人群体则通过日常的经营活动提供体系发展的动力，如图 6-13 所示。

图 6-13　特许人和受许人在特许经营体系中各自的作用

注：此图在贾斯蒂斯原图的基础上有所修正和扩展。

一、特许经营体系的概念

现代社会里，人们的经济活动呈现出高度的组织化、结构化、动态化的特征。每一个企业都与众多的其他企业或机构建立并维持着千丝万缕的联系。在这样的背景下，特许经营体系呈现出非常独特的组织特征。从网络视角来看，特许经营体系的结构是典型的星形网络，即处在中心的特许人和分散在周围的数量众多的受许人之间，或者由中央总部与各个分店（包括直营店和加盟店）之间所建立的统一协调关系。通常企业内部和企业之间形成的网络关系分别被称为企业内网络（intra-firm network）和企业间网络（inter-firm network）。从这个角度来看，特许经营体系是介于这两者之间的一种特殊结构，即管理上是企业内网络，产权上是企业间网络。或者说，特许经营体系是按照企业内网络的方式进行管理的企业间网络，这种管理的依据是特许经营合同。

日本学者栗本明（Akira Kurimoto）对连锁零售机构的治理进行了研究，归纳出直营连锁、特许连锁和自愿连锁三种产权结构下的网络治理特征，如表 6-4 所示[①]。

① Akira Kurimoto. Structure and Governance of Networks：Cases of Franchising and Co-operative Chains//Josef Windsperger，et al. Strategy and Governance of Networks：Cooperatives，Franchising，and Strategic Alliances. Berlin：Springer，2008.

表 6-4　　零售连锁机构的网络治理特征

	直营连锁	特许连锁	自愿连锁
组织结构	层级制	层级制/联邦制	联邦制
体系管理	总部	总部	总部
店铺管理	雇员	业主	业主
开店决策	总部	总部	业主
合同范围	无	全方位	部分
产品定价	总部	总部	业主
集中采购	强制	强制/自愿	自愿
教育培训	强制	强制/自愿	自愿
运营手册	强制	强制/自愿	自愿
促销	强制	强制/自愿	自愿
中央控制	完全	强	弱

商务部先后于 2007 年和 2012 年发布了两项推荐性行业标准：《特许经营管理体系指南》（SB/T 10410—2007）和《特许人经营体系成熟度与服务能力评定规范》（SB/T 10819—2012）。这两项行业标准分别对特许经营体系做出了不同的定义：

- SB/T 10410—2007：特许经营体系是在统一的品牌和经营模式下，由特许人和被特许人共同经营的一个管理和运营系统。
- SB/T 10819—2012：特许经营体系是由特许人或经特许人授权的企业建立的对特许经营各个业务环节实行控制和管理的系统，包括加盟招募管理、知识产权管理、店铺建设管理、培训管理、督导管理、加盟商关系管理、财务管理、广告促销管理、品牌形象管理、技术标准管理等内容。

我们认为，特许经营关系本质上是一种纵向的上下游关系，更适合按照价值链的思想进行研究。基于此，我们提出了如图 6-14 所示的一个特许经营体系模型。

二、体系战略和运营策略

由于特许经营体系采取的是中央集权式管理，特许经营合同赋予了特许人在管理上的绝对权威，因此，在一定程度上，特许经营体系的战略就是特许人企业的战略。以下从总体战略、运营策略、拓展策略三个方面对特许经营体系的战略与策略进行讨论。

1. 特许经营体系的总体战略

战略是企业的中长期目标。特许经营体系的战略是以特许人为核心的企业群体基于单一品牌而确立的发展方向和整体路线图。结合特许经营的主要特征，可以把特许经营体系的总体战略划分为品牌、市场和知识三个主要方面。

品牌战略。品牌在特许经营企业里占有特殊的地位。如果说独立运营的企业其品牌所提供的是产品的附加值，那么对特许经营企业来说，品牌所提供的则是整个体系的核心价值。毕竟，特许经营权的本质是以统一商标为核心的一揽子知识产权。通常认为，一套完整的品牌战略包含以下一些基本要素。

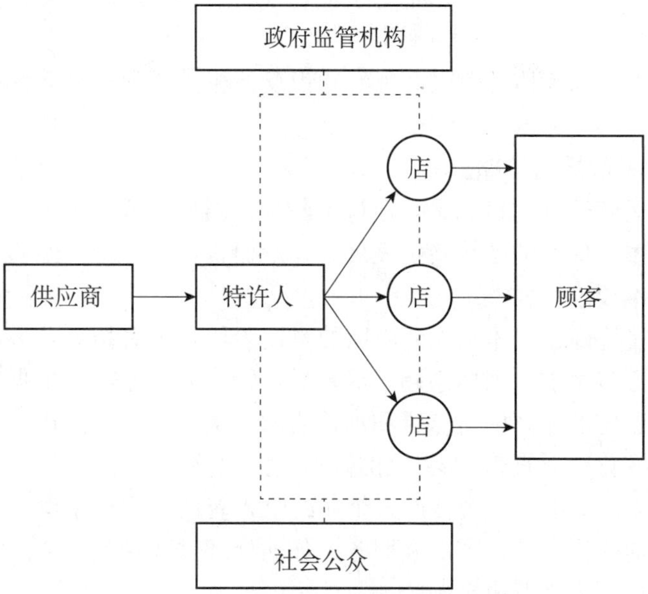

图 6-14 基于价值链的特许经营体系模型

● 品牌定位：基于对市场竞争趋势的研究，按照本企业的总体战略确定品牌的定位。

● 品牌建设：把品牌理念从企业内部应用到研发、生产、分销、营销、服务整个价值链上去。

● 品牌传播：按照品牌定位的要求，制定和实施中长期的整合传播方案。

● 品牌升级：定期开展品牌审计，在充分汲取市场反馈的基础上，运用知识管理方法不断提升品牌价值，更好地适应不断变化的市场环境，提升品牌的内在价值。

市场战略。按照迈克尔·波特（Michael Poter）的通用竞争战略模型和价值链模型，深入调查研究市场态势，培育和提升企业的核心竞争力，获取更大的市场份额和更高的经营收益。

知识战略。特许经营具有突出的知识经济内核。一个特许经营体系的长远健康发展，主要依赖于其核心商业模式（指单店经营模式）的市场生命力。因此，必须把特许经营体系的管理提升到知识管理的层面，才能适应现代社会背景下的市场竞争。在特许经营体系里，由众多受许人所投资并经营的加盟店，是整个体系的末端，是特许经营品牌与顾客之间的唯一界面，因此成为感知市场态势、收集市场反馈、验证经营策略的主要场所。做个形象化的比喻，如果把特许经营的总部比喻为大脑，分散在市场上的众多网点，就是整个体系的神经末梢。按照通用的知识管理模型，特许经营体系的知识战略主要包含以下一些基本要素。

● 知识采集：在体系层面建立完善的市场信息收集制度，充分调动加盟商收集和反馈市场信息的积极性。

● 知识整理：在总部层面设立专门的知识整理机构，对从一线采集到的零散信息随时进行整理、编码、储存。

● 知识共享：依托现代信息技术，建立起高效的信息共享机制，充分调动各类传播手段，如网络、通信、会议、督导、示范等手段，使有价值的经验和知识能够在体系内快速传播。

● 知识反馈：以总部为核心建立完善的知识反馈机制，促进体系内的知识管理实现不断增值的良性循环。

2. 特许经营体系的运营策略

特许经营体系运营管理的目标是，通过不断扩大网络规模、提升网络密度、提升单店收益等手段，实现整个体系的持续稳定发展。一般而言，一个特许经营体系在运营层面主要考虑以下一些基本要素。

● 直营比例：在特许经营体系生命周期的早期阶段，随着招商业务持续开展，加盟店在体系中的比例会逐步增加。当体系趋于成熟后，特许人企业需要根据自身条件和外部条件，确定一个大致稳定的体系内直营店和加盟店的比例。或者一个成熟的特许人企业，基于外部市场条件的变化，对直营-加盟比例做出重大调整。

● 收入比例：概括地讲，一个特许人企业的收入有两个主要来源，即定期向受许人收取特许权使用费与向受许人分销产品和服务。如何处理这两种收入之间的关系和比例，是一个特许经营体系的重大经营决策。

● 区域覆盖：在现阶段，特许经营体系主要覆盖的市场范围，以及中长期的拓展计划。

● 网点密度：在现有市场空间内，如何平衡网点密度和单店收益之间的关系。

3. 特许经营体系的拓展策略

特许人在从事授权业务时，并非单纯依赖直接授权这一种方式。为了实现市场扩张和控制直营-加盟比例的目标，特许人可以采取多种手段，增加或削减加盟店的数量。

● 直接授权：即采用单店授权、区域授权等方式进行招商。

● 转型特许经营：指特许人企业按照一定程序，对社会上现有的、独立从事相似或相同业务的个体店铺直接授权，使其转变为体系内的加盟商；或者是以并购、转让等方式，把原先隶属其他品牌的加盟商，整体转移到本体系之下。这种方式的优势非常明显，对于特许经营企业来说，无须经过投资、开店、运营的一系列环节，就能够批量获得合格的加盟店；对于原本独立经营的单店业主来说，加入一个成熟的特许经营品牌，能够获得单店经营所不具备的规模经济性，从成本和品牌两个方面提升单店生存能力和市场竞争力。

● 回购：有些特许人提供的特许经营合同中，列有专门的回购条款。这种回购是指在特许经营合同到期之前，由特许人出资收回特许经营授权，将原本属于受许人的加盟店转变为公司直营店。原受许人可以完全离开该特许经营体系，也可以留在店里作为受雇经理人从事店铺的日常管理工作。在设立有特许经营关系法的国家，往往会对特许人的回购行为做出专门的限制，以防止特许人利用管理上的权力优势，恶意终止授权，损害受许人利益。

● 托管：当加盟店经营状况恶化时，除了回购网点和提前终止授权之外，还有一种介于二者之间的方式，即由特许人对加盟店实行托管。受许人退出或完全退出加盟店的经营管理，仅保留对店铺资产的所有权，从加盟投资蜕变为单纯的财务投资。这种托管可以是暂时的，也可以是长期的。

● 出售：指特许人把原属公司直营的或从其他受许人那里回购的店铺，授权给新的受许人。

三、体系管理与关系管理

从特许人的角度来看，对特许经营体系的管理包括支持服务和管理控制两个方面。

1. 特许人对受许人的支持与服务

讨论特许人为受许人提供的支持与服务，要注意区分两种情况：一类是按照合同规定应由特许人承担的义务，或者是特许人出于自身利益考虑主动为受许人提供的服务，这类服务通常是无偿的，或者说包含在常规的特许经营收费特别是定期缴付的特许权使用费当中；另一类是特许人以转售或销售的方式向受许人提供的服务，受许人需要额外为这类服务支付专门的费用，这种商品化的服务有可能由特许人企业的总部直接提供，也可能由特许人向第三方供应商集中采购，然后转售给受许人。这里主要讨论的是前一类服务，即按照合同特许人应当承担的某些义务，或无偿提供给受许人的支持与服务。

从形态上看，特许人的支持服务体系可以大致划分为四个层次：

● 服务文档体系：一份精心编制的网点运营手册，可以解决新受许人在开店运营过程中所遇到的大多数具体问题。成熟的特许人往往会在手册中设立专门的“常见问题解答”章节，对加盟商经常遇到的一些带有普遍性的问题，给出详尽的解决方案，供加盟商参考，并且随着时间的推移，定期更新。加盟商只需按手册操作，就可以解决相当一部分问题。这是一种低成本、高效率的服务手段。

● 加盟商培训体系：对受许人进行培训是特许经营企业里一项非常重要的工作。通常，意向受许人在正式签约前后，都要参加特许人组织的入门培训，并且由专门人员对培训结果进行考核。考核的结果作为今后对受许人进行日常管理、绩效考评和后续培训的参照。有些特许人甚至规定，未通过培训考核的受许人，将暂缓或取消授权资格。受许人在加入特许经营体系之后，还要定期参加总部举办的持续性培训，这种培训有可能面向作为店主的受许人，也有可能面向雇佣店长以及某些专门岗位的店员。对于特许经营企业的培训工作，应提高到知识管理的战略层面上，将培训工作纳入企业的知识管理体系，在培训的平台上，实现知识的采集、整理和分享。

● 总部咨询台（或呼叫中心）：设立专人、专线，由有经验的专业人士通过电话和网络，实时解答加盟商提出的各种业务问题，或者将加盟商提出的问题转接到相关部门和人员进行处理。在此基础上，如果能够对咨询台或呼叫中心的交流进行记录，并定期加以整理，就可以构建一个知识采集的平台，并将其纳入企业的知识管理系统。

● 现场服务人员：由总部设立专门的部门，聘用专门的员工定期巡视所分管区域内的加盟店，西方通常称这种员工为现场人员或外勤人员（field personnel），国内更多的称为督导人员。这些常年在加盟店一线巡视的人员肩负着监督、管理、协调和服务的多重职能，同时还要负责处理加盟店经营活动中所遇到的一些小的突发事件。

2. 特许人对受许人经营活动的统一管理

特许经营关系，即特许人与受许人之间的关系，是一种非常特殊的商业关系。从世界各国政府对商业特许经营的监管实践来看，特许经营立法主要有两大流派：强制信息披露法和特许经营关系法。美国的某些州，就设有专门的特许经营关系法。特许经营关系之所以特殊，其根源在于加盟店所有权与经营权在很大程度上是分离的。受许人获得授权的一个很重要的代价就是，很大程度上放弃了对自己投资建设的店铺的经营管理自主权（operational discretion）。这种特殊关系带来了两类问题：一类是管理与服从之间的矛盾；另一类是机会主义行为（opportunism behavior），如敲竹杠、搭便车等。对于意见的分歧和矛盾，要通过沟通与协商解决；对于后一类恶意的机会主义行为，则要通过合同和制度加以控制。

所有受许人按照合同约定在统一的经营模式下开展经营，是特许经营的一项基本原则，这是由特许经营的内在性质所决定的。对加盟商经营活动的统一管理，包括以下五个方面。

● 质量和价格的管理：统一的产品、质量和价格，是统一经营模式的终极体现。正如美国学者罗杰·布莱尔和弗朗辛·拉芳丹所著的《特许经营经济学》一书中所证明的那样，按照特许经营合同的内在机制，拥有单店的受许人具有降低产品质量或抬高商品价格的利润动机，这种做法违反了特许人利益最大化的基本原则。所以绝大多数特许人，都会在特许经营合同中约定，特许人有权控制加盟店的统一质量标准和零售价格，并对违反这一条的加盟商实施一定的惩罚。

● 广告和促销的管理：按照行业惯例，受许人除了按照合同约定按一定比例或计算公式，向特许人缴纳广告费，由特许人集中使用以外，还要配合特许人制订的整体营销计划和方案，在当地开展特许人规定的广告和促销活动。

● 采购限制管理：特许人出于保证体系统一性的目的，会对加盟店的采购活动加以限制，要求加盟商必须从总部，或者由特许人认证的第三方供应商那里，采购相关的设备、原料、物料等供应品。同时，特许人可以从中赚取合理的利润。但这种行业惯例也给一些不法商人创造了实施欺诈的机会。某些特许人不注重对特许经营品牌的建设和维护，而是滥用管理上的强势地位，向受许人销售或转售质次价高的产品，受许人在加盟前后都要对此保持足够的警惕。

● 加盟店审计：特许人向受许人征收的费用当中，特许权使用费占据了相当大的比例。大多数特许人的特许权使用费，是按照网点销售收入或利润的一定比例来收取的。因此，受许人定期向特许人申报网点销售收入和利润就成为特许人的日常管理活动中非常重要的一项内容。正如一些不法商人通过会计造假规避税收义务一样，受许人也具有瞒报销售收入的动机，这样他们既可以减少所得税、销售税的支出，又可以少付特许权使用费和广告费。个别受许人的这种行为会使特许人的收入蒙受直接损失，对那些准确上报收入并承担全部义务的受许人也是不公平的。无论是特许人还是体系内合规的受许人，都希望淘汰那些有欺骗行为的受许人。因此，成熟的特许人会在合同中规定特许人有权对受许人网点开展定期或不定期审计活动。

● 渠道冲突管理：渠道冲突是指同一特许经营体系内部，加盟店与总部之间、加盟店与直营店之间，以及不同受许人拥有的加盟店之间，在日常经营活动中出现的利益冲突，如串货、跨区域销售、不正当竞争等情况。对此，特许人企业内部必须建立起一套完善的市场管理制度，特别是采取排他性授权特许经营体系，这一点尤为重要。

3. 特许人-受许人关系的维护

几乎所有特许经营的从业人员和行业专家，都一致认同沟通和交流是建设和维护健康稳定的特许经营关系的基础。

● 沟通方式：在特许人和受许人之间，通常是多种交流机制并存，不同的沟通方式适用于不同的交流内容和目的。常见的沟通方式有：电信和网络、现场人员、定期或临时性会议、年度加盟商大会、体系内的特许人协会，其中最后一种方式目前在国内还很罕见。

● 冲突解决：特许经营合同是解决特许经营关系中一切冲突与矛盾的基础。通常，行业专家们鼓励特许经营双方，尽可能本着建设性的态度，通过协商或谈判解决在经营活动中产生的分歧与矛盾，把问题化解在特许经营体系内部。由于社会上基本没有专门的特许经营仲裁机构，一旦双方无法在合同框架内达成妥协一致，就只能诉诸法律。特许经营双方一旦走上法庭，通常就意味着合作关系的破裂。曾经有一位美国的特许经营法律专家在文章中写道：从根本上讲，特许经营的法律诉讼没有真正的赢家。无论法庭判决的结果如何，经历过一场激烈诉讼的特许经营双方，很难再重建并维持融洽的合作关系。

● 受许人组织：这是由美国特许经营从业人员创造的一种特殊的交流和协商机制，即由特许人牵头，在特许经营体系内部组建由受许人代表组成的受许人咨询委员会（franchisee advisory council）。这一机构无权参与特许经营体系的商业决策，但可以代表受许人为特许人的重要决策提供建议和咨询意见，并且可以在特许人指导下，对受许人之间的一些轻微的分歧和矛盾进行调解。从国内的现状来看，国内的特许经营体系还很少采取这种方式。

扩展阅读

开展特许经营的11条原则

材料说明：美国创业学者斯科特·A. 谢恩在其所著的《从冰激凌到互联网》一书中，总结归纳了建立一个成功的特许经营体系所应当遵守的11项规则。

规则1：选择正确的行业。适合开展特许经营的行业具有这样一些显著特征：产品和服务适于在当地生产并在有限地域内分销；单店利润能够支撑一个良好的选址；当地市场信息直接关系到加盟店绩效；特许人品牌具有较强的市场竞争力；生产和服务的流程和品质能够标准化；终端经营是劳动力密集型，且员工努力程度不易监控。

规则2：充分了解特许经营对特许人的优势。开展特许经营能够充分利用社会上的资本和人力资源；受许人作为店主经理人具有良好的经济激励；通过授权加盟店的方式，能够快速拓展体系规模；特许人能够在向加盟店销售产品获得利润的同时，直接向受许人收取可观的费用；特许人可以向体系内的众多受许人分散系统性风险。

规则3：正确认识特许经营对特许人的劣势。特许经营不是万能的灵丹妙药，有其自身的局限性和缺点，主要表现在：特许人和受许人是相互独立的实体，具有相互冲突的利益目标；基于合同的管理机制会带来新的交易成本，如搭便车和敲竹杠等，从而增加管理难度；特许人的商业创新和变革向加盟店扩散的效率比直营店差；特许人只能分享加盟店利润的一个很小的比例。

规则 4：确保特许经营品牌和商业概念的授权价值。决定特许权内在价值的主要因素是：品牌知名度和美誉度，产品或服务对于顾客而言具有良好的性价比，单店经营模式的可复制性、可编撰性、可传授性，特许人的良好支持服务体系。

规则 5：制定完善的授权策略。特许人的授权策略包括：尽量避免加盟店的被动所有权，鼓励或要求受许人本人直接参与运营管理；在体系成熟的前提下，尽可能赋予受许人较长的合同期限；通过完善的合同、手册，以及培训和督导制度，强化日常管理；明确保留取消不合格受许人资格的权利；尽量采取双向排他授权，一方面保护受许人的市场，另一方面严格禁止加盟店经营体系外产品与服务；定期开展网点审计，确保各项收费。

规则 6：建立高效的支持服务体系。特许人对受许人的支持和服务具有双重意义：一方面能够提升受许人满意度，改善相互关系；另一方面有助于维持体系内的标准化和统一性。特许人为受许人提供的主要支持服务包括：初始和持续培训、良好的体系内沟通机制、选址指导、融资。

规则 7：合理组合不同的授权模式和策略。为受许人提供留有增长空间（新的店铺或新的区域）的单店授权，能够最大限度地激发受许人的积极性，但体系的扩张速度受限；区域开发、分特许等多店、多层授权模式具有快速扩展体系规模的优势，但也会使市场风险和管理难度同时增加；排他性授权措施同样能够有效激励受许人，但当受许人业绩不良时会使体系收益下降。

规则 8：为特许经营权制定合理的价格。特许人在合同期内向受许人收取的全部直接费用贴现后，构成特许经营权的价格。特许人要选择合适的加盟费和特许权使用费的标准和费率，收费过高会直接影响特许权的竞争力，影响招商效率；收费过低则会影响特许人的收入和利润。

规则 9：制定合理的体系扩张策略。在正式开始授权之前，一定经过一段时间的独立经营和直营体系阶段，培育品牌，充分验证商业概念的授权价值；针对企业的不同发展阶段，选择合适的直营-加盟比例，选择合适的网点密度；预先制定出完善的网点回购和再授权计划；选择适当的时机，向域外或国外市场扩张。

规则 10：全面了解法律规制和政府监管制度。保证特许经营企业的合规性是建设一个成功的特许经营体系的重要前提。特许人企业要妥善处理信息披露、政府备案等关键合规事项；制定出完善的企业合规、风险管控措施；正确处理体系内外的矛盾、冲突和法律风险。

规则 11：建立完善的招商体系，选择合适的受许人。向市场传递真实的投资和收益信息，吸引高素质、高净值的投资者；建立高效的招商团队，正确使用和管理招商经纪人；统一明确对意向加盟商的评价和选择标准；正确处理和现有加盟商之间的关系。

资料来源：Scott A. Shane. From Ice Cream to the Internet：Using Franchising to Drive the Growth and Profits of Your Company. Upper Saddle River：Pearson Education，Inc.，2005.

第七章　受许人实务概要

【本章纲要】

- 受许人实务
  - 加盟决策——正确认识→自我评估→项目评估→方式比较
  - 尽职调查——概念→市场研究→财务分析→信息披露文档→实地考察
  - 签约前后——谈判→签约→开店
  - 自律和自我保护——自律→签约前→签约后

【本章重点】

- 掌握受许人自我评估和加盟项目评估的基本原则；
- 理解加盟投资尽职调查的重要性和基本思路；
- 熟悉加盟投资谈判、签约及开店各个环节的特征和要点；
- 了解受许人自律的和自我保护的一般性原则。

对于中小投资者来说，加盟创业是一项需要谨慎对待的投资方式。

由于众多特许经营企业（特许人）常年不断地利用公众舆论大肆推广加盟创业，加上一些不负责任的商业媒体和第三方机构有意或无意的误导，社会公众对特许经营和加盟创业产生了一些模糊甚至错误的认识。其中，最典型的一种误解是：特许经营提供了一个知名的品牌和经过验证的成功商业模式，因此，加盟特许经营品牌是一种高收益、低风险的选择。事实上就国内现状而言，现有的特许经营体系中大约 90%的品牌，其加盟店数量都不到 100 家。如果说加盟店数量是特许经营体系成熟度的核心标志，那么这意味着国内绝大多数特许经营企业都处在生命周期的早期阶段，在商业上尚未真正成熟。因此，对特许经营品牌的知名度和商业模式的生命力，都应保持足够的警惕。

投资者选择加盟特许经营品牌作为创业方式，要同时面对三重风险：特许经营品牌经营不善、缺乏竞争力，遭遇不良商家的恶意欺诈，投资人自身的适应性问题，如图 7－1 所示。

因此，有意向投资特许经营的潜在投资者，有必要对自身条件、品牌实力、市场条件

图 7－1　加盟投资的三重风险

等因素做出客观理性的判断，在此基础上对拟投资品牌开展全面深入的尽职调查，在合同谈判环节注意自我保护。只有这样，才能充分发挥加盟投资的优势，防范其中可能存在的风险，最终实现预期中的理想收益。

第一节　加盟投资决策

对于那些初次接触特许经营的中小投资者，做出正确决策的前提是：首先要正确理解特许经营关系；其次是正确认识自己的投资目标和自身条件；最后才是选择和评估投资对象——特许经营品牌。

一、正确认识特许经营

特许权是由特许人开发、实验和验证的一套商业模式。特许经营在本质上是一种以合同为基础的知识产权授权行为。而受许人一方获得授权的代价，除了支付有形的特许经营费用之外，更重要的是，必须在很大程度上放弃对开办的店铺的经营自主权。这种关系，从积极的方面讲是合作共赢；从消极的方面看，就是所谓一损俱损、一荣俱荣。特许人和受许人之间，依据合同建立起一种长期的管理与服从的关系、上级与下级的关系、核心与边缘的关系，这种关系对投资人的自身素质和投资目标，提出了一系列挑战。

1. 特许经营关系的实质

从受许人的角度审视特许经营关系的实质，可以概括为以下几点。

● 有偿授权关系：受许人必须为获得特许人的品牌和商业模式支付直接费用（初始的和持续的）。

● 纵向渠道关系：受许人是特许人的下游企业，双方是长期的交易关系，特许人向受许人销售各种产品（有形的和无形的），并从中获得利润。

● 上下管理关系：加盟店是特许经营总部的网络末梢和销售终端，二者之间在管理上是上下级关系，这种管理的依据就是特许经营合同。这种管理包括强制性的约束和支持性的服务两个层面，前者如价格、质量、营销、采购等方面的限制，后者包括咨询、建议和培训服务等。

● 利益分享：双方的共同利益体现在分销和营销的规模经济性方面，如集中采购、统一宣传、市场覆盖、顾客群体。

● 利益冲突：双方的利益冲突体现在各自的利益最大化目标，如特许人提供质次价高的商品和服务、滥用合同赋予的管理优势、品牌推广不力；或者受许人方面为自身利益破坏统一的价格体系和质量标准、在体系层面上搭便车、隐瞒真实收入等。

2. 加盟创业与独立创业的优劣对比

对于中小投资者而言，加盟创业和独立创业两种选择各有优势，也具有各自的劣势，很难一概而论。有投资意向的投资者在做决策时，要从所有权、经营权、经营资本、经营资源和经营风险等方面全方位综合判断，并结合个人的性格、能力、素质以及投资目标，最终做出符合自己特点的选择。加盟创业与独立创业各自的优劣及对比，如表 7－1 所示。

表 7－1　加盟创业与独立创业的优劣对比

	加盟创业		独立创业	
	优势	劣势	优势	劣势
所有权：剩余索取权	自负盈亏	要承担特许经营费用成本	完全自负盈亏	无
所有权：产权流动性	合同中可事先约定回购和转让条款	回购和转让的条件和程序比较复杂	自主决定股权的出售	自行寻找交易对象
经营权：产品与价格	成熟的产品服务体系	不允许自主创新，产品种类、规格、标准和零售价格都要受特许人的限制	自行研究市场，自主制定产品和价格决策	自行承担决策风险，无法借助他人智慧成果
经营权：品牌与营销	经过市场验证的品牌，规模化的品牌推广和营销	承担外部风险，分担营销成本	从零开始，自主创建品牌	自己承担全部营销成本
经营权：市场范围	在指定区域内受到特许人的保护	不允许跨地域销售，获得额外授权的条件和程序比较复杂	从零开始，自主拓展市场	市场拓展能力有限，效率较差
经营权：采购	统一采购，享受规模经济性	缺乏自主性	从零开始，自主建立供应链	初创期规模较小，缺乏议价能力
经营资本	有些特许人可以提供部分融资或融资担保，甚至参股合资	投资规模固定，无法做出调整	自主筹资，自主决策	较难获得外部资本

续前表

	加盟创业		独立创业	
	优势	劣势	优势	劣势
经营资源	特许人提供品牌和商业模式，以及必要的培训和咨询服务，适合缺乏经验的初创者	对经营资源只拥有有限的使用权，无权做出调整；特许人提供培训和支持的同时，也会做出许多限制	自主建设品牌和积累经营经验	规模有限，发展速度慢
经营风险	加入成熟体系，可降低单店经营风险	承担外部风险，如特许人经营失败或其他受许人破坏品牌形象	创业者自行面对并掌控全部风险，可以灵活调整经营策略以适应市场变化	单个初创企业抗风险能力较差

二、受许人的角色认知和自我评估

从受许人方面来看，一项加盟投资的成功同时取决于个人的主观态度和所投项目的客观状况两个方面。从主观方面而言，有意向投资特许经营的潜在受许人，必须清楚地了解受许人在一个特许经营体系中的地位和作用，对自己的投资决策做出客观理性的心理预期。要做到这一点，首先要对自身的能力与条件做出正确评估。

1. 受许人的角色认知

在一个健全、完善的特许经营体系里，一个合格的受许人要发挥以下四种作用。

● 作为授权分销商：特许经营起源于产品分销。即使到了现代，商业模式特许经营成为主流，受许人及其所开办的加盟店本质上仍然是特许人的产品与服务的授权分销商，即按照特许人的统一要求，尽可能高效地分销特许人提供的产品和服务。

● 作为知识产权的使用者：现代特许经营的显著特点是知识产权在分销过程中所占比重变得更大，上下游之间的授权分销关系的授权内涵是以品牌为主的一揽子知识产权。作为接受授权的一方，受许人一方面要支付相应的费用，另一方面有义务保护特许权的统一性，并承担广告宣传等品牌义务。

● 作为零售网点的投资者：受许人作为特许人的下游企业，要自行承担加盟店的主要投资义务。

● 作为零售网点的经营者：受许人作为店主经理人，要按照特许人的统一模式经营和管理加盟店，服从特许人的管理，并且自负盈亏。

2. 特许人的期望和要求

只有清晰地理解了特许人一方开展特许经营的动机和真实需求，受许人才能更好地理解自己的权利与责任，才能积极主动地建设和谐共赢的特许经营关系。从理论上讲，特许人开展特许经营的经济目标是尽可能实现渠道利润最大化，同时回避直营店的投资负担和直营店经理的低效率。

● 分销产品与服务：受许人和特许人之间首先是批发-零售的交易关系。特许人通过众多加盟店，把产品和服务销售到市场上去。同时，由于特许经营的内在属性，特许人还拥有控制下游采购的权利，即依据合同规定，限制下游的采购自主权，以此实现自身的利益最大化。

● 创造利润：特许人主要有两个收入来源，一是受许人缴纳的特许经营费，二是分销产品和服务的利润。而特许经营费通常是按照加盟店经营业绩的一定比例计算的，因此，特许人为保护自己收取费用的权利，会对加盟店的财务状况进行定期审计。

● 分享品牌：加盟店作为特许人的渠道终端，承担着特许人品牌的市场呈现作用。同时，按照合同约定，受许人有义务把加盟店收益的一定比例，贡献给体系的品牌建设和宣传推广（加盟店定期缴纳广告费）。

● 保持统一性：受许人按照合同约定在特许人规定的统一模式下开展经营，是特许经营的基本要求。

● 保护知识产权：受许人获得了有条件使用特许人知识产权的授权，就有义务正确使用、不滥用、不破坏特许人商标、专利等知识产权，并且在关系终止后，继续承担保密和不竞争义务。

3. 受许人的自我评估

对于中小投资者而言，加盟投资是个人经济生活中的一件大事。受许人在做出决策之前，必须对自己的能力素质、投资动机和目标、投资规模和风险做出客观理性的审慎评估。

● 个人能力和素质：受许人作为投资者，一方面要满足创业者所必需的各项要求，另一方面还要能适应特许经营体系的统一管理。其中包括：充沛的创业激情、全身心投入网点经营、具备经商管理的基本常识和能力、具备相关行业的背景知识、具备良好的服从意识和大局意识。有意向加盟的投资者一定要注意的一点是，不能过分依赖特许人的培训和支持。

● 投资动机和目标：关于投资动机和目标参照本书第三章第二节对加盟投资创业的讨论。

● 投资规模和风险：意向受许人需要明确自己的财务条件和融资能力能够适合多大规模的投资、自己对投资收益的期望如何、自己能够承担的风险程度如何。这些是正确投资决策中至关重要的现实标准。

三、加盟项目和加盟方式的选择与评估

中小投资者在学习和理解了特许经营的相关知识，对自身的目标、能力、素质进行客观评估之后，就可以着手选择投资对象了。

1. 商机扫描

有投资意向的潜在受许人，制定投资决策的第一步就是广泛地收集各种商业机会的信息。获得特许人招商信息的渠道主要有：

● 媒体和网络：商业媒体和招商网站提供了非常丰富的招商信息。但在浏览这些信息渠道时要注意，如今的招商广告会有一些潜在的商业欺诈混杂其中。尤其需要注意那些承诺高回报、低风险、零费用的投资机会。

● 专业展会：如今的招商展会市场也非常火爆，一年到头全国各地不断地有各种各样的特许加盟展、投资说明会。参加这类活动时，要注意了解主办方的背景。许多招商展览的主办方本身就是一些中小企业和广告公司，它们对参展商的资格基本上不做任何审查，

无法保证这些参展品牌的真实性、可靠性。

● 政府机构和行业组织：相对于市场化的招商行为，各级政府商务部门提供的信息更加真实可靠。在商务部的商业特许经营信息管理系统（http：//txjy. syggs. mofcom. gov. cn）中，可以查阅全部备案企业的基本信息；中国连锁经营协会作为国家级的连锁加盟行业组织，每年举办一系列国家级的特许加盟展会，并开展“特许连锁百强”评选活动，是一个高质量的信息平台。需要注意的是，现在市面上有一些打着行业组织旗号的机构，其背后实际上是由一些规模并不大的营利性机构在运营，投资人对此类机构要保持足够的警惕。

● 经纪人和第三方机构：还有一些机构是作为特许人的招商经纪人，代理特许经营企业的招商业务；一些专业的特许经营律师，也会帮助特许人开展招商业务，向意向投资者推介其代理的特许品牌。

● 市场调查：最后一个信息来源是意向投资者直接到一线市场进行调查，从众多特许品牌在当地的加盟店和直营店中，亲自感受这些品牌的市场状况和竞争力。实地调查中需要注意的一点是，不要被一些所谓的旗舰店、样板店所迷惑。有些特许人出于营销推广的目的，往往会不计成本地运营一些直营的样板店，并故意制造生意火爆的假象，隐瞒其真实的收入和利润水平，甚至不惜长期亏损经营。事实上，这些特许人把样板店的亏损视作一种营销成本和广告费，投资者必须对此有充分的认识。

2. 行业选择

现代特许经营广泛分布在整个第三产业，其所覆盖的细分行业非常广泛。不同的行业之间，投资规模、投资收益、市场成熟度、竞争态势等主要行业指标差别非常大，对加盟投资者的要求也各不相同。意向投资者必须首先对投资项目所处的行业进行区分和选择。关于国内外特许经营在各行业的分布情况，可参考本书第三章第一节的相关内容。下面从行业生命周期的角度，简单讨论行业选择的基本原则。

现代社会的一个显著特征是，随着经济水平的提高和科学技术的快速发展，各行各业的新旧更替越来越快，许多传统上认为比较稳定的行业，可能在某种新技术、新模式诞生之后快速蜕变。例如，前些年柯达、富士等传统影像企业，在全国乃至全世界开设了海量的冲印店，曾经一度覆盖到广阔的边远市场。但随着数码技术的兴起，在短短的十几年时间里整个行业快速消亡。即使是像零售、餐饮这些曾被认为是非常稳定的行业，也会受到新的技术和新的生活方式的冲击。从这个意义上讲，在选择加盟投资的行业时，判断行业生命周期比调查行业的投资收益率更加重要。

按照行业生命周期理论，任何一个细分行业，都会经历幼稚期、成长期、成熟期、衰退期四个阶段。处于前两个阶段的行业，往往具有较高的平均利润率，同时也伴有更大的风险；而进入成熟期的企业，竞争更加激烈，平均利润水平下降，但行业风险相对减小。准确判断一个行业的寿命是比较困难的，往往许多资深的行业专家也难以做出准确的预判。但中小投资者至少要注意一点，不要盲目听信招商人员的宣传，对于一些明显处于衰退中的行业，要保持足够的警惕。毕竟一份特许经营合同的期限短则三五年，长可达十余年。

3. 项目评估

潜在受许人评价一个特许经营项目，大致需要考虑三个维度：

● 对特许人企业的评估。侧重于对特许人企业内部的战略和运营方面进行分析，重点在于确认特许人企业能否持续稳健地发展。

● 对特许经营品牌的评估。侧重于分析特许经营品牌在市场上的竞争优势，以及商业模式在网点层面上的合理性和优越性。

● 对特许经营体系的评估。侧重于分析整个特许经营体系的运行状况，包括特许人在体系管理和关系维护方面的制度与政策、体系发展态势和内部竞争情况。

实际上，特许人企业、特许经营品牌和特许经营体系这三者是紧密结合在一起的，是同一个项目的不同侧面，不可能截然分开。因此，对一个具体的特许经营项目，主要分析以下四个核心指标。

收益类指标：

● 项目可行性：产品和商业模式是否真的经过验证？市场的真实需求如何？品牌的市场竞争力如何？

● 项目经济性：初始投资和后续投入各是多少？投资回收周期多长？平均经营利润率如何？整个合同期内的综合的投资收益率如何？

风险类指标：

● 项目合规性：特许人的主体资格、备案情况、信息披露状况。商业模式中是否有潜在的法律风险？

● 项目健康性：特许人是否具有完善的培训和服务体系？特许人企业和核心人物是否有遗留或潜在的未决诉讼问题？特许人企业的财务状况如何？是否存在强有力的竞争者或替代者？

以上项目评估方法，可以概括为图 7－2 所示的框架。

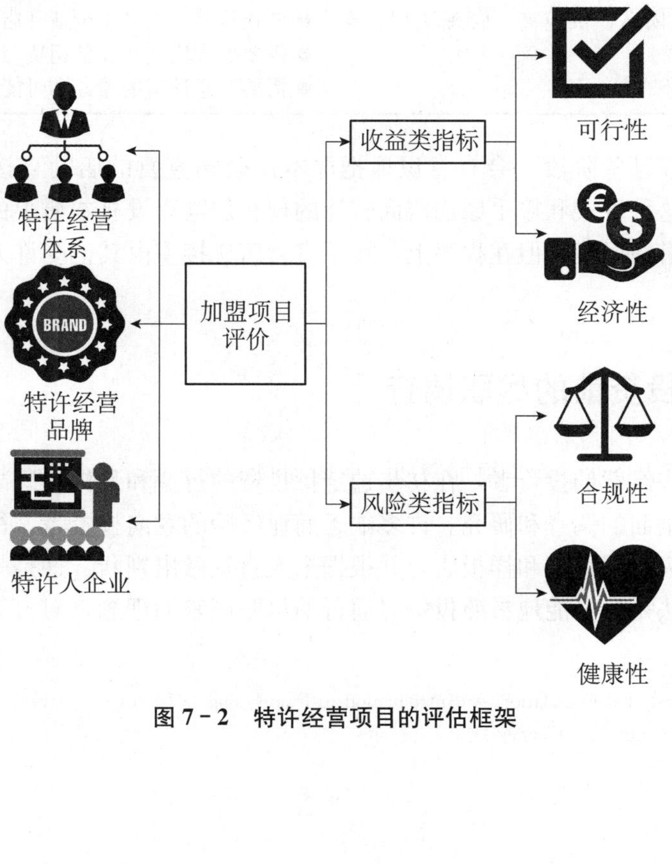

图 7－2　特许经营项目的评估框架

4. 投资方式

在初步选定一个拟投资的品牌之后，意向投资者有三种可能的选项：(1) 直接投资开设新店；(2) 接手现有加盟店；(3) 接手现有直营店。美国国际特许经营协会（IFA）在一份为潜在受许人提供的资料里对购买特许权开办新网点、接手现有加盟店两种方式进行了如下对比，如表 7－2、表 7－3 所示[①]。

表 7－2　投资加盟开设全新店铺的优劣对比

优势和机会	劣势和风险
● 获得一套经过验证的产品和经营方法 ● 开店期间可以得到特许人的支持和帮助 ● 开店后特许人提供持续的培训和支持 ● 当地、区域和全国性的广告支持 ● 集中采购的规模经济性 ● 分享总部的研发实力 ● 与其他受许人结成体系，享受协同优势 ● 融资时可以获得特许人的支持和帮助	● 出让部分利润，承担额外的成本（特许经营费、特许人对采购的限制） ● 出让经营自主权，独立性和自由度受到特许人的限制 ● 当品牌经营不善或特许人支持不良时，难以得到补偿 ● 某些顾客和消费者，往往会对加盟店和直营店有偏见

表 7－3　接手现有加盟店的优劣对比

优势和机会	劣势和风险
● 现成的成熟业务 ● 降低风险和不确定性 ● 无须经历初创期的亏损阶段 ● 完整的店铺基础设施，包括：选址、顾客群体、品牌识别、员工团队、供应商、管理流程、现有的现金流和利润 ● 融资难度降低	● 有形的局限性，包括固定的选址、固定的内部格局和外部装饰、遗留的库存商品 ● 无形的局限性，包括顾客和员工团队积累的不满、零售价格的延续性、旧有的管理缺陷 ● 转让价格可能高于全新开店 ● 需要处理店铺和设备租赁与转租问题 ● 需要注意遗留的债务和可能的历史诉讼问题

某些特许人在某些阶段，会有意识地把原本由公司直营的店铺直接转让给意向投资者。原则上讲，这种方式和接手原加盟商转让的现有加盟店没有本质上的区别，具有大致相同的优缺点和潜在风险，但在程序上，接手直营店比接手由其他受许人经营的加盟店要简单一些。

第二节　投资前的尽职调查

准备投资特许经营的投资者，在初步选定拟投资的行业和具体品牌之后，要对拟议中的投资对象展开全面的调查和研究。许多缺乏商业经验的意向投资者，往往会按照企业招商人员的引导，去参观总部和样板店，并根据个人直觉做出判断。这是一种错误的认知和做法。正确的方法是尽可能地参照投资界通行的尽职调查的理念，对打算投资的品牌，自

① The IFA Educational Foundation. An Introduction to Franchising. 2010. https：//www. franchise. org/what-are-your-options-when-you-begin-your-business.

主地展开调查和研究，避免受到企业招商人员有意或无意的误导。

一、尽职调查的意义与内涵

尽职调查（due diligence，DD）是一个投资界的专用术语。按照《韦氏大词典》的解释，商业范畴的尽职调查是指，一家企业或机构为准备一桩商业交易（如企业并购）而开展的研究分析工作[①]。法律意义上的尽职调查起源于美国，1933 年美国国会颁布的《证券法案》中规定，证券经销商和经纪人对承销或代理的股票承担实质信息的完全的披露责任，其中对尽职调查做出了具体规定。对于个人投资者而言，尽职调查是一种自愿采取的保护性措施，但借鉴强制披露义务下的规范性尽职调查的程序，能够有效地降低投资风险。业界普遍认为，特许经营具有所谓的类金融属性，即特许人通常会在签约时，一次性收取初始的特许经营费，这种做法被视作特许人面向不确定受众的融资行为。因此，行业专家们都强烈推荐拟投资特许经营的潜在加盟商，参考投资界规范的尽职调查思路，对拟投资的特许经营品牌开展审慎而专业的调查研究。

1. 常规尽职调查的主要内容

现在，尽职调查广泛地应用在金融、财经、商贸等众多领域。不同条件下的不同交易，其尽职调查的内容、方法千差万别。其中，最常见的是公司金融领域里企业并购和投融资交易的尽职调查。表 7－4 列出了美国两位资深企业财务顾问给出的一般性尽职调查的基本框架。

表 7－4　　一般性尽职调查的基本框架

公司背景和交易概况	公司的主要法律和财务文档、企业历史和战略、管理架构和团队、关联方交易、交易的基本情况
企业财务状况	当前和历史的财务概况、营业收入、营业费用、资产负债表、现金流量、其他财务问题
企业信息系统	信息管理系统，信息安全策略，信息系统升级计划，信息系统建设、维护、升级的成本，电子商务策略
主要产品和服务	产品与服务概况、产品开发情况、企业的研发机构和设施及主要成果、未来的研发计划
营销与销售	分销渠道概况，企业的销售政策，生产、物流、分销、营销的详细计划，市场竞争分析，顾客满意度调查，相关的知识产权
法律事务	法律事务概况、与本企业相关的法律监管、历史上签署的重要协议和参与的重大活动、重大诉讼（已结案和进行中）、企业的法务部门和人员、税收相关的问题
风险管理和保险	合规性与风险管理概况、历史上的重大风险事件、主要的保险措施和成本
人力资源	企业人力资源概况，主要的人力资源政策，重要的聘用合同与相关协议，现有员工的统计分析，工作安全与劳动保护，员工的教育培训计划及其成本，薪资、奖励、激励以及综合人力成本，员工福利计划

资料来源：William J. Gole，Paul J. Hilger. Due Diligence：An M&A Value Creation Approach. Hoboken：John Wiley & Sons，Inc.，2009.

① https：//www. merriam-webster. com/dictionary/due%20diligence.

2. 加盟投资尽职调查的现状

在商业特许经营领域，人们更多地使用一些通俗的词语来称呼意向受许人决策前的调查和研究工作，如“做功课”“参观考察”“访问”等。尽管绝大多数有意投资特许经营的中小投资者，会在做出最终决策之前或多或少地开展某些调查和研究工作，但他们对于尽职调查这一术语和全面尽职调查的内涵却不一定非常清晰。

澳大利亚格里菲斯大学和新南威尔士大学曾经在2015年至2016年间，先后两次开展了特许经营及中小企业投资前尽职调查方面的研究[①]。它们对60位小企业主和加盟商进行了当面访问，并通过在线问卷的方式，调查了610位小企业主和加盟商，其中投资特许经营的（前）加盟商大约占四分之一。受访者中，充分理解尽职调查含义的和完全不知道这个术语的各自不到20%，知道这个术语但不了解其含义的约占四分之一，对其含义多少有些理解的约占40%，如图7-3所示。

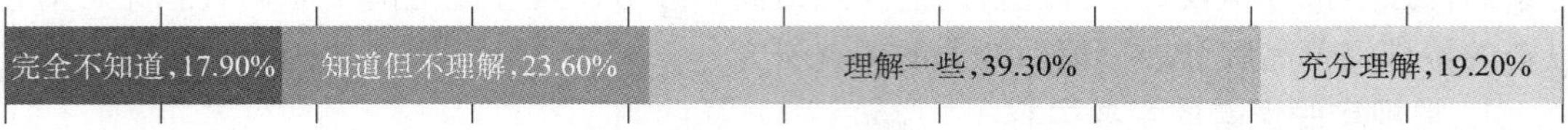

图7-3　中小投资者对尽职调查的了解程度

该项调查中，将尽职调查定义为：为确保投资者能够买到他们期望中的目标而进行的，并且与其所支付的代价相匹配的研究分析过程。在受访的特许经营投资者（现加盟商或前加盟商）当中，大约有三分之一的人在投资前开展过以下某些尽职调查活动：征求朋友或家人意见（35.9%）；咨询会计师、律师或财务顾问（35.4%）；开展案头研究（33.1%）；现场观察投资目标企业（29.5%）；开展市场调查（28.4%）；访问目标企业的顾客（23.9%）；访问目标企业的业主（22.8%）；访问目标企业的员工（17.5%）；访问其他受许人（16.1%）；参观其他加盟店（15.4%）；线上提问（10.0%）；其他方式（5.1%）。他们在尽职调查方面平均花费了大约2 500澳元和50个小时的时间。然而，大约有一半的受访者相信并依赖招商企业所提供的资料，如信息披露文档；超过60%的投资者表示，决策时更多地依靠自己的直觉判断。

从投资结果方面看，大约60%的加盟商对自己的特许经营投资成果（收益）感到满意或认为投资结果符合自己的预期；对特许人的披露文档和提供的其他信息大致满意的占70%；但同时，大约有一半的投资者表示，特许人在信息披露方面有所保留或隐瞒；现有加盟商对其与特许人的关系感到满意、可信赖的大约占60%。

以上结果表明，即使在澳大利亚这样特许经营比较发达且具有比较严密的政府监管体系的国家里，加盟商在投资决策之前的尽职调查状况，仍不能令人满意。

3. 加盟投资尽职调查的建议性框架

世界各国的许多政府机构、行业组织或行业服务机构，都给有加盟投资意向的投资人提供了各种各样的投资前的决策辅助材料，如自我评价表、市场调查方案、披露文档审查清单、合同文本审查清单……这些材料都可供投资者参考。

---

① Lorelle Frazer, et al. The Effectiveness of Undertaking Due Diligence Prior to Starting up or Purchasing a Small Business or Franchise. Griffith University, University of New South Wales, 2015—2016.

概括起来讲，加盟投资的尽职调查有两个基本目标：一是验证特许人提供的披露文档的真实性和完整性；二是通过亲自调查，发现披露文档中未包含的问题。由于加盟投资的投资对象是特许经营权而非普通的企业或商业项目，因此加盟投资的尽职调查，除了包括前述常规尽职调查的内容（参见表 7－4），更主要的是对特许经营权的真实性和价值进行调查与验证。表 7－5、表 7－6 中分别列出了加盟投资尽职调查的调查方法和调查目标，可供中小投资者参考。

表 7－5　加盟投资尽职调查的调查方法和手段

- 仔细研究特许人提供的信息披露文档（含合同文本）
- 从商务部“商业特许经营信息管理系统”中核查特许人备案情况
- 搜集媒体、网络、第三方机构等方面与特许人品牌和企业相关的重要信息
- 以该品牌的加盟店分布和个人意向开店地址为依据，搜集相关地区主要的社会经济信息，如人口、产值、消费品总额、人均可支配收入等
- 访问和参观特许人企业，实地考察总部的经营管理状况
- 访问和参观特许人指定的样板店（直营或加盟），了解品牌的最佳表现
- 自行查访所在地区或邻近地区的品牌店铺，注意比较直营店与加盟店的区别
- 自行查访所在地区或邻近地区同行业其他品牌（直接竞争或替代性商品品牌）店铺
- 直接与现有加盟商交流（同时选择特许人推荐的加盟商和自行寻找的加盟商）
- 尽可能调查和了解长期合作的主要供应商，最好能实地访问

表 7－6　加盟投资尽职调查的调查对象和目标

品牌价值	网点数量、网点盈利性、媒体评价、消费者口碑
模式成熟度	加盟店盈利性、加盟商满意度、供应链完整性
体系成熟度	加盟店数量，加盟店分布，直营-加盟比例，总部支持系统（手册、培训、督导、营销），总部的供应链管理
企业健康情况	企业历史沿革、注册资本、高管团队、分支企业、主要关联企业、过去三年经审计的财务报告、过去三年主要的法律诉讼
费用情况	加盟费、特许权使用费、广告费、其他管理费、加盟费占比
强制性管理条款	采购限制条款、强制性有偿服务、零售产品清单、零售价格限制、加盟店设备设施更新、市场区域划分、市场管理政策
特许权转让	转让条件与限制、转让相关费用
特许权回购	回购条件、强制性回购
续约或终止条款	续约条件，续约相关费用，续约期限，双方提出提前终止的条件，终止后条款（保密、竞业禁止）

二、市场研究和竞争分析

对于那些初次创业的中小投资人，最缺乏的技能是科学的市场研究和竞争分析方法。许多工商类教材中提供的市场研究方法都过于复杂、昂贵和专业化。事实上，正如国际营销界知名学者菲利普·科特勒（Philip Kotler）等人所说：“小企业可以通过观察和非正式的调研获得对市场的深刻洞察；行业组织、地方性媒体和政府机构都能提供非常有用的信息；有效地使用搜索引擎也是一种高效率低成本的调查方法。……尽管这些非正式的研究

方法成本和复杂性较低，但必须认真地对待这些方法，防止小范围调查和小样本带来的片面性，以科学化、系统化的思维开展市场调查。”① 专业化的市场研究，其专业性更多地体现在一手资料的获取方式上，如大规模的、规范的抽样和问卷调查，专业化的数据统计，大规模的市场实验，等等。对于中小投资者而言，可以扬长避短，尽可能地搜集和研究二手材料，并通过实地走访与现场观察来获取直观判断，更重要的是，能够按照科学的方法去了解市场环境和竞争态势，避免因个人的偏见和片面性而影响决策的科学性。

1. 市场研究的框架

从最原始的意义上讲，进行交易的供需双方合在一起就构成市场。但在现代社会里，市场的概念要复杂得多。通常认为，一个企业所处的市场环境包含微观环境和宏观环境两层次，如图 7-4 所示。

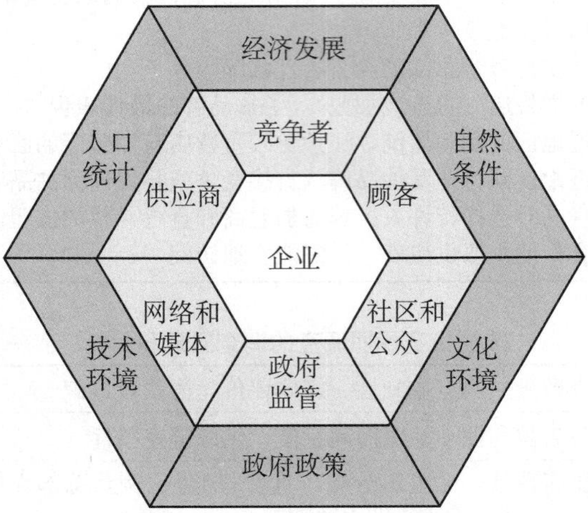

图 7-4　企业所处的市场环境

具体到不同行业、不同产品和服务，以及不同的市场条件下的特许经营品牌，这些宏观与微观要素的影响各不相同，但按照这样的框架对一个品牌、一个商业项目进行综合评价，是开展科学的市场研究、获取完善的市场感知的基本前提。

2. 竞争分析的原理

在竞争分析方面，现在普遍采用的是迈克尔·波特提出的通用竞争战略模型。该模型的基本框架如图 7-5 所示。

波特的通用竞争战略模型最初是针对行业分析的需要提出来的，其核心是一个行业而非企业，因此，他把同行业内直接竞争的企业放在中间，行业之外或潜在的其他四种力量分别针对行业内现有企业提出挑战。这就是通用竞争战略模型的基本思想。

三、财务分析和盈利预测

定量的财务分析和预测，是所有商业尽职调查的关键步骤。对于加盟创业的投资者来

① Gary Armstrong，Philip Kotler. Marketing：An Introduction. 12th Global Edition. Upper Saddle River：Pearson，2015.

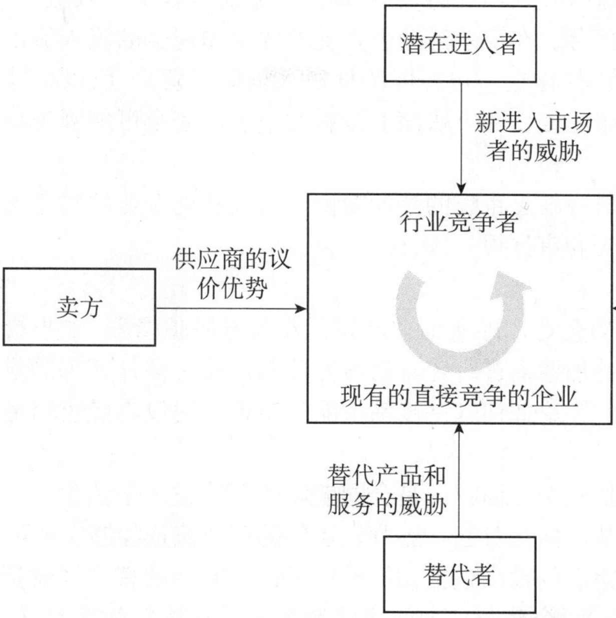

图 7－5　迈克尔·波特的通用竞争战略模型

说，这个问题要更复杂一些。投资者一方面要借助特许人提供的信息披露文档，研判特许人企业的财务状况；另一方面，还要对自己即将投资的加盟店的投入产出进行预测，以此作为投资是否可行的核心依据。

1. 特许人的财务状况分析

我国现行的《商业特许经营信息披露管理办法》第五条规定："特许人进行信息披露应当包括以下内容：……（九）最近 2 年的经会计师事务所或审计事务所审计的特许人财务会计报告摘要和审计报告摘要……"这一规定的目的是，使意向投资者能够借此判断特许人企业的经济实力和健康状况。阅读企业的会计报告，要求投资人具备起码的会计常识。常规的会计报告包括三种基本的财务报表：

资产负债表。编制资产负债表的基本原理是：总资产＝总负债＋净资产（股东权益）。资产负债表反映企业在某一时点（报告日）上的资产和负债状况，这是对企业实力和健康状况的基本描述。如果一个企业总负债占总资产的比例过高，则表明企业的长期风险较大；反之，如果企业的负债规模过小，则意味着企业的杠杆率较低，发展潜力有可能受到限制。此外，把总资产的各个细分项目如现金、库存、应收账款、固定资产、无形资产等指标，与总负债里的应付账款、短期贷款、长期负债对应分析，可以更详细地了解企业的经营状况。

损益表。编制损益表的基本原理是：收入－成本＝利润。损益表反映企业在某一时期（报告期）内的经营收入和支出状况，这是对企业盈利能力的基本描述。如果一个企业的利润很低甚至亏损，则表明企业尚未成熟或者经营状况恶化。仔细分析损益表里的收入和成本的细分项目，能够更细致地了解企业的利润（或亏损）的来源。

现金流量表。编制现金流量表的基本原理是：现金流入－现金流出＝净现金流量。规范的现金流量表包括经营性现金流（收入一支出）、投资性现金流（投资一收益）、融资性现金流（借贷一还本付息）三个部分。在商业活动中收支的发生和现金的流入流出并非完全同步，而且绝大多数企业的经营都存在一定程度的杠杆（负债经营），所以单纯考察损益表，并不能准确掌握企业的健康程度。一个账面上盈利的企业，完全可能因为现金流出现问题，而导致企业破产。

对于中小投资者而言，如果自身缺乏系统的会计知识，可以聘请专业的财务顾问帮助审读特许人信息披露中的财务报告和审计报告部分。

2. 加盟店的财务可行性

一个加盟店同样是一个完整的企业，即所谓“麻雀虽小，五脏俱全”。中小投资者在投资特许经营时，要对计划投资的加盟店进行定量的财务预测，缺乏会计知识的投资人可以借助财务顾问来完成这一步骤，无论如何这一步都不能省略。任何没有经过财务预测的投资，都是盲目的。

一个加盟店的财务可行性包括三个方面：一是合同期内的总收益大于总投入；二是能在合同期内收回全部投资；三是从开店之日起，逐月、逐年的现金流量能够实现可持续。

投入产出分析。开设一个加盟店的投入包括初始投资（包括初始的特许经营费）和持续投资（设备、场地更新和拓展）两个部分；加盟店的产出是逐月逐年的净利润。通常，一份特许经营合同的期限都长达数年甚至十余年，因此，对加盟店的投入产出分析通常要按照一定的利率，逐年把投资和收益贴现成现值。投资可行性的基本指标是净现值至少要大于零，即长期的投资收益大于全部的投入。

投资回收期分析。特许经营授权的一个重要特点是具有一定的期限。一旦合同到期，如果一方或双方不再续约，则加盟商必须退出经营活动。因此，受许人在合同期内至少要收回全部投资，这是投资决策的下限。

现金流预测。任何企业，无论其规模大小都遵循先投入后产出、收入从零开始逐步增加、利润从负到正这样一个基本的发展规律。因此，投资加盟店的受许人，除了要承担开店的初始投入以外，还必须拥有充足的资本，支撑加盟店从开店之日起到实现日、月、年净利润这样一个初创过程。因此，开业之初的现金流量预测就显得尤为重要。加盟店初期的现金流预测，最好以月为单位，逐月预测当月的销售收入、进货成本、特许权使用费、广告营销开支、管理性开支（员工工资、场地费用等），确保自己能够顺利度过实现盈利之前这个阶段。

3. 加盟商的融资决策

通常，特许人都会要求投资加盟的投资者拥有相当比例的自有资本。当意向受许人需要借助外部资金来完成加盟店的初始投资时，意味着该投资者在开店以后的一段时期甚至整个生命期内，必须在固定的经营性成本之外，定期支付额外的资金成本。从财务原理上讲，投资人的融资方式有两大类别：债务融资和权益融资。前者要定期向债权人支付利息，债务到期时要偿还本金；后者是与资金提供者分享经营收益，定期分红。意向加盟商在制定融资决策时，要对店铺的盈利预测和资金成本进行综合考虑，保障加盟店的财务安全性。

四、信息披露文档

强制信息披露是世界各国对商业特许经营的主要监管手段，也是意向投资者制定投资决策的基本依据。对于打算投资加盟的中小投资者来说，要能够正确认识特许人依法提供的信息披露文档，采取科学的审读和评价方法。既要从披露文档中获取特许人和特许权的真实状况，又要善于发现披露文档背后隐藏的信息。

按照我国现行的《商业特许经营信息披露管理办法》规定，特许人必须在签订特许经营合同之前至少 30 天的时间，向意向加盟商提供 12 类共 29 项书面文档。这些资料可以大致划分为七个大的类别，如表 7－7 所示。

表 7－7 特许人信息披露的内容和审读要点

披露信息类别	披露信息项目	披露信息内容	审读要点
特许人企业和特许经营品牌	（一）特许人及特许经营活动的基本情况	企业基本信息、直营店数量、特许经营情况、备案情况、重要的关联企业（供应商）、破产记录	直营店数量、备案情况、关联企业情况
	（二）特许人拥有经营资源的基本情况	自有知识产权、关联方提供的知识产权、知识产权相关诉讼	商标权、专利权的法律证明
特许经营的直接费用和隐性费用	（三）特许经营费用的基本情况	特许人收取或代收的各项费用、保证金的收取和返还、签约前的费用及其返还和抵扣	保证金、签约前费用
	（四）向受许人提供产品、服务、设备的价格、条件等情况	强制性采购、限制性采购、自主性采购	强制性采购项目
特许人对受许人的管控与支持	（五）为受许人持续提供服务的情况	培训与支持（区分无偿和有偿服务）	有偿服务的内容和价格
	（六）对受许人的经营活动进行指导、监督的方式和内容	体系内的运营规范、特许人的监督检查制度、消费者责任的划分	受许人的违规责任、消费者责任
特许经营网点投资	（七）特许经营网点投资预算情况	场地、设备、装置、初始库存、启动资金、行政手续、初始缴费的细目及依据	是否有隐性投资
特许经营体系的规模	（八）中国境内受许人的有关情况	受许人的数量、分布、政策，加盟店的投资和经营状况	现有加盟店的经营状况
特许人企业的财务和法律状况	（九）特许人财务会计报告摘要和审计报告摘要	特许人企业的主要财务指标	当前的资产负债和盈利数据
	（十）特许经营相关的诉讼和仲裁情况	特许人企业的重要法律事项	未结案诉讼和仲裁的影响
	（十一）特许人及其法定代表人重大违法经营记录情况	特许人企业的合规性记录	违规原因
特许经营合同	（十二）特许经营合同文本	主合同及附属合同的样本和洽商空间	格式合同的洽商范围

五、实地考察

意向投资者到特许人企业、直营店、加盟店进行实地考察，直观了解企业和体系的经营状况，是加盟投资尽职调查中的重要环节，需要引起投资者的高度重视。投资者一方面需要掌握正确的考察程序和观察要点，避免依靠直觉做出感性判断；另一方面还要学会识别某些不法商人为诱使加盟者上当，人为制造的虚假现场。历史经验表明，那些蓄意欺诈的不法商人，为了实现欺诈目标，往往会精心布置企业总部和样板店的现场，租用豪华办公场所，集中展示各种虚假或伪造的证书和奖项，在人流密集的商业中心开设样板店，雇用大量"店托儿"营造繁荣的假象。特别需要注意的是，不仅要考察特许人推荐和指定的样板店，尤其重要的是必须自主地去那些普通的加盟店进行考察，与普通加盟商交谈，获取真实的一手资料。

通常，投资者在投资决策前的尽职调查环节，需要分别到特许人企业（总部）、直营店、加盟店和关键供应商这四类现场进行考察。

● 考察特许人企业（总部）。几乎所有招商者都会邀请意向加盟商参观企业总部，这是特许人展现企业实力、吸引投资者加盟的重要手段。在到总部办公现场进行考察时，投资者要做到一看、二听、三问。"看"是指通过自己的观察，获得对总部日常运营的直观印象。重点要观察和判断你所看到的是真实的运营状况，还是掺杂有"表演"的成分。尝试与普通员工做简单沟通和交流，有助于做出正确判断。如果有可能，最好能现场观察加盟商服务平台（呼叫中心）的运行状况。"听"是指听参观时的引导人员的介绍，以及企业重要人物的讲话，感受企业的文化和最高管理者的工作风格。"问"是尽可能取得与公司接待人员一对一的单独沟通机会，按照程序有系统地提出关乎加盟决策的一系列重要问题。

● 考察公司直营店或样板店。参观样板店也会是意向投资者参观中的必选项目。在参观样板店时，主要观察日常运营的规范程序、工作流程、员工分工等关键信息。参观时需要牢记一点，样板店所体现的是该品牌店铺的最佳状态，甚至是理想状态。大多数特许人都会精心布置、安排一个或多个样板店。样板店既有可能是直营的，也有可能是加盟的。但即使是加盟商经营的样板店，也一定是得到了总部特殊的关注和支持，力求呈现出最佳的运营状态。

● 考察现有加盟店。意向投资者在最终做出投资决策之前，一定要设法在特许人指定的样板店之外，自行寻找、联系、访问一家或多家普通加盟店，甚至是那些状况不佳的加盟店，从而获取该品牌加盟商真实的运营状况。

● 考察上下游企业和关键供应商。通过阅读披露文档或向总部接待人员询问，了解当地的主要供应商和服务机构，最好能自行联络和访问供应链上的主要企业，了解上下游合作伙伴的经营状况和合作关系。

美国国际特许经营协会（IFA）为有意投资特许经营的中小投资者提供了一份建议性的问题清单，供投资者在访问特许人企业（总部）和现有受许人（加盟商）时参考，如表7-8、表7-9所示（引用时略有调整）。

表 7-8　　正式访问特许人公司（总部）时的问题清单

特许人企业（总部）	● 商标等核心知识产权的拥有者是谁 ● 核心知识产权是否有未决争议 ● 合同是否可以谈判，洽商的范围如何 ● 现有加盟商清单 ● 加盟商的发展计划、密度、速度 ● 已有加盟商的成功/失败率 ● 对于业绩不理想的加盟店提供怎样的帮助 ● 直营店与加盟店之间的竞争关系如何 ● 特许人是否提供融资服务 ● 是否有受许人组织或顾问委员会 ● 督导人员的服务和监管职能、权限、投诉方式如何
授权成本	初始投资
	● 特许经营费的标准、折扣、缴费方式 ● 初始的设备、设施成本及更新周期 ● 店铺装修成本估算 ● 店铺改造和升级周期、改造成本 ● 初始的培训及相关费用 ● 初始的广告及宣传用品 ● 开业宣传计划和预算 ● 初始供应品的品种、数量和价格 ● 初始库存的品种、数量和价格 ● 实现收支平衡前的最低运营资本 ● 正常运营时的运营资本
	定期费用
	● 特许权使用费和广告费的计算基准、费率、上下限、奖励和惩罚、付款方式和期限
	其他费用
	● 其他经常性费用的项目、收费标准、收费时机、频率
	采购限制
	● 加盟店经营中有哪些强制性、指定性、限制性、自主性采购项目 ● 特许人是否从加盟店采购中盈利 ● 特许人从加盟店采购中得到的利润率如何 ● 加盟店采购的配送方式、配送周期 ● 其他还有哪些强制性、指定性、限制性、自主性服务项目，是否收费，收费多少
运营	● 督导人员的职责、巡视频率、驻店时间 ● 受许人邀请督导人员现场指导是否收取额外费用 ● 督导人员具体提供哪些帮助 ● 督导人员具体监督哪些事项 ● 督导人员的费用或其他开支 ● 总部的加盟商咨询服务系统和服务方式 ● 咨询顾问的职业背景如何，能否在签约前会面 ● 特许人提供什么其他经营管理措施、设备（如 IT、财务软件、办公软件），成本如何

续前表

培训	● 初始培训的地点、时间，是否有额外费用 ● 定期培训的计划、频率、时间，是否有额外费用 ● 是否指定参加培训的人员 ● 培训课程包含哪些内容 ● 培训教师是谁，他的职业背景如何 ● 培训期间是否有交通服务，住宿费用和生活费用如何分担 ● 特许人是否提供除手册以外的、用于培训新店员的文字资料 ● 开业初期，特许人是否派人现场指导操作，多长时间，指导内容包括哪些
市场和顾客	● 公司做了哪些市场调查工作 ● 市场调查的结果如何 ● 公司是否对授权地区做过调研，验证其可支撑一家加盟店 ● 何种人口规模、特征才能支持一家加盟店 ● 何种交通流量才能支持一家加盟店
产品和服务	● 现有产品清单，以及计划上市的新品 ● 新品研发周期 ● 新品上市日期 ● 新品上市是否需要额外投资或成本 ● 对加盟店所售产品和服务方面的限制 ● 产品和服务的保修和保障 ● 进货批量、批次的规定
广告和营销	● 是否建立广告基金，由谁管理，如何开支，近期计划 ● 公司推荐/规定哪些广告方式 ● 公司推荐/规定多少本地广告开支 ● 公司是否提供销售线索或推荐顾客 ● 全国性广告的计划、预算 ● 广告基金中多少比例用于管理或代理费用 ● 主要的广告形式 ● 开业宣传的方案和成本

表 7-9　　访问现有受许人（加盟商）时的问题清单

特许人企业（总部）	● 你从总部得到了多少支持和帮助 ● 你对总部是否满意 ● 总部是否公平、容易合作 ● 总部是否愿意听取、接受加盟商的意见 ● 是否与总部产生过分歧或矛盾，怎样解决的 ● 总部是否与其他加盟商、竞争企业或政府部门之间有过纠纷
授权成本	● 你的加盟店是否盈利，多久才实现收支平衡，多久才能收回投资 ● 过去一段时间你的营业收入是多少 ● 过去一段时间你的毛利率是多少 ● 现在的现金流如何 ● 特许人估算的启动成本、运营资本是否准确 ● 特许人估算的盈利预测、收入预测是否准确 ● 你的收益是否达到预期水平

续前表

运营	● 现有运营程序效率如何 ● 运营手册是否有帮助 ● 你如何评价运营手册 ● 运营手册是否更新，更新周期是多久 ● 在投资开店前你的职业 ● 你对这项投资是否满意 ● 你对这项投资有哪些不满意的地方 ● 你对这项业务有哪些喜欢和不喜欢的地方 ● 你遇到过哪些问题 ● 你是否会开新店 ● 你是否推荐我开店 ● 你现在一天的工作状况如何 ● 你一天、一周工作多少个小时 ● 你在经营决策方面有多大的自由度
培训	● 总部提供的培训是否充分 ● 总部提供的培训是否有效
产品和服务	● 现在销售的产品和服务质量如何 ● 总部都提供哪些设备设施、原辅料、供应品 ● 总部提供的供应品是否有价格优势 ● 总部的供货是否充足、及时 ● 有哪些供应品可自主采购
广告和营销	● 目前每个月的广告营销开支多少 ● 全国性、区域性广告是否充足，是否有帮助 ● 你认为所上缴的广告费是否物有所值 ● 你对总部提供的广告营销支持是否满意

第三节 谈判、签约、开店

在对投资目标进行了全面审慎的尽职调查之后，就可以进入实质性的谈判和签约环节了。

通常，大多数特许人在开展招商业务时，都会向意向投资者提供固定条件的格式合同。尤其是其中的费用条款，在一段时间内对任何申请者都会采用相同的收费标准和费率。根据美国学者拉芳丹的一项调查，有42%的特许人采取了“接受或放弃”式的格式合同，几乎没有任何议价空间；有38%的特许人允许加盟者就一些非货币条款进行有限的洽商。其中，大约有四分之三的受访者认为，采用统一条款的格式合同，其目的是维持整个体系内部的统一性，并且能够对所有加盟者一视同仁。尽管特许人采用固定条款的格式合同有着充足的理由，但任何一份合同都是双方意愿相互协调的结果。因此，业内人士普遍建议加盟商在正式签约之前，还是要尽一切可能与特许人的代表就合同中的一些关键条款展开讨论。

值得注意的是，当特许人方面表示可以对大多数关键条款进行协商甚至让步时，就需要引起投资者的警惕。这意味着特许人为吸引投资者加盟，不惜放弃整个特许经营体系的原则性和统一性，这是体系管理弱化的显著征兆，甚至不排除诱导式欺诈的可能。

一、谈判要点

针对特许经营合同的特殊性，美国的一位特许经营专业律师詹姆斯·米尼（James Meaney）给中小投资者提出了一个极富建设性的建议：把对特许经营合同的谈判，建立在澄清和确认条款含义的基础上（clarification to start negotiation）。成功运用这一策略的前提是，投资者必须在进入谈判之前仔细审读合同文本的全部条款，并且辨识出其中的关键性条款（deal killer provisions），请求特许人代表做出详尽的解释，以此作为切入点展开实质性的讨价还价。此外，在开始与特许人代表展开正式讨论之前，与现有加盟商交谈并了解其合同情况也有一定帮助。

1. 洽商范围

米尼在其所著的《如何购买特许经营权》一书中，列出了特许经营合同中“难以改变但又至关重要”的若干关键性条款。

- 合同期限：意向受许人可以就续约条件或自动续约等方面提出问题并展开讨论；
- 价格条款：指初始的特许经营费金额和定期的特许权使用费费率与计费基准，意向受许人可以尝试寻求某种有限度的折让或者支付方式方面的变通；
- 授权区域：意向受许人需要澄清区域内的市场保护（网点密度、直营店关系）以及未来的区域扩展等关键性内容；
- 授权排他性：澄清授权的双向排他性约定（加盟商不得经营体系外产品和服务，特许人有条件地承诺指定区域内不增开新店）；
- 采购限制：初始的设备采购，定期的设备更新，日常运营阶段的供应品采购限制，特许人的供货价格、品质保障等，第三方供应商的认定及其责任；
- 续约条款：续约条件和自动续约条款，续约时的收费项目、收费标准；
- 转让和回购：受许人一方转让授权的条件，特许人的优先回购权，特许人的强制终止和回购、转售；
- 解决争端：合同的适用法律、仲裁机构、司法管辖等条款①。

2. 寻求法律服务

大多数有意投资加盟的中小投资者，其商业经验和法律知识都相对有限。因此，在与特许人的接洽过程中借助专业人士的力量就显得非常重要。除了上一节中提到的请专业会计人员帮助审核特许人披露的财务报告以外，在与特许人代表正式讨论合同条款时，熟悉特许经营的专业律师也能为意向投资者提供有价值的帮助。概括地讲，在意向受许人开始与特许人代表进行接触时，专业的特许经营律师可以在以下几个方面提供专业帮助：

- 评估披露文档和合同文本；
- 列出合同中需要澄清的关键点；
- 制定谈判策略和谈判要点；

---

① James Meaney. How to Buy a Franchise? . Naperville：Sphinx Publishing，2004.

● 提出适当可行的谈判（修正）议案；

● 在谈判进程中以专业的方式讨价还价。

需要提醒投资者注意的是，即使你已经聘用了专业的特许经营律师，仍然要牢记你自己才是这份特许经营合同的终极责任人，对于那些至关重要的合同条款，必须由你本人做出清晰而合理的评估和决定。

二、签约注意事项

尽管经过了全面的尽职调查，并且与特许人代表深入地讨论了合同的文本和条款，但在正式签署协议之前，投资者还是要保持必要的谨慎。毕竟，对于大多数中小投资者来说，加盟投资是个人经济生活中的一次重大决策，未来与特许人之间的合作关系将持续多年。

1. 容易被忽视的重要条款

特许经营合同中，除了像特许经营费、授权区域、合同年限、采购限制等比较显著的关键性条款以外，还有一些直接影响双方权利义务的重要条款，往往被缺乏经验的加盟者所忽视。

● 自有资本比例限制：许多特许人往往会对加盟商的经济实力提出要求，希望尽可能招募那些高净值的加盟者，具体表现在合同上就是，规定受许人在建店、开店过程中自有资本的比率不得低于一定比例。那些自有资本有限或希望与他人合作共同开店的加盟商，必须对此引起足够的重视。

● 参与经营要求：还有些特许人要求受许人本人必须全职投入加盟店的运营。毕竟店主经理人所拥有的利润激励是特许人授权的主要动机之一。如果意向投资者不愿或无法长期从事店铺的日常管理，需要在签约前征求特许人意见，商定双方认可的管理方式。

● 市场排他性：授权当中的排他性是一个比较复杂的问题，既涉及受许人一方的竞业禁止和加盟店的排他性销售，又涉及加盟店所在区域的店铺密度、体系内竞争、直营-加盟协调等经营性问题，需要引起意向加盟商的格外关注。

● 合同存续条件：特许经营双方通过协商，比较容易对经营业绩、销售指标等保持特许权的条件达成一致。但许多加盟商往往忽略了因本人的其他变故如健康问题、年龄问题、投资意愿变化等问题导致合同无法继续履行的情况。因此，意向加盟商必须在正式签署协议之前，对合同存续的前提，以及提前终止合同的条件、程序等予以澄清，确保当出现意外情况时，双方能够通过协商合理解决。

● 免责条款：有些特许人往往会以明确或隐晦的方式，在合同中列入一系列有利于自己一方的单方面免责条款，尤其是一些表述晦涩、文字冗长的合同中，这类条款往往容易被忽略。对此，加盟者需要保持足够的警惕，必要时应借助专业的特许经营律师，对合同条款进行全面审核。

2. 加盟文档的一致性

受许人在加盟谈判期间，会遇到特许人提供的四种加盟文档：（1）招商说明书；（2）信息披露文档；（3）特许经营合同（含附属合同）文本；（4）特许经营手册（如图 7－6 所示）。从意向加盟者与特许人企业的初次接触开始，特许人会在不同的时期依次提供这四种文档。受许人需要对这四类文档的性质、特点和审读原则有清醒的认识，签约前要反复核查，保证各阶段不同文档在核心条款上的一致性。

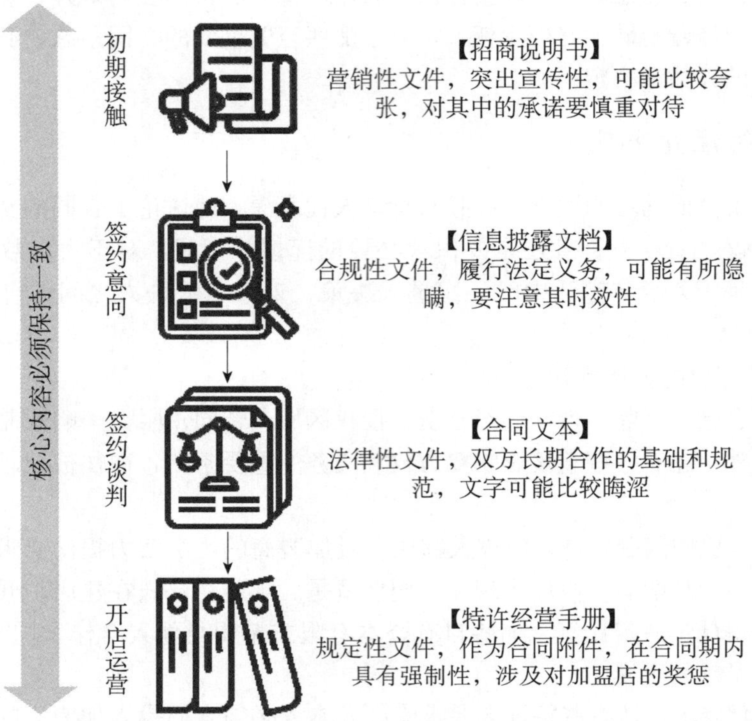

图 7-6　四种主要加盟文档的性质和特点

3. 冷静期

我国现行《商业特许经营管理条例》中，为保护受许人一方的利益，专门制定了冷静期制度，即在正式签约之后的一段时间内，受许人可以单方面解除合同，而无须承担违约责任。这是一种比较先进的立法思想，其目的是保护合同中处于明显弱势地位的加盟投资者。作为受许人一方，应当充分珍惜这一法律赋予的权利，在冷静期内对自己的投资决策进行全面理性的二次评估。通常，特许人是按照时间进程逐次提供前述四种加盟文档的，这种方式有可能会使投资者产生错误的心理定式或思维惯性，冷静期刚好为受许人提供了一个把之前的投资决策重新复盘的机会。需要引起双方注意的一点是，现行《条例》中并未规定冷静期的具体期限，但这并不意味着受许人一方可以无限制悔约，也不意味着特许人有权不提供冷静期或很短暂的冷静期。在现行法律框架下，可取的做法是双方在合同中明确规定冷静期的期限。借鉴国外的成功经验，通常冷静期限定在10天到两周比较合理。在合同中明确规定冷静期，对保护双方的权益都非常重要，无论是特许人还是受许人，都不应该忽略这个问题。

4. 保留证据

最后要提醒受许人注意的一点是，从与特许人的初次接触开始，就要注意保留一切证据，尤其是文字证据，并且要在整个合同有效期内妥善保存这些证据。书面证据包括但不限于前述四类加盟文档，还包括双方相互接触的邮件、信函、培训资料、重要会议记录、特许人的通知和通告、价格表等。妥善保留证据的目的并非仅限于可能的法律诉讼，在整个合同期内的相互沟通交流中这些材料同样非常重要。充足的证明材料，可以避免大量的误解、分歧，把矛盾和冲突限制在可控的范围之内，有效地改善和提升双方的沟通效率，有助于维护健康稳定的特许经营关系。

三、选址与开店

店址选择是加盟投资过程中最后一个重大决策。对于某些行业如零售、餐饮而言，一个合理的选址往往预示着创业成功了一半。通常，那些富有经验且严肃的特许人，会对加盟店的选址给出充分的建议和指导，甚至直接派人参与店址的考察和决策，还有些特许人会对加盟店选址做出若干硬性规定，这些都是一个负责任的特许人的正常表现。加盟者必须注意的一点是，对于绝大多数细分行业而言，如果特许人完全不关心加盟店的选址，这就是一个有风险的信号，应引起意向投资者的重视和警惕。

由于商业特许经营覆盖了众多的细分行业，不同的行业对经营场所的要求千差万别，很难制定出统一的评价标准。从大的范围来讲，零售业、餐饮业对选址的要求比较严格，需要选择那些人流量大、交通便利的场所；而某些服务业，尤其是商业服务业如咨询、会计、广告等行业对店址的要求比较宽松；还有些生产型的网点，可能会对选址有特殊的要求。

通常，特许人会对加盟店的选址给出指导性建议，加盟者需要注意的是合理权衡场地的成本与收益，通过慎重的现场考察，在若干选项中做出选择。在确定选址之前，与同类店铺的经营者、目标选址的业主和邻居进行深入的交流，对于做出合理的选址决策，往往能产生积极的影响，值得加盟者参考和借鉴。进行具体的选址评估时，可以结合店铺经营特征和店址区位两个方面的因素进行综合权衡，如图7-7所示。

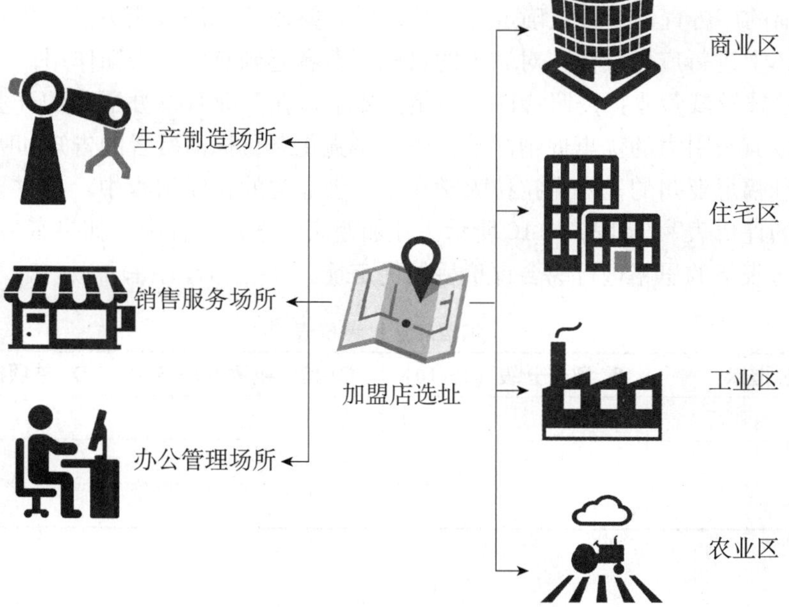

图7-7 加盟店选址的分析框架

店铺经营特征：

● 生产制造型：一定数量的生产设备和与之相适应的动力、交通、仓储条件；

● 销售服务型：依赖大量客流产生销售收入和利润，要求接近目标人群且交通便利；

● 办公管理型：与顾客的直接接触不太频繁且占用空间较小。

地理区位特征：

● 商业区：城市或城镇中心，交通要道两侧，大型购物中心内部或周边，写字楼密集区域；

● 住宅区：城镇居民住宅区域，适合中小规模零售和服务业；

● 工业区：多家生产型企业集中分布的区域，如城市开发区等，商业氛围较弱，日常客流有限，但一些劳动力密集的生产企业，可能会集中大规模工人人群；

● 农业区：适合那些服务于农业生产和农民需求的城乡连锁体系。

确定选址之后，加盟商需要完成的工作包括：

● 场地规划和整修：按照加盟店的业务特征，结合选定的店址进行功能区划设计，并对场地做初步的整修，通常在这个环节可以得到总部人员的指导和帮助；

● 设备采购、安装、调试：按照特许人的统一要求，购置、安装和调试设备；

● 规划和部署供应链：参照特许人的统一要求，与主要供应商、大客户、物流服务商等合作伙伴建立联系；

● 人员招聘、培训：按照运营手册上规定的岗位职责和人员分工，招聘合适的员工和基层管理人员；

● 店内装饰和布置：对于零售和服务业网点，需要按照特许人在运营方面的统一要求，对内部环境进行装修和布置；

● 店面装饰和布置：位于商业区、住宅区或临街的网点，需要按照特许人对品牌形象的统一要求，对店面、门头、橱窗等进行装修和布置；

● 开业前的广告宣传：大致确定开业日期后，要按照特许人相关的广告宣传要求，重点在当地媒体上进行广告宣传，对域内的目标消费者起到有效的告知作用；

● 开业仪式及试营业：按照特许人的相关要求，在开业日举办适当的开业仪式和宣传活动，辅之以有吸引力的优惠促销活动，进一步强化对目标消费者的告知和吸引。

美国加利福尼亚州的圣塔克拉拉大学在一个创业类的在线课程中，提供了一个特许经营网点选址的评价表[①]，如表 7－10 所示。在加盟店的选址过程中，如果有多个店址选项，则可参照这份表格的思路进行综合评价后择优定址。

表 7－10　　加盟店选址评价表

A. 评价指标	B. 评分分级（1～10）	C. 指标权重（1～5）	D. 单项评分（B×C）
交通流量：车辆和行人			
外观显著性			
附近的竞争条件			

① https：//www. scu. edu/mobi/business-courses/business-expansion/session-10-franchising-your-business/.

续前表

A. 评价指标	B. 评分分级（1～10）	C. 指标权重（1～5）	D. 单项评分（B×C）
城市区划			
停车条件			
经营环境			
附近的顾客人群			
固定居民的收入水平			
人口密度			
人口年龄分布			
区域的定向成长性			
区域发展：改善与恶化			
犯罪率和盗窃率			
店内员工的来源			
相关的薪资水平			
供应商环境			
租金和租期			
公用设施：水电气			
交通条件			
E. 综合评分			

第四节　受许人的自律和自我保护

尽管政府主管部门通过法律法规和行政监管的方式，对加盟创业的投资者提供了各种有效的保护措施，但商业特许经营毕竟是一种基于合同约定的民事商业行为，其基本原则是自愿、公平和诚信。这意味着特许经营关系中的权利义务主要由双方自愿约定，相关的法律规制措施，仅限于对一些显失公平的做法进行必要的纠正，因此，加盟者必须承担起保护自己合法权益的主要责任。

本书第五章中，我们用专门的篇幅讨论了特许经营的合规性问题，其中的主要内容是特许人企业的依法依规经营。实际上，受许人或加盟商作为特许经营合同的当事人，同样必须承担诚信守法经营的义务和责任，这就是所谓的受许人自律问题。

一、受许人的自律

既然商业特许经营的本质，是基于合同的长期商业授权关系，那么作为接受授权一方的受许人，首先要明确自己所签署的这份特许经营合同规定了己方的哪些义务，并且在合同期内（也包括期满之后）完整地履行这些义务。

1. 受许人的合同义务

首先需要明确的是，作为一个特许经营品牌的加盟者，受许人一方的义务是由双方基于公平、诚信的原则协商确定的。我国现行《商业特许经营信息披露管理办法》规定，特许人一方在签约前向意向受许人提供的信息披露文档中应包含“被特许人应履行的义务和不履行义务的责任”。世界上其他国家的特许经营立法和行政监管规范中，也有类似的规定。因此，受许人一方在签约前就应在认真阅读信息披露文档时，知晓并理解自己在未来的合作中的义务及相应的责任。

国内的特许经营法律专家孙连会律师，把受许人一方的义务归纳为五项。

● 规范经营：按照合同约定及体系规范（通常是以特许经营手册为依据）的要求开展经营活动；

● 按期缴费：定期如实向特许人报告网点经营业绩和财务数据，依照合同约定的缴费项目、基准和费率，按期缴纳费用；

● 接受监督：积极配合特许人的监督管理，包括定期报告制度、网点巡查制度、网点审计制度等；

● 保密和不竞争：在合同期内和合同终止之后，保守特许人的商业秘密，履行合同约定的竞业禁止义务；

● 维护整个体系的品质和声誉：依法依规，诚信经营，维护品牌和体系的声誉①。

美国联邦贸易委员会制定的《FTC 特许经营准则》，在特许人信息披露一节中，专门列出了受许人可能需要承担的义务（CFR Parts 436.5i），并规定特许人必须注明各项义务在披露文档和合同文本中的对应章节，如表 7－11 所示。

表 7－11　美国《FTC 特许经营准则》中提供的受许人义务列表

受许人义务 此表列出了在特许经营合同及其他相关协议中你的原则性义务，你可以参照本表，在相应的合同文本及披露文档的对应部分查阅相关细节。		
义务	**合同中对应章节**	**信息披露文档中对应章节**
a. 选址和店铺的购买/租赁		
b. 开业前的采购/租赁		
c. 店面开发及开业前的其他要求		
d. 初始和持续培训		
e. 开业仪式		
f. 费用		
g. 遵守体系的标准和政策及运营手册		
h. 商标和其他产权信息		
i. 销售产品/服务的限制		
j. 产品品质保证和顾客服务要求		
k. 区域开发和销售指标		
l. 持续的产品/服务采购		

① 孙连会．特许经营法律实务．北京：中国人民大学出版社，2013.

续前表

义务	合同中对应章节	信息披露文档中对应章节
m. 店铺维护、外观及改造要求		
n. 保险		
o. 广告		
p. 赔偿		
q. 店主参与管理及员工配置		
r. 业务记录和报告		
s. 调查和审计		
t. 转让		
u. 续约		
v. 终止后义务		
w. 不竞争条款		
x. 解决争端		
y. 其他		

2. 受许人的自律原则

欧洲特许经营联合会制定的道德规范中，专门列出了受许人的一系列自律原则：

- 作为完全独立和充分知情的创业者，与特许人诚信合作，共同创造整个特许经营体系的成功；
- 尽最大努力促进业务增长，维护共同的品牌和身份，以及整个体系的良好社会形象；
- 作为独立创业者，承担起加盟店经营所需的人力资本和财务资本的相关责任；
- 尊重体系内的其他受许人以及整个特许经营体系，与之和睦相处、良性竞争；
- 向特许人提供真实、准确、可检验的业务数据和财务数据，确保体系管理的有效性；
- 遵守特许人制定的产品和服务的品质标准，维护特许经营品牌的良好统一形象；
- 作为独立创业者，承担对顾客和消费者的必要责任；
- 保护特许人知识产权，承担保密义务、不竞争义务；
- 与特许人之间公平交易、诚信守约，对对方的违约行为给予善意提示，并给予合理的纠正时间；
- 通过公平合理的沟通和谈判，善意解决抱怨、积怨、分歧和争端；
- 当矛盾激化时，努力寻求外部调解和仲裁，尽量避免陷入法律诉讼。

3. 受许人可能的机会主义行为

经济学上的机会主义行为是指在信息不对称条件下，经济行为主体在交易前后采取故意隐瞒真实信息或披露虚假信息的方式不当获利的行为。美国学者格伦·帕克（Glenn Parker）把经济机会主义行为归纳为五类：（1）逆向选择；（2）道德风险；（3）末期盘剥；（4）悔约违约；（5）逃避责任。从原理上讲，在特许经营关系中，特许人和受许人双方，在签约前后都有做出机会主义行为的可能。从受许人一方来说，在各个阶段可能的机会主义主要表现如表 7－12 所示。

表 7－12　受许人可能的机会主义行为

阶段	可能的机会主义表现
签约前	● 为顺利获得特许人授权，隐瞒自己真实情况或向特许人提供虚假信息，在自身作为受许人的经验、能力、资本等方面，以及所处地域的市场条件方面误导特许人
合同期内	● 拒绝向特许人申报业务信息和财务数据，或申报虚假数据，从而逃避应缴的特许经营费用及广告营销费用 ● 违反体系规范，擅自提高价格或降低质量标准，破坏体系形象 ● 违反合同约定，擅自采购低价劣质供应品，损害特许人品牌形象和经济利益 ● 滥用特许人知识产权或泄露特许人商业秘密并从中获利 ● 采取不正当手段与体系内的其他加盟店或直营店竞争
合同终止后	● 违反合同约定的保密义务和不竞争义务 ● 合同终止后，盗用特许人的知识产权

二、签约前的自我保护

本章开始部分曾经提到，中小投资者加盟特许经营面临着三重风险：品牌经营不善、遭遇恶意欺诈以及自身不能适应。这些风险的最终表现都是受许人的利益特别是经济利益蒙受显著损失。从造成损失的根源上讲，前两种情况分别对应的是特许人的经营失败和特许人的故意欺诈，这两种情况的本质区别在于：对于受许人蒙受的经济损失，特许人是否具有主观故意。

我们一再强调，特许经营关系的本质是合同关系，因此，特许经营合同是受许人自我保护的第一道防线，也是最重要的依据。因此，受许人一方必须在签约前的尽职调查和评估阶段，就明确树立起强烈的自我保护意识。正如美国学者布莱尔和拉芳丹所说的那样："机会主义行为并非是一种竞争性恶行，它不是一个垄断问题，而是一个合同问题。"这就是说，受许人要充分保护自己的合法权益，就必须从合同入手，在签约前调动一切可能的手段，验证特许人的披露信息，真正理解合同中对双方权利义务的约定。一旦签署了特许经营合同，就意味着要在整个合同期内，甚至合同终止后，接受特许人一方的各种约束和限制，并承担自己的义务和责任。在特许经营合同范围内，受许人一方的利益受损，法律规制和行政监管措施几乎无法提供任何实质性的保障，除非特许人的行为明显违反了法律法规。

基于这样的原则，意向投资者必须按照本章前面所讨论的内容，在签约前对特许人企业及其体系、品牌开展全面、深入的尽职调查，并对特许人提供的信息进行客观冷静的分析、判断和验证。对于特许经营授权中所涉及的法律和财务问题，尽可能寻求专业律师、会计师的帮助。对特许人的企业实力、品牌价值、体系成熟度做出准确判断，识别招商者是否存在欺诈可能，防范因特许人经营管理不善而蒙受损失（如图 7－8 所示）。

特许人的经营状况包括两个方面：一是特许人企业自身的健康状况；二是对受许人的服务和监管，即体系成熟度。一个经营管理不善的特许经营企业可能有多种具体表现，常

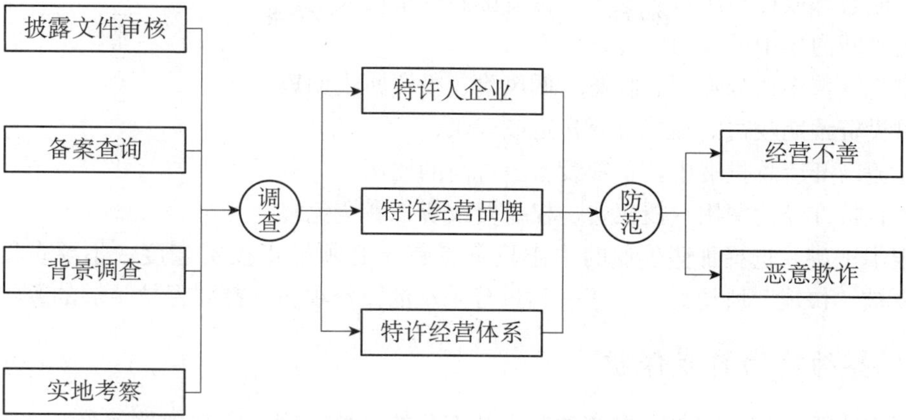

图 7－8　受许人签约前的自我保护

见的不良征兆如表 7－13 所示。

表 7－13　特许人企业和特许经营体系健康状况的不良征兆

信息披露	没有依法披露信息或披露不完整
	供货价格不合理
	加盟店转手率过高
	用过于晦涩的语言描述加盟店盈利预期
	历史上存在重大法律纠纷
	财务报告表现不佳
总部和体系	商业模式（产品、服务、工艺、标准）持续改变
	培训体系和运营手册不完善
	特许人企业历史含糊或过于复杂
	特许人企业的历史过短，或拥有较长历史但加盟店稀少
	特许人企业家族色彩过于浓厚
网点店铺	店铺维护条件不佳
	客流量差
	员工态度不良
	产品服务缺乏统一标准
特许经营关系	双方相互指责
	口碑差（受许人，顾客）
特许权销售	特许人销售人员采取高压销售策略，反复催促投资人签约
	销售人员口头陈述与正式文档不一致
	对意向受许人来者不拒，不加选择
	随意修改合同条款，无原则签约

当招商者蓄意欺诈时，缺乏经验的中小投资者往往更难识别。而且那些选择特许经营作为欺诈方式的奸商，欺诈手法也不断变化、花样翻新。根据近年来国内的一些特许经营欺诈典型案例所表现出来的特征，那些有欺诈嫌疑的招商企业最常见的典型特征有：

- 虚假宣传，伪造企业历史和荣誉；
- 伪造或夸大企业的经营资产如品牌、专利、商业秘密；

● 企业总部或样板店过分豪华、营造虚假的市场人气；

● 短时间内集中的大力宣传；

● 广告宣传中过分强调高收益、低风险、投资回收期短；

● 对投资预期收益的描述过于肯定或夸张；

● 加盟店开店总投资中，单项设备占过高的比例；

● 免收特许经营费用（授权费、权益费或者二者全免）。

从根本上讲，选择加盟创业的中小投资者首先必须端正投资态度，不要贪图蝇头小利，不要被“快钱”所诱惑，对于一切过分乐观的投资项目，都要保持足够的警惕。

三、签约后的自我保护

值得再次重申的一点是，在签约前保持充分的审慎态度，客观理性评价、选择投资对象，是受许人自我保护的根本原则。尤其是对于那些会导致加盟者蒙受巨大损失的蓄意欺诈行为，都应该在签约之前去识别和发现，一旦签约完毕投资完成就很难追回已发生的经济损失。

然而，那些前期考察中表现良好、主体资格完善、依法合规经营的特许人，在漫长的合同期内仍然有可能出现各种状况，如经营恶化、管理服务不善、企业战略重大调整，甚至是一些有意识的机会主义行为。特许人的机会主义行为与特许经营欺诈具有本质上的区别，后者基本上是在招商之初就有明确的欺诈动机和详细的欺诈方案，而特许人机会主义行为既可能出现在签约前，也可能出现在签约后的整个合同期内，并且许多机会主义行为几乎不涉及法律法规，甚至不违反合同约定，而是特许人利用合同的漏洞或先天的合同优势，以不道德的方式从加盟商身上榨取利益。

特许人在签约之后常见的机会主义行为有：

● 由于签约时收取了较高的一次性费用，即特许经营费，特许人失去了维护和提升特许经营体系的动机，减少了在产品研发、质量控制、广告促销和受许人服务方面投入的资源和精力，使受许人购买的特许权贬值。

● 为维护体系的一致性，特许经营活动中普遍存在着对受许人物品采购的指定性或认定性限制，如主要加工设备、原辅料、包装用品、广告促销用品等，这有可能成为特许人获得收入和利润的一个重要来源。但在实践中，特许人有可能利用合同的限制，滥用其控制优势，以超出市场的竞争性价格销售供应品，获取超额利润。

● 特许经营中，特许人的合同后利益来自持续的特许权使用费，而这种费用往往是按照受许人销售额的一定比例收取的。特许人往往会为了实现自己利益的最大化，限制或压低受许人的零售价格以保证销量，从而实现整个体系销售收入的最大化。这时特许人收入的提高是建立在受许人利润降低的基础上的。

● 特许人有可能为了收取更多的特许经营费，甚至是特许权使用费，而在受许人网点周边合理的市场空间内，卖出更多的授权，开设更多的网点，甚至可能是开设直营网点，由此侵蚀受许人的市场空间，损害受许人的利益。

● 特许人可能会利用一些借口，不正当地终止对一些市场状况良好的网点的授权，收回网点改成直营，或者以更高的价格再次销售特许权，从而获得额外利益。与此相类似的还有特许经营合同到期后的续约问题。

一般而言，面对这些情况，加盟者只能在签约前对合同深入反复地研究和理解，尽量把特许人可能的机会主义行为消弭在合同条款的细节当中。因为，对于大多数的特许人机会主义行为，很难从外部进行规制和纠正，无论是行政监管还是司法诉讼，很可能都鞭长莫及。这一点应引起广大中小投资者的充分重视。

扩展阅读

优良特许经营的10个标志

材料说明：美国资深的特许经营行业专家杰夫·埃尔金于2006年在《创业者》杂志上发表了这篇题为《优良特许经营的10个标志》的文章，为有意投资特许经营的中小创业者提供了一个很有价值的参考框架。

对于大多数潜在加盟者而言，能够选择一个全方位完善的特许经营机会比什么都重要。人们可以用许多不同的词来描述一个特许经营品牌，如“伟大”“可靠”“令人尊敬”等。但是，加盟投资的底线是你必须准确地获知所有必要信息，你即将购买的特许权没有重大缺陷。

下面这个评价特许经营权的检查清单可能有某种主观色彩，但它是我多年从业经验的总结。如果你想了解你面前的选项是否可靠，请按照这个清单逐项认真核查：

1. 调查过程中的响应程度。这听起来像是老生常谈，但当你考察一个特许经营项目时，你希望得到及时而专业的回复。这是你与特许人之间长远关系的最初“求爱”阶段，如果在这个阶段，你的未来特许人冷淡、敷衍、拖延，显然不是一个好兆头。

2. 初始培训。你需要确认，特许人所提供的初始培训，能够提供你未来从事经营活动、为顾客提供合格产品和服务所需的全部运营知识。除了评估特许人提供的培训方案和培训材料以外，还必须询问那些现有的加盟商，他们所得到的培训能否有效支撑他们的日常经营活动。

3. 其他培训内容。除了业务方面的培训以外，还要了解其他经营管理方面的培训情况，如店员招募和训练、员工薪资和奖惩、店铺安全、信息系统、政府和社群关系等所有你开办和经营一家店铺所必需的商业知识。

4. 营销方案。确认特许人提供的营销方案能够在合理的周期内建立起有效的顾客群体，以保证加盟店正常运行。在这个问题上，同样需要向现有加盟商咨询，了解他们的经营状况及总部营销支持情况。

5. 营业场所。许多特许经营体系都对店铺选址及内外装饰和布置提出明确要求。由于多数加盟者缺乏足够的商业经验，单靠自己的力量很难找到并布置一个符合要求的经营场所。因此，一个负责人的特许人，应当在店铺选址、租赁或购置、店铺布置与装修、内部布局设计、设备采购与安装等方面，为受许人提供完善的支持和帮助。

6. 融资援助。许多加盟投资的创业者需要获得外部资金支持。尽管很少有特许人直接向受许人提供融资，但一个成熟可靠的特许人企业应该很愿意为加盟者“铺平道路”。

特许人可能为加盟者提供标准的商业计划、投资预算的模板或样本，甚至帮助加盟者推荐、联系当地银行或中小企业贷款服务商。

7. 诉讼历史记录。长期从事特许经营的企业，特别是那些已经授权了大量受许人的特许人，历史上发生过一些与特许经营有关的法律诉讼，是一种很常见的情况。但是，这种诉讼记录当中蕴含着特许人处理与受许人关系的思路和原则。如果特许人过分依赖诉讼来解决与受许人之间的分歧，显然不是什么好兆头。

8. 特许人企业的财务状况。这听起来很简单，但是财务上保持健康、盈利状况良好是一个可靠特许人的基本条件。必须仔细审核特许人所提供的财务报告，必要时可以借助专业会计人员的帮助，确定特许人企业能够健康稳定地持续经营，并完好履行对受许人的一切承诺。

9. 加盟店的财务状况。一个可靠的特许人，应该能够让一个有代表性的受许人在合理的期限内收回投资并赚取合理的回报。尽管特许人不能保证所有加盟店盈利，而且加盟店的盈利状况也不太容易调查，但是投资者必须在做出最终决定之前，充分研究体系内一个普通加盟店的投入产出情况。

10. 现有受许人的态度。这是一个可靠的特许经营体系最重要的标志。一个健康稳定的特许经营体系，应该能够让大多数现有受许人感到满意。他们应该对特许人提供的培训、服务，以及自己所投资的店铺的经营业绩感到满意；同时与特许人企业的相关人员及管理者之间，长期维持融洽和睦的关系。

如果你选择的特许经营品牌，在上述这10个指标上都能够得到不错的评分，那么说明你找到了一个好的、可靠的特许人。如果这个项目符合你的预期和个人偏好，能够让你充满激情地投入其中，那么你就离一个成功的加盟创业者很近了。

资料来源：Jeff Elgin. 10 Signs of a Great Franchise. Entrepreneur. （2006-12-11）. https：//www. entrepreneur. com/article/171432.

第八章　新经济与特许经营

【本章纲要】

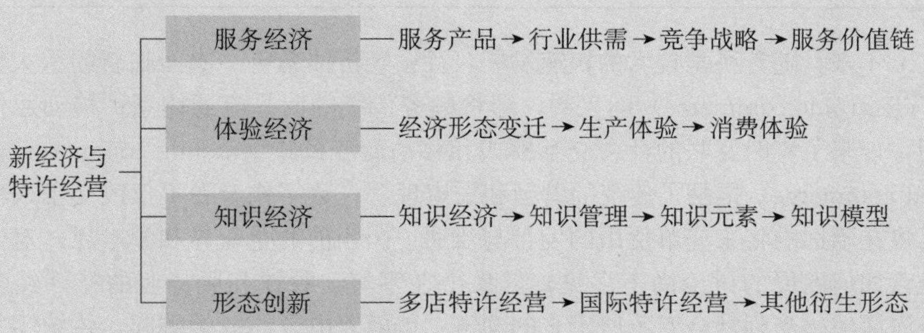

【本章重点】

● 熟悉服务产品的内涵及服务业的供求关系，掌握服务企业的竞争战略，了解服务企业的价值链；

● 了解派恩和吉尔摩提出的四种经济形态，熟悉体验产品和体验商品的含义；

● 了解知识经济和知识管理的一般概念，掌握特许经营的知识元素和知识管理模型；

● 了解特许经营的几种创新形态。

随着时代的发展，特许经营也一直处在不断的变革和发展之中。

本书第一章对现代特许经营的起源和演变过程，做了较为详细的介绍。从经济机制上讲，商业特许经营是现代工业经济的产物。正如美国学者托马斯·迪克所说：“（早期的）产品分销特许经营作为组织现代企业的一种更加有效的手段，源自技术进步所带来的全国性市场和大规模生产，……而商业模式特许经营则是源自产品分销特许经营。”从 20 世纪 50 年代起，美国等主要西方发达国家，第三产业的就业人口陆续超过了全部就业人口的 50%，标志着这些国家进入了所谓的后工业经济时代。而以麦当劳等为代表的商业模式特许经营，也几乎在同一时期爆发出来。这种时间上的巧合并非偶然，而是有着深刻的内在联系。特许经营，作为工业化时代的一种大规模分销模式，在后工业化时代，以其知识产权内核，成功地演变成服务经济当中的一种企业组织及产权分布模式，如表 8-1 所示。

表 8-1　社会经济发展与特许经营的演化

	工业经济	服务经济
时代	20 世纪 50 年代以前	20 世纪 50 年代之后
特许经营的类型	传统特许经营	商业模式特许经营
特许经营的目的	产品分销	服务分销
特许经营的意义	纵向渠道组织	分布式产权的网络组织
授权标的	分销权，品牌使用权	一揽子知识产权
代表性企业	福特汽车，可口可乐	麦当劳，7-Eleven

近三十年来，随着科学技术的快速发展，社会经济体系再一次面临新的重大变革：电子商务（electronic commerce）的兴起，即将颠覆传统的商品流通体系；移动通信技术的普及应用，带来了实时互联的社会交互模式和移动商务模式（mobile commerce）；社交商务（social commerce）推翻了传统的营销和渠道理念；数字化金融不仅改变了人们的支付方式，还将在不远的将来变革货币的发行与流通……当前的企业界和学术界，对于新经济下特许经营如何发展的讨论尚不多见，但集中在零售、餐饮和服务业的特许经营从业人员，已经深深地感受到社会变革所带来的冲击：伴随着电子商务的崛起，传统零售业陆续出现关店潮；网络购物的勃兴，催生出规模庞大的新兴物流产业；共享经济、数字经济对服务业所产生的深远影响，仍处在不断发酵之中。目前，我们尚无法对特许经营今后的发展做出准确预测，但可以肯定的是，特许经营因其所蕴含的知识经济内核，将会在相当长的时期内保持其生命力。

本章将从服务经济、体验经济、知识经济等几个维度，对我们所面对的新经济潮流进行归纳和描述，为身处第三产业前沿的特许经营从业者提供若干前瞻性视角，最后，概括介绍商业特许经营领域的若干前沿性实践。

第一节　服务经济与特许经营[①]

按照西方的主流观点，所谓“新经济”是指 20 世纪后半叶发达国家的从以制造业为主向以服务业为主的经济转型。这一术语最早出现于 20 世纪 80 年代，1983 年 5 月，美国《时代周刊》杂志发表了题为《新经济》的封面文章，首次使用这一术语来描述美国经济从重工业向新技术经济的转变。到了 20 世纪 90 年代，美国经济出现了一个高增长、高就业、低通胀的加速发展阶段。有数据表明，1972—1995 年，美国的劳动生产率每年的增长率大约为 1%；而从 1995 年到 1999 年这 4 年间，年均劳动生产率的增长率达到了 2.65%。社会各界普遍把这一变化归结为计算机和网络技术的爆发。

2007 年，美国的两位学者提出：在美国和其他发达经济体，从农业到制造业，再到

① 本节内容主要参考了：James Fitzsimmons，Mona Fitzsimmons. Service Management：Operations，Strategy，Information Technology. 7th Edition. New York：McGraw-Hill，2011。

服务业这样一个经济演化过程已经接近尾声。未来的社会经济发展将沿着一个全新的维度展开，从基于材料的经济向基于信息的经济转型。在分析经济运行和企业经营活动时，必须在原有的产品-服务（product-service）维度之外，增加一个新的材料-信息（material-information）维度①，如表 8-2 所示。

表 8-2　基于信息经济理念的产业部门划分方式

终端市场交付形态	产品（制造）	过程（服务）
材料（原子）	化工、钢铁、水泥、汽车、飞机、工业设备	运输、建筑、维修、医疗、旅游、零售
信息（比特）	计算机、电视、书籍、光盘、音乐、视频、软件、数据库	通信、广播、金融服务、教育

按照这一框架来划分美国的经济活动很容易看出，与信息相关的现代服务业已经成为发达国家经济活动中的主导部分，如图 8-1 所示。

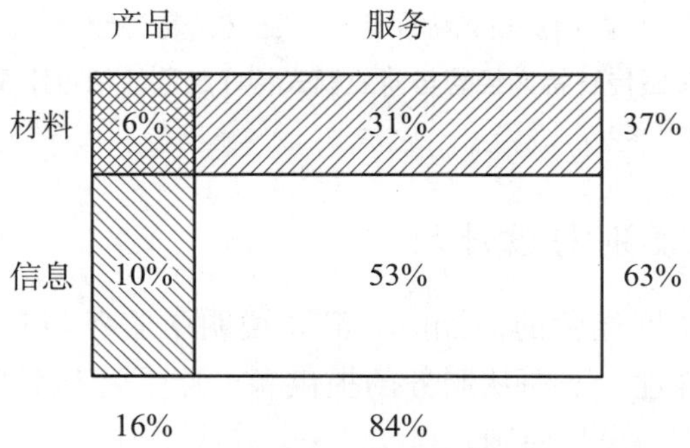

图 8-1　美国国民经济的分布

具体到商业特许经营范畴，按照普华永道和美国国际特许经营协会的最新研究报告，在网点数量、就业岗位、薪资总额、经济产出、GDP 等五项主要经济指标上，美国的商业模式特许经营的占比都接近或超过四分之三，如图 8-2 所示。就现状而言，无论是国内还是美国等发达国家，目前的商业特许经营仍然主要集中在餐饮、零售等传统第三产业领域。但在近年来举办的国内外特许经营展会上，已经陆续开始出现一些来自信息服务领域的参展商，如 3D 打印、人工智能和数据服务等。因此可以预期，特许经营在未来的发展空间，将更多地集中在以“服务过程”为终端交付形态的服务业当中，尤其是新兴的信息服务业。

以下简要分析现代服务业的一般运行规律，这些规律对于新经济形势下面向未来的特许经营权的规划、设计和创新，具有广泛的指导意义。

① Uday S. Karmarkar, Uday M. Apte. Operations Management in the Information Economy: Information Products, Processes, and Chains. Journal of Operations Management, 2007, 25 (2).

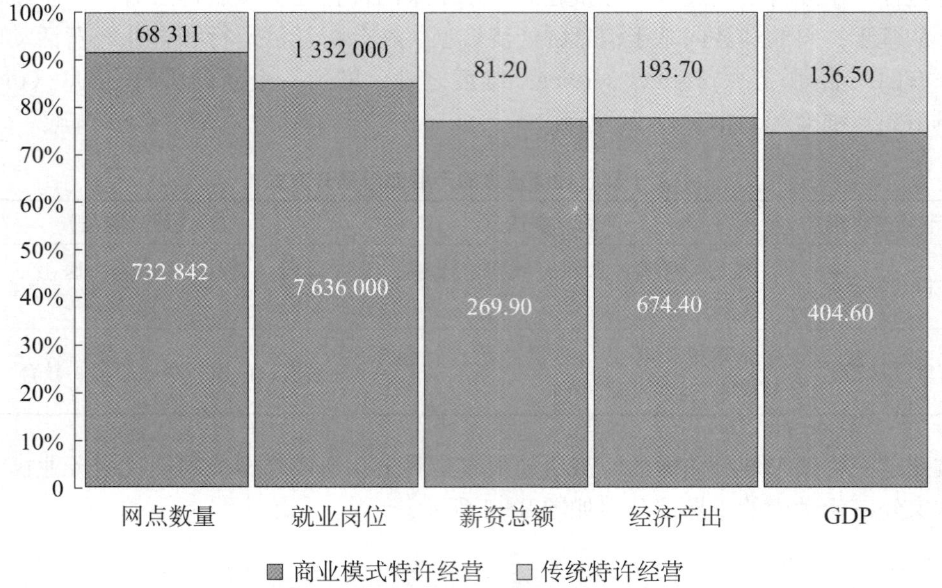

图 8－2　美国传统特许经营与商业模式特许经营的相对比重，2016 年

注：图中货币单位是十亿美元。

一、服务产品的类别与设计原则

本书第二章在讨论特许经营的内涵时，简要说明了服务与有形产品之间的区别与联系，以及服务产品的特殊性。下面从服务的提供者、接受者和服务产品的内涵三个方面，具体介绍服务产品的类别与设计原则。

1. 服务的提供者

服务产品与有形产品最大的区别在于服务的交付和接受是一个或长或短的持续互动过程，简称为服务产品的交互性（interaction），而有形产品的交易（所有权转移）则通常是即时完成的。而服务提交过程的交互性，又取决于具体的服务产品的个性化（customization）程度。因此，对于作为服务提供方的服务企业来说，首先需要判断的是，不同程度的个性化与交互性对服务人员和服务场所提出的特殊要求。美国学者罗杰·施曼纳（Roger Schmenner）提出了一个服务过程矩阵[①]，来描述这二者之间的关系，如图 8－3 所示。

按照这一矩阵的理念，服务企业管理者需要从四个方面考虑服务产品与策略的规划与设计。

- 劳动密集程度高：人员雇用、培训、管理、调配，远程网点的运营管理；
- 劳动密集程度低：资本需求、技术先进性、服务能力与需求波动性的匹配和权衡；
- 交互性与个性化程度高：控制成本、保持服务质量、响应顾客需求、保持员工忠诚度、扁平式管理架构；
- 交互性与个性化程度低：营销、关注周围环境、层级制管理架构。

① Roger Schmenner. How Can Service Businesses Survive and Prosper? Sloan Management Review，1986，27（3）.

劳动密集程度 ＼ 交互性与个性化程度	低	高
低	**服务工厂**：飞机航班，货物运输，酒店，度假娱乐	**服务商店**：医院，汽车维修，其他维修和维护服务
高	**大众服务**：零售，批发，学校，商业银行零售业务	**专业服务**：医生，律师，会计师，建筑师

图 8-3　服务过程矩阵

2. 服务的接受者

服务产品在本质上是服务提供者与服务接受者之间发生的、有经济价值的互动关系。这种关系的特性在很大程度上是由服务的直接受体（direct recipient）所决定的。美国市场营销协会的学者克里斯多夫·拉夫罗克（Christopher Lovelock）据此提出了一个服务行动-受体矩阵[①]，用来区分不同的服务产品，如图 8-4 所示。

服务行动 ＼ 服务的直接受体	人	物
有形	**人的身体** 医疗保健，客运，美容，诊所，餐馆	**实体财产** 货运，维修维护，洗衣，保洁，宠物服务
无形	**人的精神** 教育，广播，信息服务，剧场，博物馆	**无形财产** 银行，法律服务，会计服务，证券，保险

图 8-4　服务行动-受体矩阵

3. 服务产品的内涵

对于服务产品的内涵，拉夫罗克和另一位学者埃佛特·古梅松（Evert Gummesson）提出了一个全新的视角。他们认为：区别于有形产品交易，服务产品的交付过程，基本上不涉及所有权的转移。顾客在购买服务时，获得的是对某种资源的有限的使用权利，因此对服务的购买可以视作一种租赁行为。为此，他们把服务产品划分为五大类[②]，如表 8-3 所示。

---

① Christopher Lovelock. Classifying Services to Gain Strategic Marketing Insights. Journal of Marketing，1983，47（3）.

② Christopher Lovelock，Evert Gummesson. Whither Services Marketing? In Search of a New Paradigm and Fresh Perspectives. Journal of Service Research，2004，7（1）.

表 8-3　　租赁视角下的服务产品分类法

服务种类	顾客价值	举例	主要管理问题
货品租赁	获得暂时的排他性使用权	汽车、工具、家具、设备	选址与货品维护
场地或空间租赁	获得一个较大空间内特定部分的排他性使用权	酒店房间、飞机座位、存储单元	客房服务与实现规模经济
劳动力与专业能力租赁	雇用他人从事某项工作	汽车维修、外科手术、管理咨询	专业能力是可更新资源，但时间具有易逝性
实体设施使用	获准在一定时间段内进入设施	主题公园、营地、健身馆	排队和客流控制
网络使用	获准参与	电网、移动电话、互联网	可供能力与定价决策

按照这种分类方法，能够很清晰地区分不同类型的服务产品，服务企业的经营管理者所面临的挑战和管理任务，如表 8-3 中的最后一列所示。

二、服务业的供求关系

为了深入研究服务企业与顾客之间的相互利益关系，克里斯多夫·拉夫罗克从服务产品的个性化程度、服务需求的波动性、服务产品的交付方式等不同维度，对服务业的供求关系进行了分析与归纳，如图 8-5 至图 8-8 所示。

对于服务业企业来说，图 8-5 所示的服务个性化矩阵，涉及企业的市场定位、竞争策略和服务产品的设计与规划等方面的战略性选择。服务产品的个性化程度高低，直接决定了企业所面对的顾客群体的规模，也制约着企业提供服务的单位成本。提供个性化程度高的服务产品，意味着企业要能够更加灵活地适应不同的顾客需求，因此就需要花费更多的资源和代价。并且，企业需要选择是由普通的服务人员提供标准化的服务，还是由具有更高素质，同时人力成本更高的专业人员，这样才能够针对不同的顾客需求提供不同的服务。

服务人员的自主程度 \ 服务产品的个性化程度	高	低
高	外科手术，出租车，豪华餐厅	教育（大班），预防性医疗保健，家庭餐馆
低	电话，酒店，零售银行，自助餐厅	公共交通，影剧院，观赏性体育，单位内部餐厅

图 8-5　服务个性化矩阵

服务企业提供服务的最大能力，受到企业规模、人力资源、服务设施的制约。因此，在面对波动较大的顾客需求时，需要综合权衡需求和供给能力两个方面的因素，如图 8-6 所示。对于需求波动性较小的服务种类，企业可以比较容易地根据历史经验或静态的市场分析，来确定最佳的服务容量。但对于波动性较大的需求，企业就需要综合平衡企业的冗余能力和市场需求的变动。冗余能力过大，会在平时浪费较多的服务能力而导致成本增加、效率下降；而冗余能力不足，又会使顾客体验恶化，从而导致企业在竞争市场中处于不利位置。

面对波动需求的服务企业，在战略层面通常需要考虑以下三个问题：

● 服务需求起伏变化的程度和特点，以及需求波动是否可预测？

● 需求波动背后的根源是什么，是否有可能用人为手段如营销攻势、差别定价来平抑需求波动？

● 企业是否能够有效地改变供给能力，如雇用兼职人员等手段？

		服务需求的波动性	
		大	小
服务容量的差距	小	电网，电话，医院的妇产科，治安警察	保险，法律服务，银行，洗衣店
	大	税务服务，客运，酒店	快餐，汽车影院，加油站

图 8－6　服务需求-容量矩阵

传统上，服务产品的交付方式和网点数量是由服务产品的特性和市场惯例所决定的，如图 8－7 所示。对于服务企业来说，多点服务类业务所面临的管理问题，主要是服务品质、服务标准的统一性问题。随着信息技术和电子商务的发展，交付方式维度上越来越多地趋向于直接交付方式。

		网点数量	
		单点服务	多点服务
交付方式	顾客前往	剧场，理发店	公共汽车，快餐连锁
	企业送达	害虫防治，出租车	邮政，紧急维修
	直接交付	信用卡机构，本地电视台	全国电视网，电话公司

图 8－7　服务交付矩阵

相对于制造业而言，服务产品先天地具有更加个性化的特点，分销渠道也更加扁平化，经常是服务人员与顾客之间的直接交互完成服务过程、决定服务品质，因此也更容易与顾客之间建立起相对稳定和持久的客户关系，如图 8－8 所示。与众多顾客建立起会员制关系，对于服务企业的重要意义和价值显而易见：企业不仅可以更好地掌握顾客信息、培养顾客的忠诚度，而且能够通过有针对性的营销活动，进一步强化现有的顾客关系。特别是大数据分析技术的普及和应用，使得那些原本顾客关系较为松散的行业和企业，能够向会员制服务方式转化。

交付方式 ＼ 顾客关系	会员制	松散式
持续	保险，电话账户，电网，银行	广播，免费高速公路
零散	长途电话，剧场套票，过境签证，团购，航空公司常旅客	收费高速公路，汽车租赁，影剧院，公共交通，餐厅

图 8－8　服务关系矩阵

三、服务企业的竞争战略

由于服务产品在产品属性、交付方式和供求关系上明显区别于有形产品，因此，服务企业之间的竞争也呈现出不同于传统企业竞争的特点。这种差别主要体现在竞争环境方面。在这种特殊的竞争环境下，服务企业的竞争力和竞争战略依然服从迈克尔·波特的通用竞争战略模型，并可以采用波特的 SWOT 方法进行分析。

1. 服务企业的竞争环境

相对于传统制造业，服务企业的竞争环境有以下一系列特点。

● 相对较低的竞争壁垒：服务业的资本密集程度和技术密集程度都明显低于制造业；服务业中的创新和领先技术往往体现为各种非专利发明和经验总结，这些优势资源无法得到知识产权法的保护，容易被竞争对手复制。

● 难以实现规模经济：由于服务产品具有参与性和同时性的特点，服务产品的交付要求顾客和服务人员同时出现在服务场所。因此，当服务产品的受众分布广泛时，单一服务场所难以实现规模经济性。服务业的连锁经营能够解决规模经济的问题，但会带来管理成本的增加。在这方面，商业特许经营能够实现规模经济与管理成本的良好平衡。这也是在服务经济时代，商业特许经营的生命力所在。

● 顾客需求的不规则波动：由于服务产品具有易逝性，无法像有形产品生产那样通过保持一定的库存来应对需求的波动，因此对服务人员、辅助设备和材料的管理提出了挑战。

● 缺乏与上下游议价的规模优势：由于单个服务网点无法实现规模经济，那些独立经营的中小服务企业在与上下游企业的交易中，缺乏议价优势。

● 产品具有较高的可替代性：相对于有形产品，消费者对服务产品的需求更加富有弹性。在一个社会环境快速变迁的时代，服务企业所面对的不仅仅是来自同行的竞争，还有来自消费者个人口味和社会潮流以及新技术新服务的竞争。

● 顾客忠诚度起重要作用：绝大多数服务产品的交付是服务人员和消费者面对面完成的，人际互动的因素对消费者体验起到重要的作用，因此，顾客忠诚度的培养与维持就成为一个持久的挑战。

2. 服务企业的竞争战略

迈克尔·波特提出的通用竞争战略同样适用于服务业。但服务企业在制定和落实具体的战略优势时，需要采用不同的分析视角和商业手段，如表 8－4 所示。

表 8－4　服务企业的通用竞争战略

<table>
<tr><th colspan="2" rowspan="2"></th><th colspan="4">竞争优势</th></tr>
<tr><th colspan="2">产品特色</th><th colspan="2">成本</th></tr>
<tr><td rowspan="2">目标市场</td><td>全行业</td><td>差异化策略</td><td>● 在提供无形服务的同时，向顾客无偿或折扣提供具有营销价值的有形物品
● 基于对顾客的识别和分析，实现标准产品定制化，有助于提升顾客忠诚度
● 降低顾客在接受服务时的可感知风险，如 4S 店设置维修过程可视化的顾客等候区
● 通过强化对服务人员的培训，尽量提升顾客体验
● 建立良好的内控体系，保证服务品质</td><td>总成本领先策略</td><td>● 筛选低成本客户，或实行差别定价
● 在深入分析顾客需求的基础上服务产品标准化
● 用高效的技术手段替代昂贵的人员，如银行业的 ATM
● 快递、零售配送等需要网络覆盖的行业，运用科学的网络布局提升网络效率
● 服务运营离线化，如洗衣行业在中心店之外，设立更多收货点</td></tr>
<tr><td>细分市场</td><td>聚焦策略</td><td colspan="3">● 面对差异化的市场和顾客群体时，企业集中精力和资源服务于特定的细分市场，以细分市场的绝对份额实现经济效率</td></tr>
</table>

四、信息、服务、价值链

曾有人说，机械动力推动了农业经济向工业经济的转变；信息技术则促进了工业经济向服务经济的转型。对于服务企业而言，信息技术的应用绝非是一种常规的战术性的手段，而是直接关系到企业在一个多变的社会环境中如何打造核心竞争力的总体战略。

1. 信息对服务业的重要性

信息技术对于服务业和服务企业的重要战略意义，体现在以下四个方面：建立竞争壁垒、直接创造收入、数据库资产、提高生产率，如表 8－5 所示。

表 8－5　信息对服务业的战略意义

		在线：实时	离线：分析	
外部：顾客	建立竞争壁垒	● 建立高效的顾客预订系统，提高企业的服务效率 ● 实行会员制服务，增加顾客的转换成本	数据库资产	● 服务企业可以以有偿的方式，与非竞争企业共享自己积累的顾客数据 ● 基于大数据分析，改善、提高和创新服务产品 ● 依托社交媒体，建立与顾客之间的持久联系，进行有针对性的微营销
内部：服务人员	直接创造收入	● 通过实时的信息处理，灵活地配置资源，更好地匹配服务能力与顾客需求 ● 在服务现场引入信息设备，提升服务品质和效率，如餐厅服务员用移动终端点菜 ● 依托前沿的信息终端，建立起基于商业职能的专家系统，实时分析和监控企业运行	提高生产率	● 运用智能化的需求分析、库存分析和周转分析 ● 运用数据包络分析技术（DEA）分析不同网点、不同顾客、不同服务人员的投入产出，确定本企业或本业务的效率前沿

2. 基于信息的虚拟价值链

今天的企业必须同时面对实体空间和虚拟空间两个市场上的竞争，国外有人分别用 marketplace 和 marketspace 这两个词来代表这两个范畴。对应于传统的有形产品生产和营销的价值链，从企业到顾客之间的双向信息流动，构成了一条虚拟价值链。对于服务业企业而言，这条基于信息和知识的虚拟价值链，其战略意义甚至超过了实体价值链。在这个链条上，可以识别出四个关键环节，并且与实体产品的生产和营销过程一一对应，如图 8－9 所示。

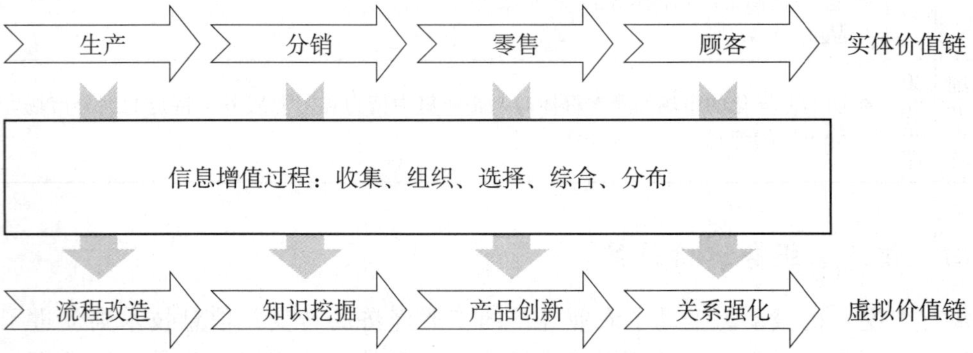

图 8－9　基于信息的虚拟价值链

● 流程改造：运用信息技术的综合分析成果，改善现有服务流程；

● 知识挖掘：建立起与顾客互动的数据库，运用商业智能技术发掘有价值的知识；

● 产品创新：基于商业智能的分析结果，改善和创新服务产品，更好地满足顾客需求；

● 关系强化：基于商业职能的分析结果，准确识别顾客，进行有针对性的个性化营销。

3. 信息技术的局限性

尽管在现代社会背景下，信息和信息技术对每个企业和行业都具有不可替代的战略重要性，但企业的经营管理者必须充分认识到信息技术的局限性和可能产生的副作用。

- 不正当竞争：基于大数据分析识别顾客，提供个性化服务并实行差别定价，有可能引发不正当竞争指控；
- 公平交易：在与上下游合作伙伴进行交易时，上述问题可能会损害公平交易原则；
- 侵犯隐私：实时数据库和大数据本身，有可能侵犯顾客的个人隐私；
- 数据安全：信息系统本身的脆弱性和不安全性，可能给企业带来严重的潜在威胁；
- 数据可靠性：数据库系统和分析技术的设计与部署，都可能影响数据本身及分析结果的可靠性。

第二节 服务经济的新维度：体验经济

20 世纪 90 年代末，美国两位资深的企业咨询界人士约瑟夫·派恩（Joseph Pine）和詹姆斯·吉尔摩（James Gilmore）提出了“体验经济”的概念①，在全球范围内引起热烈反响。尽管这一概念并非严格的学术术语，并且在社会上也存在着一些批评的声音，但是在研究服务业的运行规律和服务企业的经营战略方面，这一理论仍然具有不可忽视的应用价值。

一、经济形态的演化

派恩和吉尔摩两人从逻辑和历史两个维度提出了体验经济的概念。在他们所著的《体验经济》一书中，他们首先用人们非常熟悉的咖啡作为范例。按照他们的区分方式，期货市场上的咖啡豆大约 1 美元一磅，这时的咖啡是一种日用品（commodities）；街头小店冲泡的咖啡大约 1 美元一杯，相对于前面的咖啡豆，价格增长了 5～10 倍，这时的咖啡是一种商品（goods）；而在五星级酒店或意式咖啡吧（espresso bar）里，同样的一杯咖啡要收取 5 美元，这时的咖啡是一种服务（services）；而一位初次抵达威尼斯的游客，在圣马可广场的佛罗里安咖啡店（Café Florian in St. Mark Square）里，则会心甘情愿地为一杯咖啡支付 15 美元的价格，这时他们享受的是一种独一无二的体验（experiences）。

派恩和吉尔摩的分析并未停留在经济提供物（economic offering）的附加值层面。他们进一步把商品价值的递进与社会经济发展的历史进程对应起来，提出了人类经济演化的四个阶段，如表 8－6 所示。

表 8－6　四种经济类型的区分

经济提供物	日用品	商品	服务	体验
经济类型	农业经济	工业经济	服务经济	体验经济

① Joseph Pine, James Gilmore. The Experience Economy: Work is Theatre & Every Business a Stage. Boston: Harvard Business School Press, 1999, 2011 (updated Ed.).

续前表

经济提供物	日用品	商品	服务	体验
经济功能	提取	制造	交付	创造
提供物的性质	可替代	有形	无形	记忆
关键属性	自然	标准化	定制化	个性化
供应方式	批量散货	生产后储存	按需交付	一定时间内呈现
销售者	贸易商	制造商	服务提供者	创造者
购买者	市场	用户	客户	顾客

把逻辑和历史两个维度结合在一起，他们提炼出四种经济提供物的内涵。

● 日用品：从自然界发掘和提炼出来的材料，如农作物、畜产品、矿物。

● 商品：把从自然界直接获得的物品作为原材料，以工业化的方式进行大规模生产，经过各种流通环节传递到消费者手中。

● 服务：以商品为依托，按照顾客的需求提供定制化的无形活动。

● 体验：以服务作为舞台、以商品作为道具，以“演出”（staging）的方式使消费者融入商家所创造的氛围之中，从而获得独特体验。

这四种经济提供物满足了顾客不同层次的需求，其经济价值和销售价格逐步递增，同时也为企业创造出不一样的竞争优势，如图 8－10 所示。

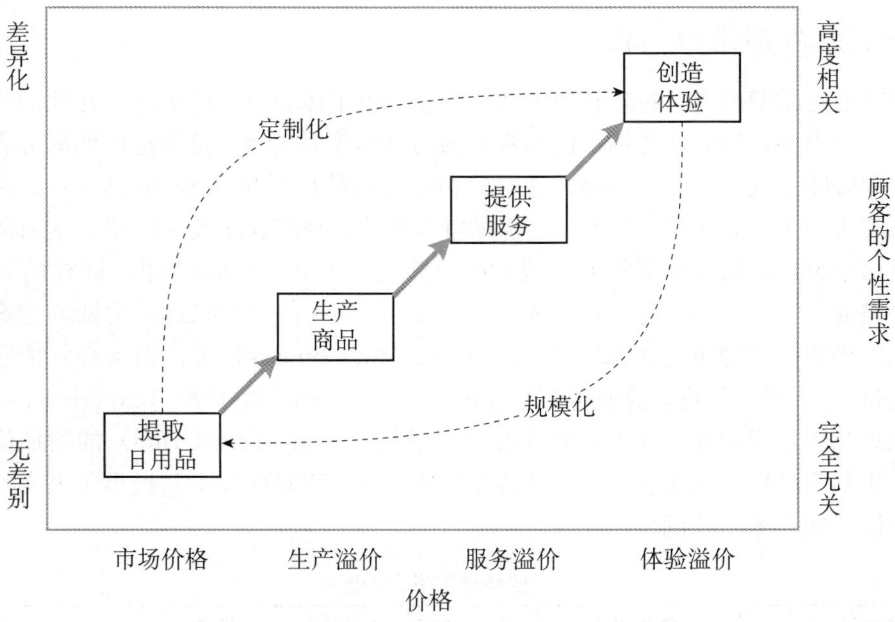

图 8－10　不同经济提供物创造的经济价值递进

基于这样的分类方法，派恩和吉尔摩测算了从 1959 年到 2009 年不同经济部门的经济增长，如图 8－11 所示。

他们进一步总结道：现在越来越多的企业开始用“体验”来包装他们原有的产品和服

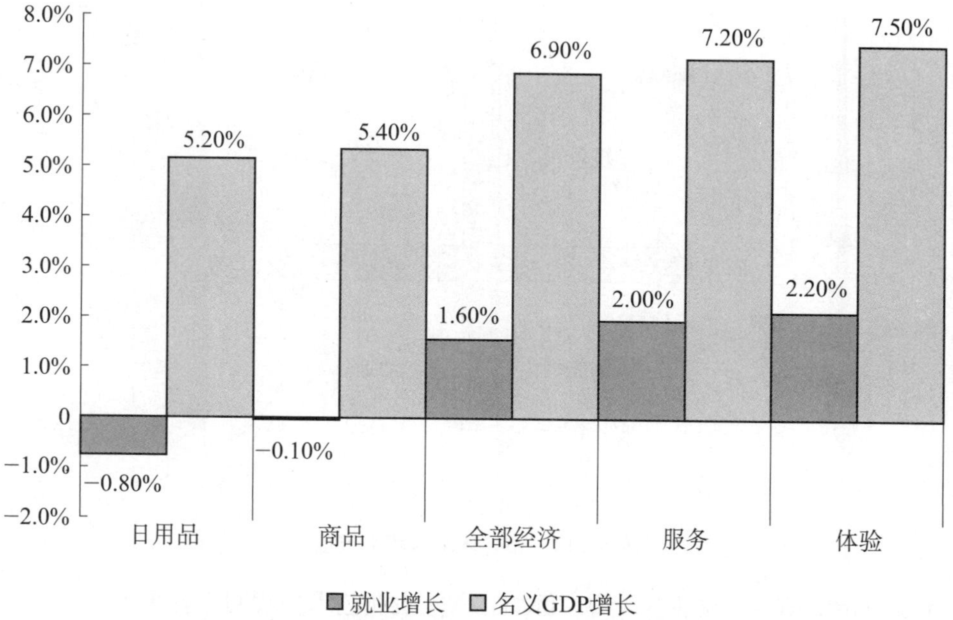

图 8－11　不同经济提供物创造的就业和名义 GDP 的复合年增长率，1959—2009 年

务。在这方面，服务企业具有先天的优势。他们无须专注于有形产品的制造，能够致力于改善顾客在购买和消费服务时所处的环境，制造出令顾客产生依赖感的特定氛围，引导顾客沉浸其中，使服务产品转化为值得回味的体验。

二、作为产品的体验

要想设计和创造出具有更高附加值的体验产品，必须遵循与有形产品和普通服务的生产完全不同的理念和原则。

1. 顾客体验的两个维度

派恩和吉尔摩把顾客体验划分成两个维度，由此区分出四种类型的体验，如图 8－12 所示。一个维度是体验过程中顾客的参与程度（横轴），另一个维度是体验当中顾客与环境之间的关系（纵轴）。

- 主动参与：顾客自身投入到企业所设计的活动当中，参与体验的创造，如滑雪场上的滑雪爱好者；
- 被动接受：顾客并不参与企业设计的活动，而只是被动地感受所提供的“表演”，如由企业主办的音乐会上的听众；
- 吸收式体验：顾客有意识地获得特定体验，与体验的创造者保持一定距离；
- 沉浸式体验：顾客被企业创造的体验环境所包围，在精神上沉浸其中。

把这两个维度相结合，派恩和吉尔摩把体验划分为四种类型，分别是：

- 教育（educational）：顾客主动获取知识，如参加讲座或学习某些课程；
- 娱乐（entertainment）：顾客被动地获得愉悦，如观赏体育比赛、艺术展览；
- 消遣（escapist）：顾客主动参与创造虚拟意象，如大型电子游戏；

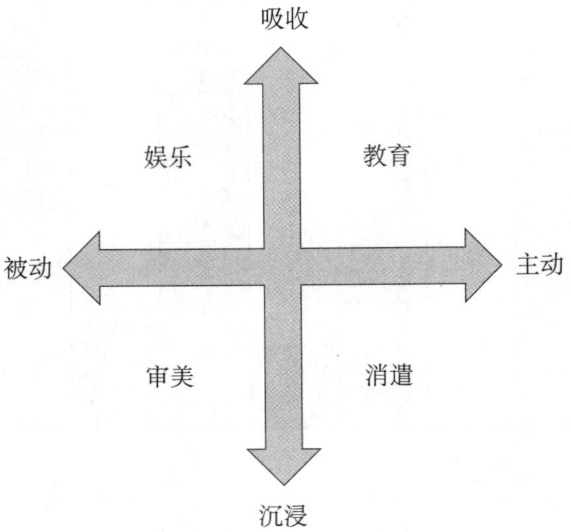

图 8-12　顾客体验的两个维度

● 审美（esthetic）：被动沉浸型，例如，欣赏表演艺术如戏剧、音乐等。

2. 不同体验类型的组合

更进一步，如果企业能够在普通的消费场所同时融入多种体验类型，就能够创造出令顾客长久回味并深深迷恋的特殊空间，使一种独特的体验进入顾客的精神世界，成为一种积极的记忆。派恩和吉尔摩将代表四种体验的英文单词分别组合，创造出六个组合词，用来说明几种典型的组合体验：

● 教育性娱乐［edu（cational＋enter）tainment］：强化注意力，如观看制作精美的科教或历史纪录片；

● 教育性消遣［edu（cational＋e）scapist］：改变场景，如益智游戏；

● 教育性审美［edu（cational＋e）sthetic］：培养鉴赏力，如聆听有讲解的交响音乐会；

● 消遣性审美［esca（pist＋e）sthetic］：改变精神状态，如参加消夏音乐会；

● 娱乐性审美［enter（tainment＋e）sthetic］：追求现场感，如观看电影大片；

● 消遣性娱乐［esca（pist＋enter）tainment］：精神宣泄，如参与互动性游艺项目。

三、作为商品的体验

与传统的有形产品或一般的服务产品不同，体验并非是按照工业化的模式大规模生产和制造出来的。尽管体验可以由现代服务企业预先精心地规划和设计，但要使设计好的体验实现商品化，离不开顾客也就是体验者本人的参与和认可。用派恩和吉尔摩的语言就是，企业不是生产和销售（produce and deliver）体验，而是在顾客同时在现场的条件下上演（stage）体验。

1. 体验的创造

参照一些正在提供卓越体验的现有企业的成功经验，派恩和吉尔摩归纳出体验创造过程的五个典型特征。

● 设置体验主题：作为商品的体验，必须具有简单、明确、有吸引力的主题。许多企业习惯于把“创造××体验”当作营销用语，却得不到顾客的认可，也就无法创造出附加值。结合所提供产品和服务的内涵及特征，创造性地设置体验主题，为参与其中的顾客创造出回味无穷的特殊体验，才能真正实现体验的经济价值。

● 强化积极因素：成功的体验经济企业，能够有效地汇集、调动和强化一切积极因素，如时代感（古典、怀旧、现代、未来）、特殊地点（城市、家庭、名胜、景观）、特殊工艺（手工、天然、机械）、真实性（原创、模仿、变形、波普）、复杂性（朴素、精致、豪华、大众）、规模（宏大、小巧）等。

● 消除消极因素：创造的另一方面是精简和删除，消除一切可能导致顾客产生消极感受的因素。

● 组合有形物品：设计优美、制作精良的纪念品（memorabilia）能够最大限度地延伸体验，使顾客的联想和回忆更加持久和深入。

● 强化感官作用：充分调动顾客的一切感官，如听觉、视觉、嗅觉、味觉、触觉。

2. 体验的定价

体验经济的精髓在于为企业的产品与服务创造出更高的附加值。这种附加值最终还是要靠产品和服务的价格去实现。对于顾客而言，产品和服务的价格就是他们为获得体验而支付的成本，因此，体验的定价和收费方式，就必须首先考虑到顾客的心理感受。这就是说，体验经济下产品和服务的定价原则必须是物超所值，至少使物有所值。这里的物，既包括有形的产品，也包括无形的服务。能够为企业创造附加值的，则是蕴含在产品和服务当中、能够让顾客感受并欣赏的积极体验。

派恩和吉尔摩从许可性质和计价方法两个维度，区分出六种向顾客收取体验费用的方式，如图 8－13 所示。

准入	封闭式	入场费	按次收费	按时收费
	开放式	初始费	使用费	会员费
		一次性	按次数	按时间段
			计价方法	

图 8－13　体验的收费方式

● 入场费（entry fee）：最常见的一种方式，即在获得体验之前支付全部费用获得准入，如电影院、剧场、展览、体育馆等；

● 按次收费（per-event fee）：适用于那些可以明确量化的体验，如游乐园的游戏项目、系列讲座等；

● 按时收费（per-period fee）：适用于持续性的体验项目，如健身房、卫星电视、互联网接入，时间单位可以灵活多样，如根据体验的不同特征，按分钟、小时、日、月、季、年等收费；

● 初始费（initiation fee）：用于与其他收费方式相结合，如加入某些专业俱乐部；

● 使用费（access fee）：如视频点播、银行保险箱；

● 会员费（membership fee）：获取加入某群体、享受特定服务的资格，通常有时间限制。

设置不同的收费方式，是企业实现差异化竞争的重要手段。服务企业还可以同时结合多种收费方式并提供适当的折扣以吸引顾客，并以此培养顾客的忠诚度。

第三节　特许经营的知识经济内涵

迄今为止，我们一直忽略了或者说有意回避了一个重要的问题：既然特许经营诞生于工业经济时代，是什么使它没有随着以工业经济为主导的时代的结束而消失，反而在20世纪下半叶蓬勃发展起来？答案是：知识！

从授权关系的角度来看，早期工业化时代的渠道授权，基本上是以品牌为核心；而20世纪后期兴起的商业模式特许经营，在保留了品牌这一核心资产的同时，逐步增加了其他知识资产的比重，具体体现为特许人提供的一揽子运营管理模式。如果说工业化时代的特许经营，追求的是品牌外在形象上的统一，那么服务经济时代，特许经营的统一性则更多地体现为运营与管理上的统一，而这种统一性是建立在更为复杂的知识产权授权和合理运用的基础之上的。

一、知识经济与企业的知识管理

知识经济（knowledge economy）的术语是由管理大师彼得·德鲁克（Peter Drucker）于1969年在《中断的年代》一书中首先提出来的。他在书中写道，“知识产业”生产和分销理念和信息，而非产品或服务。1965年，知识部门已经占据了美国国民生产的三分之一。未来，知识将成为企业竞争力和社会经济价值的主要来源。

1991年，日本学者野中郁次郎（Ikujiro Nonaka）在《哈佛商业评论》上发表了题为《创造知识的企业》的文章，首次阐发了显性/隐性的知识分类思想，提出了后来被称为SECI的知识螺旋模型，由此诞生出一个新兴的管理学科——企业知识管理。这是一个横跨工商管理、人力资源、信息系统等多个知识领域的综合性管理学科。其理论基础包括社会学、心理学、组织行为学、网络科学与技术、人工智能等基础性、应用性理论。

野中郁次郎对两种类型的知识定义如下：

● 显性（explicit）知识：客观的、理性的知识，可以用词句、数字或公式表达，不依赖于特定情境的一般性知识，表现为理论方法、解决方案、操作指南、数据库；

● 隐性（tacit）知识：主观的、经验性知识，无法用词句、数字或公式表达，是依赖于特定情境的特殊性知识，表现为人的认知能力，如信念、印象、透视、心智模型。

1. 知识螺旋模型

野中郁次郎的知识螺旋模型，其基本思想是：组织内的知识管理过程，是基于显性知识和隐性知识不断相互转化而形成的螺旋上升过程，这个螺旋过程包括知识创造的四种基本模式，社会化（socialization）、外化（externalization）、结合（combination）和内化（internalization），由此，这个模型也被称作SECI模型，如图8-14所示。

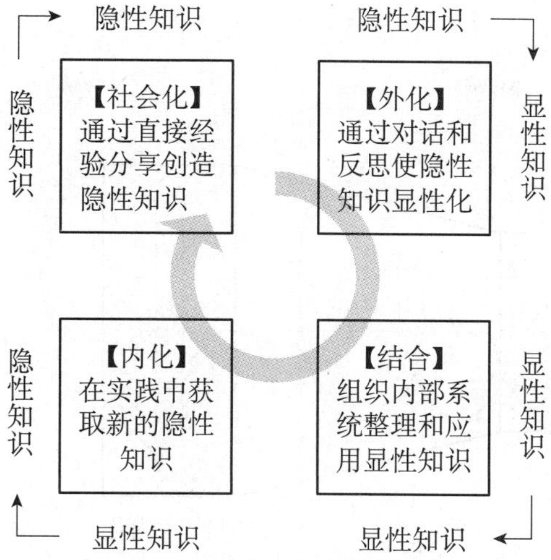

图 8-14　野中郁次郎的知识螺旋模型

资料来源：Ikujiro Nonaka，Ryoko Toyama，Noboru Konno. SECI，Ba and Leadership：A Unified Model of Dynamic Knowledge Creation. Long Range Planning，2000，33（1）.

- 社会化：个体通过交往获得隐性知识——从隐性到隐性；
- 外化：个体将隐性知识外化为可以分享的显性知识——从隐性到显性；
- 结合：组织将分散的知识整理、组织成完整的新知识——从显性到显性；
- 内化：个体将显性知识内化为自己的隐性知识并加以应用——从显性到隐性。

1995 年，野中郁次郎和竹内弘高（Hirotaka Takeuchi）在二人合著的《创造知识的企业：日美企业持续创新的动力》① 一书中，对上述 SECI 模型进行了扩展，如图 8-15 所示。这个扩展模型涉及从组织成员到内部群组，从内部群组到组织主体，再到跨组织层面这样一个递进过程，因此，能够更好地表现知识的创造和应用对知识管理的主体——组织本身的重要作用。在这个扩展模型中，隐性知识和显性知识的区分是知识创造的认识论维度（epistemological dimension）；同时，还存在着一个从个体到群组，从群组到组织这样一个体现不同层级的本体论维度（ontological dimension）。个体所拥有的隐性知识是企业知识管理活动的起点和基石。企业知识管理应用的实质，是将这些分散在个体层面的隐性知识整理并显性化，从而放大到更高级别的本体层面即整个组织，甚至进入跨组织层面。

2. 信息技术应用

企业知识管理起源于企业信息管理。早在知识管理成为一个单独的研究范畴和实践领域之前，以计算机和网络为核心的现代信息技术，就已经广泛地应用在企业管理当中。在企业信息管理的早期阶段，主要是以中小型和微型计算机的单机系统与简单的数值计算和文档处理为核心，包括关系式数据库和基于以太网的内部局域网文件共享等应用技术，这个时代可以归纳为办公自动化时代。到了 20 世纪 80 年代后期，随着计算机硬件处理能力倍增，网络技术特别是互联网技术迅速发展起来，企业信息管理实现了系统化、网络化，

① Ikujiro Nonaka，Hirotaka Takeuchi. The Knowledge-Creating Company：How Japanese Companies Create the Dynamics of Innovation. Oxford：Oxford University Press，1995.

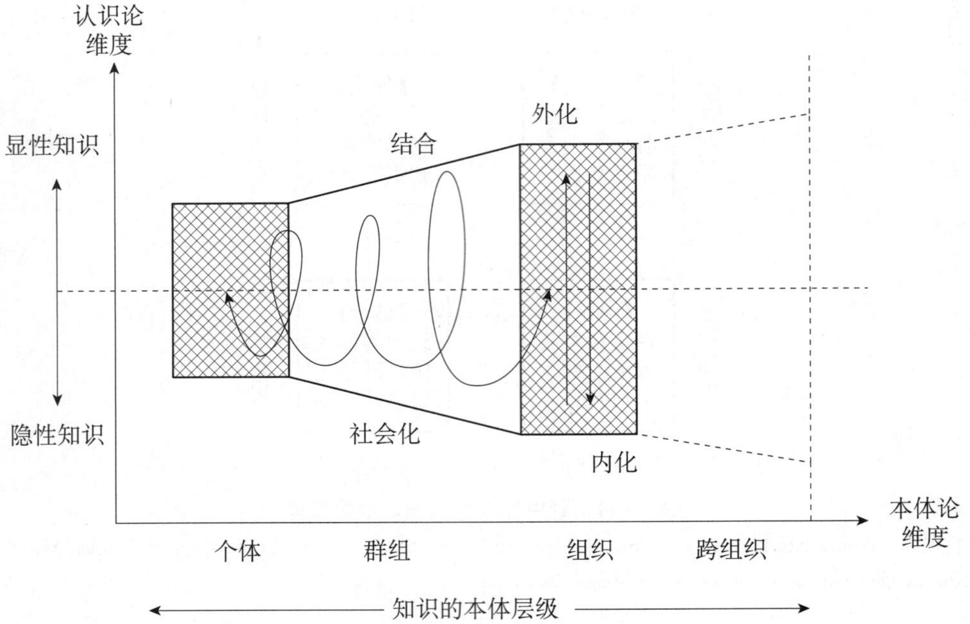

图 8-15　野中郁次郎和竹内弘高的扩展知识螺旋模型

出现了以 ERP、SCM、CRM 为代表的面向企业业务流程的综合性应用系统，网络架构也从原来的客户机-服务器（C/S）架构进化到以 Web 技术为核心的浏览器- Web 服务器（B/S）架构。Web 技术在企业信息管理系统中的应用，形成了现在已成为主流的内联网（intranet）和外联网（extranet）技术。用于业务协同的群件（groupware）和工作流（workflow）系统也出现在这个时期。上述所有这些所谓传统的信息技术，并未随着技术发展而消失，这一系列支撑性的工具本身反而也在不断演化，作为更先进技术的底层支撑而继续发挥作用。从这个意义上讲，上面所罗列的各项技术工具，在现代知识管理系统中，仍然以底层架构的形态存在并发挥不可或缺的支撑作用。

如前所述，作为现代知识管理理念和思想的一个重要来源，早年用于软件开发、软件工程中的一些技术理念和技术手段，构成了现代知识管理系统的另一个重要基础，这就是知识工程所提供的一系列系统化分析模型，和人工智能技术所提供的对信息和知识进行深度处理的智能化技术手段。实际上在知识管理系统当中没有哪项技术不是以计算机和网络、通信为核心的信息技术作为支撑和手段，即使是像头脑风暴、实践社群这样一些社会化（社交化）手段，背后也仍然离不开物理的（电子的）技术基础。另外，当今的信息通信技术仍然在以很快的速度发展和演变，新的技术手段和应用层出不穷，同时，知识管理的理念和思想的发育也远未成熟，同样处在持续的演化过程中。

按照当前的技术和应用现状，可以把知识管理系统的实现技术分成三大类：(1) 基础架构类；(2) 智能分析类；(3) 人际沟通类。此外，那些目前已经成熟的信息管理系统技术和应用，如办公系统、会计系统、人力资源系统、SCM-ERP-CRM 系统，相对于知识管理系统而言，更多地起到信息源和知识素材的作用，从整体上看，可以将这类系统的输出，视作知识管理系统的输入，二者以数据交换和功能匹配的方式集成在一起，如

图 8－16 所示。

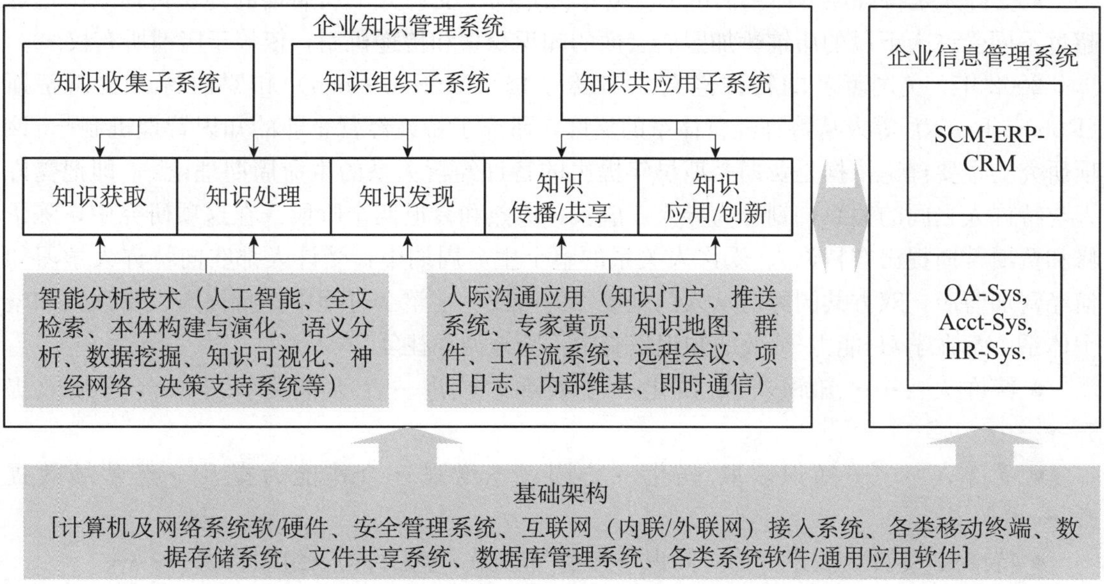

图 8－16　知识管理系统中的信息技术

二、特许经营体系内的知识元素

20 世纪 90 年代中期，美国加利福尼亚大学和卡内基·梅隆大学的几位学者，通过对 36 家比萨饼店店长达一年半的跟踪调查，以定量的方法研究了加盟店员工的学习曲线和知识传播①。这是对特许经营企业知识管理方面研究的早期主要成果之一。该项研究的两项前提条件是：（1）随着加盟店工作经验的逐步积累，单位生产成本显著下降，这是企业知识管理中典型的干中学（learning by doing）现象；（2）这 36 家比萨饼店同属一个特许经营体系，但分别由 10 位受许人拥有。研究结果表明，工作经验和知识在同一受许人拥有的不同店铺之间快速传播，但在不同受许人拥有的店铺之间却被隔绝，如表 8－7 所示。

表 8－7　　加盟店的经验和知识传播机制

	电话交流	人际沟通	正式会议
同一受许人拥有的店铺之间	2.5	2.6	1.7
不同受许人拥有的店铺之间	0.4	0.8	0

表 8－7 中的数值含义是不同店铺的员工之间的交流频率，0 代表从不沟通，5 代表每周沟通超过 1 次。尽管这项研究的目标仅限于加盟店和受许人层面，并未扩展到整个特许经营体系，但其结果仍然可以带来一些启示：

● 餐饮服务业企业的学习曲线效应非常明显，单店内部的经验积累直接关系到店铺的

① Eric Darr，Linda Argote，Dennis Epple. The Acquisition，Transfer，and Depreciation of Knowledge in Service Organizations：Productivity in Franchises. Management Science，1995，41（11）.

经济绩效。

● 受许人是特许经营体系内部的独立单元，同一受许人下属店铺的知识传播效率远远超过不同受许人下属的店铺。加盟店层面的知识积累和传递机制，依赖于店铺所有权。

2002 年，美国著名的特许经营学者陈予修（Ye-Sho Chen）和罗伯特·贾斯蒂斯（Robert Justis）等人从特许经营体系的层面，研究了特许经营企业的知识管理机制[①]。该项研究的主要理论依据是贾斯蒂斯早年提出的特许经营关系的生命周期理论[②]，即把受许人与特许人之间的关系，划分为导入、成长、成熟和衰退四个阶段。在这项研究中，陈予修和贾斯蒂斯提出在特许人-受许人关系的整个生命周期中，受许人都在向特许人学习如何经营加盟店，双方共同经历从入门到成熟的阶段。在整个过程中，特许人、受许人和整个体系，都在学习-能力-绩效的知识螺旋中不断地循环往复。

● 特许人：……知识获取/强化→个人观念改进→个人能力提升→经营绩效提升→……

● 受许人：……知识获取/强化→协同观念增强→合作能力提升→经营绩效提升→……

● 特许人-受许人关系：……知识→态度→动机→个人行为→组织行为→……

此外，陈予修和贾斯蒂斯还归纳了特许经营企业的知识轮廓，如表 8－8 所示。

表 8－8　　特许经营企业的知识轮廓

知识环境	知识轮廓	知识应用
特许人企业总部	店铺选址	新建直营店/加盟店选址
	受许人招募和甄选	招募、管理、激励加盟商
	活动管理	组织培训和加盟商会议
	支持与服务团队	建设总部支持团队和现场督导团队
受许人网点	产品	发现产品改进和创新机会
	顾客	了解顾客真实需求
	员工	招募、管理、激励店铺员工
特许经营体系	体系外竞争者	随时了解与竞争者之间的优劣势对比，制定和调整竞争策略
	体系供应商	跟踪了解供应商伙伴的绩效，制定和调整合作伙伴策略

2009 年，两位美国学者奥德赫斯·帕斯旺（Audhesh Paswan）和米歇尔·魏特曼（Michael Wittmann）按照野中郁次郎的知识螺旋模型，对产品分销和商业模式两种不同类型特许经营体系的知识管理进行了研究[③]。帕斯旺和魏特曼主要着眼于不同背景下的知识分类学研究，按照隐性-显性和概念-过程两个维度区分不同类型的知识及其相互之间的

① Ye-Sho Chen，Robert Justis. Knowledge，Learning，and Capabilities in Franchise Organizations. The 3rd European Conference on Organizational Knowledge，Learning，and Capabilities，2002.

② 罗伯特·T. 贾斯蒂斯，理查德·J. 加德．特许经营（第二版）．李维华，等，译．北京：机械工业出版社，2005.

③ Audhesh Paswan，Michael Wittmann. Knowledge Management and Franchise Systems. Industrial Marketing Management，2009，38 (2).

转化过程，如表 8-9 所示。

表 8-9　　特许经营的知识分类

	概念性知识	过程性知识
隐性知识	特许人构想出特许经营概念【概念构思】	特许人设计店铺原型和商业模式，并通过实践进行验证和完善【原型验证】
显性知识	把文本化的商业计划出售给受许人，尽管仍处于概念形态，但已经成为显性知识【知识编码】	受许人购买了特许权后，通过培训和实践进行学习，并将特许经营概念实际部署、投入运营【实际运营】

帕斯旺和魏特曼认为，传统的产品分销特许经营体系中，知识的形成和传递是按照从概念到过程、从隐性到显性的 Z 型模式进行的，即

【概念构思】→【原型验证】→【知识编码】→【实际运营】

但在商业模式特许经营当中（帕斯旺和魏特曼称之为网络特许经营体系，network franchise system），这个过程要复杂得多。受许人在加盟店日常运营当中，会积累大量有价值的经验和教训，并且可以随时了解市场动态和顾客需求的变化。在一个运转良好的特许经营体系中，这种由加盟商发掘和积累出来的实践经验，能够有效地分享给其他加盟商和特许人。特许人可以在此基础上对原有的特许经营概念进行改进和更新。其基本路径如图 8-17 所示。

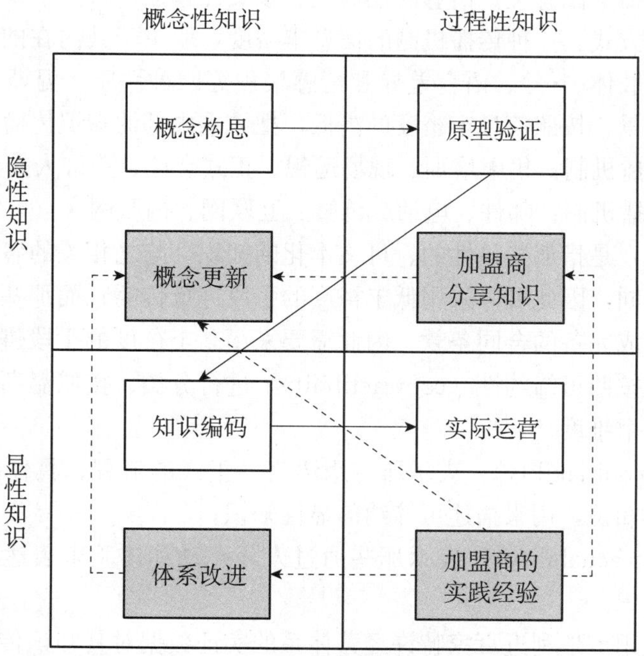

图 8-17　商业模式特许经营体系的知识流程

注：图中实线箭头代表传统特许经营企业的知识流程；虚线箭头代表商业模式特许经营企业的知识流程。

基于这一知识模型，帕斯旺和魏特曼提出并检验了一系列观点和结论：

- 产品分销特许经营体系中，特许人和受许人可能共享信息和某些显性知识，但不太

可能共享隐性知识；

● 商业模式特许经营体系中，特许人和受许人更容易与体系内部的其他成员交换知识（显性和隐性）；

● 产品分销特许经营体系中，IT 技术能够促进特许人与受许人之间相互传递信息；

● 商业模式特许经营体系中，IT 技术能够促进特许人与受许人之间、受许人相互之间传递显性和隐性知识；

● 商业模式特许经营体系中，知识共享带来的收益能够更加平等地分享，因此这种知识分享活动更加活跃；

● 特许经营体系当中，知识传播与体系的创新活动及竞争优势正相关。

三、特许经营体系的知识管理模型

1. 特许经营体系内部的知识传播机制

2007 年，奥地利学者约瑟夫·温斯伯格（Josef Windsperger）等人，通过对奥地利的一些代表性特许经营企业进行量化的调查研究，从产权视角对特许经营体系内的知识传播规律进行了理论分析和实证研究①。该项研究的理论背景是信息丰裕度（information richness，IR）理论和产权方法理论。

信息丰裕度理论的基本思想是，信息在组织内传播和处理时，其传播效率与信息的性质以及所使用的传播手段有关。信息的模糊性、多义性越强，就要求采用信息丰裕度越高的传播机制和处理方式。一种传播机制的信息丰裕度，取决于其内在的反馈能力、多重线索（文字、视听、肢体……）、语言差异和情感聚焦等四种性质。温斯伯格等人结合特许经营体系的特定背景，按照信息丰裕度的高低，把体系内部的知识传播机制划分为两类：

● 高丰裕度传播机制：集中培训、现场巡视、正式会议、受许人委员会；

● 低丰裕度传播机制：邮件、电话、传真、互联网、内联网。

所谓产权方法，是指那些显性的、可文本化的知识，与之相关的各种行为和环境因素都可以纳入书面合同，因此可以采用低丰裕度的手段进行传播；而那些隐性的、难以文本化的知识，无法形成完备的合同条款，因此需要采用高丰裕度的手段进行传播。由此，可以把传播中的知识按照可缔约性（contractibility）进行分类。按照温斯伯格的观点，知识的可缔约性包含两个维度。

● 可文本化（codifiability）：表示那些用语言、正式的流程、具体的技术方法或文本化的手册来表达的知识，用来描述可缔约的显性知识；

● 可传授性（teachability）：表示那些通过人际互动和体验来表达的知识，用来描述不可缔约的隐性知识。

温斯伯格等人用奥地利近百家特许经营体系的实证数据对其知识传播机制进行了量化研究。他们指出：隐性知识是企业竞争优势的主要来源，但难以文本化和有效传播，因此

---

① Josef Windsperger，Nina Gorovaia. The Knowledge Transfer Strategy of Franchising Firms：Evidence from the Austrian Franchise Sector//Josef Windsperger，et al. Strategy and Governance of Networks：Cooperatives，Franchising，and Strategic Alliances. Berlin：Springer，2008.

企业应当建立起明确的知识管理体系和机制，来促进组织内隐性知识的显性化和传播。这就从理论上论证了知识管理在特许经营企业中的重要战略意义。从管理实践的角度，该项研究对特许人、受许人之间的交流机制进行了区分。一个高效运行的特许经营体系，要想在动态的市场环境中保持竞争优势，必须同时运用好两种类型的信息传播机制：通过网络、电信等技术手段传播那些可文本化的知识；通过有效的人际互动传播那些难以文本化的知识。

2. 特许经营体系的知识管理框架

2014年，澳大利亚学者斯科特·维文（Scott Weaven）和黛布拉·格蕾斯（Debra Grace）等人提出了一个特许经营体系的通用知识管理模型①。该模型聚焦于特许人和受许人之间的合作关系，并把特许人、受许人以及最终顾客三方各自的福利，作为评价的终极目标。

维文和格蕾斯等人的通用知识管理模型致力于回答以下三个问题：

● 特许经营体系内部的知识开发与组织学习活动，如何有效地促进知识的传递和运用？

● 特许人对受许人的日常监控，在知识管理与双方福利之间发挥了怎样的作用？

● 知识管理的过程如何影响特许人、受许人和顾客的福利？

这个模型包括三个层次11个要素，如表8-10和图8-18所示。

表8-10　特许经营体系通用知识管理模型中的要素

模型要素	要素内涵
知识开发	信息采集，学习导向，创新性
知识类型	显性信息（文本化），隐性信息（个人经验）
知识传递	分享意愿，传播过程，信息交换
特许人的知识运用	集体学习，信息技术
受许人的知识运用	集体学习，信息技术
特许人对受许人的监控	外显行为，内隐行为
关系成果	满意度，信任，承诺，冲突，机会主义行为
关系一致性	认同感，服从性，内化
特许人福利	财务成果，网点存活率，网点增长率，创新能力，竞争能力
受许人福利	竞争能力，创新能力，财务成果
顾客福利	满意度，服务品质，可感价值，品牌忠诚度

基于这一模型，维文和格蕾斯归纳出特许经营体系知识管理中的若干规律，如图8-18中的曲线连接线所示。

● 知识开发：学习导向的特许人，往往会主动寻求来自受许人和市场环境的信息，同时开发显性和隐性知识来提高体系的竞争能力，而那些学习意愿较弱的特许经营体系，倾

① Scott Weaven，Debra Grace，et al. Value Creation through Knowledge Management in Franchising：A Multi-Level Conceptual Framework. Journal of Services Marketing，2014，28（2）.

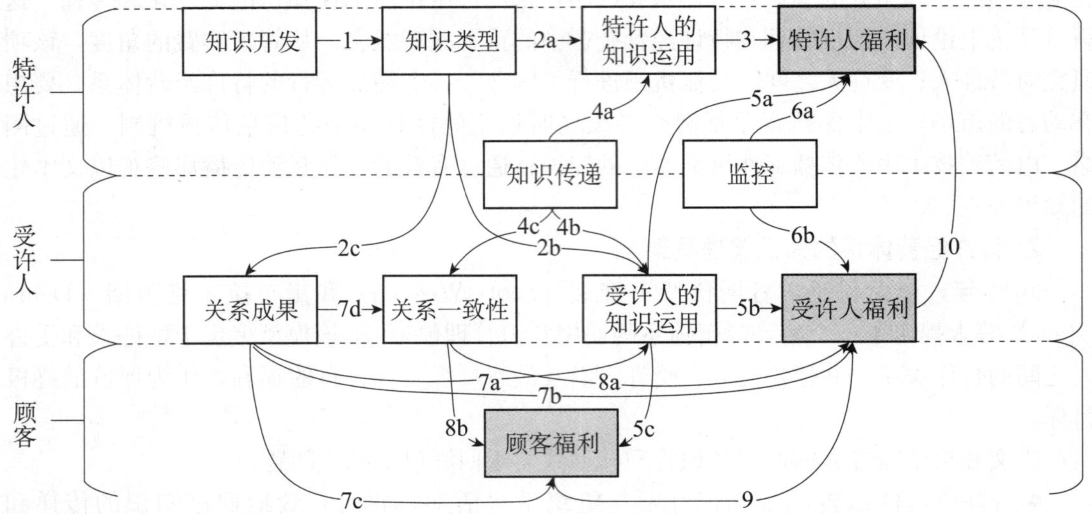

图 8－18　特许经营体系的通用知识管理模型

向于采用过程性（技术性）知识，并通过垂直的互动分享可文本化的显性知识；

● 知识类型：知识类型会显著影响特许人、受许人的知识运用，以及特许经营关系；

● 知识传递：体系内部的知识传递（分享、传送、交换）显著地影响特许人和受许人的知识运用，并且会影响到特许经营关系的质量；

● 特许人的知识运用：特许人主动应用知识的程度，直接关系到特许人的福利（经济效益）；

● 受许人的知识运用：受许人主动应用知识的程度，不仅关系到受许人自身的福利（经济效益），也会影响特许人和顾客的福利；

● 特许人对受许人的监控：体系内部的日常监督管理，会同时影响特许人与受许人双方的利益；

● 关系成果：特许经营关系会显著影响受许人的知识运用及其福利，并间接影响顾客的福利，同时也会影响整个体系的关系一致性；

● 关系一致性：显著影响受许人和顾客的福利；

● 顾客福利：顾客获得的福利，直接影响受许人的福利；

● 受许人福利：受许人获得的福利，直接影响特许人的福利。

第四节　特许经营的几种创新形态

现代意义上的商业模式特许经营从 20 世纪 50 年代诞生起，已经经历了大约 60 年的发展历程。随着越来越多的企业进入这一领域，以及一些成功的特许经营企业逐步开拓国际市场，商业特许经营的模式和形态也在不断发展。其中涉及范围最广的是多店特许经营的快速发展；最引人注目的则是非营利机构借鉴商业特许经营的模式，从事社会服务事业的推广，即所谓社会特许经营。

一、多店特许经营

由于商业特许经营本身的内在属性，以及商业媒体持续的宣传，社会上的人们往往在直觉上认为，特许经营的含义就是个人加盟大企业，加盟店都是由那些资本资源有限的中小投资人所投资和运营的。即使是少数的受许人同时经营超过一家加盟店，也是由于其初始单店业绩优秀，才得到特许人的奖励性额外授权。事实上，现代的特许经营行业里，由一家企业一次性批量获得多个网点，乃至整个地区的授权，是一种非常普遍的现象。甚至在此基础上，衍生出分特许模式，即受许人经特许人授权，可以在指定范围内，向次级受许人进行再授权，并与主特许人共同分享次级受许人缴纳的特许经营费用，并代表主特许人对次级受许人进行日常管理。

美国著名的特许经营独立研究机构 FRANdata 的首席执行官达雷尔·约翰逊（Darrell Johnson）曾经依据 FRANdata 数据库的分析结果，在 2011 年发表过一篇论述美国多店特许经营发展的文章[①]。该文指出，当时美国的加盟店总数超过 40 万个，其中由多店经营者（multi-unit operators，MUO）控制的店铺约为 53%；连续的数据分析表明，这一比例在逐年提高，其根源是越来越多的特许经营品牌更加倚重多店特许经营模式。约翰逊给出的数据表明，从 2007 年到 2010 年的三年间，多店经营者的数量增长了 24%～28%。FRANdata 认为，其 MUO 数据覆盖了全美 90%以上的多店经营者，以此为依据来判断，2010 年全美总共有大约 3.8 万个多店经营者，其年营业收入合计可达到 1 000 亿美元，如表 8－11 所示。

表 8－11　2007 年和 2010 年美国多店经营者（MUO）数量　单位：个

MUO 的店数规模	FRANdata 数据库		全美 MUO 估计数据	全美 MUO 拥有的店数
	2007 年	2010 年		
2～5	24 615	28 862	32 069	112 241
6～10	2 704	3 411	3 790	30 320
11～25	1 271	1 630	1 811	32 600
26～50	318	397	441	16 762
50～	130	162	180	18 000
合计	29 038	34 462	38 291	209 923

注：表中前三列数据引自前述达雷尔·约翰逊的文章；第四列全美 MUO 估计数据由第三列数据除以 90%得到；第五列数据由第四列数据乘以对应店数规模的中位数所得。

美国学者布莱尔和拉芳丹在其 2005 年出版的《特许经营经济学》一书中也指出："2001 年美国最大的 200 个受许人经营着 16 544 家餐厅，每个受许人平均拥有超过 80 个餐厅。最大的 100 个受许人经营 12 472 个餐厅，平均每个人拥有超过 120 个。最大的 200 个受许人的总销售收入达到 167 亿美元，占到全美 100 家最大的餐饮连锁 1 365 亿美元总销售收入的 12.2%。这些受许人当中有些是上市公司。同时，这些受许人经常与不止一家

① Darrell Johnson. What's Driving Multi-Unit Growth?.（2011-01-10）. https://www.franchising.com/tag/whats_driving_multiunit_growth.

连锁机构合作，以不同的品牌运营不同类型的餐厅。事实上，他们当中的几位自己本身就是其他商业概念的特许人。”

2015年，美国《企业家》杂志发表了一篇题为《多店特许经营为何成为常态?》的文章，其中列举了一个2012年开始创业的比萨快餐特许经营品牌Crushed Red的例子[①]。该品牌创始人克里斯·拉罗卡认为：“区域开发将是我们唯一的发展模式，这会使我们更快地实现目标。这样的受许人经验丰富，所以我们不用像养一群猫（herd cats）一样费神。”

《企业家》的文章也引用了FRANdata的数据，即多店受许人拥有全美45万个加盟店中的53%。而在餐饮行业，这一比例甚至高达76.5%。该文进一步分析了这一趋势背后的深层原因：

● 2008年金融危机导致的大衰退中，拥有一两个店的小微受许人处境艰难，而规模较大的多店受许人的日子相对好过。

● 多店受许人与特许人更容易和地产商、物料供应商建立紧密联系，开店的速度更快、质量更高，从而为品牌扩张提供更加强劲的竞争优势。

在国内，美式快餐巨头肯德基和麦当劳先后于2015年和2016年把由公司直营的中国总部剥离，使其转变为区域受许商[②]。前者的主要权益出售给春华资本集团和蚂蚁金服，后者则卖给了中信集团和凯雷基金。原来的麦当劳中国，其公司名称改为金拱门。如果从全中国4 000余家肯德基、2 200余家麦当劳来看，分拆后的百胜中国和金拱门，都堪称巨无霸级的区域受许人。

按照美国国际特许经营协会（IFA）的观点，多店特许经营是一个笼统的称谓，包含了区域开发、分特许、区域代表和经纪人四种具体模式。从总体上讲，多店特许经营具有以下优势：

● 快速地扩张和发展；
● 有效地利用其他企业的财务和人力资源；
● 和合作伙伴共同分担风险；
● 分享具有相同利益的合作者的智慧；
● 获得更多的创新灵感；
● 销售多店特许权能够带来更多的现金流；
● 提高品牌在当地的信誉度；
● 增加对当地市场的了解；
● 更好地了解当地市场竞争，制定更有针对性的竞争策略。

但同时，多店特许经营也具有一定的局限性和劣势：

● 由于多店受许人具有更大的规模和实力，更容易失去控制；

---

① Jason Daley. Why Multi-Unit Franchise Ownership is Now the Norm? . Entrepreneur. (2015-05-30) . https: //www. entrepreneur. com/article/245881.

② 林赛·维博，帕提·沃德米尔，詹姆斯·丰塔内拉汗．百胜中国业务将分拆上市．FT中文网．(2015-10-21). http: //www. ftchinese. com/story/001064468；智通财经．麦当劳剥离内地和香港业务，中信集团联盟接盘．智通财经网．(2016-12-23) . https: //www. zhitongcaijing. com/content/detail/36811. html.

- 特许人管理和领导受许人的难度增大；
- 特许人获得的经营收入减少；
- 特许人要承担更多的义务；
- 在区域开发和分特许模式中，主特许人对末端的控制被削弱；
- 在主特许人层面，合同的制定、谈判、履行更加复杂；
- 信息披露、备案等合规性管理也更加复杂。

二、国际特许经营

特许经营的核心是以授权和复制的方式实现商业扩张。但是，商业模式的复制一旦超越了国界，就进入了一个全新的范畴。不同的国家具有截然不同的社会环境、经济水平、法律制度、文化传统，这就使得特许人进入另一个国家开展授权业务，必须面对与母国完全不同的挑战。跨国的国际特许经营（international franchising）业务出现得很早。美国的麦当劳公司在1965年股票上市的两年之后，即1967年就在加拿大开出了第一家跨国加盟店，这也是麦当劳在美国以外的市场授权的第一家加盟店。大约同一时期，零售巨头7-Eleven也把业务拓展到美国境外。

但大规模的特许经营国际化潮流则出现在21世纪初。根据美国《特许经营时代》杂志的统计，1999年美国最大的200个特许经营体系（The Franchise Times Top 200）在美国本土共有23.1万家店，在美国境外约有7.5万家店，国际化比例为24.4%；到2005年，美国本土店数是28.6万家，境外店数是11.7万家，国际化比例上升到29.0%；而到了2017年，当年最大的200个美国特许经营品牌，本土店数是30.9万家，境外店数是19.7万家，国际化比例达到38.9%，如表8-12所示。

表8-12　美国《特许经营时代》200强的国际化水平

年份	美国本土店数	美国境外店数	国际化比例
1999	231 183	74 494	24.4%
2000	236 835	88 224	27.1%
2001	248 116	92 771	27.2%
2002	253 595	94 225	27.1%
2003	258 512	97 850	27.5%
2004	278 101	111 650	28.6%
2005	286 011	116 636	29.0%
……			
2017	309 295	197 236	38.9%

根据欧洲特许经营联合会（EFF）的数据，2007—2014年间，在20个欧洲国家，各国经营的特许经营品牌当中，本国品牌所占比例平均不到70%，有些国家的本土品牌比例最低时只有13%；本土比例最高的国家，也有10%的境外品牌在经营，如表8-13所示。

表 8-13　　欧洲 20 个国家本国特许经营品牌的比重（2007—2014 年）

年份	2007	2008	2009	2010	2011	2012	2013	2014
奥地利	—	43%	—	46%	—	51%	51%	—
比利时	60%	—	—	—	60%	60%	60%	—
克罗地亚	20%	—	—	—	30%	—	13%	—
捷克	—	49%	—	55%	55%	55%	60%	—
丹麦	—	—	—	82%	—	—	—	—
芬兰	75%	74%	74%	74%	74%	73%	75%	—
法国	—	—	—	85%	85%	85%	85%	85%
德国	—	—	80%	80%	80%	—	—	—
希腊	—	—	—	—	70%	—	—	—
匈牙利	55%	55%	60%	70%	70%	—	60%	—
意大利	90%	90%	90%	90%	85%	85%	—	—
荷兰	—	—	—	85%	85%	—	—	—
波兰	71%	69%	72%	74%	74%	74%	75%	—
葡萄牙	—	—	—	—	—	—	—	—
斯洛文尼亚	47%	52%	51%	50%	48%	—	43%	—
西班牙	81%	82%	81%	81%	81%	—	—	—
瑞典	—	90%	80%	80%	80%	—	—	—
瑞士	—	—	—	—	—	—	—	—
土耳其	—	—	—	73%	81%	—	64%	64%
英国	80%	80%	80%	80%	80%	—	—	—

实际上，作为特许经营模式所覆盖的主要行业，零售、餐饮和服务业企业在进行国际化扩张时，并非只有跨国授权这一种方式。法国学者克里斯塔·尤尼亚什-史密斯（Krista Duniach-Smith）曾经归纳了特许经营企业进入国际市场的各种选项①，如图 8-19 所示。

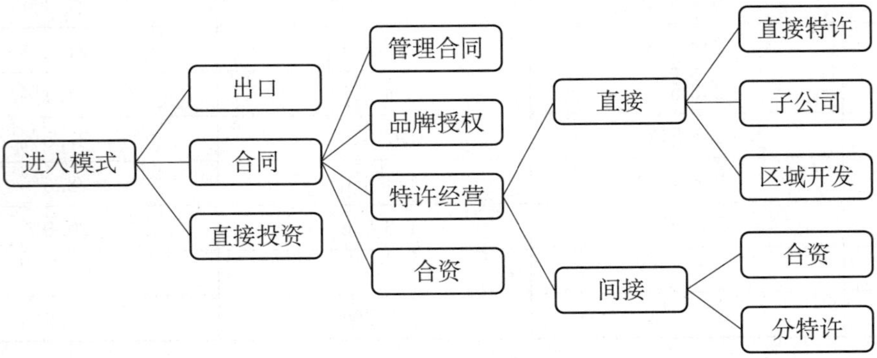

图 8-19　特许经营企业进入国际市场的模式

① Krista Duniach-Smith. Franchising and the Choice of International Entry Mode//Josef Windsperger, et al. Economics and Management of Franchising Networks. Berlin: Springer-Verlag, 2004.

根据尤尼亚什-史密斯的研究结果，企业在选择国际扩张模式时，主要受内外两方面因素的影响。

● 内部因素（组织因素）：渠道控制、国民文化、投资规模、资产专用性、行业经验、公司规模、产品差异性、策略行为、广告、研发、交易成本、国际化比率、所有权问题、产品类别、品牌形象、物流、合作伙伴的招募与谈判、服务水平。

● 外部因素（环境因素）：政治与法律环境、国家风险、文化差异、地理距离、经济发展水平、外国企业的渗透、位置、竞争、市场潜力、市场需求、增长率、营销基础设施。

一般而言，特许经营企业在制定国际化决策时，除了考虑自身的品牌和商业模式的成熟程度、人力和财务资源以外，还需要全面考虑打算进入的目的国的政治经济和文化特征，如政治稳定性、文化差异性、经济发展水平、基础设施条件、政府和法律制度等。其中，最重要也是最复杂的因素是法律问题。除了各国对特许经营活动有不同的法律规范以及监管制度以外，合同法、公司法、反垄断法、知识产权保护法、税法、产权法等各项法律上的差异，都会直接影响到特许经营企业的国际化扩张。除了这些一般性的法律因素以外，还要考虑到政府对外资的态度与监管、特定行业的法律法规、外汇控制、就业政策、行政区划与发展规划、消费税与关税、进出口贸易的控制等一系列综合因素。

三、特许经营的其他衍生形态

除了像多店特许经营、国际特许经营这样一些较为普遍、较为宏观的创新形态以外，商业特许经营也在微观运营层面有所创新和发展。此外，特许经营模式也被拓展到商业领域之外，由此产生了所谓社会特许经营。

1. 准特许经营

准特许经营（quasi franchise）一词，被广泛地应用于各种不同场合，其核心是基于常规特许经营关系、根据特定需要对双方权利义务做不同程度、不同方向的调整。

在美国国际特许经营协会（IFA）的官方网站上，提供了一份由特许经营律师路易斯·G. 鲁德尼克（Lewis G. Rudnick）撰写的特许经营知识性文件，其中归纳出两种准特许经营模式：

● 一种是所谓投资人模式，国内也有人称之为托管特许经营，指受许人投资建立网点，并拥有网点的产权，但除此之外，受许人完全不参与日常的运营和管理，而是通过一份管理合同，把网点的经营活动委托给特许人。这种合同与普通的特许经营合同最大的不同之处在于，如果普通的特许经营合同终止，则受许人将退出特许经营体系，不能再使用特许人的品牌和知识产权；但准特许经营的管理合同终止后，特许经营关系依然可以存续，被托管的受许人转化为常规的受许人。

● 另一种是当特许经营体系的绩效恶化，或特许人企业遇到运营上的困难，但同时还希望保留与受许人的合作关系时，特许人可以和受许人重新谈判，修订原有的特许经营合同，减少直至彻底消除特许人的服务和支持义务，同时相应降低特许经营收费。经过这样的调整，原有的特许经营体系，可以转变为以品牌授权为核心的松散网络，受许人仍然可以使用特许人的品牌，但特许人原则上不干预加盟店的运营，如定价和质量标准等①。

澳大利亚著名特许经营学者安德鲁·泰瑞（Andrew Terry）等人，在2011年度的"网络组织的经济学与管理学国际会议"（EMNet）上发表了一篇题为《准特许经营：战略性业务合作的一种新模式》的论文②。文中使用"准特许经营"这一术语来描述一种所谓的"后台特许经营"（back-of-house franchise），其基本含义是：减弱甚至完全剔除常规特许经营模式中的品牌要素，受许人仅获得使用特许人专有的"后台管理系统"的权利，并承担相应义务，同时受许人可以按照自己的意愿，经营属于自己的、独特且富有个性的店铺。泰瑞等人在该文中，按照准特许经营关系中品牌所占的比重，提出了一个所谓准特许经营的品牌谱系（brand continuum）概念，如图8-20所示。

图8-20　安德鲁·泰瑞等人提出的准特许经营品牌谱系

这个谱系的三种模式中，"后台特许经营"的授权完全不包含品牌因素，受许人只是有偿使用特许人提供的一系列运营支持系统，包括完整的管理体系和规模化的采购服务，因此更像是长期购买一系列管理服务；"品牌化的后台特许经营"是指受许人在接受特许人的运营支持与服务的同时，还会使用特许人提供的一个族品牌或称为总品牌（umbrella brand），并且同时保留店铺自身的独特性和个性化品牌；第三种方式更接近常规的商业模式特许经营，区别之处仅仅在于特许人为受许人提供个性化的管理和支持服务，支持加盟店针对地方特色采取一定程度的个性化经营策略。

2. 社会特许经营和微特许经营

20世纪90年代，一些慈善机构、非政府组织在欠发达国家和地区，开始尝试把商业特许经营的模式引入社会服务事业，由此诞生出所谓的社会特许经营（social franchising）。根据维基百科提供的信息，最早采用社会特许经营模式开展的项目，是1995年由巴基斯坦的一家非营利机构绿星组织（Greenstar Social Marketing）发起并实施的③。该组织是全球性非营利机构"国际人口服务组织"（Population Services International，PSI）的联盟机构。绿星组织在巴基斯坦贫困地区开展了计划生育、生殖健康、妇幼保健方面的普及和培训工作，通过8万多个网点把一系列健康服务传递到基层的贫困人口。

和社会特许经营相似或相关的另一个术语是微特许经营（microfranchising）。按照慈善基金会Acumen Fund的解释，微特许经营是一种采用常规特许经营的概念，致力于为世界上最贫困人口提供创业机会的发展性工具④。美国罗林斯学院的学者依兰·阿隆

① Lewis G. Rudnick. Expanding a Business by Franchising and Significant Elements of the Franchise Relationship. DLA Piper US LLP，2012. https：//www. franchise. org/sites/default/files/ek-pdfs/html _ page/Expanding-a-Business-by-Franchising-full-article _ 0. pdf.

② Andrew Terry，Cary Di Lernia. Quasi-Franchising：A New Model for Strategic Business Cooperation//Josef Windsperger，et al. Network Governance：Alliances，Cooperatives and Franchise Chains. Berlin：Springer，2013.

③ https：//en. wikipedia. org/wiki/Social _ franchising.

④ David Lehr. Microfranchising at the Base of the Pyramid. ［S. l.］ Acumen Fund，2008.

(Ilan Alon) 提出，微特许经营是专门面向贫困人口的一种社会特许经营的特殊形式。阿隆认为，现代特许经营的发展经历了三个阶段。第一代特许经营的本质就是品牌授权，其中几乎没有商业模式的成分，其授权的标的主要是分销权。这就是我们常说的商标与产品特许经营，或者叫传统特许经营。当前主流的商业模式特许经营是第二代特许经营，其赋予受许人的权利是一揽子的知识产权所组成的商业模式，同时要求受许人严格履行其合同义务，按照特许人的统一模式从事经营活动，包括价格、质量、营销、采购等各个方面。进入 21 世纪以来，公益创业 (social entrepreneurship) 和微金融 (microfinancing) 等创新理念改变了社会的商业思维。人们开始把商业思想引入可持续发展、扶贫脱贫等社会议题中来。阿隆把社会特许经营和微特许经营称为第三代特许经营。这种思想的核心是把公益创业和微金融等先进理念用于解决社会问题，并且在微观层面采取商业模式特许经营的思想，以加盟的方式为贫困人群提供培训和支持服务。如果说微金融为贫困人群提供了脱贫创业所必需的资本，那么微特许就为他们提供了小微创业必需的知识和无形资产。

在阿隆主编的一本名为《社会特许经营》的文集中，有一位作者对商业特许经营和社会特许经营做了如下对比，如表 8-14 所示[1]。

表 8-14　商业特许经营与社会特许经营的对比

商业特许经营	社会特许经营
主体：受许人和特许人	主体：受许人、特许人和捐赠者
商业目标：特许人的盈利性	社会目标：特许人和出资群体的可持续性
受许人为获取个人财富而营利	受许人在实现社会目标的同时实现利润和可持续性
消费者需求	消费者需求
营利部门	非营利部门
主要提供消费品和消费服务	主要提供健康以及其他种类的社会服务
通过全国性的营销活动提升品牌知名度	通过全国性的社会营销提升品牌和服务的知名度
市场定价	补贴价格

另一位作者则从价值增长和业务创造两个维度，界定了所谓微特许经营对于促进贫困地区和人口发展的意义，如图 8-21 所示。

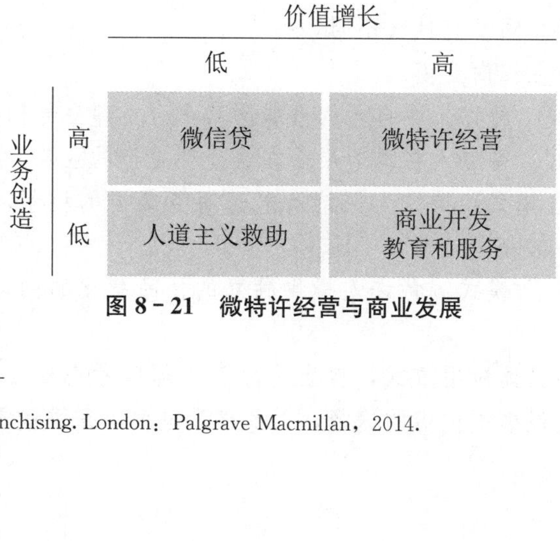

图 8-21　微特许经营与商业发展

① Ilan Alon. Social Franchising. London: Palgrave Macmillan, 2014.

《社会特许经营》一书中的有关章节，还总结了微特许经营和普通特许经营之间的一些基本共性：如复制一种已验证的商业模式，遵守一系列明确的流程和规范；在特许人、受许人之间建立和维护共赢合作的长期关系；运用市场的力量实现商业扩张和创造利润。除此以外，微特许经营也具有一系列独特的优势和特征：

● 用创新的商业理念和商业实践促进项目实施；

● 用成熟的商业模式辅以微金融措施，或者通过调整费用支付方式等手段，进一步降低创业风险；

● 为社群提供同时兼具社会价值和经济价值的创新产品或服务；

● 以协同的方式应对市场条件的变化；

● 发现和识别成功经验并在全网络范围传播共享；

● 帮助创造具有更大潜力、更高回报、更多就业的新兴企业；

● 为创业者提供长期稳定、可预期的收入流。

扩展阅读

特许经营与电子商务

材料说明：迈克尔·勒孔特（Michel Leconte）是美国一家营销服务机构 SeoSamba 的 CEO。他是美国国际特许经营协会（IFA）的官方网站的博客作者。以下是他发表在该网站上的一篇文章，题目是《特许经营与电子商务：哪种在线商业模式适合你?》。

特许经营是一个主要依靠行业自律的商业范畴，从这个四平八稳的部门所持有的视角来看待电子商务，那里似乎是一个虚拟的狂野西部世界，在那里一切都有可能发生：好的、坏的、丑陋的。

然而，继续按照老办法做生意，是一个走向衰败的选项。由于消费者逐步接受了线上线下混合的购买习惯，实体店和虚拟店之间的传统边界正在迅速消失。

企业如何从传统的“砖头加水泥”的特许经营分销，转向完整的电子商务特许经营？它们怎么才能取悦所有的人——特许人、受许人和他们的顾客？

从某种意义上讲，选择正确的在线商业模式，与企业最初确定何种销售和收入模式最适合它们的品牌，二者之间没有什么不同。

我们来看看这四种在线商业模式。

●“纯特许人”模式：特许人在自己的全球网络平台上建立专门的电商渠道。

●“纯受许人”模式：受许人在本地层面在线处理自己的业务。

●“共享电子商务”模式：特许人保持对电子商务渠道的控制，但让加盟商成为整个在线销售策略当中的一部分。

●“分布式电子商务”模式：特许人提供独立的、品牌化的网站，由受许人在当地负责运营。

这些模式各有许多具体应用方式，但上述分类为那些考虑建立电子商务体系的企业，提供了一个了解各种可能模式优劣的途径，以及建设电商渠道关键要素的思考框架。

“纯特许人”模式

从法律上讲，只要特许经营合同（以及法定信息披露文档）中明确地规定了特许人和受许人各自的权利，就没有什么可以阻止特许人排他性地开展线上销售活动。

纯特许人模式在本质上是完全中心化的，采用这种方式的特许人将面临和所有在线经营者完全相同的挑战：授权、设置和运行电商平台和业务，包括完成订单、在线营销和在线的客户服务。

从表面上看，这种模式似乎是在特许经营企业部署电子商务最简单的方式。但特许人需要警惕的是，当受许人认为特许人的在线业务对他在当地的经营产生了虹吸作用时，就会加剧特许人与受许人之间的分歧和矛盾，当特许人企业推出排他性的在线促销活动时，问题就更加严重。

大多数特许经营企业已经妥善解决了这种问题，如果你的公司倾向于采取这种模式，最好考虑同时采用下述几种模式。灵活性是你最好的朋友。

“纯受许人”模式

纯受许人模式采取了完全不同的方法，它把处理电子商务运营的任务完全交付给受许人。

在这种情况下，特许人正式授予受许人开展多渠道经营的权限，由受许人自行运营自己的交易网站、提供本地化的产品目录、自主地开展促销活动。这种模式下存在着一些潜在的挑战，如一个受许人的在线销售业务可能渗透到其他受许人的排他性授权地域，或者是同一个品牌的不同网站上提供不同的消费体验，从而使网上客户感到困惑。

然而，把开展电子商务的大部分（如果不是全部）的投资和运营成本转嫁给受许人，能够大大地减轻特许人的负担。对于那些采取轻资本扩张策略的特许人企业，这是一种充满诱惑力的“放任自流”策略，允许那些充满进取精神的受许人自主地开展在线业务，并且参与到全球在线市场的竞争当中去。

为了规避各种问题，这种模式要求在原始特许经营合同中加入选择性（opt-in）条款，同时辅之以一份单独电子商务合同，其中包含了所有与在线业务有关的法律、技术和商业问题，如授权范围、授权内容和知识产权等。

采用这种模式，可以鼓励受许人去尝试和探索在线业务的初始阶段。在他们取得初步成功之后，再授予所谓的排他性“互联网特许经营权”，由特许人和受到嘉许的受许人共同经营这个成功的在线商店。

“共享电子商务”模式

共享电子商务模式是纯特许人模式的一个变种。它充分考虑到受许人对电子商务的认识，以及他们参与到一个互联网企业当中去的愿望，至少它认可，可以在经济上把“砖头加水泥”的实体店，视作整个品牌电商策略的一个支撑。

简单地说，特许人可以与受许人签署一份固定的或按流量计算的补充协议，补偿受许人在其各自领域内的销售所受到的冲击。

此外，特许人可以帮助受许人参与到电子商务业务当中来，把在线销售与受许人各自的实体店整合在一起。

加盟商成为电子商务战略的一个组成部分，将在线销售纳入其当地的“砖头加水泥”

的实体店战略，无论是上游还是下游。

例如，可以把加盟商的实体店转化为“展示厅”，受许人可以在店里向线下的顾客提供更多的选择，然后通过由特许人主持的中央网络平台完成订单。

这种模式认可受许人在特许人电子商务业务中所起的重要作用。尽管特许人牢牢地掌握着其在线业务，但受许人能够在售前服务、完成本地订单以及售后客户服务等方面发挥重要作用。

“分布式电子商务”模式

分布式电子商务模式试图弥合前面三种模式之间的差距。

这种思路是把加盟商定位为电子商务的核心，而非仅仅补偿受许人对在线销售所做的贡献。在这种情况下，受许人拥有并经营自己的交易网站，自己负责商品目录管理、本地营销活动和客户服务。

在外界看来，无论是在实体空间还是虚拟世界，受许人都已成为品牌真正的商业操作者。但实际上，特许人掌握着对品牌和定价的完全控制权，并使流向受许人的订单仅限于在他获得授权的区域。

特许人还提供完整的营销策略、自上而下的增值服务，以及能够与当地销售自动同步和优化的集中式在线产品目录。

加盟商可以在本地网店中添加额外的内容。如果特许人提供相应的技术支持，受许人还可以把他们自己的产品和服务添加到系统的标准目录中。因此，这种模式不仅能够很好地适应制造商的分销网络，也能够适应那些混合特许经营模式，或者是互补的联合品牌特许经营。

制定一个有效的电子商务战略并非没有风险和挑战。在企业选定最佳的在线商业模式之前，应该权衡多个因素。除了分析不同市场之间的法律差异、消费者习惯和税收监管之外，还应该建立起灵活的策略和业务框架，能够随时根据外部条件的变化，在各个层面上不断进行调整和完善。

资料来源：美国国际特许经营协会（IFA）网站，https：//www.franchise.org/franchising-and-e-commerce-which-online-business-model-is-right-for-you。

参考文献

[1] Akira Kurimoto. Structure and Governance of Networks：Cases of Franchising and Co-operative Chains//Josef Windsperger，et al. Strategy and Governance of Networks：Cooperatives，Franchising，and Strategic Alliances. Berlin：Springer，2008.

[2] Al Norman. Slam-Dunking Wal-Mart! How You Can Stop Superstore Sprawl in Your Hometown. [S. l.] Raphel Marketing，1999.

[3] Alfred Chandler，Jr.. Scale and Scope：The Dynamics of Industrial Capitalism. Belknap：The Belknap Press，1990.

[4] Alfred Chandler，Jr.. The Visible Hand：The Managerial Revolution in American Business. Belknap：The Belknap Press，1977.

[5] Alfred R. Oxenfeldt，Anthony O. Kelly. Will Successful Franchise Systems Ultimately Become Wholly-Owned Chains? Journal of Retailing，1968，44 (4).

[6] Archie Carroll. The Pyramid of Corporate Social Responsibility：Toward the Moral Management of Organizational Stakeholders. Business Horizons，1991，34 (4).

[7] Audhesh Paswan，Michael Wittmann. Knowledge Management and Franchise Systems. Industrial Marketing Management，2009，38 (2).

[8] Chris Zook，James Allen. Repeatability：Build Enduring Businesses for a World of Constant Change. Baston：Harvard Business Review Press，2012.

[9] Christopher Lovelock，Evert Gummesson. Whither Services Marketing? In Search of a New Paradigm and Fresh Perspectives. Journal of Service Research，2004，7 (1).

[10] Christopher Lovelock. Classifying Services to Gain Strategic Marketing Insights. Journal of Marketing，1983，47 (3).

[11] Darrell Johnson. What's Driving Multi-Unit Growth?. (2010-01-10) . https：//www. franchising. com/tag/whats _ driving _ multiunit _ growth.

[12] David Lehr. Microfranchising at the Base of the Pyramid. [S. l.] Acumen Fund，2008.

[13] Edward Freeman，Dl Reed. Stockholders and Stakeholders：A New Perspective on Corporate Governance. California Management Review，1983，25 (3).

[14] Eric Darr，Linda Argote，Dennis Epple. The Acquisition，Transfer，and Depreciation of Knowledge in Service Organizations：Productivity in Franchises. Management Science，1995，41 (11).

[15] Europe Franchise Federation. Franchising：A Vector for Economic Growth in Europe.

http：//www. eff-franchise. com/122/franchising-a-vector-for-economic-growth. html.

［16］ Frank Hoy，John Stanworth. Franchising：An International Perspective. London：Routledge，2003.

［17］ Gary Armstrong，Philip Kotler. Marketing：An Introduction. 12th Global Edition. Upper Saddle River：Pearson，2015.

［18］ Geert Dewulf，Anneloes Blanken，Mirjam Bult-Spiering. Strategic Issues in Public-Private Partnerships. 2nd Edition. Hoboken：Wiley-Blackwell，2012.

［19］ Godfrey M. Lebhar. Chain Stores in America：1859—1950. ［S. l. ］ Chain Store Publishing Corporation，1952.

［20］ Gregory Clark. A Farewell to Alms：A Brief Economic History of the World. Princeton：Princeton University Press，2007.

［21］ Griffith University. Franchising Australia 1998—2016.

［22］ IFA Educational Foundation. The Profile of Franchising. Washington：IFA，1998.

［23］ IFA President Matthew Shay. A Message from International Franchise Association，May 2，2005.

［24］ Ikujiro Nonaka，Hirotaka Takeuchi. The Knowledge-Creating Company：How Japanese Companies Create the Dynamics of Innovation. Oxford：Oxford University Press，1995.

［25］ Ikujiro Nonaka，Ryoko Toyama，Noboru Konno. SECI，Ba and Leadership：A Unified Model of Dynamic Knowledge Creation. Long Range Planning，2000，33（1）.

［26］ Ilan Alon. Social Franchising. London：Palgrave Macmillan，2014.

［27］ Inspection and Evaluation Division of US Small Business Administration. SBA's Experience with Defaulted Franchise Loans. 2002.

［28］ ITC，WIPO. Secrets of Intellectual Property：A Guide for Small and Medium-sized Exporters. Washington：WIPO，2003.

［29］ James Fitzsimmons，Mona Fitzsimmons. Service Management：Operations，Strategy，Information Technology. 7th Edition. New York：McGraw-Hill，2011.

［30］ James Meaney. How to Buy a Franchise? . Naperville：Sphinx Publishing，2004.

［31］ Jason Daley. Why Multi-Unit Franchise Ownership is Now the Norm?. Entrepreneur.（2015-05-30）. https：//www. entrepreneur. com/article/245881.

［32］ Jeff Elgin. 10 Signs of a Great Franchise. Entrepreneur.（2006-12-11）. https：//www. entrepreneur. com/article/171432.

［33］ John Stanworth，James Curran. Colas，Burgers，Shakes，and Shirkers：Towards a Sociological Model of Franchising in The Market Economy. Journal of Business Venturing，1999，14（4）.

［34］ John Stanworth. Dispelling the Myths Surrounding Franchise Failure Rates-Some Recent Evidence from Britain. Franchising Research：An International Journal，1996（1）.

[35] Josef Windsperger，Nina Gorovaia. The Knowledge Transfer Strategy of Franchising Firms：Evidence from the Austrian Franchise Sector//Josef Windsperger，et al. Strategy and Governance of Networks：Cooperatives，Franchising，and Strategic Alliances. Berlin：Springer，2008.

[36] Joseph Pine，James Gilmore. The Experience Economy：Work is Theatre & Every Business a Stage. Boston：Harvard Business School Press，1999，2011（updated Ed.）.

[37] Krista Duniach-Smith. Franchising and the Choice of International Entry Mode// Josef Windsperger，et al. Economics and Management of Franchising Networks. Berlin：Springer-Verlag，2004.

[38] Lewis G. Rudnick. Expanding a Business by Franchising and Significant Elements of the Franchise Relationship. DLA Piper US LLP，2012. https：//www. franchise. org/sites/default/files/ek-pdfs/html _ page/Expanding-a-Business-by-Franchising-full-article _ 0. pdf.

[39] Lloyd Tarbutton. Franchising：The How-To Book. Upper Saddle River：Prentice-Hall，1986.

[40] Lorelle Frazer，et al. The Effectiveness of Undertaking Due Diligence Prior to Starting up or Purchasing a Small Business or Franchise. Griffith University，University of New South Wales，2015—2016.

[41] Marc Levinson. The Great A&P and the Struggle for Small Business in America. New York：Hill & Wang，2011.

[42] Massey University，Griffith University. Franchising New Zealand 2012—2017.

[43] McDonald's Corporation's FORM 10-K，2016.

[44] McDonald's Corporation's FORM 10-K，March 1，2017.

[45] Michael Leconte. Franchising and E-commerce：Which Online Business Model is Right for You？. https：//www. franchise. org/franchising-and-e-commerce-which-online-business-model-is-right-for-you.

[46] Michael Seid. The Evolution of Franchising.（2006-05-30）. https：//www. franchising. com/articles/the _ evolution _ of _ franchising. html.

[47] Naisbitt Group. The Future of Franchising-Looking 25 Years Ahead to the Year 2010. Washington：International Franchise Association，1989.

[48] Patrick Kaufmann，Francine Lafontaine. Costs of Control：The Source of Economic Rents for McDonald's Franchisees. Journal of Law & Economics，1994，37 (2).

[49] Paul Ingram，Hayagreeva Rao. Store Wars：The Enactment and Repeal of Anti-Chain-Store Legislation in America. American Journal of Sociology，2004，110 (2).

[50] PricewaterhouseCoopers LLP，IFA. The Economic Impact of Franchised Businesses，Vol. I—IV，2004，2008，2011，2016.

[51] Richard C. Schragger. The Anti-Chain Store Movement，Localist Ideology，and

the Remnants of the Progressive Constitution, 1920-1940. Iowa Law Review, 2005, 90 (3).

[52] Robert Purvin. The Franchise Fraud: How to Protect Yourself Before and After You Invest. Hoboken: John Wiley & Sons, Inc., 1994.

[53] Roger Blair, Francine Lafontaine. The Economics of Franchising. Cambridge: Cambridge Universtiy Press, 2005.

[54] Roger Schmenner. How Can Service Businesses Survive and Prosper? Sloan Management Review, 1986, 27 (3).

[55] Roger Wettenhall. The Public-Private Interface: Surveying the History//G. Hodge, C. Greve. The Challenge of Public-Private Partnerships: Learning from International Experience. Hampton: Edward Elgar, 2005.

[56] Ronald Coase. The Nature of the Firm. Economica, 1937, 4 (16).

[57] Ryan Engelman. The Second Industrial Revolution, 1870-1914. U. S. History Scene. http://ushistoryscene.com/article/second-industrial-revolution/.

[58] Scott A. Shane. From Ice Cream to the Internet: Using Franchising to Drive the Growth and Profits of Your Company. Upper Saddle River: Pearson Education, Inc., 2005.

[59] Scott Mitchell. GRC360: A Framework to Help Organisations Drive Principled Performance. International Journal of Disclosure and Governance, 2007, 4 (4).

[60] Scott Weaven, Debra Grace, et al. Value Creation through Knowledge Management in Franchising: A Multi-Level Conceptual Framework. Journal of Services Marketing, 2014, 28 (2).

[61] Stephen Broadberry, Kevin Rourke. The Cambridge Economic History of Modern Europe Vol I, II. Cambridge: Cambridge University Press, 2010.

[62] Stephen Spinelli, Jeffry A. Timmons, et al. New Venture Creation: Entrepreneurship for the 21st Century. 9th Edition. New York: McGraw-Hill/Irwin, 2012.

[63] The IFA Educational Foundation. An Introduction to Franchising. 2010. https://www.franchise.org/what-are-your-options-when-you-begin-your-business.

[64] The IFA Educational Foundation. Multi-Unit Owner Study. Washington: The IFA Educational Foundation, 2002.

[65] The World Bank. Public-Private Partnerships Reference Guide Ver 3. Washington: International Bank for Reconstruction and Development, 2017.

[66] Thomas Dicke. Franchising in America: The Development of a Business Method, 1840—1980. Chapel Hill: The University of North Carolina Press, 1992.

[67] Uday S. Karmarkar, Uday M. Apte. Operations Management in the Information Economy: Information Products, Processes, and Chains. Journal of Operations Management, 2007, 25 (2).

[68] UNCITRAL Secretariat. Recognizing and Preventing: Commercial Fraud Indicators of Commercial Fraud. New York: United Nations, 2013.